Die Entstehung der »Bourses du Travail«

Campus Forschung
Band 255

Peter Schöttler, Dr. phil., ist wissenschaftlicher Mitarbeiter an
der Universität Bremen; Studium der Geschichte, Philosophie
und Sozialwissenschaft in Bochum und Paris; Forschungsar-
beiten vor allem im Bereich der französischen und deutschen
Sozialgeschichte. Zusammen mit H.-G. Haupt Herausgeber von
C. Willard, Geschichte der französischen Arbeiterbewegung,
Frankfurt 1981.

Peter Schöttler

Die Entstehung der »Bourses du Travail«

Sozialpolitik und französischer
Syndikalismus am Ende des 19. Jahrhunderts

Campus Verlag
Frankfurt/New York

CIP-Kurztitelaufnahme der Deutschen Bibliothek

Schöttler, Peter:
Die Entstehung der »Bourses du Travail« : Sozial=
politik u. franz. Syndikalismus am Ende d. 19.
Jh. / Peter Schöttler. – Frankfurt/Main ; New
York : Campus Verlag, 1982.
   (Campus : Forschung ; Bd. 255)
   ISBN 3-593-33045-8
NE: Campus / Forschung

Copyright © 1982 bei Campus Verlag GmbH, Frankfurt/Main
Umschlaggestaltung: Eckard Warminski, Frankfurt/Main
Druck und Bindung: difo-druck, Bamberg
Printed in Germany

Inhalt

Vorwort

Die vorliegende Untersuchung, die die Entstehung und Frühgeschichte der
französischen "Arbeitsbörsen" zum Gegenstand hat, wurde im Mai 1978
vom Promotionsausschuß "Dr. phil." der Universität Bremen als Disser-
tation angenommen. Für den Druck wurde sie stellenweise überarbeitet,
gekürzt oder ergänzt. Während die bis 1981 erschienene Forschungslite-
ratur weitgehend berücksichtigt werden konnte, spiegeln der methodisch-
theoretische Ansatz, die Quellenwahl und folglich auch die Darstellungs-
schwerpunkte in vielem den Standort des Verfassers in den Jahren 1975-
78. Daraus ergibt sich insbesondere eine sehr starke Betonung makro-
historischer Strukturen und eine entsprechende Grobkörnigkeit der Klas-
senanalyse. Heute würde ich das Thema vermutlich regionalgeschichtlich
anlegen, um die Untersuchung der gewerkschaftlichen Kampfbedingungen
möglichst differenziert auf die jeweiligen Arbeits- und Lebensverhältnisse
der Betroffenen beziehen zu können. Trotz dieser prinzipiellen Schwäche,
die nicht einfach "ausgebessert" werden konnte, meine ich, daß die vorge-
tragenen Hypothesen zum Stellenwert und Charakter der Bourses du Travail nach wie vor bestehen können.

Den Mitarbeiterinnen und Mitarbeitern vor allem folgender Institute habe
ich für ihre stets freundliche und effiziente Hilfe bei der Beschaffung von
Quellenmaterial zu danken: Archives Nationales (Paris), Musée Social (Paris), Institut Français d'Histoire Sociale (Paris), Centre de Recherches
d'Histoire des Mouvements Sociaux et du Syndicalisme (Paris), Internationales Institut für Sozialgeschichte (Amsterdam), Institut zur Geschichte der
Arbeiterbewegung (Bochum). Außerdem sei den Gewerkschaftskollegen
der Bourse du Travail von Paris dafür gedankt, daß sie mir Einblick in
die noch erhaltenen Dokumente und ihre Bibliothek gewährten und mir nebenbei auch von den aktuellen Problemen der Pariser Gewerkschaftsbewegung erzählten. Ohne die finanzielle Absicherung durch ein großzügiges
Graduiertenstipendium der Ruhr-Universität Bochum sowie ein Forschungs-
stipendium des Deutschen Akademischen Austauschdienstes wäre die Durchführung all dieser Archiv- und Bibliotheksbesuche sicher nicht möglich gewesen.
Besonderen Dank schulde ich Prof. Hans Mommsen, der meine Beschäftigung mit der französischen Arbeiterbewegung jahrelang in jeder Weise

gefördert hat, sowie dem verstorbenen Prof. Georges Haupt, der mich 1974/75 in sein Pariser Seminar aufnahm und sich mehrfach für meine Arbeit einsetzte.

Schließlich habe ich allen Kollegen und Freunden zu danken, die die Dissertationsfassung kritisch gelesen und kommentiert haben. Besonders wichtig waren für mich die Hinweise von Heinz-Gerhard Haupt, Heide Gerstenberger, Jutta Kolkenbrock-Netz und Hans Medick. Für die verbleibenden Mängel tragen sie allerdings keine Verantwortung.

Januar 1982

"If we do not formulate questions
first and look for the material in the
light of these questions, we risk
producing merely a leftwing version
of antiquarianism . . . "

Eric J. Hobsbawm (1974, S. 375) (1)

In einer neueren empirisch-soziologischen Untersuchung berichtet ein
französisches Gewerkschaftsmitglied über seine ersten Kontakte zur organisierten Arbeiterbewegung: "Un jour - je manquais de travail - quelqu'un
me parlait de la Bourse du Travail. On y trouverait un emploi et aussi une
formation professionnelle. J'y suis allé. J'ai effectivement trouvé du
travail et la possibilité d'apprendre un métier. Mais j'ai aussi trouvé
autre chose: j'ai trouvé le syndicat. A partir de ce jour-là, ma vie a
changée" (Interview, in: Andrieux/Lignon 1973, S. 67). Damit wird auf
eine Organisation hingewiesen, die in der Tat jahrzehntelang in fast allen
französischen Industriestädten das wichtigste Sammelzentrum der Gewerkschaften bildete: die Bourse du Travail (2).

Worum handelt es sich? Rein formal gesprochen, war eine 'Bourse du
Travail' ein lokales Gewerkschaftskartell, das im Hinblick auf Arbeitsvermittlung, Berufsausbildung und gewerkschaftliche Interessenvertretung
von einer Stadt mit Subventionen und Räumlichkeiten ausgestattet wurde.
Ohne seinen gewerkschaftlichen Charakter damit zu verlieren, erhielt es
also den Status einer quasi munizipalen Institution (3). In einer Zeit, da
die französischen Gewerkschaften zahlenmäßig und finanziell noch sehr
schwach waren, bot die Gründung einer Bourse du Travail ihnen die Möglichkeit, unter relativ gesicherten materiellen Bedingungen auf den örtlichen Arbeitsmarkt Einfluß zu nehmen, Mitglieder zu rekrutieren und sich
für die Interessen der Arbeiter einer Stadt einzusetzen.

Die besondere Bedeutung der Arbeitsbörsen, deren erste 1887 in Paris
eröffnet wurde und noch heute existiert (4), hängt mit ihrer Stellung innerhalb der französischen Gewerkschaftsgeschichte zusammen. Noch bevor
es nämlich zur Gründung von überregionalen Fachverbänden kam - die mei-

sten entstanden erst ab 1899 (5) - schlossen sich die Einzelgewerkschaften in den 80er und 90er Jahren vielerorts zu lokalen Föderationen zusammen, die dann ihrerseits die Basis für die Gründung einer Arbeitsbörse bildeten. Dank der besonderen materiellen Ausstattung der Börsen, die neben eigenen Räumlichkeiten auch die Anstellung von Funktionären, die Herausgabe einer Zeitung, den Aufbau einer eigenen Bibliothek etc. erlaubte, wurden sie sehr schnell zum lokalen Kristallisationspunkt der Arbeiterbewegung. Pathetisch, aber treffend hat ein Zeitgenosse dies umschrieben: "Dans presque toutes nos villes de France, elles furent l'étroit local où naquit cette grande chose, la conscience ouvrière" (Halévy 1901, S. 85). Auch überregional erhielten die Arbeitsbörsen bald großen Einfluß: Während der erste gewerkschaftliche Dachverband, die 1886 gegründete 'Fédération nationale des syndicats' (FNS), stets nur ein kraftloses Organisationsskelett bildete, das sich mit der Abhaltung jährlicher Kongresse begnügen mußte, erwies sich die 1892 gegründete 'Fédération nationale des Bourses du Travail de France et des Colonies' (FBdT) bis zur Jahrhundertwende als der mitgliederstärkste und aktivste Gewerkschaftsverband. Die 1895 konstituierte 'Confédération générale du travail' (CGT) war demgegenüber in den ersten Jahren kaum lebensfähig. Das änderte sich erst um die Jahrhundertwende, als die Fach- und Industrieverbände erstarkten, die CGT und die FBdT einander näher kamen und die Arbeitsbörsen sich schließlich in die CGT eingliederten (1902).

Die prägende Rolle der Bourses du Travail für die im letzten Viertel des 19. Jahrhunderts entstehende französische Gewerkschaftsbewegung ist nicht abzutrennen von ihrer eigentümlichen institutionellen Struktur, d. h. vor allem ihrer ausdrücklichen Protektion und Subventionierung durch die Gemeinden und Départements. Eine freie und sich zunehmend radikalisierende Gewerkschaftsbewegung wurde also durch Teile des republikanischen Staatsapparates im Rahmen bürgerlicher Sozialpolitik materiell unterstützt. Während die noch schwache Arbeiterbewegung dieses Angebot kaum ausschlagen konnte, haben Teile der herrschenden republikanischen Bourgeoisie darin natürlich eine Chance gesehen, auf vielfältige Weise in die gewerkschaftliche Praxis hineinzuwirken. Daraus resultierten immer wieder Reibungen und Konflikte, denen sich die in den Börsen zusammengeschlossenen Gewerkschaften örtlich und überregional zu stellen hatten - bis hin zum Verlust der ihnen gewährten und meist dringend benötigten öffentlichen Subvention. Erst mit der organisatorischen Festigung und politischen Stärkung der Arbeiterbewegung, der weiteren Entwicklung der sozialen Kämpfe und der Ausdehnung sozialgesetzlicher und sozialpolitischer Interventionen verlor vor das Experiment der Bourses du Travail etwas an Brisanz: Die Fusion des Börsen-Verbandes mit der CGT, in der die Bourses du Travail bald nur noch als lokale Untergliederungen fungierten, signalisiert das Ende einer Epoche, in der die Grundlagen des französischen Syndikalismus gelegt wurden.

Obwohl die Gründung der Bourses du Travail in der historischen Literatur als "entscheidende Etappe für die Herausbildung und den Aufschwung der französischen Gewerkschaftsbewegung" gewürdigt wird (Julliard 1971, S. 12), ist bis heute kaum ernsthaft der Versuch unternommen worden, diesen Prozeß und überhaupt die konkrete Entwicklung dieser "spezifisch französischen" Arbeiterorganisation (von Albertini 1968, S. 258) systematisch zu erforschen (6). Zwar wird in allen vorliegenden Gesamtdarstellungen der Gewerkschafts- und Parteiengeschichte (7) der kongreß- und ideengeschichtliche Hergang einigermaßen genau beschrieben, aber die Arbeitsbörsen interessieren eigentlich immer nur im Hinblick auf die spätere Entwicklung der CGT, gleichsam als deren Vorläufer. Die wenigen neueren Arbeiten, in denen es um den Börsen-Syndikalismus selbst geht, konzentrieren sich, neben einer minutiösen Aufarbeitung der Kongresse der FBdT, sehr stark auf die theoretische und praktische Rolle ihres wichtigsten Sprechers: Fernand Pelloutier (1867-1901) (8). Dieses besondere Interesse an Pelloutier, das auch in Neuauflagen seiner Schriften zum Ausdruck kommt (9), dürfte u. a. mit der nach den Mai-Ereignissen von 1968 wieder aufgekommenen Diskussion über den Stellenwert eines 'Syndikalismus der direkten Aktion' zusammenhängen, dessen Erbe heute - im Kampf um selbstverwaltete Betriebe - vor allem von der 'Confédération française démocratique du travail' (CFDT) beansprucht wird (10). Aber über die Auseinandersetzung um programmatische Texte, ideologische Einflüsse oder Konflikte zwischen Gewerkschaftsvorständen auf nationaler Ebene ist bisher die Untersuchung der alltäglichen und sozialen Dimensionen der Bourses du Travail sowie ihrer sozialpolitischen Funktion immer zu kurz gekommen. Daraus ergibt sich einerseits eine auffällige Informationsunsicherheit hinsichtlich der Realgeschichte der Börsen (11) und andererseits die Persistenz gewisser historiographischer Mythen, wie z. B. der vom angeblich 'proudhonistischen' Charakter der Bourses du Travail (12).

Ansätze und Materialien zu einer wirklichen Sozialgeschichte dieser Institutionen bieten dagegen in zunehmendem Maße lokal- und regionalgeschichtliche Monographien, die erstmals etwas über die konkrete Entstehung und Zusammensetzung der Börsen, ihre Praxis und ihre permanenten Konflikte mit den Behörden berichten (13). Leider durchbrechen aber nur wenige dieser Arbeiten den 'lokalistischen' Blickwinkel und verbinden die historische Mikro-Analyse mit übergreifenden Fragestellungen (14). Daher können sie eine zusammenfassende Darstellung der Entwicklung der Bourses du Travail nur fundieren helfen, nicht aber ersetzen.

Was schließlich den deutschen Sprachraum angeht, so existiert zwar eine umfangreiche Literatur zum Spezialthema 'revolutionärer Syndikalismus' (vgl. Kolboom 1977), aber sie leidet durchweg unter den Mängeln konventioneller 'Ideengeschichte' und vermag daher kaum etwas zur besseren Kenntnis der realen syndikalistischen Praxis u. a. der Arbeitsbörsen beizutragen (15).

Worin besteht nun das Ziel der vorliegenden Untersuchung? Es ist nicht unsere Absicht, eine mehr oder weniger vollständige 'Geschichte der Bourses du Travail' vorzulegen. Dies hätte zum einen die Aufarbeitung ungeheurer Materialmassen erfordert, vor allem aber wäre die 'Institutionengeschichte' damit unvermeidlich zum Selbstzweck geworden. Demgegenüber ist unser Erkenntnisinteresse auf die - weiter unten noch zu präzisierende - Frage gerichtet, worin die besondere Funktion und Funktionsweise der Bourses du Travail in der Genese des 'revolutionären Syndikalismus' und im Kontext des politischen und sozialen Systems der III. Republik bestanden hat. Aus dieser Orientierung ergibt sich, daß wir uns ganz bewußt auf die Entstehungsphase und die ersten Wirkungsjahre der Arbeitsbörsen konzentrieren werden. Mit Ausnahme des ersten Kapitels, das auch auf die langfristige Vorgeschichte des Börsen-Konzepts eingeht, erstreckt sich der betrachtete Zeitraum auf nur zwei Jahrzehnte: von den ersten Gründungen bis zur Jahrhundertwende und zur Verschmelzung mit der CGT. Eine weitere - vielleicht problematischere - Eingrenzung ergibt sich dadurch, daß wir unser Hauptaugenmerk bewußt nicht auf die Börsen-Föderation, sondern vielmehr auf die lokale Struktur der Börsen, die von ihnen alltäglich ausgetragenen Konflikte und den sozialpolitischen Kontext richten wollen. Eine adäquate Behandlung der gesamten Verbandsgeschichte der FBdT hätte demgegenüber nicht nur eine ausführliche Darstellung ihrer jährlichen Kongresse und wichtigsten Sprecher, sondern auch ihrer sehr komplexen Beziehungen zu den übrigen Organisationen der Arbeiterbewegung und zumal der frischgegründeten CGT impliziert. Da die bisher vorliegende Literatur sich schwerpunktmäßig mit genau diesen Themen beschäftigt (16), scheint es möglich und sinnvoll, hier eine etwas andere Richtung einzuschlagen und gewisse ereignis- und verbandsgeschichtliche Zusammenhänge auszuklammern, bzw. als relativ bekannt vorauszusetzen (17).

Allerdings wäre es wohl unangemessen, deshalb bereits von einer 'Basisgeschichte' der Bourses du Travail sprechen zu wollen. Trotz ausgedehnter Archiv- und Literaturstudien und obwohl z.B. im Pariser Nationalarchiv umfangreiche Akten über jede einzelne Arbeitsbörse ausgewertet wurden, ist unser Quellenmaterial sicher noch unvollständig und Paris-zentriert. Insbesondere die auf zahlreiche Departemental- und Stadtarchive verstreuten Dokumente einiger Provinz-Börsen konnten nur in Ausnahmefällen stichprobenhaft benutzt werden (18). Für Regionalstudien und 'Mikro-Geschichte' bleibt also noch viel zu tun (19). Demgegenüber soll hier für einen beschränkten historischen Zeitraum der Versuch unternommen werden, eine erste gesamtnationale Darstellung der Bourses du Travail als spezifischer institutioneller und sozialer Struktur vorzulegen. Damit ist zwar die Gefahr einer 'Vogelperspektive' gegeben (die der basisgeschichtlichen Gefahr einer 'Froschperspektive' komplementär ist), aber zugleich auch die Chance, durch provisorische Synthese und analytische Reflexion vertiefende Forschungen anzuregen und zur Erneuerung des Forschungsfeldes 'Syndikalismus' beizutragen. Als Maxime mag der Satz von P. Hazard dienen: "Ohne zu bezweifeln, wieviel nach uns noch zu tun und zu verbessern bleibt, und obwohl

wir wissen, daß man einen Baum nur durch das bis ins einzelne gehende
Studium seiner Wurzeln und Zweige kennenlernt, halten wir es unter gewissen Umständen doch für nützlich, durch undurchdringliche Wälder provisorische Pfade zu schlagen" (20).

Nach dieser kurzen Eingrenzung des Untersuchungsgegenstandes können
wir nunmehr die inhaltliche Fragestellung und die theoretischen Prämissen
der Arbeit etwas näher erläutern. Während die Bourses du Travail bisher
in der Literatur ohne zu zögern als 'durch und durch' gewerkschaftliche
Institutionen betrachtet wurden (21), gehen wir von der Hypothese aus, daß
ihr Stellenwert innerhalb der Arbeiterbewegung des ausgehenden 19. Jahrhunderts erst durch eine Analyse ihrer eigentümlichen Struktur, nämlich
ihres halb-munizipalen und halb-gewerkschaftlichen Charakters hinreichend
bestimmt werden kann. Diese Zweideutigkeit in der Existenz der Arbeitsbörsen hat bereits ein zeitgenössischer Ökonom, Georges Paulet, treffend
beschrieben: "Des confusions constantes, et qui ne sont pas toutes involontaires, ont étrangement mêlé, sous ce pavillon de Bourse du Travail, deux
conceptions, deux visées, deux réalités absolument différentes. Pour les
uns, la Bourse du Travail devrait être le marché du travail offert et demandé, l'office immédiat du placement et le régulateur indirect du salaire,
pour les autres, c'est la fédération active de tous les groupements professionnels d'une même région. (...) Dans le second système, la Bourse du
Travail est uniquement le centre des délibérations et d'action de plusieurs
groupements ouvriers appartenant à des professions différentes et réunis
en vue d'une lutte générale des employés contre les employeurs. Ce n'est
plus le marché ouvert du travail, mais la citadelle fermée des travailleurs.
(...) La Bourse est, en un mot, la fédération locale des syndicats ouvriers
en communion de tendances sociales et politiques" (Paulet 1893, S. 3-7).
Entscheidend ist allerdings, daß die hier unterschiedenen "zwei Realitäten"
trotz ihrer Gegensätzlichkeit für die Praxis der Arbeitsbörsen gleichermassen wichtig waren: staatliche Sozialpolitik gegenüber dem Arbeitsmarkt
einerseits und gewerkschaftlicher Kampf gegen die Unternehmer und die
kapitalistischen Ausbeutungsverhältnisse andererseits. Beides kam unter
ein und demselben Dach zusammen. Ist es möglich, daß die besondere Rolle,
der Einfluß und auch die Probleme der Bourses du Travail mit diesem Doppelcharakter (22) und seiner historischen Entwicklungsdynamik zusammenhingen?

Mit dieser Art der Fragestellung ist ein bestimmter theoretischer Ansatz
verbunden, den es an dieser Stelle offenzulegen und kurz zu umreißen gilt.
Dies soll dadurch geschehen, daß wir zwei Kategorien etwas näher erläutern,
die einerseits die Besonderheit unserer allgemeinen Problematik beleuchten
und andererseits für die Analyse der Bourses du Travail von entscheidender
Relevanz sind, weil sie das Spannungsfeld markieren, in denen diese erst
entstanden sind: 'Klassenkampf' und 'Sozialpolitik'.

Die marxistische Kategorie des 'Klassenkampfes' bezeichnet nach unserem Verständnis (23) nicht nur ein kurzfristiges empirisches Phänomen,
etwa das sichtbare Aufeinanderprallen sozialer Großgruppen, die sich ihrer

antagonistischen Interessenlagen voll 'bewußt' wären; und es geht auch nicht nur um den organisierten Kampf der Arbeiterklasse als Arbeiter-Bewegung mit einem ausformulierten 'Programm'; vielmehr soll mit 'Klassenkampf' sehr viel grundsätzlicher die strukturale Dynamik einer Gesellschaftsformation bezeichnet werden, in der die kapitalistische Produktionsweise dominiert. Wenn nach Marx der kapitalistische Produktionsprozeß durch die unsichtbare Abpressung von Mehrarbeit als 'Mehrwert' gekennzeichnet ist, so ist bereits diese Exploitation der Lohnarbeit eine alltägliche Form des Klassenkampfes: Während die eine Klasse die andere ausbeuten muß, um ihr Kapital zu verwerten, muß die andere Klasse die Reproduktionsbedingungen ihrer Arbeitskraft verteidigen und möglichst verbessern, was kollektive und solidarische Widerstandsformen erfordert. Der antagonistische Widerspruch im kapitalistischen Produktionsverhältnis ist also nicht bloß ein 'Ursprung' sozialer Kämpfe, die dann woanders ausgetragen werden, sondern selbst Klassenkampf (24). Und der gegen den Ausbeutungsprozeß - als 'primären' Klassenkampf von oben - gerichtete Klassenkampf des Proletariats ist zunächst nicht mehr als eine Reaktion 'von unten', ein elementarer Widerstand, der sich aber - wie der Klassenkampf der Bourgeoisie - nicht auf die Produktionssphäre reduziert, sondern auch in der Reproduktionssphäre aufkommt und tendenziell alle gesellschaftlichen Bereiche ('Politik', 'Kultur' etc.) durchzieht - selbst, wenn dieser Zusammenhang den betroffenen Individuen in der Regel nicht bewußt ist.

Aus diesem Verständnis von 'Klassenkampf' als strukturaler Kausalität ergeben sich für uns - immer noch auf der gleichen Abstraktionsstufe - vor allem zwei Konsequenzen: Zum einen wird aufgrund des Primats des bürgerlichen Klassenkampfes gegenüber dem proletarischen verständlich, warum der Klassenkampf grundlegend asymmetrisch ist und von den 'beiden' Klassen nicht auf die gleiche Weise geführt werden kann. Die Erhaltung der kapitalistischen Strukturen und deren Überwindung sind nicht mit den gleichen Mitteln zu erreichen. Das Proletariat ist somit darauf angewiesen, gegenüber der bürgerlichen Gesellschaft mit ihren spezifischen Wirtschaftsformen, Politikformen, Kulturformen etc. tendenziell 'autonome' Kampfformen zu suchen, die den 'Klassenkampf von oben' nicht bloß umkehren und imitieren - ohne deshalb freilich der voluntaristischen Illusion zu erliegen, aus der kapitalistischen Umgebung einfach 'aussteigen' zu können. Dieser Punkt ist sowohl für eine dialektische Analyse von Reformforderungen und partiellen Veränderungen innerhalb und gegenüber den bestehenden Verhältnissen wichtig (vgl. Schöttler 1980), als auch für eine kritische Einschätzung der Organisationsformen der Arbeiterschaft. So lenkt dieses Konzept von Klassenkampf den Blick auf das "Politikum der Form" (Narr 1980).

Auf der anderen Seite hat dieses Klassenkampf-Konzept aber auch Konsequenzen für die Art und Weise, in der Phänomene wie 'Klassenbewußtsein' und 'Ideologie' verstanden werden. Es kann vor allem vermeiden helfen, daß sogenannte 'Bewußtseinsprozesse', die realhistorisch ja eher etwas mit kollektiven Mentalitäten, Verhaltensmustern und (individuellen) Triebregungen zu tun haben, als mit der Klarheit eines reinen Bewußtseins gegenüber

14

der reinen Objektivität einer Situation, vorschnell auf geschichtsphilosophische und/oder psychologische Entwicklungsmodelle reduziert werden. Noch heute wird z. B. in den meisten einer fortschrittlichen Geschichtswissenschaft verpflichteten Studien die Entstehung von 'Klassenbewußtsein' und 'Arbeiterbewegung' nach dem Jung-Marx'schen Modell des Übergangs von der 'Klasse an sich' zur 'Klasse für sich' - vom historischen Objekt zum Subjekt - gedacht (vgl. MEW Bd. 4, S. 181). Dahinter steht aber eine teleologische Konstruktion, nach der das Subjekt virtuell schon von Anfang an im Objekt vorgesehen ist und sich nur noch zu 'entfalten' braucht, um 'zu sich zu kommen', sich seiner selbst 'bewußt' zu werden und seine 'historische Mission' zu erfüllen. Dieses philosophische Modell, das klassisch vom frühen Lukács vertreten wurde und dessen extreme methodologische Konsequenz die Spekulation ist, ist in den letzten Jahren z. T. dadurch variiert worden, daß die Subjekt-Objekt-Dialektik mit dem pädagogischen Begriff des 'Lernprozesses' verknüpft wurde (25). Da allerdings auch hier die Problematik eines einheitlichen und intentionalen Subjekts als in sich begründete Norm unterstellt bleibt (26), kann das alte 'Vermittlungsproblem' nicht überwunden bzw. als rein philosophische Frage zurückgewiesen werden. Auch unterliegt die darauf rekurrierende 'subjektorientierte' Geschichtsschreibung zwangsläufig der Gefahr, realhistorische 'Bewußtseinsprozesse' nicht in ihrer besonderen Materialität und Widersprüchlichkeit zu beschreiben und eventuell zu erklären, sondern sie vielmehr mit Begriffen wie 'Subjekt', 'Identität', 'Verdinglichung' etc. oder auch mit Verben wie 'transzendieren', 'aufheben', 'vermitteln' etc. lediglich hinzu zu philosophieren. Das vorgeschlagene Klassenkampf-Konzept kann demgegenüber sowohl die 'objektive' sozio-ökonomische Matrix als auch den 'subjektiven' Erfahrungshorizont der Individuen erfassen, da der Klassenkampf hier nicht erst außerhalb der Betriebe beginnt und auch nicht an den Eingängen von Schulen, Spitälern oder Werkswohnungen endet. So können - in Verbindung mit einem materialistischen Ideologiebegriff, der sich die Erkenntnisse der Psychoanalyse zunutze macht (27) - die durch den traditionellen Terminus 'Klassenbewußtsein' verdeckten Verhaltens- und Denkgewohnheiten, Bräuche, Normen, aber auch 'Theorien' als Momente einer ununterbrochenen Konfrontation von herrschender Ideologie und beherrschten Ideologien analysiert werden. Ökonomie, Politik und Kultur/Ideologie sind auf diese Weise verklammert; nicht bloß als 'Basis' und 'Überbau', sondern als verschränkte, im Freud'schen Sinne 'überdeterminierte' Strukturen, die vom Klassenkampf durchkreuzt werden.

Ein Begriff von 'Sozialpolitik', der diesem Klassenkampf-Konzept entspräche, ist in der Literatur bisher nirgends formuliert (28). Auch wenn das Wort 'Sozialpolitik' nicht bloß deskriptiv verwandt wird, sondern einen allgemeinen Mechanismus der kapitalistischen Produktionsweise bezeichnet, werden mal der illusionäre, mal der präventive, mal der regulierende oder auch der kompensatorisch-reparative Charakter sozialpolitischer Maßnahmen betont, ohne daß meist ein systematischer Zusammenhang zum Prozeß des Klassenkampfes hergestellt wird (29). Nach unserem Verständnis würde

dagegen 'Sozialpolitik' - zunächst einmal ganz allgemein gesprochen - die
je nach historischer Konstellation verschiedenen Maßnahmenbündel und Praxisformen zur ökonomischen, politischen und ideologischen Regulierung der
Lage der Arbeiterklasse und zur Steuerung der sozialen Antagonismen im
Interesse der herrschenden Klasse bezeichnen. Es handelt sich also um den
prophylaktischen Aspekt des bürgerlichen Klassenkampfes - die präventive
Abwendung von Systemopposition (30) -, dessen Wirkung allerdings durch
den Widerstandskampf der Arbeiterklasse durchaus modifiziert und eventuell auch unterlaufen werden kann.

Als klassisches Paradigma einer historisch-theoretischen Analyse von
Sozialpolitik gilt zu recht die Marx'sche Darstellung der Genese und Funktion der englischen Fabrikgesetzgebung (MEW Bd. 23, S. 279-320). Marx
zieht aus seiner "historischen Skizze" zwei Konsequenzen (ebd., S. 315f.):
1. Die durch die Verwertungszwänge des Kapitals bewirkte "rücksichtslose
Verlängerung des Arbeitstags" führt unter den Bedingungen verallgemeiner-
ter industrieller Produktion und Reproduktion zunächst zu "maßloser Aus-
schreitung", ruft dann allerdings auch "im Gegensatz die gesellschaftliche
Kontrolle hervor, welche den Arbeitstag mit seinen Pausen gesetzlich beschränkt, reguliert und uniformiert". - 2. "Die Geschichte der Reglung
des Arbeitstags in einigen Produktionsweisen, in andren der noch fortdau-
ernde Kampf um diese Reglung, beweisen handgreiflich, daß der vereinzelte
Arbeiter, der Arbeiter als 'freier' Verkäufer seiner Arbeitskraft, auf gewisser Reifestufe der kapitalistischen Produktion, widerstandslos unterliegt. Die Schöpfung eines Normalarbeitstags ist daher das Produkt eines
langwierigen, mehr oder minder versteckten Bürgerkriegs zwischen der
Kapitalistenklasse und der Arbeiterklasse".

Damit sind - wenn auch mehr andeutungsweise und an einem spezifischen
Beispiel - die beiden grundlegenden Aspekte von Sozialpolitik bezeichnet:
Einerseits ihr prophylaktischer bzw. reparativer Charakter, da der bürgerliche Klassenkampf durchaus zu einer längerfristigen "gesellschaftlichen
Kontrolle" zur Sicherung der kapitalistischen Produktionsverhältnisse ten-
diert und in der Lage ist - auch gegenüber den kurzfristigen Verwertungs-
interessen der Einzelkapitale; und andererseits ihr reaktiver Charakter,
da die Durchsetzung und tatsächliche Funktionsweise sozialpolitischer Maßnahmen entscheidend vom Kräfteverhältnis im Klassenkampf, also von der
relativen Stärke der beherrschten Klassen abhängig ist (31). Das Problem
bzw. die Ambivalenz von Sozialpolitik besteht nun darin, das Verhältnis
von präventivem und reaktivem Charakter genauer zu bestimmen. Dies muß
zwar einerseits in jedem konkreten Fall neu geschehen, aber andererseits
können auch auf der allgemein-konzeptuellen Ebene die beiden Aspekte
kaum isoliert nebeneinander stehen: z.B. auf der einen Seite die objektive
Tendenz zur Kompensation der Auswüchse des Kapitals und auf der anderen
Seite dann der Klassenkampf (was immer man darunter versteht). Dominiert
nicht vielmehr jeweils ein Aspekt den anderen? In der theoretischen Tradition der Arbeiterbewegung ist denn auch mehrheitlich vor allem der erste
Aspekt betont worden. Also: Primat der (noch vorhandenen) objektiven Re-

16

form- und Reproduktionsmöglichkeiten des Kapitalismus und dementspre-
chendes Reform- und Verhandlungsverhalten der Arbeiterorganisationen.
Zu der Minorität, die dagegen den zweiten Aspekt privilegiert und deshalb
ein anderes Verhältnis zu Reformen entwickelt hat, gehört z.B. R. Luxemburg, die daher über die Forderung nach Arbeiterschutzgesetzen schreiben
kann: "Der Arbeiterschutz gehört (...) zu jenen Forderungen der Sozialdemokratie, die vollkommen auf dem Boden der gegenwärtigen Ordnung erfüllt werden können, die ferner an sich die kapitalistischen Verhältnisse
nicht im mindesten aufheben, also - abstrakt genommen - auch von der
Bourgeoisie, insofern sie ein wenig weitblickend ist, akzeptiert werden müßten. Ja noch mehr. Die Entwicklung der Produktion und ihrer Technik bringt
die objektive Grundlage für die fortschreitende Entwicklung des Arbeiter-
schutzes mit sich. Dennoch sehen wir nicht nur die Bourgeoisie nicht freiwillig den Arbeiterschutz gewähren, wir sehen umgekehrt, daß alles, was
bis jetzt an Arbeiterschutz erreicht wurde, direkt oder - wie in England
zum Teile - indirekt ein Ergebnis des Klassenkampfes der Arbeiter ist"
(Luxemburg 1970, S. 791f.).

Mit anderen Worten: Der objektiven Tendenz zur sozialen Reform entspricht und widerspricht zugleich eine zweite, ebenso objektive Tendenz
("Dennoch ..."), die darin besteht, daß die Bourgeoisie niemals freiwillig
eine Reform vornimmt, sondern diese erst nach langanhaltenden Klassenkämpfen, also nur unter dem Druck eines bestimmten Kräfteverhältnisses
"gewährt". "Abstrakt genommen", so schreibt R. Luxemburg weiter, müßte
die Bourgeoisie ihre längerfristigen Systeminteressen von selbst zu befrie-
digen suchen und alle Maßnahmen, die "auf dem Boden der gegenwärtigen
Ordnung erfüllt werden können" aus freien Stücken "akzeptieren". Aber
"die konkrete Bourgeoisie will um nichts auf der Welt von Konzessionen hö-
ren und wird zu jedem, auch dem geringsten Schritte auf dieser Bahn nur
durch den Kolben des proletarischen Klassenkampfes vorangedrängt" (ebd.,
S. 795).

Die in der kapitalistischen Produktionsweise eingeschriebene "Tendenz
zu systematischer präventiver Politik" (Gerstenberger 1976, S. 402) ist
also vom Klassenkampf nicht zu trennen. Die Durchsetzung von "Konzessionen" gegenüber der herrschenden Klasse, ihre "Aberoberung" (Marx) "durch
den Kolben des proletarischen Klassenkampfes" (R. Luxemburg) ist ebenso
eine notwendige Funktion dieses Kampfes wie die "konkrete Bourgeoisie"
selbst ihre Systembestandsinteressen immer nur reaktiv (versöhnen) realisieren kann, nämlich als Negation des von ihr in Wirklichkeit praktizierten
Kampfes. Wenn Guizot 1847 meinte, daß es zwischen den Klassen keinen
Kampf mehr geben könne, weil spätestens mit der konstitutionellen Monarchie "alle großen Interessen befriedigt" seien (zit. in Erhard/Palmade 1965,
S. 60), formulierte er nur dieses - bis heute anhaltende - Phantasma, nach
welchem die Verteidigung des Bestehenden durchaus keinen antagonistischen
Interessenkampf mehr voraussetzt, obwohl gerade die 'Reformfreudigkeit'
der kapitalistischen Produktionsweise - einschließlich ihrer sozialpolitischen Strategien - immer nur eine direkte oder indirekte Antwort auf ihre

systemoppositionelle Bedrohung darstellt. So ist es auch nur scheinbar paradox, daß die real durchgesetzte Sozialpolitik (z.B. Koalitionsgesetze, Arbeitszeitregelungen, Kranken-, Unfall- und Arbeitslosenversicherung etc.) eigentlich nie den konkreten Forderungen der Betroffenen entspricht, sondern diesen vielmehr - vor allem mittels Verrechtlichung - systemkonforme Lösungen, 'Sachzwänge' und Verhaltensnormen überstülpt: "Die grundlegenden Formen der politischen Organisation in der bürgerlichen Gesellschaft machen es möglich, daß die Reproduktionsforderungen der Arbeiterklasse so erfüllt werden können, daß der Zweck und die Wirkung sozialpolitischer Maßnahmen nicht die Linderung sozialer Not, sondern die Reproduktion der klassenmäßigen Verhältnisse ist. Sozialpolitik ist nicht die Kompensation, sondern die Verwaltung der vom Kapitalismus produzierten Not" (32).

Wenn wir in der vorliegenden Arbeit versuchen wollen, die Bourses du Travail als zugleich sozialpolitische und gewerkschaftliche Institution unter Berücksichtigung derartiger Konzepte von Klassenkampf und Sozialpolitik zu analysieren, so bedeutet das insbesondere: die sozialpolitische Maßnahme 'Bourse du Travail' innerhalb von Klassenkämpfen zu situieren; den Zusammenhang zwischen staatlichen Zugeständnissen 'von oben' und proletarischem Druck 'von unten' als widersprüchliche 'Einheit' zu ermitteln; die Formen sozialpolitischer Institutionalisierung und Verrechtlichung sowie deren Folgen für die Praxis bzw. Ideologie der Arbeiterklasse kritisch zu beleuchten; und schließlich, die proletarischen Widerstandsformen in und gegenüber sozialpolitischen Institutionen in ihrer Widersprüchlichkeit zu fassen versuchen.

Ein solcher Ansatz ist angesichts der vorliegenden Konzepte zur Analyse der Bourses du Travail bzw. des revolutionären Syndikalismus sicherlich ungewöhnlich. Er unterscheidet sich zum einen von der französischen sozialgeschichtlichen Gewerkschaftshistoriographie, die zwar der Gewerkschaftsbewegung und den Syndikalisten mit politischer Sympathie begegnet, aber in ihren Analysen de facto 'positivistisch' verfährt und nur höchst selten theoretische Fragen formuliert (vgl. Haupt 1980). Erst recht unterscheidet er sich allerdings von einer methodisch offen positivistischen und inhaltlich syndikalismus-feindlichen Konzeption, wie sie z.B. P.N. Stearns (1971) vertritt: Im Rückgriff auf Theoreme des Funktionalismus und der amerikanischen Sozialpsychologie begreift er die Entwicklung der französischen Arbeiterklasse insgesamt als quasi natürlichen Integrations- und Versöhnungsprozeß gegenüber der bestehenden Gesellschaft. Daher deutet er - ohne nähere Differenzierung und Berücksichtigung von Widersprüchen - nahezu alle Verhaltensweisen und Aktionsformen der Arbeiterbasis als in der Tendenz pragmatisch und reformistisch, während der revolutionäre Syndikalismus nur als 'Ideologie' einer Handvoll radikaler Führer ohne jede Basis erscheint: "A cause without rebels" (33). Schließlich unterscheidet sich unser Ansatz aber auch von einer geschichtsphilosophisch-subjektorientierten Herangehensweise, wie sie z.B. die Arbeit von Rappl (1974) über die italienischen 'Camere del Lavoro' auszeichnet. Rappl projiziert das weiter

oben bereits kritisch erwähnte teleologische Subjekt-Objekt-Modell auf den
Entstehungsprozeß der nach dem Vorbild der französischen 'Arbeitsbörsen'
ab 1891 gegründeten 'Arbeitskammern' und vertritt die These, aufgrund
ihrer Kommunikations-, Kooperations- und Koordinationsfunktionen seien
diese Kammern in toto als "Präfiguration klassenemanzipativer Vergesell-
schaftung" zu begreifen (ebd., S. 181 u. passim). Der sozialpolitische Zusammenhang der Camere del Lavoro wird dagegen vollständig ausgeblendet
(34). Weder in bezug auf die durch die Kammern geleistete Arbeitsvermittlung, noch in der Darstellung ihrer sonstigen Praxisfelder und ihrer gewerkschaftlichen Basis wird das zeitgenössische Selbstverständnis hinterfragt und mit der widersprüchlichen Realität konfrontiert. Vielmehr werden Einfluß und Effizienz der Camere del Lavoro - für den betrachteten
Zeitraum - maßlos überschätzt (35). Die von ihnen repräsentierte gewerkschaftliche Praxis wird solange stilisiert, bis sie ins vorgegebene Schema
nahtlos zu passen scheint. Der 'Doppelcharakter' auch der Camere del
·Lavoro gerät auf diese Weise gar nicht erst in den Blick (36).

Obwohl auch unsere Darstellung der Bourses du Travail von theoretischen
Erkenntnisinteressen ausgeht, wollen wir eine ähnliche 'Verphilosophie-
rung', die die realhistorische Analyse nur behindern und verzerren kann,
auf jeden Fall vermeiden. Nach dem Vorbild einiger neuerer sozialhistori-
scher Arbeiten, die konzeptuelle und methodologische Fragen in ihren Analysen ohne 'Oversophistication' jeweils mitreflektieren (37), wollen wir
versuchen, unsere allgemeine Fragestellung möglichst quellennah in empi-
risch-konkrete Fragestellungen und Problempunkte umzusetzen. Diese lassen sich vorweg etwa folgendermaßen skizzieren:

Ein erster Problempunkt ist die 'Ursprungsfrage' der Bourses du Travail. Handelte es sich wirklich, wie immer angenommen wird, um eine
zunächst liberale Idee, die erst im Laufe ihrer Realisierung von den Gewerkschaften instrumentalisiert und schließlich zu ganz entgegengesetzten
Zwecken 'mißbraucht' wurde? Gab es überhaupt so etwas wie eine 'reine'
Idee der Arbeitsbörse, an der sich die spätere Praxis messen ließ? Diese
Fragen sind nicht bloß von ideengeschichtlichem Interesse; zum einen spielten sie in der Geschichte der Arbeitsbörsen eine wichtige Rolle, zum anderen sind sie aber auch relevant für eine Interpretation der Gewerkschaftsgeschichte, wenn die Komplexität ihrer Ursprünge berücksichtigt werden
soll.

Ein zweiter Problempunkt ist die konkrete ökonomische und politische
Situation, in der die erste Bourse du Travail entstand: die Anfänge der
III. Republik, das Wiedererwachen der Arbeiterbewegung nach der Pariser
Kommune und die Einführung der Gewerkschaftsfreiheit (1884) einerseits,
die ökonomische Krise der 80er Jahre, die Differenzierung innerhalb der
republikanischen Sozialpolitik und das besondere Interesse der Sozialisten
an der Arbeitsbörse andererseits. Dabei wird insbesondere zu fragen sein,
ob die Eröffnung der Pariser Börse wirklich ein 'Geschenk' bürgerlicher
Politiker oder primär ein Produkt sozialer Konfrontationen war. Schließlich werden die mit der Entwicklung und Radikalisierung der Börse auftre-

tenden Spannungen innerhalb der Gewerkschaften und zwischen der Börse, dem Stadtrat und Regierung im einzelnen zu untersuchen sein.

Ein dritter Problempunkt ist die nationale Ausbreitung der Bourses du Travail und ihre lokale Praxis. Im Rückgriff auf Archivalien sowie auf Lokal- und Regionalstudien wird es darauf ankommen, zunächst eine Bestandsaufnahme vorzunehmen, die im Unterschied zur vorliegenden Literatur eine stärker auf die 'Basis' ausgerichtete Einschätzung der von den Börsen eingeführten Praxisfelder sowie der sie strukturierenden Ideologien möglich machen kann. Es wird also nach der 'alltäglichen' Dimension des Börsen-Syndikalismus zu fragen sein, die sich zwar auch in überregionalen Kongressen niedergeschlagen hat, aber kaum umgekehrt aus diesen erschlossen werden kann.

Ein vierter Problempunkt ist schließlich das besondere Verhältnis der Bourses du Travail zum bürgerlichen Staat. Hier ist zum einen nach den Strategien und Praktiken zu fragen, die auf Seiten der Regierung - u. a. in Verbindung mit konservativen Munizipalräten - zur Bekämpfung der revolutionären Tendenzen innerhalb der Arbeitsbörsen entwickelt wurden. Wie wurden z. B. solche Disziplinierungsmittel konkret eingesetzt? Auf der anderen Seite sind allerdings auch die 'Antworten' der Bourses du Travail auf staatliche und städtische Überwachungsmaßnahmen zu analysieren. Welche taktischen und strategischen Schwierigkeiten traten auf und wie wurden sie gelöst? In diesem Zusammenhang wird auf die realen Entstehungsbedingungen des gewerkschaftlichen 'Apolitismus' sowie auf das Problem einzugehen sein, daß die Börsen sowohl einem staatlich durchgesetzten Politik-Verbot als auch einem spontanen 'Neutralismus' ausgesetzt waren, dem sie letzten Endes nur durch eine konsequente klassenkämpferischen Gewerkschaftsarbeit entgehen konnten.

Das somit gesteckte Ziel, die widersprüchliche Realität einer gewerkschaftlichen Institution, ihrer Praxisformen und internen Ideologien auf der Folie von Klassenkämpfen und sozialpolitischen Maßnahmen zu analysieren, ist abschließend zu relativieren: Einerseits ist unsere Darstellung in vieler Hinsicht unabgeschlossen und fragmentarisch; sie bedarf also weitergehender Forschungen. Zum anderen ist bei der Konfrontation von 'Empirie' und 'Theorie' die Gefahr unreflektierter Verallgemeinerungen aufgrund von vielleicht allzu wenig aussagekräftigen 'Fakten' von vorne herein zu berücksichtigen. Dennoch kann dieses durchaus traditionelle Dilemma heute kaum mehr als Argument für einen Verzicht auf theoretische Überlegungen angeführt werden, es sei denn man akzeptiert weiterhin jene merkwürdige Arbeitsteilung zwischen (historischer) Rekonstruktion und (soziologischer) Reflexion, die der Transformation von Geschichtsschreibung in eine sozialwissenschaftlich orientierte Geschichtswissenschaft noch immer entgegenwirkt (vgl. Stedman Jones 1976).

I. Genealogie der Bourses du Travail

"Le travail est un élément de mo-
ralisation; mais il est aussi, ou du
moins il peut devenir par l'abus des
ressources qu'il procure, un élément
de désordre".

Honoré-Antoine Frégier (1840, I, S. 276)

Am 3. Februar 1887 eröffnete der Sprecher des Stadtrats von Paris,
Gustave Mesureur, die erste Bourse du Travail im Redoute-Saal, 35 rue
Jean-Jacques Rousseau (1). Nach den Klängen des Soldatenmarsches aus
Gounods 'Faust' erklärte er vor den Vertretern von 172 Gewerkschaften
und zahlreichen Ehrengästen die Ziele der neuen Institution: "La Bourse
mettra à la disposition de tous, sous une forme simple et pratique, les
offres et les demandes de travail et les documents relatifs à la statistique
du travail; elle donnera à cette statistique une publicité large, impartiale
et régulière, en un mot, elle contiendra tous les organes nécessaires à son
but; si, pour le bon fonctionnement de tous ses services, des employés lui
seront nécessaires, la Ville les lui donnera, sans qu'il puisse jamais
résulter de leur présence une direction ou une tutelle administrative.
Lorsque le Conseil municipal aura constitué cette institution de toutes
pièces et assuré son fonctionnement, sa tâche sera terminée." Dann fügte
er in bezug auf die soziale Bedeutung der Arbeitsbörse hinzu: "Toutes les
forces sociales sont organisées: le Crédit a ses marchés dans le monde
entier; le Commerce, ses bourses, ses chambres, ses tribunaux; le
Travail, source primordiale de toutes le richesses, vient à peine de
conquérir, sous la forme syndicale, un commencement d'existence légale;
nous lui donnons la faculté d'affirmer cette existence en constituant dans
toutes les professions des unions syndicales véritables, largement ouvertes
à tous, sans distinction d'école ou d'opinion." (2)

Fünf Jahre später, am 22. Mai 1892, folgte die Einweihung des inzwischen
errichteten Hauptgebäudes in der rue du Chateau d'Eau. An die Vertreter
der Gewerkschaften gewandt, proklamierte der Vorsitzende des Stadtrats:
"Au nom de la Ville de Paris, je vous remets cette Bourse centrale du

Travail avec la confiance qu'elle sera entre vos mains un instrument de
pacification sociale qui, tout en assurant le triomphe de vos justes
revendications, contribuera par les relations que vous serez amenés à
nouer avec les travailleurs des autres pays à établir un jour la paix uni-
verselle" (3). In einem eigens für diesen Anlaß verfaßten Poem wurde das
Ereignis als Beginn einer "neuen Ära" (4) gefeiert.

Aber sie dauerte nicht sehr lange: Am 6. Juli 1893 wurden Haupt- und
Nebengebäude der Arbeitsbörse auf Anweisung der Regierung der Republik
militärisch geräumt und geschlossen. "Le gouvernement a décidé de fermer
la Bourse du travail. En conséquence, un commissaire de police accompagné
d'une vingtaine d'agents a pénétré à quatre heures dans la Bourse du travail. Il y avait à ce moment dans la Bourse une trentaine de personnes,
secrétaires de syndicats, gardiens, etc., qui ont été invité à se retirer.
Pendant ce temps, des troupes investissaient la Bourse du travail et en
interdisaient l'entrée" (5).

1887, 1892, 1893: Drei Ereignisse, die die Bedeutung der Arbeitsbörse
als Symbol für sozialpolitischen Fortschritt und republikanische Solidarität, aber auch als Gegenstand eines Kampfes zeigen, der die Öffentlichkeit
und die gesamte französische Arbeiterbewegung in Atem hielt. Dabei betraf
er nicht nur die Gegenwart der Bourse du Travail, ihre Funktionsweise
und ihren Alltag, sondern auch ihre 'Vergangenheit' - in Form ihrer realen oder imaginären Herkunft.

Eine offizielle Ursprungsgeschichte?

Im Verlauf der Konflikte kam es immer wieder zur Beschwörung einer ursprünglichen Idee, der gegenüber die Praxis der realen Arbeitsbörse offenbar nur als 'Abweichung' und 'Entartung' qualifiziert werden konnte:
gleichsam als Usurpartion einer zunächst ganz anders konzipierten Institution zu völlig entgegengesetzten Zwecken. So heißt es in einer Notiz des Innenministeriums vom 30. Juni 1893: "En résumé, la 'Bourse du Travail'
a complètement dévié du but que lui avaient assigné ses fondateurs, et est
devenue un foyer d'agitation révolutionnaire" (6). Und Eugène Spuller, einer
der sozialpolitischen Sprecher der republikanischen Bourgeoisie, schrieb
zur selben Zeit: "... La Bourse du travail, au lieu d'être ce que le
législateur a voulu en faire, un marché, comme la Bourse des valeurs ou
comme la Bourse des marchandises, soumis bon gré mal gré aux lois
impérieuses de l'économie politique, aux lois de l'offre et de la demande,
on en a fait un centre d'agitation, où les conditions les plus élémentaires
de la vie économique sont systématiquement méconnues" (7). Die Konsequenzen solcher Kritik waren leicht zu bestimmen: Il faut "ramener les
Bourses du Travail à leur principe et (...) les soustraire aux influences
néfastes des fauteurs de désordre et d'anarchie" (8).

Wir werden in späteren Kapiteln auf die politische Bedeutung der gegen
die Bourses du Travail gerichteten Propaganda, die immer wieder admini-

strative Sanktionen und direkte Unterdrückungsmaßnahmen heraufbeschwor, noch ausführlich eingehen. Zunächst aber wollen wir sie nur als Symptom betrachten für die Existenz einer bestimmten 'Mythologie', die die konzeptionellen Ursprünge der Bourses du Travail betrifft. Da sie in der Auseinandersetzung zwischen den Arbeitsbörsen selbst und der öffentlichen Meinung, bzw. den ideologischen Vertretern der Bourgeoisie eine nicht unwichtige Rolle spielte, verdient sie besonderes Interesse.

In den zeitgenössischen Quellen läßt sich eine sehr weitgehende Homogenität der verschiedenen Darstellungen der 'Ursprungsgeschichte' feststellen. Mit wenigen Varianten wurde zunächst im Pariser Stadtrat (10) und schließlich auch in den Bourses du Travail selbst (11) eine ganz bestimmte Konzeption ihrer Anfänge akzeptiert, so daß man geradezu von einer offiziellen Ursprungsgeschichte sprechen kann. Selbst die wissenschaftliche Literatur hat bis heute keine weitergehenden Fragen mehr gestellt und sich an einige offenbar feststehende Hergänge gehalten (12). Man kann sie wie folgt zusammenfassen:

Als Ausgangspunkt gilt die Französische Revolution, wo 1790 ein gewisser de Corcelles der Generalversammlung der Pariser Commune das Projekt einer Bourse du Travail vorgelegt haben soll, das dann an die Stadtverwaltung überwiesen wurde und später verschollen ist. Als eigentlicher Erfinder der Arbeitsbörsen wird daher der liberale Ökonom Gustave de Molinari (1819-1912) angesehen, der ab 1843 in zahlreichen Publikationen für die Einrichtung einer börsenähnlichen Arbeitsvermittlungszentrale in Paris eingetreten ist. Aufgabe der neuen Institution sollte einerseits die systematische Zusammenführung von Arbeitslosen und Unternehmern sein, andererseits aber auch die statistische Erfassung sämtlicher disponiblen Arbeitskräfte mit dem Ziel, unter Ausnutzung modernster Kommunikationsmittel wie Telegraph und Eisenbahn einen harmonischen Ausgleich von Angebot und Nachfrage auf dem gesamtnationalen (und sogar internationalen) Arbeitsmarkt herbeizuführen. Obwohl sich Molinari gleich nach der Februarrevolution mit den zuständigen Behörden in Verbindung setzte, erhielt sein Projekt nicht den erhofften Zuspruch; und als kurz danach der Polizeipräfekt und Abgeordnete François-Joseph Ducoux einen ähnlichen Antrag in der Nationalversammlung einbrachte, wurde dieser zunächst hinausgeschoben und dann als kommunale Angelegenheit abgewiesen. Nach dem Staatsstreich Louis-Napoleons ging Molinari nach Brüssel und versuchte dort auf eigene Faust seinen Plan zu realisieren. In der 1857 gegründeten Zeitung "La Bourse du Travail" publizierte er regelmäßige "Börsenberichte" zur Lage auf dem Arbeitsmarkt, die aber bei Arbeitern und Unternehmern gleichermaßen auf Desinteresse und Mißtrauen stießen: nach nur sechs Monaten mußte das Experiment als gescheitert eingestellt werden. Nun folgten einige Jahre des Vergessens, bis das Konzept schließlich unter den neuen Bedingungen der bürgerlich-liberalen Republik von einigen 'radikalen' und auch einigen sozialistischen Politikern wieder aufgegriffen, im Pariser Stadtrat diskutiert und nach langem hin und her in etwas modifizierter Form in die Tat umgesetzt wurde.

Soweit die gängige Fassung der 'Vorgeschichte' der Bourses du Travail. Sie ist sicher nicht ganz falsch, aber ihre Linearität wirkt verdächtig: Eine 'Idee' und ihr 'Erfinder' werden genannt, nicht aber die Bedingungen, unter denen diese 'Idee' hatte entwickelt werden können. Denn weshalb sollte man ausgerechnet von einer Neuregelung des Arbeitsnachweises eine soziale Besserung erwarten? An welche Erfahrungen knüpfte man dabei an, welche sozialtheoretische Sichtweise stand dahinter und gegen welche alternativen Konzeptionen war das Projekt gerichtet? Andererseits deuten sowohl der vermeintliche Ursprung in der Französischen Revolution als auch die spätere Realisierung unter den Bedingungen der III. Republik darauf hin, daß die Idee der Bourses du Travail über eine eng begrenzte ökonomische und ideologische Konjunktur - so wichtig dieser Kontext auch gewesen sein mag - weit hinausreichte, so daß eine längerfristigere strukturelle Verortung notwendig scheint. Schließlich wird hier die Frage nach den eventuellen Gemeinsamkeiten und Unterschieden zwischen 'Idee' und späterer Realisierung vorschnell beantwortet: Sofern man nur die liberale Ideologie Molinaris nachvollzieht, wie es diese Vorgeschichte ja unterstellt, ist die Praxis der Bourses du Travail nur noch als 'Entartung' zu begreifen; umgekehrt muß aus der Sicht dieser Praxis die offiziell beschworene Kontinuität der 'Idee' unverständlich und fragwürdig erscheinen.

Bezeichnenderweise hat Fernand Pelloutier, der als Praktiker des Syndikalismus eben diesen Widerspruch gespürt haben dürfte, in seiner "Histoire des Bourses du Travail" versucht, einen anderen Weg einzuschlagen, indem er zwischen einer "politischen" und einer "sozialen" Herkunft der Bourses du Travail unterschied. In politischer Hinsicht hielt er sich ganz an die offizielle Version, in sozialer Hinsicht dagegen bezeichnete er die Arbeitsbörsen als "application définitive et la plus haute des conseils de groupement et de solidarité donnés il y a trente ans au prolétariat par l'Internationale" (HBdT, S. 123). Nachdem er in seiner Darstellung die gängige Version der ideengeschichtlichen Ursprünge referiert hatte, fügte er - für den zeitgenössischen Leser übrigens gänzlich unvermittelt und außerdem ohne jeden Beleg - hinzu: "Telle est l'origine apparente des Bourses du Travail; mais (...) les Bourses telles qu'elles existent, sont bien antérieures à l'inauguration de l'immeuble de la rue Jean-Jacques Rousseau. On en pourrait trouver l'équivalent dans deux ou trois des fédération ouvrières créés par l'Internationale et dans la plupart des unions locales ou régionales de syndicats qui se constituèrent postérieurement au Congrès ouvrier de France, tenu à Paris en 1876. Quand, enfin, les syndicats socialistes eurent définitivement écarté d'eux les quelques syndicats mutuellistes (...), de. nouvelles unions locales, parfois départementales, de syndicats se constituèrent, qui pourvues de services de placement, de secours de chômage et de grève, de commission d'études, etc., formèrent ce que nous pourrions appeler des Bourses du Travail avant la lettre" (ebd., S. 128f.).

Pelloutier vertritt damit die These eines doppelten Ursprungs: eines scheinbaren, wie er durch die offizielle Ursprungsgeschichte nachgezeichnet wird, und eines realen bzw. realeren: die Praxis der Gewerkschafts-

und Arbeiterbewegung selbst, rückführbar auf die Organisationsansätze der I. Internationale. Leider mußte das Postulat einer solchen zweiten 'Traditionslinie', aus der sich die Bourses du Travail - geradezu entgegen ihrer üblichen Nominaldefinition (13) - entwickelt hätten, für den Leser mehr wie eine spekulative Hilfskonstruktion zur Abgrenzung gegenüber der liberalen Kritik an den Bourses du Travail erscheinen, und es fand daher auch keine weitere Beachtung. Im nachhinein jedoch könnte man meinen, daß Pelloutier hier wirklich nur die konkreten Anhaltspunkte gefehlt hatten, um seine historischen Vermutungen zu belegen. Einer der unmittelbar Beteiligten hätte ihm helfen können: Aber Gustave de Molinari, der in der Öffentlichkeit der achtziger Jahre immerzu als sein eigener Kronzeuge auftrat und sich unermüdlich als alleinigen Autor der Idee der Bourses du Travail herausstellte (14), um andererseits die dieser Idee gegenüber 'abweichende', weil gewerkschaftlich orientierte Praxis der realen Arbeitsbörsen anprangern zu können, verschwieg einfach die nicht ganz unwichtige Tatsache, daß es Ende der 40er Jahre auch noch andere, zumindest aber ein konkurrierendes Projekt für eine Bourse du Travail gegeben hatte.

Auf dieses zweite Projekt, das von einem gewissen Adolphe Leullier (15) stammte und das Molinari nachweislich kannte (16), wurde daher erst 1911 wieder ausdrücklich aufmerksam gemacht, als Paul Delesalle, einer der Nachfolger Pelloutiers an der Spitze der Arbeitsbörsen, eine Flugschrift Leulliers aus dem Jahr 1848 wiederfand und Auszüge daraus in der "Revue Socialiste" publizierte (17). Allerdings beschränkte er sich darauf, Leullier als einen spät entdeckten 'Vorläufer' zu feiern (18) und unternahm keine nähere Analyse der veröffentlichten Dokumente. Ein Vergleich mit den Auffassungen Molinaris, der möglicherweise Rückschlüsse für das historische Selbstverständnis der Bourses du Travail hätte bringen können, blieb aus. Und da Delesalles Versäumnis auch von seiten der Historiker nicht nachgeholt worden ist, gilt dies bis heute ...

Es scheint nunmehr möglich, die offizielle Ursprungsgeschichte der Bourses du Travail mit ihrer realen Ursprungsgeschichte zu konfrontieren. Dabei wird es kaum genügen, einige Lücken in der Chronologie zu füllen, vielmehr wird man den genealogischen Zusammenhang und materiellen Prozeß rekonstruieren müssen, in dem die Konzeption der Bourse du Travail formuliert wurde und der in der Realität ihrer Geschichte 'verlorengegangen' ist. In diesem Sinne werden wir im folgenden versuchen, die Bourses du Travail zunächst in der Genese der modernen Arbeitsmarkt-Strukturen sowie der dabei jeweils entwickelten Regulierungsstrategien und Arbeitsnachweis-Konzepte zu verorten. Anschließend werden wir dann die Differenz zwischen dem liberalen Modell Molinaris und demjenigen Leulliers im einzelnen untersuchen.

Historische Dimensionen der Arbeitsvermittlung

Die Geschichte des neuzeitlichen Arbeitsnachweis-Problems (19) setzt ein mit der Lockerung der zünftigen Arbeitsstrukturen im 15. und 16. Jahrhun-

dert und der allmählichen Konstituierung eines Arbeitsmarktes, der den
zunächst noch innerhalb der feudalen Gesellschaftsformation sich entfalten-
den kapitalistischen Verwertungsbedürfnissen entsprechen sollte. Seine Basis war die massenhafte Freisetzung und Mobilisierung ehemals zunftmäßig
organisierter oder seigneurial gebundener Arbeitskräfte. Nicht alle in dieser "sogenannten ursprünglichen Akkumulation" (Marx) verelendeten oder
freigesetzten Bauern, Handwerker und Tagelöhner konnten dabei unmittelbar in die neuen Produktionsverhältnisse integriert werden; in ihrer großen
Mehrheit trugen sie zunächst nur zur ungeheuren Vermehrung der städtischen und ländlichen Elendsschichten bei. Marx hat diesen Prozeß in klas-
sischer Weise beschrieben: "Die durch Auflösung der feudalen Gefolgschaf-
ten und durch stoßweise, gewaltsame Expropriation von Grund und Boden
Verjagten, dies vogelfreie Proletariat konnte unmöglich ebenso rasch von
der aufkommenden Manufaktur absorbiert werden als es auf die Welt gesetzt
ward. Andererseits konnten die plötzlich aus ihrer gewohnten Lebensbahn
Herausgeschleuderten sich nicht ebenso plötzlich in die Disziplin des neuen
Zustandes finden. Sie verwandelten sich massenhaft in Bettler, Räuber,
Vagabunden, zum Teil aus Neigung, in den meisten Fällen durch Zwang der
Umstände. Ende des 15. und während des ganzen 16. Jahrhunderts daher
in ganz Westeuropa eine Blutgesetzgebung wider Vagabundage. Die Väter
der jetzigen Arbeiterklasse wurden zunächst gezüchtigt für die ihnen ange-
tane Verwandlung in Vagabunden und Paupers. Die Gesetzgebung behandelte
sie als 'freiwillige' Verbrecher und unterstellte, daß es von ihrem guten
Willen abhänge, in den nicht mehr existierenden alten Verhältnissen fortzu-
arbeiten" (20).

Die im Mittelalter üblichen Formen der Arbeitsvermittlung durch Klöster,
Herbergen, Gesindemärkte und vor allem Gesellenbünde (compagnonnages)
(21) waren der massiven Ausweitung des Arbeitsmarktes nicht mehr ge-
wachsen. Die Arbeitsbeschaffung wurde zu Beginn des 16. Jahrhunderts
zum Kernproblem einer städtisch oder staatlich beaufsichtigten Armenpfle-
ge, die dem praktischen Zusammenhang von Arbeitslosigkeit, Armut und
Massenbettel Rechnung tragen mußte. Während früher die religiös-organi-
sierte oder individuelle Almosenvergabe allgemein verbreitet war, wurden
das Betteln und entsprechend auch das Almosengeben gesetzlich einge-
schränkt, wenn nicht gar verboten: die Armen sollten weniger als Adressaten christlicher Nächstenliebe, sondern vielmehr als soziale Gefahr und
potentieller Seuchenträger erkannt und isoliert werden (22). Als signifikantes Beispiel für dieses Bemühen gilt das 1531 von Karl V. erlassene Armen-
gesetz, das zum einen eine rigorose Bekämpfung der Bettelei, zum anderen
eine genaue Registrierung der einheimischen Armen durchsetzen sollte. An
die Stelle der Almosen trat eine Art städtische Armensteuer, die bei den
wohlhabenderen Bürgern sowie durch besondere Behälter an den Kirchen-
eingängen eingesammelt und durch eine spezielle Behörde an die Bedürfti-
gen - soweit diese ordentlich eingetragen waren und das vorgeschriebene
Abzeichen an ihrer Kleidung trugen - ausgeteilt wurde. In dem Gesetz heißt
es: "Affin de subvenir aux povres mallades et autres indigens non puissants

gaignier leur vies ne autrement ayans pour soy entretenir, qui se trouveront
residens en chascune ville ou villaige de noz pays, ordonnons que toutes
les charitez, tables de povres, hospitaulx, confraries et autres qui ont
obitz et distribucions de prebendes et aulmosnes, se faice une commune
bourse pour faire distribucion aux povres, a ladvis des maistres et
gouverneurs dicelles tables de povres, dhospitaulx et confraries, ensemble
de ceulx que les officiers et gens de loy en chascune ville, parroice ou
villaige deputeront et commetteront a la conduite de la charite en la
manière cy aprez declairee ... '' (23). Almosenertrag und Institution wurden
bald unter ein und demselben Terminus gefaßt: Bourse des Pauvres (24).

In Frankreich funktionierte die Armenüberwachung nach demselben Prinzip: "A partir des années 1525-1530 les villes organisent des bureaux des
pauvres qui ont pour objet de centraliser les ressources, de distribuer
des secours après avoir recensé les pauvres, et, bien entendu, d'empêcher
la mendicité (...). Tous ces bureaux des pauvres ont une organisation
comparable. Ils procèdent d'un souci d'ordre et leur premier souci est
d'enregistrer les pauvres, parfois même de leur imposer le port d'une
marque distinctive. Les invalides reçoivent des secours en pain (...).
Les mendiants valides doivent trouver du travail. S'il n'en trouvent pas
on les emploiera de force à des travaux publics, de voirie, de fortifications
par exemple (...). Toutes ces mesures ont pour but de faire disparaître
la mendicité" (Gutton 1974, S. 107-109).

Aber die Massenarmut nahm eher noch zu. Im merkantilistischen 17.
Jahrhundert griff man daher zu härteren Maßnahmen und verfügte die
Zwangsinternierung aller bettelnden Armen, Vagabunden und Arbeitslosen
in sogenannten 'Hôpitaux généraux', 'Workhouses' oder 'Zucht-Häusern'.
Der Vorteil war zweifach: "Billige Arbeitskräfte in den Zeiten der Vollbe-
schäftigung und der hohen Löhne, in Zeiten der Arbeitslosigkeit jedoch
Resorption der Müßiggänger und Schutz der Gesellschaft gegen Agitation
und Aufstände" (Foucault 1969, S. 85).

Neben einer derart drakonischen Methode der Arbeits- bzw. Arbeiterbe-
schaffung (25), blieb die 1628 von Théophraste Renaudot (1568-1653), dem
damaligen 'Commissaire général des pauvres du royaume', ergriffene
Initiative zu einem 'Bureau d'adresses et de rencontre' - das seither als
das erste moderne Arbeitsnachweisbüro gilt (Solomon 1972, S. 35ff.) -
äußerst marginal. Eine freie Stellenvermittlung - u. a. durch Annoncen
in der von Renaudot gegründeten "Gazette" - konnte allenfalls in den großen
Städten zur raschen Besorgung von Dienstboten nützlich sein, nicht jedoch
die massive Umverteilung und Kontrolle von Arbeitskräften gemäß den Bedürfnissen frühindustrieller Produktion sicherstellen. Allerdings wurde
selbst dieser philanthropische Vorstoß (Renaudot erhob für seine Vermitt-
lungtätigkeit keine Gebühren seitens der betroffenen Armen) zu Überwa-
chungszwecken umfunktioniert: Alle in Paris eintreffenden Arbeitsuchenden
wurden durch Polizeiordonnanz dazu verpflichtet, sich binnen 24 Stunden
im 'Bureau d'adresses' registrieren zu lassen. Auch wenn dieser Melde-
zwang nie richtig durchgesetzt werden konnte, macht er deutlich, wie sich

selbst dieses erste (private) Vermittlungsbüro polizeilichen Funktionen
nicht zu entziehen vermochte (ebd., S. 44f.).

Trotz einer gewissen ökonomischen Funktionalität herrschte in der Praxis der 'Großen Internierung' immer noch das ideologisch-religiöse Moment einer repressiven Moralisierung der Bettler, Arbeitslosen und sonstigen Ausgestoßenen vor. Das Ziel der totalen Erfassung und Umerzie-
hung der 'Müßiggänger' freilich blieb allein schon aufgrund der Schwäche
des zuständigen 'Polizei'-Apparats und der ständigen Illegalismen der
unteren Schichten gegenüber dem Staat völlig unerreichbar. So schreibt
Gutton (1974, S. 136): "Il y avait dans l'enfermement des aspects d'utopie:
volonté de tout réglementer, désir de préparer le règne de la Vertu. Et
comme toute utopie, le renfermement des pauvres se heurtera à la
résistance du réel comme aux oppositions de contradicteurs. "

Vergleichsweise traditionelle Formen der Armenfürsorge - einschließlich der Almosenvergabe - blieben daher parallel weiter bestehen (ebd.,
S. 138ff.). Dies gilt erst recht im aufgeklärten 18. Jahrhundert: Während
einerseits die Systeme der Zwangsarbeit durch die Einrichtung von 'dépots
de mendicité' (1764) und 'ateliers de charité' (1770) differenziert und ge-
lockert wurden, konnten sich andererseits schon die ersten Ansätze einer
bürgerlichen 'Wohltätigkeit' im Sinne privater Fürsorgeeinrichtungen
herausbilden (26).

Mit der Französischen Revolution, d. h. der politisch-ideologischen
Sanktionierung der kapitalistischen Produktionsweise als dominanter Er-
werbsform, entstand eine neue Situation. Die endgültige Durchsetzung der
Gewerbefreiheit ließ einen nahezu unbeschränkten Arbeitsmarkt entstehen,
dem im Sinne des laissez-faire alle auch nur irgendwie verfügbaren Arbeitskräfte zugeführt werden mußten (Hoselitz 1973). Die Insassen der Arbeitshäuser erhielten ihre Bewegungsfreiheit zurück: Kriminelle und Irre,
Bettler und Arbeitslose gingen von nun an verschiedene Wege; Kranken-
pflege und Strafvollzug, Armenfürsorge und Arbeitsbeschaffung wurden
im Prinzip voneinander getrennt. Die arbeitsfähigen Insassen der Hôpitaux
généraux mußten sich den 'freien' Marktmechanismen sowie der neuen
bürgerlichen Arbeitsverfassung rückhaltlos unterwerfen. Die weiterbeste-
henden 'Ateliers de charité' hatten nur noch eine lindernde Aufgabe, da
Armut und Arbeitslosigkeit, soweit sie nicht ohnehin 'selbst verschuldet'
waren, als ökonomisch bedingte Unwägbarkeiten galten, die nicht durch
interventionistische Hilfsprogramme aufzuheben seien (Du Boff 1966;
Schwander 1904, S. 15ff.). In diesem Kontext legte am 2. März 1790 tatsächlich ein de Corcelles der Pariser Kommunalversammlung ein Projekt
zur Neustrukturierung der Arbeitsvermittlung vor: "Sur le compte, rendu
par le Comité des rapports, d'un mémoire présenté par M. de Corcelles,
dans lequel ce citoyen, après avoir cherché à démontrer les inconvénients
qui naissent de l'établissement des ateliers de charité, propose de
nouveaux moyens d'occuper les ouvriers plus utilement; L'Assemblée,
considérant combien il importe de recueillir et de communiquer des
lumières sur un objet aussi important, a arrêté que le mémoire de M. de

Corcelles sera renvoyé au Département des travaux publics, pour avoir son avis" (Actes de la Commune 1896, S. 259). Inwiefern es sich hierbei allerdings schon um die 'Idee' einer Arbeitsbörse handelte, muß völlig offen bleiben. Denn das Schriftstück ist unauffindbar und vermutlich im Mai 1871 im Pariser Hôtel de Ville verbrannt. Der Herausgeber der Kommune-Protokolle vermerkt: "Je n'ai trouvé aucun renseignement ni sur le mémoire ni sur l'auteur" (ebd., S. 259, Anm. 2) (27).

Mit der Aufhebung der Zünfte und dem Koalitionsverbot von 1791 (Gesetz Le Chapelier) wurden auch die quasi-gewerkschaftlichen Strukturen der Gesellenbünde (28) und die daran geknüpften Formen der Arbeitsbeschaffung sowie überhaupt jede Absprache der Anbieter von Arbeitskraft kriminalisiert (29). Als einzige legale Form der Arbeitsvermittlung - soweit diese nicht direkt durch die persönliche Vorsprache beim Unternehmer bzw. Meister erfolgte - blieben die aus der Tradition übernommenen 'Märkte'. In den Städten hießen sie 'grèves' oder 'coins', auf dem Lande waren es die 'louées' oder 'foires d'embauches' (Gesindemärkte) an bestimmten Tagen: Saint-Jean, Saint-Michel, Toussaint usw. (30). Am bekanntesten war der traditionsreiche Pariser 'Place de Grève' zwischen Rathaus und Seine-Ufer: Die Arbeitsuchenden standen dort täglich frühmorgens nach Berufsgruppen zusammen und boten ihre Arbeitskraft feil. Unternehmer, Meister und Zwischenhändler (marchandeurs) traten vor und wählten sich die benötigten Arbeiter aus (31). Rechtlich waren jetzt beide Seiten einander fast gleichgestellt, aber die Arbeiter waren auf den Lohn angewiesen und standen außerdem aufgrund des Überangebots untereinander in Konkurrenz. Folglich waren sie eher willige 'Vertragspartner' (32). Ebenso wie bei Konflikten am Arbeitsplatz hätte hier allein die Organisierung von Gruppensolidarität eine bessere Verhandlungsposition bewirken können: durch Tarifabsprachen oder die kollektive Verweigerung der Arbeitskraft - durch mise en grève (33). Eben diese Instrumente geselliger oder proletarischer Gegenwehr wurden aber durch die Revolutionsregierungen als Verstöße gegen die 'Arbeitsfreiheit' und das Gemeinwohl unterdrückt (Rudé 1961).

Gleichsam ersatzweise wurden unter dem Druck der Sansculotten 1793/94 verschiedene Maßnahmen dirigistischer Arbeitsbeschaffung und Arbeitslosenhilfe beschlossen (Schwander 1904, S. 73ff.). Sie kulminierten in dem Gesetz vom 22. Floréal Jahr II, das durch staatliche Fürsorge die vollständige Überwindung der Armut sicherstellen sollte. "La mendicité est incompatible avec le gouvernement populaire", erklärte Barère (zit. ebd., S. 90). Als Gegenstück zum 'Livre des dettes publiques' für die Staatsschulden gegenüber den Reichen war in jedem Département ein 'Livre de bienfaisance nationale' einzurichten, in das sich alle Hilfsbedürftigen eintragen konnten. Das geplante System einer umfassenden sozialen Sicherung blieb allerdings bloßes Papier.

Nach dem 9. Thermidor reduzierte sich das Brüderlichkeitsideal der Revolution sofort wieder auf das traditionelle Mitleid gegenüber den Armen (ebd., S. 100ff.), während die Reglementierung der Arbeitsverhältnisse verschärft wurde, was sich u.a. in der Wiedereinführung des 'livret' (1803) und einer partiellen Neuregelung des Arbeitsnachweises niederschlug (Bourgin 1912, S. 107ff.). Ohne die ökonomische Mobilität der Arbeiterschaft einzuschränken, wurden ihre sozialen und politischen Freiheiten in ein Netz polizeilich-administrativer Zwänge eingebunden: Die Arbeitssuche auf dem Place de Grève, bei einem der gewerblichen Stellenvermittler oder - soweit es sich um einen Beruf handelte, in dem die korporativen Organisationsstrukturen überlebt hatten - bei einem der geselligen 'rouleurs' wurde im Prinzip abhängig von der korrekten Führung eines Arbeitsbuches, d. h. sowohl von der polizeilichen Anmeldung wie dem Urteil des Unternehmers über den betreffenden Arbeiter. Für bestimmte Berufsgruppen, die sich an der freien 'grève' nicht beteiligten, aber dennoch sehr häufig gezwungen waren, eine neue Stelle zu suchen (z. B. Dienstboten, Kellner, Verkäufer usw., aber auch Perrückenmacher, Schuhmacher, Anstreicher usw.) wurden offizielle Arbeitsnachweise eingerichtet: Kein Meister oder Unternehmer durfte aus diesen Berufsgruppen Arbeiter einstellen, die nicht eine Einschreibequittung dieser Vermittlungsstellen vorlegen konnten, und ebendort wurden wiederum nur diejenigen registriert, die ein gültiges Arbeitsbuch besaßen. 1805 wurde diese Vorschrift auch auf die gewerblichen 'bureaux de placement' ausgedehnt. Durch die Kombination von 'livret' und 'bulletin d'inscription' bekam der Arbeitsnachweis ganz eindeutig eine Hilfsfunktion bei der Kontrolle der immer mehr zur Mobilität angehaltenen und gezwungenen unteren Volksschichten. Bourgin, der auf die engen Kontakte zwischen Arbeitsnachweisen und Polizeiministerium hinweist, stellt mit Nachdruck fest: "A Paris comme dans les villes industrielles le placement était bien décidément devenu matière d'administration et moyen de surveillance policière" (ebd., S. 118; vgl. Sibalis 1978).

Die Restauration hat dieses System unverändert übernommen. Aber sein Überwachungseffekt lockerte sich so spürbar (34), daß man annehmen muß, die Polizei selbst habe auf eine strikte Einhaltung nicht mehr denselben Wert gelegt. Lag es daran, daß sich der gleiche Zweck ebensogut über regelmäßige Kontakte zu den gewerblichen Vermittlern erreichen ließ? Oder war es ein Indiz für den zunehmenden Widerstand der Arbeiter einerseits - gerade in die Zeit der Restauration fällt ein bemerkenswerter Wiederaufschwung der Compagnonnages (Bruhat 1968) - und des Mißtrauens der Unternehmer gegenüber dem monarchistischen Polizeiapparat andererseits? Die Schwächen der bestehenden Praxis waren 1816 jedenfalls noch einmal Anlaß für den Versuch, das System der Arbeitsnachweise neuartig zu strukturieren (Marquant 1962, S. 209ff.). Die gesamtnationale Arbeitsbeschaffung sollte von einem gewerblichen Monopolbetrieb übernommen werden, der als Zwangskörperschaft eine einheitliche 'carte de placement' ausstellen und damit die alten 'livrets' und 'bulletins' überflüssig machen würde.

Neben der Arbeitsvermittlung sollte die neue Institution zugleich sozial- und kriminalstatistische Aufgaben wahrnehmen, indem sie über sämtliche 'Kunden' - u. a. durch diskrete Recherchen eigener Agenten - genau Buch führte. Diese Register wären den Betroffenen gegenüber natürlich verschlossen zu halten, den Behörden jedoch oder interessierten Unternehmern, die sich über den Lebenswandel ihrer Arbeiter informieren wollten, jederzeit zugänglich. Der Initiator des Projekt, Piètre Passart, ein ehemaliger Adjudant Murats, empfahl dieses "réseau de surveillance" dem Innenminister gegenüber mit folgenden Worten: "Il est impossible à un ouvrier pervers, à un domestique infidèle d'échapper à une administration qui a les yeux partout, qui ne le perd pas un instant de vue, qui le suit pas à pas. C'est l'espoir d'impunité qui enhardit le malfaiteur; mais comment peut-il se flatter de cet espoir celui qui sait que partout où il s'est mal comporté des régistres ont conservé la trace de ses délits? que sa vie entière y est écrite! que le sommier du bureau général (de placement - P. S.) a réuni ces traits épars en un seul corps où les tribunaux puiseraient des notions aussi claires que positives? J'ose le dire, Monseigneur, quand on décuplerait la gendarmerie et les agents de police l'on obtiendrait jamais des résultats aussi certains, aussi étendus. C'est qu'il ne peut y avoir entre eux le concert, l'ensemble et l'unité qu'on établi aisément dans mon administration monarchique" (zit. ebd. , S. 212). Die Sache selbst - eine großartige Symbiose aus Arbeitsnachweis und Polizei - leuchtete dem Minister völlig ein. In seiner Antwort lobte er denn auch die gute Absicht, nur ... so originell, wie der Autor meine, sei das alles nicht: "Il existe déjà, non seulement à Paris mais aussi dans plusieurs villes de province, des établissements du même genre dont l'insuffisance ne m'est pas démontrée" (zit. ebd. , S. 213). Selbst wenn dies durchaus übertrieben sein mochte und zudem noch eine Reihe anderer Gesichtspunkte zur schließlichen Ablehnung des Projekts führten (35) - die prinzipielle Ausrichtung der Arbeitsnachweise an den Zwecken staatlicher Sicherheitspolitik wird hier deutlich unterstrichen (36).

Dieser funktionale Zusammenhang ist auch nach der Aufhebung der noch verbliebenen Vorschriften für den gewerblichen Arbeitsnachweis (1823) und der damit bewirkten ungeheuren Ausbreitung dieser speziellen 'Industrie' - so die zeitgenössische Bezeichnung - keineswegs verlorengegangen (37). Die Überwachungsabsicht war vielleicht weniger sichtbar, aber in der konkreten Vermittlungspraxis blieb die namentliche Erfassung gerade derjenigen Individuen, die auf dem Arbeitsmarkt die größten Schwierigkeiten hatten, eine Stelle zu finden oder am häufigsten ihre Anstellung wechselten, weiterhin gewährleistet. Außerdem weisen die zahlreichen Klagen darauf hin, daß die gewerblichen Institute oft die Notsituation ihrer Kunden bis zum Äußersten auszunutzen verstanden (überhöhte Anzahlungen und Gebühren, Mehrfachvermittlungen, falsche Versprechungen, Unzuchtsvergehen usw.). Ausbeutung und Demütigung sowie indirekte Disziplinierung waren mit dem Vorgang der Arbeitsvermittlung stets mehr oder weniger eng verflochten.

Zusammenfassend könnte man sagen, daß das System der Bureaux de placement, wie es sich nach der Französischen Revolution sowohl im Gegensatz zur traditionellen Gesellenvermittlung, als auch zur Armenüberwachung des Ancien Régime herausbildete, in seiner staatlichen wie privatkapitalistischen Variante neben der formellen Zielsetzung der Vermittlung von Arbeitsstellen immer zugleich auch eine eminent politische Aufgabe

wahrnahm: Auch die Arbeitsnachweise waren, um mit Michel Foucault
(1976, S. 251ff.) zu sprechen, einem Panoptismus des Alltags verpflichtet,
durch welchen die nachrevolutionäre Überwachungsgesellschaft ihre Mitglieder präzise zu erfassen und der gesellschaftlichen Kontrolle zu unterwerfen suchte. Neben Hospitälern und Schulen, Fabriken, Gefängnissen
und 'offenen' Fürsorgeeinrichtungen fungierten die Arbeitsnachweisstellen
als über das Land verstreute "soziale Observatorien" (ebd., S. 217ff.),
die ihren jeweiligen Teilbereich - hier also: die 'freie' Vermittlung von
Arbeit in bestimmten Berufszweigen einer bestimmten Region - überschauen
und damit kontrollieren sollten (38).

Molinari und/oder Leullier

Vor dem Hintergrund der hier skizzierten Entwicklungsgeschichte des französischen Arbeitsnachweis-Systems ist die Formulierung des Konzepts der
Bourse du Travail in den Jahren 1843-48 durch Gustave de Molinari einerseits und Adolphe Leullier andererseits zu analysieren. Bevor wir aber
auf das Besondere dieser beiden Positionen näher eingehen, sei an den historischen Kontext erinnert, an dem sie sich implizit ausrichten mußten (39).
    In diesen Spätjahren der Juli-Monarchie wurden die Folgen des kapitali-
stischen Industrialisierungsschubs immer massiver spürbar, auch wenn in
Frankreich die Produktivkraftentwicklung sehr viel langsamer erfolgte als
etwa in England, so daß 3/4 der Gesamtbevölkerung zu dieser Zeit noch
immer in der Landwirtschaft ihren Unterhalt verdienten. Für die in einigen
Industriezonen sowie in Paris konzentrierte Arbeitschaft hatte sich die materielle Situation erheblich verschlechtert. Sinkende Löhne, miserable Ar-
beits- und Wohnverhältnisse und massenhafte Arbeitslosigkeit begründeten
einen sozialen Zustand, der allgemein als 'Pauperismus' bezeichnet wurde. Arbeiterrevolten und Streiks erregten immer wieder die öffentliche
Aufmerksamkeit; die ersten Sozialenqueten sowie Presseberichte brachten
die Lage der proletarisierten Schichten einem breiten Publikum auch lite-
rarisch-deskriptiv zum Bewußtsein.
    Während aber das großbürgerliche Regime selbst der Verelendung taten-
los zusah, bzw. sich allein auf die Wirksamkeit eines privat initiierten,
philanthropischen Fürsorgewesens verließ, formierten sich auf der anderen
Seite die ersten Ansätze einer eigenständigen 'Arbeiterbewegung'. Diese
war nicht mehr bloß rückwärtsgewandt im Sinne einer Erneuerung der
Compagnonnages, sondern 'progressiv' und 'demokratisch'. Sie bildete
neue, an den industriellen Strukturen orientierte Organisationstypen wie die
'Sociétés de secours mutuels', die 'Sociétés de résistance' oder die
'Bourses auxiliaires', deren Schwerpunkt bei der materiellen Selbsthilfe
lag. In politischer Hinsicht, wo freilich die Verfilzung mit dem Lager des
republikanischen Radikalismus sehr viel stärker zum Tragen kam, entstand
eine theoretische Literatur, in der neben utopisch-sozialistischen Gesell-
schaftsentwürfen die konkrete Kritik der bestehenden ökonomischen und so-

zialen Verhältnisse breiten Raum einnahm. Besonders populär und folgenreich war in diesem Zusammenhang das von Louis Blanc und zuvor von Saint-Simon thematisierte Konzept der Organisation du Travail. Damit verband sich die Forderung nach staatlichen Unterstützungsmaßnahmen zugunsten der Arbeitslosen und Unterbezahlten. Blanc verlangte die Einrichtung von sog. 'ateliers sociaux', die sowohl Arbeitsplätze schaffen als auch menschlichere (kooperative) Arbeitsformen demonstrieren sollten. Ihr vorbildhafter Charakter wäre ein Antrieb zur umfassenden "Industriereform" wie auch zur "moralischen Revolution" der Gesamtgesellschaft (Blanc 1845, S. 117-133).

Die Bourse du Travail-Projekte Molinaris oder Leulliers haben einen vergleichbaren Anspruch auf Systemveränderung nie gestellt. Ihre Ziele waren eher praktischer Natur, auch wenn dahinter unausgesprochen weiterreichende Ambitionen stehen mochten. Ihr gleichlautender Vorschlag, regelrechte 'Börsen der Arbeit' zu installieren, sollte zur Lösung aktueller Probleme der Arbeitsbeschaffung dienen, ohne daß dazu eine politische und ökonomische Strukturveränderung hätte vorausgehen müssen. Bereits an diesem Punkt werden freilich grundsätzliche Unterschiede zwischen beiden Projekten deutlich: während Molinari sich damit zufriedengab, die Logik des laissez-faire institutionell zu überhöhen - die Bourse du Travail als überregionale Vermittlungsinstanz von Arbeitsangebot und unternehmerischer Nachfrage wird bei ihm als möglichst getreue Widerspiegelung der reinen Marktverhältnisse gedacht (40) -, unterstellt Leullier seinerseits das organisierte Eingreifen von Berufsorganisationen und staatlicher Verwaltung in die Verhältnisse des Arbeitsmarkts. Während für Molinari das Problem nicht in der organisierten Beschaffung von Arbeitsplätzen, sondern primär in der möglichst schnellen Umverteilung überschüssiger Arbeitskräfte nach den ständig fluktuierenden Bedürfnissen der Industrie, also in der Erhöhung der Mobilität der Arbeit besteht (1893, S. 264ff.), geht es Leullier in erster Linie darum, in Anbetracht einer ansonsten ungeregelten Wirtschaftsordnung zumindest den Einsatz der Arbeitskräfte genauer zu rationalisieren; eine derart gezielte "Mobilisierung von Arbeit" (Flugschrift S. I/3 und S. II/1) jedoch, sei allein durch die "Organisierung der freien Arbeiter" möglich (ebd., S. I/1 und S. II/1).

Diese gegensätzliche Ausrichtung läßt sich bei Betrachtung der vorgelegten Projektskizzen noch weiter konkretisieren. Beginnen wir zunächst mit den Vorschlägen Molinaris: Sein hauptsächlicher Einfall bestand darin, das erst wenige Jahre zuvor eingeführte Verkehrsmittel Eisenbahn zusammen mit der ebenfalls erst seit kürzester Zeit funktionierenden Telegraphie in den Dienst eines zeitgemäßen Arbeitsvermittlungssystems zu stellen. "Ce qui empêche les populations ouvrières de se déplacer, lorsque l'industrie vient à se ralentir dans le lieu où elles sont fixées, c'est la cherté ou la lenteur des moyens de transports, c'est aussi l'incertitude dans laquelle elles se trouvent de pouvoir se procurer ailleurs du travail" (41). Hier ist einer der wenigen Punkte, wo Molinari staatliche Hilfe in Anspruch nehmen möchte: Durch gezielte Senkung der Eisenbahn-Tarife, also gleichsam durch Schaffung eines Reiseprivilegs für Arbeitssuchende, könnte die Bereitschaft zu häufigen Ortswechseln geweckt werden, sobald der Arbeiter durch die Bourse du Travail über auswärtige Arbeitsangebote hinreichend informiert wäre. Die Vermittlungstätigkeit der Bourse ist also im Grunde eine rein 'technische' Angelegenheit: Neben der möglichst genauen Beobachtung der Marktlage, ihrer wirtschaftsstatistischen Auswertung und schließlich der Publikation dieser Angaben in einem speziellen "Bulletin du travail" (Molinari 1849, S. 173) kommen der Bourse keinerlei weitergehenden Aufgaben (etwa im Sinne der Sicherung der vorher vermittelten Arbeitsplätze) zu.

Auch wenn Molinari darauf nicht näher eingeht, darf man annehmen, daß er nie an eine Aufhebung des bestehenden Systems der gewerblichen Arbeitsnachweise gedacht hat: Dies wäre ja eine Beschränkung der Gewerbefreiheit gewesen, die er im Gegenteil weiter ausbauen wollte (ebd., S. 172). Sein 1848 gegenüber dem republikanischen Handelsminister Flocon gemachter Vorschlag, die Pariser Börse an den Vormittagen für die Bourse du Travail zur Verfügung zu stellen (1893, S. 269), bezeugt ebenfalls seinen liberalen Optimismus: Die Mobilität der Arbeit wird völlig analog gedacht zur Zirkulation der Kapitale; beides läßt sich nicht staatlich 'regulieren' oder gar 'organisieren' (42) - wie bei Louis Blanc oder Leullier gefordert -, sondern allenfalls verkaufsstatistisch beschreiben und im Rahmen seiner Eigengesetzlichkeit effektivieren. Die Bourse du Travail ist hierbei lediglich ein (vorübergehendes?) Hilfsmittel zur Freisetzung von Arbeit in Anbetracht der Tatsache, daß deren Mobilität noch immer durch traditionelle Abhängigkeiten (ökonomischer, soziologischer oder psychologischer Art) sowie durch die Zwänge einer regelrechten "féodalité industrielle" behindert wird und ein harmonischer Ausgleich von Angebot und Nachfrage noch nicht zustande kommen kann (43).

Sind bei Molinari die neuen technologischen Möglichkeiten die entscheidenden Impulse, so daß der Schwerpunkt bei der überregionalen Vermittlungstätigkeit liegt, geht Leullier, der offenbar selbst Arbeiter war und "die Nachteile der Arbeitslosigkeit am eigenen Leib verspürt hatte" (Flugschrift, S. II/2), von den konkreten Realitäten der Arbeitssuche aus. Für ihn soll die Bourse du Travail vor allem eine "Verbesserung" und "Zentralisierung" der bestehenden Form der "grève" bringen (44). "La grève, telle qu'elle existe, avec la voûte du ciel pour abri et le pavé pour tapis, est un scandale. Tandis que les marchandises ont leurs entrepôts, que les denrées ont leurs marchés, que la spéculation a un palais, l'opération, bien vulgairement dénommée l'embauchage, qui a pour objet d'assurer le pain quotidien du travailleur, n'a pas un auvent, pas une chaussée; elle s'effectue littéralement dans le ruisseau. La monarchie lui a refusé un asile, la République lui devrait un temple!" (ebd., S. I/1).

Leullier orientiert sich mit seinem Projekt an den konkreten Pariser Bedürfnissen. Realistischer als Molinari, der übersieht, daß ein nationaler Arbeitsmarkt aufgrund der ökonomischen Entwicklung eigentlich erst in Ansätzen existiert, begreift er die Stadt als eigenständigen und komplexen

Markt, der besondere Vermittlungsformen erfordert (45). Durch Errichtung der Bourse du Travail soll für die gesamte Pariser Arbeiterbevölkerung - Leullier erwägt daher auch gleich die Gründung mehrerer Außenstellen - ein zentraler Vermittlungs- und Versammlungsort geschaffen werden (Flugschrift, S. I/1). Das dafür zu bauende Gebäude beschreibt Leullier als "d'une architecture simple et sévère, conforme à sa destination" (46). Alle Arbeiter werden dort berufsweise registriert; die Arbeitslosen melden sich dann bei der 'grève centrale' (in der Halle des Gebäudes) und werden - falls sie keine Stelle finden - auf Initiative der Bourse vorübergehend mit Hilfsarbeiten beschäftigt. Die dabei auftretenden Lohndifferenzen sollen aus den Mitteln einer 'caisse de secours' ausgeglichen werden; sie sind später ratenweise zurückzuerstatten. Finanziert werden soll diese Kasse einerseits aus staatlichen bzw. kommunalen Subventionen, andererseits und auf die Dauer durch eine zweite parallele 'caisse de garantie', in welche die Unternehmer jeweils die anstehenden Löhne im voraus einzuzahlen haben, um die Entlohnung der Arbeiter auch wirklich zu garantieren (47). Aus der Kombination beider Hilfskassen mit der Vermittlungstätigkeit der Bourse (Abb. 1) ergibt sich somit eine umfassende materielle Sicherung aller Arbeiter - einschließlich der Arbeitslosen. Die Bourse du Travail sichert gleichsam die "Kontinuität der Arbeit" (Flugschrift, S. II/2).

Abb. 1:

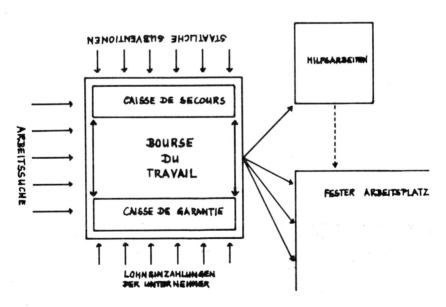

35

Schließlich plant auch Leullier die überregionale Koordination mit ein:
In allen großen Industriestädten sind eigene Bourses du Travail zu errich-
ten, außerdem in den kleineren Städten sogenannte 'bureaux de correspondance'. Hier betont er ausdrücklich die Verbindung zu den traditionellen,
eigenständigen Vermittlungsorganen der 'Arbeiterbewegung' (anstatt auf
die gewerblichen Arbeitsnachweise zu rekurrieren): "Il serait de toute
justice de respecter les droits acquis et de confier la direction de ces
bureaux aux titulaires actuels de compagnonnage (sic) qui offriraient des
garanties suffisantes de moralité, ce qui donnerait le moyen de préparer
la fusion des diverses sociétés, fusion qui doit dater des glorieuses journées
où elle s'est si unanimement manifestée" (ebd., S. I/3).
    Ebenso wie Molinari sieht Leullier die Publikation eines zentral redi-
gierten Informationsblattes vor. Er schreibt: "Au chef-lieu de l'administration, à Paris, il sera publié, quotidiennement ou périodiquement, un journal
intitulé Moniteur du travail, qui traitera toutes les questions concernant
l'industrie, et notamment celles relatives aux droits, aux intérêts et aux
besoins des ouvriers. Ce journal contiendra en outre une statistique exacte
du mouvement dans chaque établissement central, le taux des salaires, et,
s'il est possible, l'état des travaux en exécution ou en voie d'exécution dans
toutes les localités. Tout grève centrale, tout bureau de correspondance
recevra gratuitement le Moniteur du travail" (ebd.). Anders als bei Molinari
wird die 'Presse' der Bourses du Travail damit ganz ausdrücklich als Instrument zur Formulierung und Propagierung von Arbeiterinteressen definiert. Stellt man die beiden skizzierten Projekte nebeneinander, so wird
vollend deutlich, daß sie trotz des gemeinsamen 'Namens' zwei geradezu
antagonistische Positionen der Arbeitsnachweis-Reform darstellen:

MOLINARI	LEULLIER
Mobilität der Arbeit durch Befreiung der Arbeit.	Mobilisierung der Arbeit durch Organisierung der Arbeit.
Die Bourse du Travail knüpft am System der gewerblichen Arbeitsnachweise an.	Die Bourse du Travail knüpft an den bestehenden öffentlichen oder von Arbeitern getragenen Vermittlungsformen an: grèves, compagnonnages, sociétés ouvrières usw.
Ihre Aufgabe ist es, über die objektive Situation auf dem Arbeitsmarkt zu informieren und damit zur Umverteilung der Arbeitskräfte wie auch zur Harmonisierung der Löhne beizutragen.	Ihre Aufgabe ist die Sicherung des Rechts auf Arbeit sowohl durch die Beschaffung von Arbeit wie durch die Sicherung eines angemessenen Lohns.
Sie ist eine rein private Institution, die allenfalls in einigen Punkten öffentlicher Unterstützung (Privilegien) bedarf.	Sie ist eine öffentliche (staatliche bzw. kommunale) Institution.

MOLINARI	LEULLIER
Sie publiziert entweder in der bestehenden Presse oder selbständig Informationsbulletins über die Lage auf dem Arbeitsmarkt.	Sie gibt eine eigene Zeitung heraus, die sowohl über die Lage auf dem Arbeitsmarkt als auch über andere "industrielle Fragen" informiert, die die Rechte, Interessen oder Bedürfnisse der Arbeiter betreffen.
Sie benutzt halbtags die Räume der Pariser Börse.	Sie besitzt ein eigenes (evtl. mehrere) Gebäude.
-	Ihr Gebäude dient auch als allgemeiner Versammlungsort der "industriellen Bevölkerung".
-	Sie führt Berufsfortbildungskurse durch.
Sie ist ein völlig neutrales Informationsorgan, das die Logik des Wirtschaftsablaufs möglichst getreu widerspiegeln soll, um den reibungslosen Ausgleich von Angebot und Nachfrage zu erleichtern.	Sie funktioniert als sozialstaatliches Organ zur Erfassung der Arbeiterschaft und zur Sicherung ihrer materiellen Minimalinteressen gegenüber den Wechselfällen der Ökonomie.
Primat des Ökonomischen.	Primat des Politischen.

Während das extrem liberale Modell Molinaris bei aller Kritik an den bestehenden Zuständen sich dennoch einreiht in die oben entwickelte Traditionslinie des kapitalistischen Arbeitsnachweises (Abb. 2), wird dieser Rahmen durch das sozial-staatliche Modell Leulliers, das dem liberalen Primat des Ökonomischen das 'sozialistische' Primat des Politischen entgegenhält, offensichtlich durchbrochen. In Anlehnung an Louis Blancs 'Organisation du Travail' ist dies der vielleicht erste Versuch, das Problem

Abb. 2:

FEUDALISMUS	(16. Jahrhundert)	BOURSES DES PAUVRES
		/Bureaux des pauvres
	(17. Jahrhundert)	Hôpitaux généraux
	(18. Jahrhundert)	Ateliers de charité
KAPITALISMUS	(19. Jahrhundert)	Bureaux de placement
		/BOURSES DU TRAVAIL

der Arbeitsbeschaffung nicht nur staatlich-polizeilich oder privat-gewerblich in den Griff zu bekommen, sondern vielmehr das neue institutionelle System unmittelbar an den materiellen Interessen der Arbeiterschaft, vor allem an ihrem 'Recht auf Arbeit' auszurichten. Darin liegt zweifellos etwas qualitativ Neues. Das Anknüpfen Leulliers an den Formen der 'grève', der 'sociétés de secours' und der 'compagnonnages' verweist auf eine andere, zweite Traditionslinie des nichtstaatlichen und nichtgewerblichen Arbeitsnachweises, bei der mehr oder weniger die Betroffenen selbst den Verkauf ihrer Arbeitskraft zu organisieren und abzusichern versuchen (Abb. 3).

Abb. 3:

FEUDALISMUS   COMPAGNONNAGES

KAPITALISMUS   Sociétés de secours,
                     Bourses auxiliaires usw.

                     Ateliers sociaux
                     /BOURSES DU TRAVAIL

                     I. Internationale

Dennoch gibt es bei Leullier Widersprüche: So z. B. wenn er die vollständige Registrierung der Arbeiterschaft durch die Bourses du Travail fordert (48) und damit wieder den Überwachungsabsichten des bürgerlichen Staates entgegenkommt, oder wenn er mit Stolz auf die Nützlichkeit seines Systems für militärische Befestigungsarbeiten bzw. für den Kriegsfall hinweist (49). Vielleicht waren dies nur verbale Zugeständnisse, die dem Projekt bei den Behörden etwas mehr Sympathie verschaffen sollten, aber sie zeigen deutlich seine pragmatische Schwäche: Angewiesen auf das Wohlwollen und die Finanzierung durch den Staat und von der utilitaristischen Ideologie der Zeit noch weitgehend geprägt, hat Leullier die Möglichkeit einer vielleicht weniger großartigen, aber dafür autonomen Institution, über die zumindest die diversen Hilfsgesellschaften und Arbeitergruppen ihre Mitglieder auf dem Arbeitsmarkt hätten vertreten können, gar nicht erst gesehen. In diesem Punkt teilt er die Illusionen der Februarrevolutionäre.

Woran scheiterten die Bourse du Travail-Projekte von Molinari oder Leullier? Eine erste, prinzipielle Antwort ist leicht gegeben: Weil sie illusionär und utopisch waren. Außerdem hätten sie erhebliche Geldmittel erfordert, die natürlich niemand zu solchen Zwecken bereitstellte. Das Desinteresse und Mißtrauen der staatlichen und privaten Adressaten konnte von beiden Autoren nie wirklich überwunden werden (50). Bei Molinari waren bereits die Prämissen völlig wirklichkeitsfremd: Weder das existente Eisenbahnnetz - 1848 umfaßte es weniger als 2000 km (Dautry 1957, S. 18) -, noch die vorhandenen Informationsmedien hätten eine Realisierung seines Programms zugelassen. Von kaum geringerer Naivität war natürlich sein Vorschlag mit der Pariser Börse. Und schließlich war es wenig wahrscheinlich, daß Arbeiter und Unternehmer - zumal angesichts der Verschärfung der Klassenkämpfe - ihre Vertragsverhandlungen derart 'neutralisieren' lassen würden. Molinari selbst berichtete auch, daß auf einer Versammlung der Pariser Steinmetze sein Projekt mit der Begründung abgelehnt worden sei, "que la publication des prix du travail à Paris n'attirât une affluence plus considérable d'ouvriers dans ce grand centre de population" (51). Das Scheitern seines Experiments in Brüssel ist ein weiteres Beispiel dieses Desinteresses (52). Noch ein letzter, vielleicht der wichtigste Grund: Während Leullier immerhin ein echtes Reformmodell anbieten konnte, enthielten Molinaris Vorschläge nichts, wofür sich die Betroffenen selbst hätten einsetzen können. Der Unternehmerklasse jedoch genügte das bestehende System der Arbeitsvermittlung vollauf. Molinari wollte es ohnehin nur effektivieren. Das Wiederaufblühen der gewerblichen Arbeitsnachweise in der Zeit des Kaiserreichs zeigte, daß dieses Gewerbe, sofern man es nicht prinzipiell kritisierte, sich noch keineswegs überlebt hatte (53).

In bezug auf das Projekt Leulliers dürften bei der Ablehnung neben ähnlichen allgemeinen Gesichtspunkten (Utopismus usw.) noch besondere Momente mitgespielt haben, die mit der allzu arbeiterfreundlichen Grundorientierung zusammenhingen: Leullier hatte seinen ersten - wie er selbst sagt - äußerst gemäßigten Entwurf im November 1846 dem Generalrat der Seine vorgelegt. Dieser vertagte die Entscheidung darüber auf unbestimmte Zeit. In einem an Leullier gerichteten Brief wurde jedoch folgende offiziöse Begründung angefügt: "... l'ajournement a été prononcé sur les objections de M. le préfet de police. Ce magistrat craint l'agglomération des ouvriers sur un point central, et le Conseil a cédé" (Flugschrift, S. II/2). Solche polizeilichen Einwände haben nach der Februarrevolution zunächst etwas an Gewicht verloren. Die Provisorische Regierung beschloß bereits am 8. März die Einrichtung kostenloser Vermittlungsstellen in allen Pariser Arrondissements. Wenig später löste der Polizeipräfekt einige gewerbliche Arbeitsnachweise auf und übertrug deren Funktionen auf die Arbeiterassoziationen der entsprechenden Berufe (54). Wären die Hoffnungen der radikalsten Revolutionäre wirklich begründet gewesen, hätte jetzt die Idee der Bourse du Travail, wie sie Leullier vertrat, vielleicht eine gewisse Realisierungschance gehabt. Aber mit dem raschen Ende der sozialen Reformströmungen, der Auflösung der Luxembourg-Kommission und nicht zuletzt der 'ateliers nationaux', die ja im Gegensatz zu den Vorstellungen Blancs und auch Leulliers keineswegs der organisierten Arbeitssicherung, sondern - wie schon die 'ateliers de secours' nach der Juli-Revolution 1830 (Pinkney 1965) - allein der kurzfristigen politischen Beschwichtigung dienten (55), schwanden auch wieder die Durchsetzungsmöglichkeiten einer sozial-staatlichen Bourse du Travail. Als Leullier sich im Juli 48 noch einmal unterwürfig an Thiers wandte, würdigte ihn dieser nicht einmal einer persönlichen Antwort (Flugschrift, S. II/1).

Die offizielle Ursprungsgeschichte der Bourses du Travail hat eine liberale 'Erfindung' stilisiert, die weder mit der Geschichte der Arbeitsnachweise noch mit der realen Praxis der ab 1887 existenten Bourses schlüssig zu vermitteln ist. Der damit begründete 'Widerspruch' zwischen Konzept und Wirklichkeit wurde vor allem von der Regierung und der bürgerlich-konservativen Presse immer wieder zum Vorwand vehementer Kritik genommen. Diese richtete sich nicht nur gegen die Gewerkschaften, sondern auch - das muß nachdrücklich betont werden - gegen jene 'radikalen' Politiker, welche gegen Ende der 80er Jahre in den Bourses du Travail ein wirksames sozialpolitisches Mittel zur Besänftigung der Arbeiterschaft gesehen und sich deshalb für sie eingesetzt hatten.

Demgegenüber hat unser Rekonstruktionsversuch eine viel komplexere Filiation gezeigt, die zwar keinen unmittelbaren Erklärungswert für die konkreten Konflikte in und mit den realen Bourses du Travail besitzt, wohl aber jene Mythologie zerstören hilft, nach der hier gleichsam von außen, durch eine angebliche Machtübernahme der Gewerkschaften (die ihrerseits nur durch den sozialpolitischen Leichtsinn einiger Politiker ermöglicht wurde) eine ursprünglich liberale Idee zu völlig entgegengesetzten Zwecken 'mißbraucht' worden wäre. Vielmehr ist davon auszugehen, daß das Konzept der Bourse du Travail, wie es von verschiedenen Autoren in den 40er Jahren formuliert wurde, sich objektiv an einem Schnittpunkt zweier 'Traditionslinien' konstituiert hat: Erstens einer Traditionslinie der staatlichen bzw. privatkapitalistischen Arbeitsbeschaffung mitsamt den damit verbundenen Kontroll- und Überwachungsmechanismen und zweitens einer etwas diffuseren und eher versteckten Traditionslinie der autonomen und direkten Vermittlung bzw. Lohnsicherung durch die betroffenen Arbeiter selbst. Keine dieser beiden Linien ist natürlich völlig homogen und widerspruchsfrei zu denken: gerade das Modell Leulliers hat gezeigt, wie sehr sich ein in der Tendenz 'sozialistisches' Projekt der ersten Traditionslinie partiell annähern konnte.

Für die historische Verortung der Bourses du Travail ist jedoch dieses permanente Spannungsverhältnis von besonderer Relevanz. Auch wenn Leulliers Entwurf als solcher 'verlorengegangen' ist, war die von ihm formulierte sozial-staatliche Grundintention - wie wir weiter unten noch im einzelnen sehen werden - bei der Gründung der Pariser Bourse du Travail nichtsdestoweniger präsent. Und dies ist kein Zufall: Zum einen waren die sozialen Probleme sich äußerlich ähnlich geblieben; zum anderen betrachteten sich ja gerade die 'Radikalen' als die eigentlichen Erben der Februarrevolution; sie waren die Vorkämpfer des 'Rechts auf Arbeit', des 'Ministeriums der Arbeit' (Tournerie 1971, S. 27ff.) - warum also nicht auch der 'Organisierung der Arbeit'? Jedoch, die Bedeutung der zweiten Traditionslinie geht noch weiter: Ihre Existenz ist gleichsam die ideologische Voraussetzung für das gewerkschaftliche Bekenntnis zur Bourse du Travail: Ob von Molinari erfunden oder nicht - in diesem zentralen Versammlungshaus, das sowohl der Arbeitsvermittlung wie auch allgemeinen gewerkschaftlichen Zwecken diente, konnte die Masse der Arbeiterschaft bestimmte Forderungen und Motive 'wiedererkennen' (56), die seit den 40er Jahren zu integralen Bestandteilen ihrer organischen Ideologie geworden waren (Rancière 1978, S. 154).

Pelloutier hatte also recht: Die Praxis der Bourses du Travail setzte nicht nur die 'Idee' Molinaris voraus und auch nicht nur die Geschichte der gewerblichen und staatlichen Arbeitsnachweise; sie unterstellte zusätzlich eine spezifische Tradition der Arbeiterklasse selbst. Zwar erwähnte Pelloutier nur das Vorbild der Internationale sowie die bereits in den 70er Jahren konstituierten 'unions locales' (siehe Kap. IV), aber das Beispiel Leulliers zeigt, daß sich noch sehr viel frühere Ansätze in dieser Richtung finden lassen (57). Pelloutiers Intuition in bezug auf die Internationale kann allerdings bestätigt werden: Ihre lokalen Organisationsstrukturen präfigurierten gewissermaßen die syndikalistischen Strukturen der Arbeitsbörsen; darüber hinaus hat es tatsächlich einmal in der Genfer Jura-Föderation den Plan gegeben, in jeder Sektion eine von Arbeitern verwaltete 'Bourse du Travail' zu bilden (58). Während der Pariser Kommune bestand ebenfalls eine der ersten Reformmaßnahmen darin, kostenlose Vermittlungsstellen in den Rathäusern der Arrondissements einzurichten (Rougerie 1971, S. 179).

Diese Beispiele aus dem Zusammenhang der Arbeiterbewegung unterstreichen die Komplexität einer Ursprungsgeschichte, die alles andere als linear verlaufen ist. Sie bietet daher keine Norm, an der die späteren 'Abweichungen' der Realität zu messen wären, sondern ist durch einander widersprechende Tendenzen strukturiert, die wir als 'Traditionslinien' bezeichnet haben und deren historische Elemente jeweils in sich noch einmal widersprüchlich sind. Auch ließe sich anders kaum erklären, wieso das liberale Konzept Molinaris ernstlich (und nicht nur zu demagogischen Zwecken) als Modell und Zielvorstellung der realen Bourses du Travail akzeptiert werden konnte, so daß die Existenz der Bourses du Travail selbst - ganz unabhängig von ihrer konkreten politischen Ausrichtung - mehr oder weniger einstimmig akzeptiert wurde (vgl. Kap. III). Diese prinzipielle Doppeldeutigkeit der Idee der Bourse du Travail war die reale ideologische Basis, die es unter bestimmten konkreten Bedingungen erlaubt hat, diese Idee in die Praxis umzusetzen: nicht nur als ein (philanthropisches oder sozialistisches) 'Experiment' - gleichsam als 'konkrete Utopie', deren Scheitern schon vorauszusehen ist -, sondern als eine breit angelegte und nahezu von allen interessierten Parteien unterstützte, d. h. beanspruchte, soziale Reform.

II. 'Soziale Frage' und 'Soziale Politik' in den Anfängen der III. Republik

"Les chassepots sont bien forts, mais il y a quelque chose de plus puissant que les chassepots, c'est le droit".

Denis Poulot, 1870 (Poulot 1980, S. 351)

Auch wenn die Entstehung der Bourses du Travail sich in eine längerfristige Geschichte der Arbeitsnachweise und Regulierungssysteme des Arbeitsmarktes einfügt, ist ihre konkrete Realisierung doch eng an spezifische historische Bedingungen geknüpft. Diese politisch-ideologische Konstellation, in der die Gründung und Eröffnung der ersten Arbeitsbörsen - und vor allem der Bourse du Travail von Paris - erfolgte, gilt es nunmehr zu analysieren.

Regimefrage und soziale Befriedung

Nach dem Zusammenbruch des Second Empire gab es "zwei Revolutionen" (Elwitt 1975, S. 19). Während der tendenziell sozialistische Umwälzungsversuch der Pariser Kommune sehr schnell blutig niedergeschlagen wurde, vollzog die sich über mehrere Jahre hinziehende "republikanische Revolution" den Übergang zum bürgerlich-parlamentarischen Regime. Damit war zugleich ein grundlegender sozialer Strukturwandel eingeleitet. Von einer bis dahin - trotz des großen Industrialisierungsschubs der 50er und 60er Jahre - immer noch sehr weitgehend agrarischen Gesellschaft transformierte sich Frankreich (bis 1914) in ein von der kapitalistisch-industriellen Produktionsweise dominiertes Land (1). Daß der so zum Durchbruch gelangende französische Kapitalismus nach wie vor mit älteren Produktionsweisen (bäuerliche Familienwirtschaft, Heimarbeit, Handwerk etc.) koexistieren mußte und im europäischen Maßstab vergleichsweise "rückständig" war oder zumindest langsamer voranschritt, weil u. a. die demographische Stagnation und die geringere Verflechtung von Bank- und Industriekapital das ökonomische Wachstum und die Konzentration in größeren Produktions-

42

einheiten retardierte, kann hier nur erinnert zu werden. Auch wenn die Diskussion über die Implikationen dieses besonderen 'französischen Weges' in der Forschung keineswegs abgeschlossen ist (2), ist gleichwohl unbestritten, daß die Struktur der gewerblichen Betriebe sich nur sehr langsam transformiert hat und die "Hegemonie des Kleinbetriebes" bis 1914 ungebrochen blieb (Haupt 1976b, S. 70). Noch 1906 beschäftigten 59% der Betriebe weniger als 10 Personen, während der Anteil der Betriebe mit mehr als 100 Beschäftigten nach 1896 langsam von 21% auf 25% anstieg. 1906 arbeiteten dort allerdings schon 40% der industriell Beschäftigten (Perrot 1979a, S. 465; Caron 1981, S. 147). Waren z. B. die Arbeiter in der Bauindustrie, in der Holzverarbeitung, den Nahrungsmittelbranchen und der Bekleidungsindustrie nach wie vor mit traditionellen Produktions- und Arbeitsbedingungen konfrontiert (Elwitt 1975, S. 19) - obwohl sich auch hier ein langsamer Maschinisierungsprozeß mit entsprechend dequalifizierenden Folgen bemerkbar machte -, entstanden im Bergbau, in der Textilindustrie, der Porzellanmanufaktur sowie vor allem in der aufstrebenden Schwerindustrie und der neuen chemischen Industrie große Fabrikkomplexe, die breite Lohnarbeitermassen anzogen, der industriellen Disziplin unterwarfen und teilweise auch schon in 'modernen' Arbeitersiedlungen konzentrierten (Perrot 1979c, S. 160ff; Melucci 1974, S. 161ff.). Dieser im Tempo relativ kontinuierliche, aber regional und sektoral sehr unterschiedliche Prozeß war v. a. in den Departements des Nordens, des Ostens, in der Region von Lyon sowie an der östlichen Mittelmeerküste zu beobachten. Auf diese Weise wurde ein Teil der ländlichen Bevölkerung proletarisiert, nahm die Frauenarbeit zu (v. a. in der Textilindustrie) und mußte in Expansionsphasen sogar auf ausländische Arbeitskräfte (v. a. Italiener) zurückgegriffen werden. So vollzog sich eine weitere Differenzierung der Arbeiterschaft in unqualifizierte und qualifzierte Schichten. Auf die Dauer ergab sich damit aber auch eine Transformation der Arbeits- und Lebenssituation aller anderen lohnabhängigen städtischen Bevölkerungsteile, deren Alltag immer mehr durch industrielle Produktions- und Distributionsformen indirekt oder direkt geprägt wurde. Gestützt auf die durch das republikanische System eröffneten Spielräume haben sich diese "classes populaires urbaines" dann auch zunehmend in wirtschaftlichen und politischen Angelegenheiten artikuliert (Perrot 1979a).

Zunächst allerdings wurde jede kritische Thematisierung der 'sozialen Frage' durch die auf die Niederwerfung der Kommune folgende Unterdrückungswelle (Waldmann 1973) (erst 1876 wurde z. B. der Belagerungszustand über Paris aufgehoben) und die massive Verbreitung einer gegenrevolutionären Kommune-Mythologie (Symbol: die Errichtung der Sacré-Coeur-Kirche auf dem Hügel von Montmartre) verhindert (Joughin 1955; Tersen 1960-62). Für die Zeitgenossen stand allein die Regimefrage im Mittelpunkt der politischen Szenerie (3): Monarchisten und Republikaner lieferten sich erbitterte Gefechte, bei denen es letzten Endes - jenseits aller Weltanschauung - um nichts anderes ging, als um die Suche nach der optimalen Regimeform für das zum Durchbruch gelangende Industriesystem. Allein die legitimistischen Großagrarier zeigten sich in diesem Punkt wenig ein-

sichtig. Wenn in Parlament und Staat die orleanistische Fraktion sich
schließlich durchsetzen konnte, so auch deshalb, weil die unter ihrer Hegemonie entstehende 'République des Ducs' (Daniel Halévy) als ideale Form
der Versöhnung von kapitalistischer Wirtschaftsfreiheit und parlamentarischer Macht der Besitzenden erschien (Mundt 1973), während die republikanische 'Partei' sich ja nicht nur zur Volkssouveränität bekannte, sondern - wie aus dem Programm von Belleville (1869) ersichtlich (Barral
1968, S. 66f.) - auch durchaus noch für soziale Veränderungen offen war.
De Broglie, Kopf der 'gemäßigten Rechten', beschwor daher ständig neu
die Gefahr einer Machtübernahme durch den immer noch als jakobinisch
geltenden Flügel um Léon Gambetta: "La possibilité de triomphe du parti
radical", so erklärte er 1873 vor der Nationalversammlung, "voilà ce qui
constitue (...) la gravité de la situation (...). Le parti radical n'est pas
un parti politique ordinaire: c'est avant tout et surtout, chacun le sait,
un parti social" (zit. in Bédarida 1948, S. 136). Zwei Klassenformationen
standen sich in diesen Jahren gegenüber: Auf der einen Seite eine konkur-
renzkapitalistisch orientierte konservative Großbourgeoisie (z. T. aristo-
kratischer Herkunft) im Bündnis mit den grundbesitzenden Provinz-Notablen
und der Kirche; auf der anderen Seite ein heterogener Block aus mittlerer
und kleiner Bourgeoisie (zu letzterer wären auch die von Gambetta beschwo-
renen 'couches nouvelles' zu rechnen). Dazwischen: die Arbeiterschaft
und die Bauern. Während letztere zunächst noch dem konservativen Lager
vertrauten, unterstützte die Arbeiterbevölkerung von vornherein massiv die
republikanische Sache (4).

Allerdings: Gambetta selbst hatte längst erkannt, daß es für eine Veränderung des Kräfteverhältnisses notwendig sein würde, gemäßigter aufzu-
treten, als es ihm inmitten einer von links bedrängten Opposition am Ende
des Kaiserreiches möglich gewesen war. So erklärte er jetzt ohne jede Ironie, vielmehr in bewußter Anlehnung an den vorherrschenden Meinungstrend,
daß die "wahren Konservativen die Verteidiger des bestehenden Regimes"
seien (zit. in Mayeur 1973, S. 36) - und eben das waren spätestens seit
1875 die Republikaner. Soziale Probleme sollten auf politische zurückge-
schraubt werden: "Toute question d'ordre social se résout en fin de compte
(...) en question d'ordre politique" (5). Auf dieser Ebene - und war es
nicht diejenige der großen Vorbilder von 1789? - könnten ökonomisch bedingte Gegnerschaften dann in die Einheit der 'citoyenneté' aufgelöst werden. Die 'soziale Frage' verschwand so in einer "série de problèmes à
résoudre, de difficultés à vaincre, variant avec les lieux, les climats,
les habitudes, l'état sanitaire ..." usw. (6). Auch die 'extrême gauche'
um Georges Clémenceau wich zunächst kaum von dieser äußerst vorsichti-
gen Position ab (7).

Denn noch herrschte das Regime des 'Ordre moral'. Dessen Politik bezüglich der Unterschichten ließe sich mit Bédarida definieren als eine Kombination aus Maßnahmen der 'Verwerfung', der 'Unterdrückung' und des
pseudosozialen 'guten Willens' (1948, S. 206ff.). Verwerfung, das bedeutete: Ausschluß der Arbeiterklasse aus dem politischen Willensbildungspro-

44

zeß, Mißtrauen gegenüber den Demokratisierungseffekten des allgemeinen Wahlrechts, der Ansammlung unterprivilegierter Massen in den Städten, schließlich: Beschwörung der normalisierenden Macht der Religion (8). Unterdrückung, das hieß: Kriminalisierung jedweder revolutionären Gruppenbildung als Weiterführung der 1872-verbotenen Internationalen, weitgehende Einschränkung der Versammlungsfreiheit zur Prävention von Unruhe (9), drakonisches Vorgehen gegen Streiks sowie polizeiliche Auflösung der meisten neukonstituierten Gewerkschaftskammern (10). Der gute Wille schließlich, war allein gerichtet auf Initiativen, die geeignet erschienen, in Anknüpfung an die philanthropische Politik des Kaiserreichs, den sozialen Frieden wiederherzustellen bzw. zu sichern. Also: Förderung und Ausbau der bestehenden Wohlfahrtseinrichtungen im Sinne autoritärer 'Moralisierung' (11) der Arbeiterbevölkerung. Desgleichen konnte ein Ausbau des Bildungswesens nur als 'charité préventive' (Bédarida 1948, S. 250) verstanden werden, wie ja auch die 1872 unternommene Enquete über die Ursachen des Bürgerkriegs die zentrale Erkenntnis erbracht hatte, daß unter den besonderen Umständen der Belagerung ("la folie du siège" ...) es dem Volks in erster Linie an Religiosität gefehlt habe, sodaß es gegenüber dem von Fremden (den Mitgliedern der IAA ...) angezettelten Aufruhr nicht mehr immun gewesen sei (ebd., S. 45ff. u. 95).

Als kleine Zugeständnisse könnten lediglich gelten: ein Gesetz über die Kinderarbeit (1874), das aber kaum relevante Folgen zeigte, sowie ein Untersuchungsbericht über die sozialökonomische Lage der Arbeiterbevölkerung. Dessen Materialien wurden allerdings nach der von Le Play (12) entwickelten Methodik zusammengetragen, und "dort, wo die die Untersuchung durchführenden Ärzte und Philanthropen selbst Arbeiterfamilien aufsuchten, geschah es meist in Begleitung der Unternehmer oder deren Stellvertreter" (Weiss 1936, S. 83). Der Tenor des Berichts lautete folglich, daß die Lage der Arbeiter sich erheblich verbessert habe und lediglich im Bereich der Arbeits- und sonstigen Moral in Zukunft verstärkt präventive Maßnahmen gegenüber sozialistischen Einflüssen erforderlich seien. Tatsächlich dokumentiert sich hier aber in erster Linie die tiefe Ignoranz der Bourgeoisie bezüglich der realen Lebensbedingungen des Proletariats. Man orientierte sich nicht an den strukturellen Verschiebungen der letzten Jahrzehnte, sondern an traditionellen Schablonen, nach denen der Arbeiterstatus nur eine vorübergehende Stufe in der sozialen Aufstiegsleiter bildete, die zum 'patron' einer Werkstatt (oder noch höher ...) führte: "Chez nous (...) le salariat n'est qu'une étage et non point un état définitif (...). On ne fait que traverser le salariat, on y séjourne plus ou moins longtemps (...), mais l'ascension au patronat industriel comme à la propriété agricole est le but, la fin normale de l'existence de tout travailleur français" (13). Die Spuren solcher Unkenntnis (14) finden sich später noch in den sozialpolitischen Ansätzen der Republikaner wieder. Durchaus stringent ist die ideologische Verkennung der bestehenden Klassenspaltung, über die es einfach heißt: "L'état de malaise et de défiance est le résultat d'un malentendu plutôt que d'un antagonisme réel" (15).

Aber diese magere Bilanz staatlicher Sozialmaßnahmen darf nicht über
die praktische Realität einer ungleich tiefer ansetzenden 'Economie sociale'
(so der zeitgenössische Ausdruck) (16) hinwegtäuschen, die ganz im Sinne
des liberalen Selbsthilfe-Ideologems (17) eine weniger auffällige, aber deshalb umso wirksamere 'Betreuung' vor allem der Fabrikarbeiterschaft im
System der 'Patronage' anstrebte, wie es sich bereits im Kaiserreich her-
ausgebildet und bewährt hatte (Bédarida 1948, S. 244ff. ; Melucci 1974,
S. 99ff. ; Perrot 1979c, S. 156ff.). Da es sich hier geradezu um ein Gegenmodell zur Sozialpolitik der Republikaner handelte, das sich längerfristig
jedoch durchaus mit ihr kombinieren ließ, ist es wichtig, etwas ausführlicher darauf einzugehen.

In der noch aus der Zeit des 'Empire libéral' stammenden Untersuchung
des konservativen Sozialtheoretikers Henri Améline (1866, S. 31-33) werden die Hauptmechanismen der 'patronage' treffend beschrieben: "Le patronage se rapporte à trois buts: charité, éducation, influence. La charité est
un combat contre la misère non-seulement matérielle, mais encore morale
(...) on an pu dire que toutes les fois que la misère morale était sérieusement combattue, il pouvait rester des maux individuels profonds, mais
(...) le mal social n'existait plus. L'éducation est l'arme la plus puissante
d'un patronage intelligent. Nous parlons non-seulement de l'instruction,
mais surtout de l'éducation, qui présente, dans notre société, d'in-
contestables lacunes. Combien cette éducation ne serait-elle pas plus
féconde et plus salutaire si elle se manifestait par certaine surveillance
de la part du patron, par des fêtes de famille auxquelles il présiderait,
par des amusement honnêtes, par des réunions périodiques, qui, chez les
pauvres gens, manquent aux désirs du jeune âge, et soustraient les hommes
plus âgés à l'empire de distraction coupables! (18) Pourquoi aussi le patron
ne mêlerait-il pas l'instruction au plaisir, en dirigeant par lui-même ou
par un préposé de confiance, les progrès intellectuels des jeunes intelli-
gences?" - Um aber eine tatsächliche Effizienz garantieren zu können, sind
noch folgende Rahmenbedingungen zu erfüllen: "Il faut qu'il (sc. le patronage
- P. S.) soit local, personnel et continu. Quel bien pourrait-il produire, s'il
ne s'attaquait pas à la misère sur le lieux même où elle végète. Cette
naissance et ce développement local ne sont nullement incompatibles avec
l'organisation centrale nécessaire à la propagation de l'oeuvre; mais il est
essentiel que la vie ne manque jamais aux extrémités pour affluer aux
centre. Local, le patronage doit être en même temps personel, accompli
sans l'intervention banale d'un intermédiaire. Non multa sed multum.
C'est moins à la bourse, souvent genereuse, qu'a la personne même,
souvent trop rare, qu'il faut faire appel. La continuité, enfin, assure la
permanence d'un résultat; sans elle on n'aurait que des conséquences
éphémères. "

Das hier implizit entworfene Konzept einer systematischen Sozialkontrol-
le (19) durch eine umfassende/betriebsnahe/persönliche/kontinuierliche
Überwachung (= Unterwerfung) der Arbeiter unter die politisch-moralische
Hegemonie des bzw. der patrons auch außerhalb der eigentlichen Produktion

mag zunächst rein theoretisch erscheinen, und doch war sie keineswegs toter Buchstabe, wie aus der Darstellung zeitgenössischer Unternehmerpraktiken eindeutig hervorgeht (20). Dabei brauchte dieses engmaschige Netz von Hilfskassen und Wohlfahrtsvereinen nicht unbedingt durch ein und denselben Unternehmer errichtet zu werden, wie es z. B. den Schneider-Werken in Le Creusot - vergleichbar den Krupp-Betrieben - in geradezu vorbildlicher Weise gelungen war (21). Auch Améline (1866) verweist ausdrücklich auf die Möglichkeit einer zentralen Koordination der verschiedenen Elemente des Systems.

Wichtig für die Praxis der Patronage war, daß die Erfassung möglichst lückenlos und bis ins Detail erfolgte. Kein soziales Leiden ohne die entsprechende unternehmerische Auffangstation! Ein Ideologe der Le Play-Schule hat diesen Zusammenhang genau skizziert (Picot 1890, S. 651ff.): Ist ein Arbeiter krank oder arbeitslos, steht die 'société de secours mutuels' bereit; hat er Geldsorgen, geht er zur 'caisse d'épargne'; wird seine Frau schwanger, gibt es die 'société maternelle', später dann das 'asile' für die Kinder; bei Wohnungssorgen hilft die 'société d'habitations économiques', bei Arbeitsunfällen die 'caisse d'assurances' und im Alter schließlich die 'caisse de retraites'. Angesichts einer solchen totalen 'Versicherung' mußte sich der Arbeiter natürlich - gleichsam als moralische Gegenleistung - zu entsprechendem Wohlverhalten verpflichten: Politische oder gar oppositionelle Betätigung, Streiks usw. stellten eine Verletzung des unternehmerischen 'Vertrauens' dar und konnten - ebenso wie ein Bankrott des Unternehmens selbst - zum Verlust der erworbenen Ansprüche führen (Hatzfeld 1971, S. 129f.). Die anti-sozialistische Stoßrichtung des Patronage-Systems war denn auch kein Geheimnis: Hier zählten allein die 'guten' Arbeiter, jene also, die folgsam, sparsam und gläubig waren. "Chacune des idées fausses de l'ouvrier vient d'une souffrance", so war erkannt worden. Die Devise lautete also: "Depuis le berceau lusqu'á la tombe, à tous les maux de la vie, à toutes les souffrances de l'ouvrier correspond un remède" (21a).

Wie bereits angedeutet, war die republikanische Opposition in sozialer Hinsicht eher zurückhaltend und orientierte primär auf eine Versöhnung von "peuple" und "classes dirigeantes" (22). Das Problem der Eindämmung sozialer Konfliktherde und Bewegungen würde jedoch neue Gesetzesmaßnahmen in Anbetracht der gewandelten Produktions- und Staatsverhältnisse erforderlich machen. Damit entstand der Streit darüber, wie eine solche sozialpolitische Strategie des Staates konkret auszusehen habe. Hier war einer der Ausgangspunkte für die zunehmende Entfremdung zwischen dem gemäßigten Flügel um Gambetta und den nach wie vor zur 'radikalen' Programmatik von einst stehenden Gruppe um Clémenceau, die als Vorkämpferin der Koalitions- und Assoziationsfreiheit auftrat (Loubère 1975).

Die entscheidende Wende in der Sozialpolitik der Republikaner kam mit der endgültigen Klärung der Regimefrage und nachdem sie die wichtigsten parlamentarischen und staatlichen Machtpositionen übernommen hatten. War die Provinz erst einmal für die demokratische Staatsform gewonnen, erhielten - nicht zuletzt unter dem Druck des politischen Konkurrenzkampfes - auch die städtischen Massen und darunter die Arbeiterklasse erneutes (u. a. wahltaktisches) Gewicht: der Abbau der Repressionsmaßnahmen, die Verabschiedung zentraler republikanischer Reformgesetze (allgemeine Schulpflicht, Presse- und Versammlungsfreiheit), schließlich die radikale Säuberung der Verwaltungsapparate ("la révolution des emplois": Daniel Halévy) unter den Regierungen Dufaure, Waddington, Freycinet und Ferry (1877-1881) waren Ausdruck dieses gesamtgesellschaftlichen Prozesses (23). Die Rückkehr der Kammern nach Paris (1879) und die - in einer langwierigen Kampagne erstrittene - 'Amnestierung' (24) der Kommune-Teilnehmer (1880) sollten außerdem die Wunden des Bürgerkriegs endgültig schließen helfen. Unter diesen Umständen konnte die inzwischen erfolgte Rekonstituierung der Arbeiterbewegung auch wieder positiv zur Kenntnis genommen werden.

'Wiedererwachen' der Arbeiterbewegung

Das sogenannte Wiedererwachen der Arbeiterbewegung nach 1871 ist in der Literatur häufig behandelt worden, allerdings meist nur unter dem Blickwinkel der späteren sozialistischen Parteibildungen und -kämpfe (Dolléans 1967, S. 13ff.; Lefranc 1967, S. 22ff.). Manche Aspekte dieser frühen Bewegung fanden daher zu wenig Beachtung.

Hervorzuheben ist zunächst, daß die verbreitete Annahme einer "jahrzehntelangen Lähmung" (I. Fetscher, in: Helmich 1977, S. VII) der Arbeiterklasse übertrieben ist: Bereits im Sommer 1871 flackerten in Anknüpfung an die erfolgreiche Streikwelle von 1869/70 sowie aufgrund der günstigen Wirtschaftsprise die ersten Arbeitskämpfe wieder auf. 1872 weiteten sie sich auf insgesamt 151 Streiks aus - das war seit 1864 unübertroffen! Bemerkenswert ist auch der meist offensive Charakter der erhobenen Forderungen (Lohnerhöhungen, Arbeitszeitverkürzungen) sowie am Ende die Erfolgsquote: 53% Erfolge für 1871 und sogar 73% für 1872 (Perrot 1974a, S. 82ff.). In den folgenden Jahren des ökonomischen Abschwungs ging die Bewegung wieder zurück, während der repressive Druck von Polizei, Armee und Justiz gegenüber möglichen Streikführern sich verschärfte (Tab. 1). Erst 1875/76, als die staatliche Einschüchterung nachließ und vor allem der Bauboom im Hinblick auf die Weltausstellung wieder verstärkt zu Lohnforderungen anreizte, stiegen die Streikziffern erneut an, wobei vor allem die zahlreiche Beteiligung von Jungarbeitern zu erwähnen ist, denn der Einsatz dieser neuen Generation dürfte an der betrieblichen Basis sowohl zur Zurückdrängung des Kommune-Traumas als auch von streikfeindlichen Einstellungen in der Tradition des Proudhonismus beigetragen haben (ebd., S. 87). Nachdem die Regimekrise von 1877 erfolgreich überwunden war, wuchs die Streikrate erneut an, und 1880-82 kam es zu einer außergewöhnlich breiten Bewegung v. a. des Bergbaus, der Textilindustrie und des Baugewerbes, deren ökonomische Voraussetzungen wiederum überdeterminiert

waren durch die neue politische Konjunktur: Soziale Forderungen und Lohn-
kämpfe begegneten zwar weiterhin dem entschiedenen Widerstand der Unternehmer und der von ihnen dirigierten Gruppen und Institutionen, aber
sie galten nicht mehr als schlechthin subversiv, wie sich an der Reaktion
der Öffentlichkeit und auch der Verwaltung ablesen läßt (ebd., S. 89ff. und
190ff.).
Während diese Kämpfe anzeigten, daß das Proletariat durchaus noch existierte, formierten sich auch schon bald wieder erste Arbeiterorganisationen. So traten z. B. 1872 allein in Lyon ein gutes Dutzend gewerkschaftlicher Verbände auf, meist unter dem Namen 'société civile de prévoyance',
die vor allem in der Seidenindustrie und im Baugewerbe, aber auch
unter den Juwelierarbeitern, den Kutschern und den Bankangestellten aktiv
waren (Lequin 1977, II, S. 216ff.). Besonders in den Provinzstädten, wo
die Dezimierung der am Kommune-Aufstand Beteiligten weniger spürbar
war, entwickelte sich die seit dem 2. Kaiserreich im Entstehen begriffene
Gewerkschaftsbewegung nach der Pause des Krieges relativ ungebrochen
weiter (ebd., S. 218). Aber auch in Paris konstituierten sich viele alte
Assoziationen (Genossenschaften, Hilfskassen, Gewerkschaften) neu. A.
Moutet (1967, S. 9f.) hat für 1872 45 Assoziationen, darunter 35 Gewerkschaftskammern, gezählt, zu denen 1873 sechzehn und in den folgenden
Jahren jeweils zehn hinzu kamen, so daß 1876 in Paris fast hundert Arbeiterorganisationen existierten, die schätzungsweise 15 - 20 000 Mitglieder
erfaßten. Obwohl vor allem 1873-75 sehr häufig Gewerkschaften und Hilfskassen von den Präfekten aufgelöst und neue Zulassungsgesuche abgelehnt
wurden (Perrot 1974a, S. 433; Lequin 1977, II, S. 219f.), hatte sich also
nach nur fünf Jahren wieder eine rudimentäre Arbeiter- und Gewerkschaftsbewegung konstituiert, die nach M. Perrot ungefähr 182 Gewerkschaften
mit 32 728 Mitgliedern umfaßte (Tab. 2).
Obschon diese Zahlen auf den durchaus noch marginalen Charakter der
Bewegung hinweisen, dürften die Zeitgenossen ihre Bedeutung eher über-
als unterschätzt haben. Daran änderte auch die Tatsache nichts, daß die
neuen Arbeiterorganisationen meist sehr gemäßigte Programme vertraten
- die hinter die Radikalität der IAA zurückfielen - und z. B. Streiks ableh-
nend gegenüberstanden. Einer ihrer Sprecher war Jean Barberet: "Asso-
cions-nous, mais ne nous coalisons pas. Arrière la grève! Il nous faut la
coopération basée sur la chambre syndicale coopérative" (25). Die Streikkämpfe im Pariser Raum fanden denn auch meist ohne gewerkschaftliche
Unterstützung statt. Allerdings waren sie oft der Anlaß, eine eigene Gewerkschaft zu gründen (Moutet 1967, S. 36f.), was die Gewerkschaftsbewegung langfristig radikalisieren mußte. An die Öffentlichkeit wandte sich
zunächst jedoch vor allem die gemäßigte Richtung der 'Barberetisten',
die sich auf die sozialen Sympathien einiger 'radikaler' Zeitungen und Politiker stützen konnte (26). Zu den spektakulärsten Ergebnissen ihrer Propagandaarbeit gehörte die Entsendung von Arbeiterdelegationen zu den Welt-
ausstellungen in Wien (1873) und Philadelphia (1876) (Foner 1976) sowie
v. a. der erste eigenständige 'Arbeiterkongreß', der im Oktober 1876 in
Paris stattfand.

Zwar waren die Themen und Forderungen dieses Kongresses keineswegs klassenkämpferisch (Moutet 1967, S. 20ff. ; Moss 1976, S. 65ff.) - sie betrafen v. a. die Assoziationsfreiheit, die Gründung von Genossenschaften, die Reform der Prud'hommes-Gesetzgebung und die Lehrlingsausbildung -, aber er stellte dennoch, wie Jules Guesde formulierte, "ein Ereignis von erstrangiger Bedeutung dar, ebenso bedrohlich wie lehrreich für unsere Politiker aller Schattierungen" (1962, S. 106). In der Tat folgten auf diesen Pariser Kongreß in den nächsten Jahren weitere nationale Arbeiterversammlungen, die sich ab 1879 (Kongreß von Marseille) dann offen sozialistisch deklarierten.

Sozialpolitik und Gewerkschaftsfreiheit

Die 'Lehre' aber, die die republikanischen Regierungen und Politiker aus diesem Wiederaufleben der Arbeiterbewegung zogen, bestand nicht zuletzt darin, daß sie von nun an versuchten, eine auf die Arbeiterschaft hin ausgerichtete Sozialpolitik zu entwickeln. Schon kurz nach dem Beginn der republikanischen Ära wurde Ende 1879 eine Reform der Prud'hommes-Gerichte beschlossen, die die 1848 geschaffene und dann vom 2. Kaiserreich eingeschränkte paritätische Struktur dieser gewerblichen Schiedsgerichte wiederherstellte (26a). Vor allem die Tatsache, daß nun auch turnusmäßig ein Arbeiterbeisitzer den Vorsitz führen konnte, rief heftige Widerstände der Unternehmer hervor. An manchen Orten umgingen sie daher die Prud' hommes-Gerichte mit einem juristischen Trick oder legten sie durch den geschlossenen Rücktritt ihrer Beisitzer lahm. Das Parlament mußte daher schon 1884 verfügen, daß die Schiedsgerichte notfalls auch ohne Unternehmerbeisitzer entscheiden konnten (Loubère 1975, S. 232ff.).
Die zweite sozialpolitische Maßnahme war dann das Gewerkschaftsgesetz von 1884. Bereits 1876 hatte die 'radikale' Linke erste vorsichtige Vorschläge für eine Aufhebung des Koalitionsverbots formuliert. Die Beratungen darüber wurden nun wiederaufgenommen (Loubère 1962; Sorlin 1966, S. 244ff.). Es galt mit dem längst obsolet gewordenen, aber immer noch rechtsgültigen Gesetz von 1791 aufzuräumen und auch die auf bloßer Toleranz basierende Regelung von 1864 zu überwinden. Gewerkschaften sollten sich endlich frei konstituieren und zur Verteidigung ihrer Mitgliederinteressen aktiv werden können. Im Sinne der Herstellung eines sozialen 'Gleichgewichts' war den Arbeitern das gleiche Recht zum Zusammenschluß zu geben, das sich die Unternehmerschaft in der Praxis und aufgrund ihrer Verflechtung mit der Exekutive immer schon genommen hatte (27). René Waldeck-Rousseau, der bald zum maßgebenden Sozialpolitiker der 'opportunistischen' Regierungsrepublikaner avancierte, hat den Zusammenhang zwischen den politischen und ideologischen Reformen einerseits - mit der Neustrukturierung des Schulwesens durch Jules Ferry im Zentrum - und den nun anstehenden Sozialreformen andererseits sehr klar benannt: "Il faut faire l'éducation sociale du travail, après avoir fait l'éducation primaire

des citoyens" (28). An die Stelle autoritärer Überwachung nebst Repression, so erklärte er an anderer Stelle, müsse die demokratische Eingliederung der Unterschichten treten: "La loi de la démocratie est l'ascension incessante des classes nouvelles" (29). Patriarchalische Bevormundung, wie sie die katholisch-konservative Sozialökonomie vertrat, lehnte er ausdrücklich ab: "On ne doit pas considérer les classes ouvrières comme des clientes; on doit considérer les ouvriers comme des citoyens et des égaux, et ce n'est pas au nom d'une doctrine supérieure ou d'une sagesse transcendante qu'on peut leur refuser l'usage de la liberté" (30).

Die 1884 durchgesetzte 'Gewerkschaftsfreiheit' kann sicherlich als versöhnende Antwort der republikanischen Bourgeoisie auf die wiedererstandene Arbeiterbewegung interpretiert werden. Aber diese Antwort war keineswegs nur vom 'guten Willen' der Politiker bestimmt, sondern Ausdruck eines sozialen Kräfteverhältnisses, das sowohl in der ökonomischen Konjunktur wie in der politisch-ideologischen Situation der neuen Republik begründet war. Vor jeder Analyse des Gesetzestextes und seiner politischen Bedeutung ist daher auf diesen Kontext einzugehen.

Seit 1879 existierte eine sozialistische Bewegung mit revolutionärer Zielsetzung (31). Zugleich hatte es 1880-82 eine offensive und sehr erfolgreiche Streikwelle gegeben, die mehr als hunderttausend Arbeiter in der nordfranzösischen Textilindustrie, in der Bau- und Metallindustrie erfaßte. Gewerkschaften spielten dabei erstmals eine größere Rolle (27-39% aller Streiks wurden mit gewerkschaftlicher Beteiligung geführt) (Perrot 1974a, S. 89ff.). In dieser Situation brach die seit Jahren schwelende, aber zunächst noch durch ein infrastrukturelles Bauprogramm gemilderte, bzw. in ihren Konsequenzen aufgeschobene 'Große Depression' über Frankreich herein (Gonjo 1972; Elwitt 1975, S. 136ff.). Die Arbeitslosigkeit stieg sprunghaft an: Auf dem Höhepunkt der Krise, 1886, gab es nach der Schätzung von J. Néré (32) allein im Pariser Baugewerbe 80 - 100 000 Erwerbslose. Selbst wenn der durch die sinkende Produktion von Industrie- und Konsumgütern bewirkte rapide Beschäftigungsrückgang in erster Linie die großen Zentren und vor allem die Hauptstadt betraf, die ohnehin als Sammelbecken arbeitsuchender Provinzler fungierte, handelte es sich doch um ein Phänomen von nationaler Dimension mit dramatischen sozialen und auch psychologischen Konsequenzen. Denn die auf die Straße geworfenen Arbeiter fanden sich mit ihrer Situation keineswegs ab (sie konnten es nicht) und richteten ihren Unwillen gegen den regierenden republikanischen Bürgerblock. Die noch Beschäftigten bekamen die Krise gleichzeitig in Form sinkender Löhne und einer Verschlechterung ihrer Lebensbedingungen zu spüren; auch mußten sie ständig um ihre Arbeitsplätze fürchten. Dies war die Basis für die Entstehung und Entwicklung der anti-parlamentarischen, zugleich nationalistisch und sozialrevolutionär gefärbten Bewegung des 'Boulangismus', der auch als ein Ausdruck der Enttäuschung angesichts der sozialpolitischen Unfähigkeit des bestehenden Regimes zu verstehen ist (33).

Während sich die Regierung unter Berufung auf die Dogmen des Liberalismus hartnäckig weigerte, mit lindernden Sozialmaßnahmen zu intervenie-

ren, konnte die 'radikale' Fraktion 1884 immerhin einen Enquête-Ausschuß
zur Lage der Pariser Arbeiter in der Krise durchsetzen (Tournerie 1971,
S. 65ff.). Von ihm wurden zum ersten Mal nicht nur Unternehmer befragt,
sondern auch Vertreter der Arbeiter: Alle Pariser Gewerkschaften erhielten einen Fragebogen (Perrot 1974c). Obwohl viele Gewerkschafter einge-
schüchtert waren und z. B. die Kupfergießer erklärten: "Il nous est très
difficile de vous répondre, car nous n'avons pas notre libre parler ...
Nous avons des patrons qui nous surveillent de très près et nous ne
trouverions plus d'ouvrage si nous disions tout" (zit. ebd. , S. 188f.), geht
aus dem gesammelten Material eindeutig hervor, wie schwer die Depression v. a. die Facharbeiterschaft betroffen hat. Auch bestand bei den Arbeitern offenbar die Tendenz, die Krise, wenn nicht direkt der Regierung,
so doch wenigstens dem ökonomischen Fehlverhalten der anti-republikani-
schen Großbourgeoisie zuzuschreiben. Als Heilmittel wurden dagegen eine
Senkung der Arbeitszeiten, ein obligatorischer Minimallohn, eine Beschränkung der Ausländerbeschäftigung - Indiz der latenten Xenophobie, die dann
im Boulangismus zum Ausdruck kommt - sowie eine eingreifende Reform
der Steuergesetze verlangt. Vor allem aber wurden konkrete Arbeitsbe-
schaffungsmaßnahmen gefordert, die möglichst nicht vom Staat, sondern
direkt von den Gewerkschaften verwaltet werden sollten (ebd. , S. 197ff.).

Vor diesem Hintergrund innenpolitischer Spannungen (Sozialismus, Streiks,
Wirtschaftskrise) kam es den Regierungen der gemäßigten Republikaner
darauf an, die Wellen des sozialen Protests zugleich abzufangen und zu
brechen. Gesetzesinitiativen konnten dabei nur einen Aspekt bilden. Sie
wurden denn auch von dem Versuch begleitet, die Arbeiterbewegung von
außen her einzudämmen und von innen zu neutralisieren. Hier ist z. B.
auf die gewandelte Praxis von Polizei und Armee gegenüber Arbeitskämpfen
hinzuweisen. Auf Anweisung von Waldeck-Rousseau bemühten sich die Präfekten nunmehr primär um eine Befriedung der Konflikte (34) und um eine
Vermeidung unvermittelter Repression. Indem der Staat den Einsatz von
Militär möglichst vermied und sowohl das Prinzip der 'Arbeitsfreiheit'
als auch die Streikfreiheit zu schützen beanspruchte, sollte er eine Ver-
trauensstellung gewinnen, die für den sozialen Frieden sehr viel förderli-
cher sein würde (35). Nur so sei es möglich einer als gefährlich empfunde-
nen 'Politisierung' von Arbeitskämpfen bzw. ihrer revolutionären Ausufe-
rung zuvorzukommen. Beim großen Bergarbeiterstreik von Carmaux (1883)
war dies der entscheidende Gesichtspunkt für das Verhalten des Präfekten
L. Bourgeois: "Si par un déploiement des forces intempestif, on obtient
une rentrée au travail qui n'aura pas été réellement libre, des germes de
mécontentement grave, de rancune contre le gouvernement se répandront.
Les meneurs auront beau jeu pour dire que le gouvernement républicain
n'est, pas plus que les autres, favorable aux légitimes revendications des
ouvriers et nous aurons ouvert la porte aux doctrines révolutionnaires. En
deux mots, nous aurons (...) terminé la grève purement économique, mais
nous aurons préparé (...) une agitation et peut-être une nouvelle grève sur
le terrain du socialisme révolutionnaire" (36).

Freilich, hinter der mit viel Selbstbeherrschung zur Schau getragenen 'Neutralität' der Regierung stand immer noch eine lediglich differenzierter ansetzende Parteinahme. Im Postskriptum seines Zirkulars zum Verhalten bei Streiks empfahl Waldeck-Rousseau seinen Präfekten, daß sie sich jeweils bei den Leitern der Großbetriebe in ihren Départements über die Lohnsituation sowie eventuell anstehende Veränderungen in der Betriebs- und Arbeitsstruktur informieren sollten, um so auf mögliche Kämpfe vorbereitet zu sein. Daß die Unternehmer diesem Informationsaustausch zustimmen würden, war für den Minister evident, denn: "Il ne saurait (...) échapper aux chefs d'industries que, s'ils veulent conserver le droit de faire, en certains cas, appel à l'intervention de l'autorité, ils ont d'abord le devoir de la mettre à même de prendre les mesures que peuvent comporter les circonstances" (37). Im übrigen machte Waldeck-Rousseaus Haltung beim großen Streik von Anzin (Februar - April 1884) deutlich, daß auch seine 'Geduld' begrenzt war und er durchaus auf die bewährten Methoden der militärischen Grubenbesetzung und Streikunterdrückung zurückzugreifen bereit war, sobald auch nur das leiseste Anzeichen für eine 'Politisierung' sichtbar wurde (38).

Die Regierung versuchte aber auch, den Vormarsch sozialistischer Ideen zu stoppen, indem sie die Arbeiterbewegung von innen her beeinflußte. Dies bezog sich vor allem auf die genossenschaftliche Assoziationsbewegung, die dank diskreter Finanzhilfen des Innenministeriums zwischen 1880 und 1884 einen spürbaren Aufschwung erlebte (allein in Paris wurden 40 neue Kooperativen gegründet) (Moss 1976, S. 96f.). Barberet, dessen Kontakte zu Waldeck-Rousseau bekannt sind (Sorlin 1966, S. 259) und der höchstwahrscheinlich auch mit der Pariser Polizei in Verbindung stand (Moss 1974), fungierte hierbei als Vermittler. Die von ihm gegründete 'Union des chambres syndicales' entwickelte sich spätestens nach dem Sieg der kollektivistischen Ideen in Marseille (1879) zu einer anti-sozialistischen Mustergewerkschaft, vergleichbar den späteren 'Gelben'. Gegenüber der republikanischen Sozialpolitik agierte sie gleichsam als Arbeiterlobby, und vor allem Barberet, der 1880 die Leitung eines 'Bureau des sociétés professionnelles' im Innenministerium übernahm, wirkte unmittelbar an der Formulierung der Gewerkschaftsgesetzgebung mit (Moss 1976, S. 97f.; Weitz 1977, S. 72ff.).

Als es den Barberetisten auf dem Arbeiterkongreß in Le Havre (1880) nicht gelang, die revolutionären Gruppen zu überstimmen und auch ihr Versuch, einen eigenen 'republikanischen Arbeiterkongreß' abzuhalten, 1882 in Bordeaux mit einem Fiasco endete, versuchten sie kurz nach der Verabschiedung des Gewerkschaftsgesetzes noch einmal, die gewerkschaftlichen Gruppen unter nicht-sozialistischem Vorzeichen zu sammeln. Trotz finanzieller Unterstützung durch die Behörden erhielten sie bei der Gründung der 'Fédération nationale des syndicats' (1886) jedoch wiederum keine Mehrheit (39). Ihre evidente Isolierung unter den französischen Gewerkschaften wird in einem Brief des Sozialisten Jean-Baptiste Dumay deutlich, in dem es - an die Lyoner Veranstalter des Kongresses gerichtet - heißt:

"Vous ne vous faites pas une idée à Lyon du mépris que l'on attache ici au mot de Barberetistes, même chez les ouvriers les plus indifférents; tout le monde sait que leur journal ('Le Moniteur des syndicats' - P. S.) est subventionné par le Ministère" (40).

Es ist bemerkenswert, daß eines der Hauptargumente Waldeck-Rousseaus während der parlamentarischen Auseinandersetzungen um das Gewerkschaftsgesetz gerade darin bestand, daß der vorgelegte Entwurf von allen revolutionären Richtungen und Gewerkschaften abgelehnt und allein vom gemäßigten Flügel der Gewerkschaftsbewegung, d. h. den Barberetisten, befürwortet werde. Der Vorteil des Gesetzes, das ja im übrigen auch bei vielen Unternehmern Unterstützung finde, sei gerade der, daß es den weniger 'mutigen' (weil weniger 'subversiven') Gruppen endlich die Chance zur offenen und legalen Betätigung biete: "On peut fermement espérer qu'en ouvrant toutes grandes les portes de la liberté, en permettant aux plus timides, parce que la loi sera devenue leur protection, d'entrer dans les associations, qui, jusqu'à présent, n'ont été ouvertes qu'aux plus hardis ou qu'aux plus présomptueux, on aura donné l'essor aux associations vraiment utiles" (41). Nach den Deputierten waren am Ende auch die konservativen Senatoren davon überzeugt, daß dieses zunächst so umstrittene Gesetz gerade jetzt zum Schutz des sozialen Friedens unerläßlich sei: Am 21. März 1884 trat es in Kraft.

Ein neues Gesetz Le Chapelier?

Wie sah dieses Gesetz im einzelnen aus (42)? Arbeiter wie Unternehmer erhielten das Recht, ohne vorherige Genehmigung durch Regierungsstellen Gewerkschaften und Berufsvereine zu bilden (Art. 2). Zweck dieser Assoziationen, die vom allgemeinen (erst 1901 aufgehobenen) Assoziations-Verbot ausgenommen werden sollten, war "ausschließlich die Untersuchung und Wahrung der wirtschaftlichen, gewerblichen, Handels- und landwirtschaftlichen Interessen" ihrer Mitglieder (Art. 3). Als Auflage galt, daß die "Gründer jedes Berufsvereins die Satzungen und die Namen der Personen hinterlegen, die (...) mit der Verwaltung oder Leitung betraut werden. Diese Hinterlegung findet auf dem Bürgermeisteramt des Ortes statt, an dem der Berufsverein errichtet wird, in Paris auf der Seine-Präfektur. Diese Hinterlegung ist bei jeder Änderung der Leitung oder der Satzungen zu erneuern" (Art. 4). In gleicher Weise wurde auch die Bildung von lokalen und überregionalen Föderationen (Verbänden) gestattet (Art. 5). Während jedoch die Einzelgewerkschaften als Rechtspersonen anerkannt wurden und ihnen z. B. der Besitz eines Gebäudes zur Abhaltung ihrer Versammlungen erlaubt war (Art. 6), wurden diese Rechte den zu bildenden Verbänden vorenthalten (Art. 5).

Zur Zeit der Verabschiedung war es vor allem der Paragraph 4, d. h. das Prinzip der Veröffentlichung von Satzung und Vorstandszusammensetzung, der von der organisierten Arbeiterschaft als Polizeivorschrift kriti-

siert wurde (43). Ohne die Bedeutung dieser Informationen für die staatliche Überwachung des Gewerkschaftswesens zu unterschätzen, ist es wichtig, auch auf einige andere, eher unscheinbare Regelungen und Einschränkungen hinzuweisen, die in der Praxis bedeutsam werden sollten:
- Erstens die explizite Festlegung der Gewerkschaften auf die Verteidigung beruflicher Belange, hinter der sich de facto ein Verbot jedweder politischen Stellungnahme und Betätigung verbarg, sowohl in Form von Wahlaufrufen etc. wie auch - und das war der springende Punkt - in Form von Diskussionen oder Aktionen, die geeignet waren, das gesellschaftliche und politische System grundsätzlich zu verändern (44).
- Zweitens war das Recht zur gewerkschaftlichen Vereinsbildung allein Mitgliedern desselben Berufszweigs vorbehalten (Art. 2), so daß bei jedem Berufswechsel, vor allem aber beim Ausscheiden aus dem Berufsleben (Krankheit, Alter) oder bei längerer Arbeitslosigkeit eine weitere Mitgliedschaft in der betreffenden Gewerkschaft illegal wurde (G. Engels 1972, S. 94f.).
- Drittens benachteiligte Art. 5 die überbetrieblichen Föderationen, indem er ihnen keine Rechtsfähigkeit zuerkannte und sie damit an einer finanzkräftigen Struktur hinderte.
- Viertens schließlich, enthielt das Gesetz keinerlei Schutzbestimmungen gegenüber Angriffen von seiten Dritter, sodaß es den Unternehmern praktisch freigestellt blieb, ob sie den Zusammenschluß ihrer Arbeiter tolerieren wollten oder nicht. Mit anderen Worten, es war weiterhin möglich und legal, Arbeiter allein mit der Begründung, daß sie einer Gewerkschaft angehörten, zu entlassen (45).

Soweit der formal-juristische Aspekt. Wo aber lagen die politischen Konsequenzen dieses ersten großen Sozialgesetzes der III. Republik, das parallel zur definitiven Verankerung der republikanischen Staatsform in den geltenden Grundgesetzen (46) gleichsam den Abschluß der nach-kommunalen Normalisierungsphase markierte? Obgleich das Gesetz zweifellos die Entfaltung einer breiten gewerkschaftlichen Bewegung juristisch erst möglich gemacht hat und durchaus auch Ausdruck einer gewissen ideologischen Entkrampfung auf seiten der herrschenden Klasse war, zeigen die angesprochenen problematischen Aspekte, daß hier nicht einfach die 'Gewerkschaftsfreiheit' dekretiert wurde, sondern politisch-legale Barrieren errichtet wurden, die jahrzehntelang bestehen blieben. Sie können daher als zum System republikanischer Sozialpolitik gehörig betrachtet werden. Zwar wird der Arbeiterschaft ein gewisser Betätigungsspielraum zugestanden, aber gleichzeitig werden entscheidende Sphären für sie ausdrücklich tabuisiert: Zum einen der Arbeitsplatz selbst, wo natürlich die Allmacht des Unternehmers unangetastet bleibt, daneben aber auch der entscheidende Bereich der Vermittlung zwischen ökonomischer Betriebsebene einerseits und der im Staat organisierten Gesamtgesellschaft andererseits, mit einem Wort: die Politik. Der soziale Raum wird juristisch-ideologisch so strukturiert, wie es den Interessen der Produktionsmittelbesitzer entspricht. Von der liberalen Ideologie der Zeit her läßt sich dies leicht begreifen: Trotz häufiger Staatseingriffe galt Wirtschafts-Politik offiziell noch als Unding (47), und es war deshalb nur konsequent, wenn - wie bereits erwähnt - dem ohnehin paradoxen Begriff der 'Sozialpolitik' (welche Politik wäre nicht 'sozial' relevant?) zumeist derjenige der 'Sozialökonomie' vorgezogen wurde. Aber selbst diese beschäftigte sich unter anderem mit sozialen Gesetzen, mußte also in Reaktion treten zu staatlichen Stellen mitsamt deren spezifischen Problemen (z. B. ihrer Unfähigkeit in 'sozialer' Hinsicht). Warum also den Gewerkschaften jedes Interesse an politischen Fragen strikt untersagen?

Indem Parlament, Regierung und Justiz jeweils festlegen konnten, bis wohin die berufliche und rein 'ökonomische' Interessenvertretung gehen durfte und wo genau die politische Betätigung anfing, sicherten sie sich gegenüber der Masse der Lohnarbeiterschaft - denn die Unternehmerseite besaß neben ihren Vereinen noch genügend andere Mittel zur Durchsetzung ihrer Interessen! (48) - das Monopol des politischen Eingriffs. Die weitere Entwicklung der französischen Gewerkschaftsbewegung, zumal in ihrem Verhältnis zu den sozialistischen Parteien, sollte zeigen, daß diese juristische Verwiesenheit auf das tatsächlich oder nur scheinbar Unpolitische weitreichende Folgen haben würde. Gewerkschaftlicher Klassenkampf mußte ständig gegenüber der vorherrschenden Beschwichtigungsideologie durchgesetzt werden; außerdem wurde sie - wir werden noch darauf zurückkommen (vgl. Kap. V) - zu einem wichtigen Streitpunkt innerhalb der Bewegung selbst. Insofern wäre zu fragen, ob dem Gewerkschaftsgesetz von 1884 nicht neben der 'befreienden' auch eine unmittelbar disziplinierende Funktion zukam (50). In Verbindung mit späteren sozialpolitischen Maßnahmen, die ähnlich halbherzig waren (51), bildete es gewissermaßen den juristischen Rahmen einer neuen "Machttechnologie" (Foucault 1976), die sich vom 'Ordre Moral' liberal abgrenzte, aber nur, um die bürgerliche Republik gegenüber den möglichen Ansprüchen der Arbeiterbewegung besser verteidigen zu können. Die provokante These der Sozialisten, letztlich handele es sich um eine Art Neufassung des Gesetzes Le Chapelier (52), ist deshalb zu bedenken. Auch werden wir untersuchen müssen, inwiefern die damit zum Ausdruck gebrachten Befürchtungen sich in der Praxis bestätigt haben, und in welchen Formen die organisierte Arbeiterbewegung auf diese 'Legalisierung' reagierte.

"La Bourse du Travail sera un centre
prolétarien dont on pourra faire un
centre révolutionnaire. "

Georges Crépin, 1884 (1)

Das Gewerkschaftsgesetz und die sozialpolitische Strategie, die es bestimmte, ermöglichten also die Gründung einer Bourse du Travail. Aber kann
man deshalb sagen, daß deren praktische Einrichtung eine unmittelbare
Konsequenz, gewissermaßen eine 'Anwendung' dieses Gesetzes und dieser
Strategie darstellte? Gab es so etwas wie eine explizite oder geheime Kontinuität, die diese verschiedenen Lösungsversuche der 'sozialen Frage'
miteinander verband? Man könnte es meinen, denn immerhin sah das Programm Waldeck-Rousseaus ganz ausdrücklich eine Stärkung der Assoziationen und Gewerkschaftskammern vor. Auch das dahinter stehende Ziel,
der revolutionären Agitation den Boden zu entziehen und die sozialistischen
Gruppen innerhalb einer legalisierten 'Mehrheit' langfristig zu isolieren,
könnte durchaus in Zusammenhang mit gewissen Erklärungen gesehen werden, die wenig später im Pariser Munizipalrat die Notwendigkeit der Bourse
du Travail begründen sollten. War diese also nur ein Echo auf die Befriedungspolitik der Regierung, so daß man es später mit einer gewerkschaftlichen Umfunktionierung zu tun hatte? Die Analyse des Gründungsprozesses
der Pariser Arbeitsbörse zeigt, daß die Realität ungleich komplexer war.
Nur so wird übrigens auch verständlich, warum die organisierte Arbeiterschaft das Projekt so rasch für sich aufgreifen konnte, während sie gleichzeitig dem 'von oben' gewährten Gewerkschaftsgesetz mit Mißtrauen und
teilweise sogar mit offenen Widerstand begegnete (2).

Diskussionen im Pariser Stadtrat

Die Forderung nach einer Arbeitsbörse kam im 'Conseil municipal' bereits Mitte der 70er Jahre auf (Le Theuff 1902, S. 15ff.). Sie datiert also
aus der Zeit, in der die 'Radikalen' auf parlamentarischer Ebene die er-

sten Vorstöße zur Neuregelung der Koalitionsgesetzgebung unternahmen. Aber erst mit der beginnenden ökonomischen Krise und dem zunehmenden sozialpolitischen Engagement der Republikaner wurde die Frage wirklich akut.

Wir haben im vorangehenden Kapitel auf die politischen Verschiebungen hingewiesen, die zwischen 1882 und 86 den republikanischen Sieg zum Abschluß brachten. Für die Pariser Arbeiterschaft handelte es sich dabei nicht nur um Jahre der Liberalisierung, sondern zugleich und äußerst konkret auch um Jahre der Verschlechterung ihrer materiellen Lage, der Unsicherheit und teilweise sogar der Verelendung. Der über das durchschnittliche Arbeitslosenkontingent weit hinausgehende, abrupte Beschäftigungsrückgang provozierte eine ideologische Radikalisierung (Perrot 1974c) und bis dahin unbekannte Massenaktionen (3).

Diese durch die unmittelbare Notsituation erzwungene Mobilisierung konnte nicht ohne Rückwirkungen auf die relativ schwach entwickelten sozialistischen und gewerkschaftlichen Gruppen bleiben, denen sich zum ersten Mal die Gelegenheit bot, ihre organisatorischen Fähigkeiten in den Dienst einer realen Bewegung zu stellen. So formierten sich - nicht nur in Paris, sondern auch in einigen Provinzstädten - Kommissionen der 'ouvriers sans travail', die die Arbeitslosen-Agitation gezielt vorantreiben und koordinieren sollten. Der anarchistische Flügel, der unter den Ärmsten seine meisten Anhänger wußte, führte zahlreiche 'meetings d'affamés' durch. Gelegentlich kam es zu offenen Straßenschlachten und zur Plünderung von Bäckereien und Lebensmittelläden - ein willkommener Vorwand für polizeiliche Repression. Demgegenüber orientierten die Sozialisten - hier vor allem die Blanquisten und Guesdisten - von vorne herein auf eine stärkere Politisierung der Bewegung. Sie formulierten einen Forderungskatalog, der folgende Punkte umfaßte: 1. Verkürzung der Arbeitszeit auf 8 Stunden; 2. ein Moratorium der Mieten unter 500 F während der gesamten Dauer der Krise; 3. sofortige Inangriffnahme öffentlicher Bauten zur Entwicklung von Paris; 4. staatliche, aber durch die Gewerkschaften zu verteilende Arbeitslosen-Hilfe zur Deckung der dringendsten Bedürfnisse (4). Letzten Endes handelte es sich um einen direkten Appell an den Staat - oder vielmehr 'Die Republik' -, dem die eigentliche Verantwortung für die Regulierung des Arbeitsmarktes zugesprochen wurde. Die Durchführung öffentlicher Bauarbeiten - jenes Arbeitslosen-Programm par excellence - stand an erster Stelle: "Il faut agir; il faut ouvrir des chantiers; il faut non inventer des travaux inutiles et stériles pour occuper les ouvriers, mais exécuter les travaux utiles qu'on a conçus, réaliser les entreprises projétées (...). Dans cette crise terrible nous avons une bonne fortune, celle de pouvoir, non relever des ateliers nationaux, mais fournir un labeur suffisant en accomplissant simplement des oeuvres dont personne ne discute l'importance (...). Profitons du moment. Ne laissons pas plus longtemps regretter la factice prospérité de l'Empire à notre peuple républicain" (5).

Die Einwände der Regierung kamen nicht überraschend. Waldeck-Rousseau (1900, S. 66ff.) warnte sofort vor einer allzu starken Ankurbelung des

Bausektors, die mittelfristig nur zu neuer Arbeitslosigkeit führen werde. Zugleich wies er die damals schon sehr populäre Forderung nach einem staatlichen Unterstützungsfond für Arbeitslose (Perrot 1974c, S. 197ff.) zurück: "Je crois (...) que le procédé qui consiste à ouvrir au budget de l'Etat un crédit pour les ouvriers sans travail est, de toutes les méthodes sociales qu'on puisse adopter, la moins efficace et la plus dangereuse" (1900, S. 81). Noch grundsätzlicher fügte er hinzu: "Ce n'est pas à l'Etat qu'il appartient de venir en aide aux misères quand elles présentent ce caractère de généralité; je crois au contraire (...) que c'est là une oeuvre d'assistance essentiellement communale ..." (ebd., S. 84f.) (6).

Die explizite Weigerung der regierenden 'Opportunisten', die aktuellen Lebensbedingungen großer Teile der Pariser Bevölkerung durch zentrale Staatseingriffe kurzfristig zu verbessern und die liberale Tabuisierung der Arbeitslosen-Unterstützung (7) zu durchbrechen, dürfte nicht wenig dazu beigetragen haben, daß einige 'radikale' Politiker nunmehr auf kommunaler Ebene nach Wegen zur Milderung der Krisenauswirkungen zu suchen begannen.

Nimmt man schließlich noch die Tatsache, daß die Pariser Stadtratswahlen vom Mai 1884 einen überwältigenden Sieg gerade der 'Radikalen' sowie auch Erfolge für die Sozialisten brachten, weiterhin, daß die Kammerwahlen von 1885 den 'radikalen' Einfluß auf die Regierung verstärkten (8), so wird vollends verständlich, wieso die Beratungen über eine Bourse du Travail neuen Auftrieb erhielten. Ihr Scheitern hätte angesichts der anhaltenden - bald durch die boulangistische Regimekrise noch verschärften - Unzufriedenheit kaum absehbare Folgen gehabt.

Die erste grundsätzliche Debatte über das Arbeitsbörsen-Projekt im Pariser Stadtrat datiert von 1882, also vom Anfang der Krisenperiode. Ihr entstammt der sogenannte 'Rapport Desmoulins', erarbeitet von einer Sonderkommission für Arbeiterfragen, die unter dem Vorsitz des Seine-Präfekten Charles Floquet stand und an der auch bekannte Politiker wie Henri Tolain oder Martin Nadaud teilnahmen. In dem Bericht tauchte die Arbeitsbörse zwar nur als ein sozialer Interessenpunkt unter anderen auf (9), die dabei entwickelten Lösungsvorschläge wurden jedoch später in der gleichen Form wiederaufgegriffen. Die Kommission hatte zu ihren Beratungen auch Vertreter der Gewerkschaften und der Unternehmer eingeladen, die ihrerseits ausdrücklich betonten, "que l'établissement d'une Bourse du Travail, vaste hall où se débattraient les questions d'offre et de demande du travail, rendrait les plus grands services" (zit. in CMP, RD, 1886, Nr. 142, S. 22). Im Zeichen der Kontinuität wurde außerdem der alte Molinari gehört: "M. Molinari pense qu'il suffit de donner aux ouvriers un local abrité pour l'embauchage, et qu'alors la cote de la main-d'oeuvre s'organisera d'elle-même" (zit. ebd., S. 24). Aber von dieser traditionell liberalen Sichtweise wich der Abschlußbericht der unter dem Einfluß von Kommissionsmitgliedern wie dem ehemaligen Kommunarden Amouroux verfaßt wurde, erheblich ab. Die wichtigste Passage lautete:
"La Bourse du Travail est destinée:

1o A fournir une salle de dimensions suffisantes aux réunions ayant pour
   objet de traiter des rapports de l'offre et de demande de travail;
2o A donner aux ouvriers de chaque profession les locaux nécessaires à
   leurs réunions;
3o A établir des bureaux (...) pour enregistrer et communiquer aux
   intéressés les offres et demandes et remplacer ainsi les bureaux de
   placement;
4o A publier hébdomadairement les principaux prix du travail (...) tels
   qu'ils ressortent des rapports de l'offre et de la demande;
5o A renseigner tous les intéressés sur l'état des rapports entre l'offre
   et la demande dans les principales villes de France et de l'étranger
   ..." (zit. ebd.).
Abschließend wurde festgehalten: "La Bourse du Travail sera gérée par
les ouvriers dès qu'ils auront une représentation légale" (zit. ebd.).

Dieser Text kam in den folgenden zwei Jahren - trotz mehrfacher Anmah-
nungen, zahlreicher Eingaben von Gewerkschaften sowie von öffentlichen
Veranstaltungen zur Unterstützung des Bourse-du-Travail-Gedankens -
im Munizipalrat nicht zur Verhandlung (10). Der Grund für diese Obstruk-
tionstaktik der Ratsmehrheit dürfte darin gelegen haben, daß man - ob un-
geduldig oder nicht - erst noch auf die endgültige Verabschiedung des Gewerkschaftsgesetzes wartete, ohne das eine Realisierung der Börse in der
geplanten Form nicht möglich sein würde. Der parlamentarischen 'Logik'
zufolge hätte ein verfrühtes Experiment vielmehr die Gefahr eines Vetos
im Senat provoziert, was um jeden Preis zu vermeiden war. 1884 entfiel
endlich dieses Hindernis, und 16 Mitglieder des im Frühjahr neugewählten
Stadtrats beantragten sofort die Wiederaufnahme der Beratungen (11). Freilich wurde das Projekt um weitere zwei Jahre hinausgezögert, bis dann der
unmittelbare Druck äußerer Ereignisse dazu zwang, es wiederaufzugreifen.

Dieser letzte Anstoß war die neben der erwähnten Agitation unter den
Arbeitslosen neu aufkommende Bewegung gegen die privaten 'bureaux de
placement'. Obwohl gewerbliche Arbeitsnachweise nur für bestimmte Berufsgruppen eine Rolle spielten (v. a. der Nahrungsmittelbranche mit
200 000 Beschäftigten, davon allein 20 000 Kellner), provozierten ihre
Praktiken (überhöhte Gebühren, keine dauerhafte Vermittlung, z. T. illegale Zusatzgebühren usw.) in der Krisensituation den massenhaften Zorn
der betroffenen Arbeiter. Auf Initiative einiger Gewerkschaften hin konstituierte sich deshalb im Juni 1886 die 'Ligue pour la suppression des
bureaux de placement' (12). Sie organisierte zahlreiche Protestaktionen
im Viertel der 'Halles', die teilweise zur Verwüstung der dort konzentrierten Vermittlungsbüros führten (Néré 1959, I, S. 123ff.). Im Oktober
legte die Liga dem Stadtrat eine Petition zugunsten der Bourse du Travail
vor, die 20 000 Unterschriften trug (ebd. , S. 128; Le Theuff 1902, S. 29).
Wenn Gustave Mesureur zum Abschluß der städtischen Beratungen über die
Arbeitsbörse erklärte, das Projekt werde "von der Öffentlichkeit ungedul-
dig erwartet" (CMP, PV, 1886, S. 1131), hatte er diese umsichgreifende
Bewegung im Auge und im Ohr, die die Hauptstadt wochenlang in Unruhe
versetzte (13).

Der Beschluß zur Gründung der Bourse du Travail kam insofern nicht einfach als Geschenk wohlwollender Stadtväter gegenüber einer friedlich abwartenden Arbeiterschaft. Er war vielmehr das Produkt einer aktuellen Zwangslage, eines Kräfteverhältnisses, das sich im offenen Klassenkampf konstituiert hatte. Aber wird man auch umgekehrt von einem Erfolg der Arbeiter sprechen können? Alles hängt von den Kriterien ab, an denen man einen solchen Erfolg messen will. Da diese allein in den historischen Bedingungen enthalten sind, muß man sehr genau die Konzessionen und Konsequenzen betrachten, die mit dem Beschluß des Stadtrats verbunden waren. Ebenso sind die Motivationen nicht zu übergehen, die die Umsetzung jener objektiven Zwangslage begleiteten. Denn sie kennzeichnen die Verhältnisse, in denen die Arbeitsbörsen-Gründung 'erlebt' wurde, so daß man späterhin deren Realität damit konfrontierte.

In dieser Hinsicht ist es interessant zu sehen, mit welchen Argumenten Mesureur die Mehrheit seiner Kollegen letztlich überzeugte. In seinem 'Rapport' an den Stadtrat begründete er die Dringlichkeit und den besonderen Charakter der neuen Institution auf folgende Weise: "En restant sur le terrain de la liberté des contrats, vous avez le droit, sinon le devoir, de fournir aux travailleurs le moyen de lutter à armes égales et légales avec le capital; sans la Bourse du Travail, l'existence des chambres syndicales sera toujours précaire, les charges qu'elles imposent éloignant d'elles le plus grand nombre des ouvriers. Il importe donc qu'elles aient des locaux et des bureaux où chacun pourra venir sans crainte d'avoir à faire des sacrifices de temps et d'argent au-dessus de ses ressources; la libre et permanente disposition des salles de réunions permettra aux travailleurs de discuter avec plus de maturité et de précision les questions multiples qui intéressent leur industrie et influent sur les salaires, ils auront pour les guider et les éclairer tous les moyens d'information et de correspondance, les éléments fournis par la statistique, une bibliothèque économique, industrielle et commerciale, le mouvement de la production de chaque industrie, non seulement en France, mais dans le monde entier. Peut-être verrons nous alors les véritables assises du travail s'établir" (CMP, RD, 1886, Nr. 142, S. 1-2).

Diese Betonung der gleichberechtigten gewerkschaftlichen Organisierung der Arbeiterschaft, die der damals gängigen Auffassung von der Notwendigkeit einer Angleichung der sozialen 'Parteien' entsprach, findet sich auch in der anschließenden Debatte wieder, in der Mesureur erklärte: "Les association ouvrières, les organisation syndicales, ont vu leurs efforts stérilisés par les difficultés que rencontre leur propre recrutement, par suite leur développement, et retarde pour longtemps les résultats que nous espérons. Il faut donc arriver à une diminution de ces frais considérables" (CMP, PV, 1886, S. 1129). Dann verdeutlichte er, wie eine solche Verbreiterung der gewerkschaftlichen Strukturen zu verstehen sei: "Nous nous plaçons au-dessus de tout esprit de parti. Ce que nous voulons, c'est mettre à la disposition de la classe ouvrière tout entière un instrument dont elle tirera un grand profit. Il n'y pas d'école économique en jeu; il s'agit simple-

ment de permettre aux travailleurs de se servir de cette arme, qui s'appelle
la Bourse du Travail. (...) En créant la Bourse du Travail nous ferons une
oeuvre de pacification; nous réaliserons une réforme pratique (...); nous
donnerons aux groupes ouvriers l'instrument qui leur fait défaut et nous
développerons les associations ouvrières, qui ne seront plus livrées à des
minorités et comprendont toutes les bonnes volontés" (ebd., S. 1130f.).

Wir finden hier also genau die gleichen Argumente wieder, mit denen
Waldeck-Rousseau wenige Jahre zuvor die Senatoren für eine liberalere
Gewerkschaftsgesetzgebung gewonnen hatte: die Perspektive einer Isolierung der sozialistischen Arbeiterbewegung inmitten eines Syndikalismus,
dessen Vermassung gleichsam als "Unterpfand der öffentlichen Sicherheit"
betrachtet wurde (CMP, RD, 1886, Nr. 146, S. 5). Mesureur wandte sich
denn auch unmittelbar an die Regierung: "Nous pouvons affirmer que le
gouvernement sera heureux de s'associer à nous dans cette oeuvre de
pacification sociale qui mettra fin à une agitation qui ne peut que s'aggraver
et compromettre la République" (ebd.). Die erwartete Unterstützung blieb
freilich aus ...

Die sozialistische Ratsfraktion konnte diese integrationistischen Absichten kaum überhört haben. Wenn sie trotzdem auf jede offene Polemik verzichtete und dem Bericht Mesureurs zustimmte, mußten dem ernsthafte
politische Erwägungen zugrundeliegen. Bereits die Popularität und die
jahrelange Hinauszögerung des Arbeitsbörsen-Projekts bildete ein ent-
scheidendes Argument: Eine intransigente Haltung ausgerechnet der Arbei-
tervertreter wäre den Betroffenen nicht zu vermitteln gewesen. Außerdem
aber bot eine von den Gewerkschaften selbst verwaltete Börse bis dahin
unbekannte Rekrutierungs- und Propagandamöglichkeiten. Das anfängliche
Mißtrauen vor einer möglichen "Falle" (14) war daher bereits in den Jahren zuvor grundsätzlicher Zustimmung und aktiver Unterstützung für die
Bourse du Travail gewichen (15). Selbst die Guesdisten - als radikalste
Kritiker der offiziellen Sozialpolitik - stellten sich auf die neue Lage ein:
Einige hatten die Börse zunächst als "contraire aux principes socialistes
révolutionnaires" kritisiert, die meisten aber erkannten schon 1883 die
Nützlichkeit des Projekts offen an: "Tout ce qui peut faciliter les réunions
ouvrières doit être pris en considération. Avec cette 'Bourse' existera
(...) un droit de réunion plus étendu, et les ouvriers, sachant qu'ils n'ont
rien à redouter en y allant, s'y rendront volontiers, ce qu'ils négligent
de faire actuellement vis-à-vis des réunions populaires" (16). In den Poli-
zeiarchiven findet sich auch folgender Spitzelbericht über eine Sitzung der
Pariser Parteiorganisation, an der u. a. Guesde und Lafargue teilnahmen (17): "L'ordre du jour appelle la discussion générale sur la Bourse
du Travail. Blanck est opposé au projet car, selon lui, cette Bourse du
Travail sera entre les mains des bourgeois. Guesde, au contraire, croit
que de même que les capitalistes ont leur bourse, les prolétaires doivent
avoir la leur. Crépin (...) fait voir les avantages et les désavantages qui
résulteront de la création de cette Bourse; 'effectivement, dit-il, je
reconnais, comme Guesde, que la Bourse du Travail sera un centre

prolétarien dont on pourra faire un centre révolutionnaire'". Angesichts ihrer geringen Verankerung in der Pariser Gewerkschaftsbewegung konnten die Guesdisten aus deren eventueller Zentralisierung in der Tat nur Vorteile ziehen.

Als ein letztes Indiz für das starke Interesse der Sozialisten an der Arbeitsbörse kann schließlich, gleichsam indirekt, die ablehnende Haltung der Barberetisten angesehen werden. Sie wurde mit dem symptomatischen Argument begründet, "qu'il y a plutôt une organisation d'intérêt économique et professionel" (18). Bedenkt man die bereits erwähnten Kontakte zu Waldeck-Rousseau, wird damit vielleicht auch verständlich, wieso von Seiten der Regierung keinerlei Unterstützung der munizipalen Bestrebungen kam (19).

Die kompromißbereite Haltung der sozialistischen Stadträte gegenüber der klassenversöhnenden Programmatik Mesureurs ist infolgedessen wenig skandalös (20): Was nach außen hin als Übereinstimmung erschien, erweist sich genauer betrachtet als politische Taktik zur Durchsetzung eines bestimmten Beschlusses. Auch erhalten einige Nuancen Edouard Vaillants, des sozialistischen Sprechers, damit ihr ganzes Gewicht: "Pour nous socialistes", erklärte er, "qui en régime capitaliste n'estimons les reformes que dans la mesure où elles favorisent plus ou moins la défence et l'organisation de la classe ouvrière, nous croyons qu'elle doit attendre beaucoup de cette création. En outre, ne considérait-on que les résultats de la crise récente, on voit qu'il y a un intérêt évident à éclairer les forces et les éléments de la production et les rapports des salaires avec cette production." Dann umriß er den Rahmen, in den sich die Arbeitsbörse einfügen sollte: "J'entrevois (...) le jour prochain où ce ne sera plus seulement la ville de Paris, mais tous les centres ouvriers qui seront pourvus d'une Bourse du Travail, et les ouvriers auront alors trouvé le milieu le plus favorable pour se constituer économiquement, former l'organisation économique de la classe ouvrière dans le pays entier. (...) En votant pour la Bourse, ce sera un premier service éminent que vous aurez rendu à la classe ouvrière en lui faisant comprendre qu'il lui faut, sous peine d'impuissance, se grouper, s'organiser, se défendre elle-même" (CMP, PV, S. 1136). Diese Perspektiven brachten die vordringlichen Aufgaben sozialistischer Gewerkschaftspolitik zum Ausdruck: ohne Verbreiterung der 'Massenbasis' war an eine effektive Propagandaarbeit und Veränderung der Kräfteverhältnisse nicht zu denken.

Dennoch stieß auf konservativer Seite das Projekt zu diesem Zeitpunkt auf keinen ernsthaften Widerstand. Ein Stadtrat mußte feststellen: "Je ne combat pas la Bourse du Travail; je combat seulement le rapport (de M. Mesureur - P.S.)" (ebd., S. 1134). Ein allein mit finanziellen Erwägungen begründeter Vertagungsantrag fand daher nur wenige Stimmen.

Die erste Arbeitsbörse war also beschlossene Sache. Ein Kompromiß gewiß - und die Zustimmung der Sozialisten war angesichts der politischen Zwänge, denen sie ausgesetzt waren, sicher weniger freiwillig, als sie dies nach außen hin demonstrierten, bzw. die Akteure selbst es vielleicht wahrhaben wollten -, aber zunächst war es unbedingt ein Erfolg für die Arbeiterschaft, da die Maßnahme über die vorhandene Sozialgesetzgebung sehr weit hinausging. Statt eines reaktionären Paternalismus nach dem Modell des Patronage-Systems, statt einer bloßen Legalisierung gewerkschaftlicher Interessenvertretung, wurde hier eine materielle Starthilfe geboten, die die Pariser Arbeitergruppen so dringend benötigten. Der Beschluß nahm dabei die Form eines Eingriffs in das Verhältnis der sozialen Klassen an, war also eine Verletzung des liberalen Gebots staatlich-städtischer 'Neutralität', weshalb man sich schnell bemühte, ihn mit republikanischem Fortschrittspathos und sozialer Solidarität zu bemänteln. In Wahrheit rechtfertigte aber allein der Zweck das Mittel: Unter den Bedingungen der Wirtschaftskrise und der raschen Ausbreitung sozialistischer Anschauungen schien der 'soziale Friede' offenbar nur um diesen Preis noch zu retten. Ein "Sicherheitsventil" für Paris (Héritier 1895/96, S. 648), das die republikanische Strategie der Sozialversöhnung einen Schritt weiter brachte; darüberhinaus aber auch ein Schwert mit doppelter Scheide, das nach beiden Seiten hin verwendbar war: nicht nur als Instrument der Sozialpolitik, sondern auch als Instrument des Klassenkampfs, als "arme de lutte entre les mains des proletaires" (21). Diese doppelte Verwendung und vor allem die andauernden Versuche der Gewerkschaften, die Bourse du Travail für die eigene Sache zu instrumentalisieren, werden als Problem in unserer weiteren Darstellung stets präsent bleiben.

Einzug der Gewerkschaften

Bereits zwei Monate nach dem Beschluß des Stadtrats wurde die Arbeitsbörse in den in aller Eile hergerichteten Räumlichkeiten der rue J. J. Rousseau eröffnet. Neben einer großen, langgestreckten Halle, die sich bereits häufig bei Kongressen bewährt hatte (22), besaß das Gebäude allerdings nur wenige Bürozimmer, weshalb erst ein Bruchteil der Gewerkschaften sich hier eine permanente Vertretung einrichten konnte. Längerfristig sollte es nur als Nebenstelle der eigentlichen 'Bourse centrale' dienen, mit deren Bau im November 1888 begonnen wurde. Am Vorabend der Hundertjahrfeiern der Revolution und der Weltausstellung von 1889 geriet dieses Werk bald zu einer städtischen Prestigeangelegenheit (23). Aber erst 1892 wurde der im Stil "Renaissance classique approprié aux exigences modernes" (24) gehaltene "Tempel der Arbeiter" (25) endgültig fertiggestellt. Noch heute bietet das am Rande des Place de la République gelegene Bauwerk, innerhalb eines Stadtteils, der im 19. Jahrhundert zum Kern des "espace populaire" gehörte (Rougerie 1977), einen imposanten Anblick: Zur Straße hin eine massive Fassade von über 35 Metern Länge mit der Aufschrift 'Bourse du Travail'; drei mächtige Eisentore, über denen Reliefs den Frieden (Pax), die Republik und die Arbeit (Labor) darstellen. Das Programm der Börse ist also bereits am Eingang fixiert: Friede in der Arbeit, im Rahmen und mittels der Republik (26). Auch die Innenge-

staltung beeindruckte die Zeitgenossen: Ein riesiges Amphitheater mit Glas-
überdachung, rings herum Gebäudeteile mit mehreren hundert Büroräumen,
kleineren Versammlungssälen sowie einer Bibliothek; schließlich ein weiterer Saal - 'salle de grève' genannt - als Aufenthaltsort für Arbeitssuchende im Keller. Der gesamte Bau war - das bedeutete schon eine kleine
technische Revolution - von Anfang an mit elektrischem Licht ausgestattet;
einige Jahre später kam das Telephon hinzu. Die Kosten für die Stadt be-
liefen sich auf fast 3 Millionen Francs.

Damit aber zurück zur 'ersten' Bourse du Travail in der rue J. J.
Rousseau. In den Wochen und Monaten des Frühjahrs 1887 nahmen die Pariser Gewerkschaften von ihrer neuen Institution praktisch Besitz. Schon
gegen Ende des Vorjahrs waren die ersten Anträge von den Gewerkschaften
der Anstreicher, Metzger und Angestellten eingegangen (27). Nun kamen
weitere hinzu. Bald waren vertreten: bâtiment, bonneterie, boucherie,
boulangerie, charpenterie, chaussure, confiserie, cordonnerie, chemiserie,
cuisiniers, 'dames', dessinateurs, employés, fumistes, lithographes,
maîtres d'hôtels, peintres en bâtiment etc. (28). Nach welchen Kriterien
die erste Raumvergabe erfolgte, ist nicht mehr zu ermitteln. Bevorzugt
wurden offenbar zunächst Gruppen, deren Aktionsradius in der unmittelbaren Umgebung der Börse lag, vor allem also Gewerkschaften der Nahrungsmittelbranche, der Bauindustrie sowie gewisser im Stadtzentrum besonders
zahlreich vertretener Kleinbetriebe (29).

Das von der Stadt verabschiedete Reglement sah entsprechend der gemachten Zusage keinerlei direkte Bevormundung durch die Behörden vor.
Jede Gewerkschaftsgruppe, die in die Börse aufgenommen wurde, war in
einem 'Comité général' vertreten, das seinerseits eine 21 Mitglieder zäh-
lende Exekutivkommission wählte, die die täglichen Geschäfte führte. Sie
richtete außerdem mehrere Unterkommissionen ein (für Verwaltung, Fi-
nanzen, Propaganda, Statistik und für die Redaktion der Zeitung) sowie ein
ständiges 'Bureau'. Halbjährlich erstattete sie dem Munizipalrat Bericht.
Dieser behielt sich lediglich ein sehr allgemeines 'Kontrollrecht' vor
(Abb. 4) (30).

Wichtig für die interne Funktionsweise der Börse war schließlich auch
die Vereinbarung, daß die mit der "Konservierung des Gebäudes" beauf-
tragte Präfektur absolut neutral bleiben sollte: "C'est un établissement qui
fonctionne comme un établissement privé", erklärte der Präfekt 1888, "son
administration, par conséquent, ne nous regarde pas" (zit. in Le Theuff
1902, S. 39).

Will man die Entwicklung der Bourse du Travail zwischen 1887 und der
Jahrhundertwende skizzieren (vgl. im Anhang Abb. 5), lassen sich vier
Phasen unterscheiden, die jeweils durch bestimmte politische und organi-
satorische Umstrukturierungen gekennzeichnet sind. Die erste Phase (1887-
91) kann als die der possibilistischen Vorherrschaft bezeichnet werden.
Die zweite (1891-93) ist durch die Radikalisierung der Börse unter der
Vorherrschaft der Allemanisten und Anarchisten gekennzeichnet und endet
mit der militärischen Besetzung im Sommer 1893. Die dritte Phase (1893-

96) ist die der 'unabhängigen' Bourse du Travail. In der vierten Phase schließlich (1896ff.) kommt es zur Rückkehr der Gewerkschaften in die von nun an nur noch halb-autonome Börse und zur parallelen Existenz der 'Union des chambres syndicales de la Seine' (31).

Abb. 4:

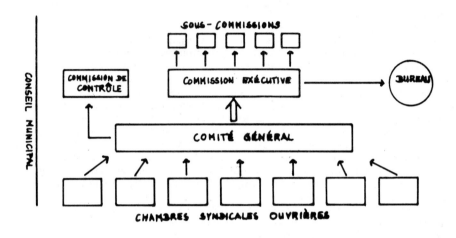

1. Phase: Possibilistische Vorherrschaft

Die Zusammensetzung der in der Börse verkehrenden Gewerkschaften spiegelte die verschiedenen Tendenzen der damaligen Pariser Arbeiterbewegung: Es waren sowohl Gemäßigte als auch Anarchisten, sowohl Blanquisten als auch Guesdisten und Possibilisten vertreten. Aber wie Moss gezeigt hat, besaß im Pariser Raum seit Anfang der 80er Jahre die FTSF den größten Einfluß: "78 out of approximately 210 Parisian unions, generally the largest and best organized, joined the Parti (sc. die Possibilisten - P. S.). Fifty belonged for more than three years and 7 - mechanics, tinsmiths, wheelwrights, piano-makers, coopers, painters and carpenters - for ten. Nearly all types of trades were represented with the largest numbers from metal, wood, leather, and construction and highest percentage from construction, metal wood, and needle trades. In addition, regional congresses drew between 50 and 100 Parisian unions; 135 of the 210 attended at least one such congress (...). The party thus included all segments of the skilled working class" (Moss 1976, S. 125).

66

Dies schlug sich in den Mehrheitsverhältnissen der Börsen-Gremien unmittelbar nieder. Possibilistische Delegierte - unterstützt durch Abgeordnete der FTSF im Stadtrat (32) - bestimmten auf der Basis ihrer Parteiprogrammatik die praktische Ausrichtung. Daraus resultierten Konflikte mit denjenigen Gewerkschaften, die andere oder auch nur weniger politische Ambitionen hatten. So beklagte sich z. B. eine gemäßigte Mechanikergewerkschaft: "Les 21 membres qui composent la commission d'organisation (sc. die commission exécutive - P. S.) sont choisis dans un seul groupe, le groupe possibiliste (...). Ce résultat a été obtenu à l'aide d'une organisation politique, préparé d'avance pour l'agitation électorale, contre laquelle l'organisation, en vue de l'action économique, de la Bourse du Travail est transformée en centre d'agitation politique violente et stérile" (33). Ähnlich äußerte sich aber auch ein Vertreter der revolutionären Erdarbeiter: "La Bourse du Travail est accaparée par un parti politique qui l'exploite à son profit et (...) les groupes qui (ne) pensent pas comme les membres de ce parti en sont exclus" (34). In einem Zeitungsinterview kennzeichnete ein anonymer, offenbar nicht-possibilistischer Gewerkschaftsaktivist die Fraktionierung wie folgt: "Il y a des blanquistes des deux tendences (sc. die pro- und die anti-boulangistische Richtung des Blanquismus - P. S.), des marxistes, des indépendants et quelques anarchistes. Ces opinions tiennent à peu près cinquante chambres (von 190 Gewerkschaften insgesamt - P. S.). Les possibilistes, qui ont la majorité, détiennent les autres. Ce sont donc eux qui font la pluie et le beau temps. C'est ce que leurs adversaires ne peuvent admettre; car les possibilistes, pour augmenter leurs forces, ont créé des syndicats insignifiants, mais dont le délégué, qui n'est pas moins nommé, apporte son appui à leurs agissements" (35).

Hinter all diesen Divergenzen standen ganz konkrete Probleme der Bourse du Travail: ihr Verhältnis zum Munizipalrat, zur Politik im allgemeinen und nicht zuletzt zu den um sie herum stattfindenden Arbeitskämpfen.

Einen ersten Konflikt gab es in der Frage der Kontrollrechte des Stadtrats. 1887 hatten die possibilistischen Vertreter der entsprechenden Regelung zunächst zugestimmt (36). Dies änderte sich, als die Führung der Arbeitsbörse gegen einige radikale Gewerkschaften der Minderheit vorgehen wollte und die städtische Arbeitskommission eingriff, um eine Bestimmung durchzusetzen, wonach allein die Stadt berechtigt sei, Gewerkschaften von der Börse auszuschließen: "Nous croyons", so meinte man, "qu'il serait dangereux de laisser aux groupes adverses la faculté de résoudre les conflits par l'exclusion" (37).

Die Partei von Paul Brousse befand sich zu dieser Zeit in der Tat in einer offenen Konfrontation mit fast allen anderen Gruppen der Pariser Arbeiterbewegung, wobei jene ein Spektrum darstellten, das Néré resümierend als "Avantgarde der sozialen Agitation" bezeichnet (1959, II, S. 228). Bereits seit längerem war die FTSF den Demonstrationen der Arbeitslosen und Arbeitsnachweis-Gegner ferngeblieben. Im Sommer 1888 versuchte sie den großen Erdarbeiterstreik (12 000 Streikende), der die Anwendung der städtischen Tarife und Arbeitsbedingungen auch auf privaten Baustellen forderte, als 'boulangistische' Provokation zu boykottieren (38). Die radikale Minderheit der Arbeitsbörse unterstützte dagegen den Streik; täglich fanden im Gebäude der rue J. J. Rousseau Versammlungen statt (39). Außerdem kam es erneut zu Ausschreitungen gegen Arbeitsnachweise (vor allem von Seiten der Friseure und Kellner). Die Lage spitzte sich immer mehr zu: Am 8. August, nach dem überraschenden Tod des alten blanquistischen 'Generals' Eudes und angesichts eines Trauermarsches, der in eine offene Revolte umzuschlagen drohte, entschloß sich die Regierung Floquet kurzerhand, die Bourse du Travail zu schließen, um auf diese Weise der Arbeiterschaft den zentralen Versammlungsort zu entziehen (40).

Der Erdarbeiterstreik, den Néré als die schwerste soziale Erschütterung seit der Pariser Kommune bezeichnet (1959, II, S. 384) und in dessen Zentrum eben die Bourse du Travail stand, hatte für diese zweierlei interne Konsequenzen: Zum einen brachte er vordergründig einen Erfolg der Possibilisten, denn die Schließung der Börse bestätigte ihre Warnung, daß gewisse Gruppen "revolutionäre Agitation" betrieben, "statt sich strikt an die vorgesehenen korporativen Aktivitäten zu halten" (zit. ebd., S. 382). Trotz des Protests einiger prominenter Sozialisten wie Vaillant, nahm der Stadtrat jetzt seinen ursprünglichen Beschluß zurück und betonte, daß die 'Commission exécutive' auch durch disziplinarische Maßnahmen die Ordnung und Funktionsfähigkeit der Börse aufrechterhalten müßte (ebd., S. 383) (41). Auf der anderen Seite jedoch hatten sich die Possibilisten durch ihr streikfeindliches Verhalten vollständig isoliert. Erst unter dem Druck der eigenen Basis traten sie im Juli 1888 aus der 'Société de Droits de l'Homme' - einer anti-boulangistischen Front, zu der auch die Regierungsrepublikaner gehörten - aus. Aber es war bereits zu spät: Unter den Gewerkschaften haftete ihnen das Odium des 'Verrats' an. Selbst in der eigenen Partei begannen sich oppositionelle Kräfte zu regen. Es ist durchaus bezeichnend, daß Boulé, der Führer des Erdarbeiterstreiks, den die Possibilisten als 'Boulangisten' zu brandmarken versuchten - sie gaben ihm den Spitznamen "Blackboulé" (42) -, im Oktober auf dem nationalen Gewerkschaftskongreß von Bordeaux-Le Bouscat wie ein Held gefeiert wurde. Er nutzte die Gelegenheit, um zu proklamieren, die Pariser Arbeitsbörse sei vollends in die Hände einer politischen Partei geraten (Prot. FNS 1888, Rapport, S. 8). Als er im Januar 1889 von mehreren sozialistischen Richtungen zum Gegenkandidat Boulangers aufgestellt wurde, existierte immer noch eine so tiefe Kluft zu den Possibilisten, daß sie es vorzogen, den bürgerlichen Kandidaten Jacquet zu unterstützen (vgl. Néré 1959, II, S. 423ff.).

Ein anderer konkreter Streitpunkt an der Bourse du Travail betraf den Vertretungsmodus der Gewerkschaften innerhalb der Selbstverwaltung. Die Regel, wonach jede Gewerkschaft je einen Delegierten ins 'Comité général' entsenden durfte, bedeutete praktisch eine Benachteiligung der mitgliederstarken Gruppen. Vor allem die Possibilisten profitierten von der- auf diese Weise noch belohnten - Zersplitterung, die sich z.B. darin äußerte, daß im Bereich der Bauindustrie auf 12 Berufe 17 Organisationen kamen und allein bei den 'peintres en bâtiment' 4 verschiedene Gewerkschaften bestanden (Blumé 1957, S. 88f.).

Bereits ein Jahr nach der Eröffnung der Börse war im Stadtrat der Vorschlag gemacht worden, ein System der Verhältniswahl einzuführen (CMP, PV, 1888, S. 302). Im Rahmen der Auseinandersetzungen um die Gewerkschaftsausschlüsse wurde dann zunächst beschlossen, die Mitgliederzahlen aller Gruppen genau zu überprüfen. Eben dies aber lehnte die possibilistische Führung der Börse unter Berufung auf ihre Autonomie strikt ab (43). Die städtische Arbeitskommission meinte dazu: "Nous considérions cette résistance de la Commission administrative (de la Bourse du Travail - P. S.) comme étant suscitée par le désir quasi légitime de terminer le mandat qui lui avait été confié, surtout alors qu'il s'agissait de recevoir les délégations étrangères pendant la durée de l'Exposition. Mais, aujourd' hui le doute n'est plus possible, (. ..) cette commission, se considérant comme omnipotente, veut repousser les décisions du Conseil (municipal - P. S.) et le contrôle de la Commission (du travail - P. S.)" (CMP, RD, 1889, Nr. 139, S. 2). Die fällige Neuwahl sollte daher ausnahmsweise von der Stadt selbst angesetzt werden; alle Subventionen wurden bis dahin storniert.

Die Sprecher der Börse wiesen die Beschuldigungen weit von sich. Proportionalität sei weder nötig, noch real durchführbar: "Comment, d'ailleurs, établir une porportion? Chaque délégué est élu pour un an. Une chambre syndicale bien dirigée, peu en quelques mois doubler et même tripler le nombre de ses membres. Une autre, mal dirigée, périclitera, au contraire, et il arrivera alors qu'une chambre syndicale très importante sera moins représentée qu'une autre dont l'existence sera menacée" (44). Da die Stadtväter sich letzten Endes nicht zu einem direkten Eingreifen entschließen konnten, endete dieser Streit zunächst unentschieden. Der Konflikt um die Führung der Bourse du Travail schwelte aber weiter und brach an anderen Stellen wieder auf. Im Herbst 1890 z. B. mußte die Stadt das Büro der Schuhmacher räumen lassen, das von zwei rivalisierenden Gruppen (einer possibilistischen und einer blanquistischen) beansprucht wurde (45).

Das Ende der possibilistischen Vorherrschaft kam schließlich im Zusammenhang mit Ereignissen, die in der Presse als 'Les scandales de la Bourse du Travail' bezeichnet wurden. Vor allem ein vehementer Artikel der boulangistischen Tageszeitung 'L'Intransigeant' (46) ließ den Verdacht aufkommen, an der Arbeitsbörse seien finanzielle 'Unregelmäßigkeiten' an der Tagesordnung. Die Gewerkschaften bildeten daraufhin einen Untersuchungsausschuß, der alle Ausgaben überprüfte. Zwar wurden keine direkten Veruntreuungen festgestellt, aber doch immerhin eine äußerst mangelhafte Begründung verschiedener Ausgaben (47). Bei der Beschäftigung von Arbeitslosen in der Büroarbeit hatte es z. B. eine exzessive Vetternwirtschaft gegeben; die Berechnung der Arbeitszeiten war oft ungeheuer großzügig gewesen; hauptamtliche Funktionäre hatten teilweise zusätzliche Aufwandsentschädigungen kassiert. Weiterhin wurde moniert, daß die für die Betreuung der Arbeiterdelegationen während der Weltausstellung von 1889 vorgesehenen Gelder auch den eigenen Genossen zugute gekommen seien ... (48). Die angegriffenen Funktionäre antworteten auf diesen Bericht mit einem längeren Pamphlet, das an Vehemenz nichts zu wünschen ließ und den gesamten Untersuchungsausschuß kurzerhand als "reaktionär" abtat (49). Dennoch konnte sich die Führung der Arbeitsbörse nun nicht länger halten: die Sprecher wurden abgewählt, die anderen traten zurück (50).

Die eigentlichen Ursachen für den Zusammenbruch der possibilistischen Hegemonie an der Pariser Arbeitsbörse lagen natürlich nicht in diesem 'Finanzskandal', der allenfalls Ausdruck einer gewissen personellen Unfähigkeit der betreffenden Delegierten war: Wie erwähnt, verfügte die FTSF nur über die nominelle Mehrheit der Gewerkschaften, während die aktivsten Gruppen - die Arbeiter der 'alimentation', die 'terrassiers' und die 'hommes de peine' (51) - auf Seiten der 'Minderheit' standen. Sie stellten den Großteil der mobilisierbaren Mitglieder und bestimmten daher weitgehend das äußere Bild der Börse, während sich die possibilistischen Gewerkschaften wesentlich ruhiger verhielten. Mit dem Ende der boulangistischen Gefahr waren nach 1889 auch die Positionen der anti-possibilistischen sozialistischen Gruppen stärker geworden (Moodie 1975). Die erste '1. Mai-Demonstration' 1890 bedeutete für sie einen eklatanten Erfolg, von dem sich die Possibilisten - und mit ihnen auch die Führung der Pariser Arbeitsbörse - selber ausgeschlossen hatten (Cadic 1979, S. 34ff.). Die entscheidende Schwächung der FTSF erfolgte schließlich durch die Explosion der Widersprüche in den eigenen Reihen (Winock 1971). Ihr schwindender Masseneinfluß - als direkte Folge jahrelanger Burgfriedenspolitik im Zeichen des Antiboulangismus -, die reformistische Linie und parlamentarische Fixierung der Führung um Brousse lösten eine massive Kritik seitens der Basis aus, die schließlich 1890 zur offenen Konfrontation führte. Der Ausschluß der 'Allemanisten' auf dem Parteikongreß von Châtellerault besiegelte die Spaltung und hatte zur Folge, daß die Mehrheit der Pariser Parteianhänger sich objektiv in die anti-possibilistische Front an der Bourse du Travail einreihte (52).

Der Gründungskongreß des neuen 'Parti ouvrier socialiste révolutionnaire' fand vom 21. bis 29. Juni 1891 in Paris statt: In derselben Woche stürzte die broussistische Führung der Arbeitsbörse.

2. Phase: Radikalisierung

Waren die Konflikte der ersten Phase noch mit dem Hinweis zu relativieren, daß es sich nur um die üblichen Anfangsschwierigkeiten jeder neuen Institution handele (53), wurden die Stadtväter nach dem Führungswechsel mit sehr viel schwerwiegenderen Problemen konfrontiert: Die gewerkschaftlichen Kräfte, die jetzt das Sagen hatten, schlugen einen Ton an, der schärfer war und auch vor einer Herausforderung der Regierung nicht mehr zurückschreckte. In dem von der Börse herausgegebenen Jahrbuch machte die neue Exekutive folgendes Selbstverständnis publik: "La Bourse du Travail de Paris est le foyer incandescent d'où jaillira l'éclair révolutionnaire qui fera éclater l'orage grondant sur la tête de la bourgeoisie" (54). Die großspurige Metaphorik hätte vielleicht weniger erschreckt, wenn nicht. gleichzeitig eine Praxis eingeleitet worden wäre, die die Institution 'Arbeitsbörse' von nun an ständig und ausdrücklich in den Dienst des Klassenkampfes und der weiteren Organisierung der Arbeiterbewegung stellte. Zum gleichen Zeitpunkt, da die Behörden riesige Summen für die Fertigstellung der 'Bourse centrale' aufbrachten und die Stadt eine pompöse Eröffnungsfeier vorbereitete, engagierten sich die in den Genuß solcher Fürsorge kommenden Arbeiter in Streiks und politischen Kämpfen: Sie nahmen z. B. an den 1. Mai-Demonstrationen teil, veranstalteten Meetings zur Propagierung des 'Generalstreiks', solidarisierten sich durch Spendensammlungen mit dem Druckerstreik in Deutschland (Januar 1892) oder dem Kampf der Bergarbeiter von Carmaux (April 1892) (55). Gleichzeitig ging von Paris die Initiative zur Gründung einer nationalen Arbeitsbörsen-Föderation aus (Februar 1892), deren Ziele eindeutig sozialistisch waren (56).

Die kämpferische Haltung der Arbeitsbörse kam auch in der Debatte um das definitive Reglement zum Ausdruck, das im Zusammenhang mit der Einweihung der Bourse centrale verabschiedet werden sollte. Ein früherer Entwurf sah z. B. vor, daß ohnehin von der Stadt bezahlte Personal auch von dieser eingestellt werden sollte; außerdem war geplant, innerhalb der Börse ein städtisches 'Statistikbüro' einzurichten. Die Gewerkschaften erblickten darin jedoch direkte Eingriffe in ihre Selbstverwaltung und beschlossen, nicht eher in das neue Gebäude überzusiedeln, als jene Bestimmungen zurückgenommen würden (57).

Aus diesem Anlaß kam es im Stadtrat zu einer Auseinandersetzung, bei der zum ersten Mal ehemalige Befürworter der Bourse du Travail sich offen als deren Gegner präsentierten: "J'ai voté la création de la Bourse du Travail", meinte einer von ihnen, "je ne puis donc être suspecté d'en être un adversaire. Bien des partisans de cette institution comprennent comme moi qu'elle doit servir uniquement à l'amélioration des conditions de travail et ne pas constituer un foyer d'agitation politique ou révolutionnaire" (CMP, PV, 1892, S. 540). Die beschwichtigende Antwort der Arbeitskommission lautete nur: "La Bourse du Travail doit servir uniquement aux choses corporatives, et non à l'organisation de réunions politiques" (ebd., S. 541).

Ein weiterer brisanter Punkt betraf den Tatbestand, daß ein Großteil der an der Börse zugelassenen und damit in den Genuß von Subventionen kommenden Gewerkschaften gar keinen legalen Status besaß. Denn nach wie vor lehnten zahlreiche Gewerkschaften es ab, sich den Zwängen des 84er Gesetzes zu beugen (ABdT 1890/91, S. 282ff.). Die Barberetisten hatten dies sofort nach der Eröffnung denunziert: "En notre qualité d'ouvriers legaux (...) nous avons manifesté la crainte que nos édiles ne se laissent déborder par les éléments illégaux" (58). Auch war dieser Tatbestand den staatlichen Stellen durchaus bekannt: Von 219 Gruppen waren 1892 nach Informationen der Präfektur nur 102 regulär angemeldet (59). Aber mußte sie deshalb einschreiten? Auf der eben erwähnten Sitzung gab der Präfekt folgende Erklärung ab, die auch die konservativen Vertreter zunächst beruhigte: "Il y a, je le sais, à coté des syndicats formés conformément aux dispositions de la loi de 1884, d'autres groupes qui ne sont pas constitués régulièrement. Mais en quoi cela me regarde-t-il? Le Conseil municipal pouvait distinguer entre les groupes légalement constitués et ceux dont la formation n'est pas régularisée: il n'a pas cru devoir entrer dans ce détail. D'un autre coté, M. le procureur de la République chargé de veiller à l'observation de la loi n'a pas dissous ces groupes. Je m'en tiens là" (CMP, PV, 1892, S. 542). Schließlich betonte er noch: "Si la Bourse du Travail est détournée de son objet, si elle devient le siège de mouvements politiques ou anarchistes, la police fera son devoir" (ebd.). In dem erwähnten Zusammenhang konnte dies aber zunächst nicht als konkrete Drohung verstanden werden.

Das Thema der 'Abweichung' beherrschte wenig später auch die Revision der Regierungshaltung gegenüber der Arbeitsbörse. Wenn man sich dabei auf Paragraphen des 84er Gesetzes berief, dann weniger aus rechtsstaatlicher Rigorosität als aus politischem Kalkül. Vor dem Hintergrund des sozialistischen Durchbruchs bei den Kammerwahlen von 1892 (Willard 1965, S. 70f.; Rebérioux 1975b, S. 49ff.) sowie einer Streikbereitschaft, die 1893 in der größten Streikwelle seit Beginn der III. Republik kulminierte (Shorter/Tilly 1974, S. 112ff.; Andréani 1968, S. 82f.), schließlich auch der politischen Umfraktionierungen innerhalb des republikanischen Blocks (im Zusammenhang mit der Enzyklika 'Au milieu des sollicitudes', die die Versöhnung von Kirche und Republik einleitete) (Mayeur 1973, S. 207ff.) verschob sich das innenpolitische Klima merklich nach rechts. Der Eklat des Panama-Skandals und der Explosionen anarchistischer Bomben taten ein übriges zur Schaffung einer Atmosphäre, in der die Beschwörung der 'sozialen Gefahr' wieder einmal herhalten mußte, um die Einheit und das Vertrauen der 'staatstragenden' republikanischen Fraktionen zu gewährleisten (Sorlin 1966, S. 358ff.; Portis 1975). Die Radikalisierung der Pariser Arbeitsbörse (60), gegenüber der sich die Regierung bisher abwartend verhalten hatte (61), bot dabei - unter anderem - ein willkommenes Feld für spektakuläre Aktionen zur Besänftigung des Bürgerunmuts.

Die öffentliche Meinung war durch eine breite Pressekampagne längst vorbereitet. Ein Beispiel für Stoßrichtung und Tonfall jener Artikel, die bald nach der Einweihung der Bourse centrale auf die heraufziehende 'Gefahr' aufmerksam machten, stellt folgender Auszug aus der als seriös geltenden 'Temps' dar: "C'est à la Bourse du Travail que s'est organisée l'autre jour la manifestation contre les bureaux de placement qui a troublé un instant la rue de Rivoli et la place de la Concorde. C'est à la Bourse du Travail que l'on avait préparé avant de connaître la solution du conflit un 'grand meeting de protestation en faveur des grévistes de Carmaux et

des condamnés d'Albi', et c'est dans le 'Bulletin officiel' de cette Bourse
que l'on dénonçait 'l'odieuse sentence arbitrale' rendue par M. Loubet,
sentance qui 'révolte les hommes de coeur'. Il y a donc aujourd'hui à
Paris, pour les entrepeneurs de désordre, pour les révolutionnaires de
toutes écoles et de toutes provenances, un centre de ralliement, un véritable palais où ils sont chez eux, soustraits à tout règlement et à toute
surveillance, avec des salles spacieuses, un nombreux personnel d'employés
et un journal destiné à porter aux quatre coins du pays les pires excitations.
Orateurs et rédacteurs n'ont, en effet, d'autre souci ni d'autre occupation
que d'attaquer et d'insulter ce qui représente la vie politique et sociale
de la nation: les ministres, le Parlement, les lois" (62). Dem schloß sich
dann eine explizit juristisch-politische Argumentation an, die auch sofort
die Aufmerksamkeit der Staatsanwaltschaft provozierte (63): "D'une part,
non seulement les Bourses du Travail ne comprennent pas que des syndicats
légaux, mais ceux-ci ne s'y trouvent qu'en nombre infime: à Paris, on en
compte à peine, nous assure-t-on, un sur cent. A cet égard donc, il y a
violation flagrante de la loi: et, les éléments étant illégaux, le tout, c'est-
à-dire la Bourse du Travail elle-même, est foncièrement illégal. - D'autre
part, on peut affirmer qu'aux divers degrés de la pyramide, dans les
Bourses, comme dans les fédérations et dans les syndicats, on s'occupe
de tout, sauf des intérêts professionnels. Grèves, manifestations tumultueuses,
mise en accusation des représentants des pouvoirs publics, tel est le pain
quotidien des syndiqués, des délégués et des fédérés. Partout la politique
et rien que la politique, c'est-à-dire ce que le législateur de 1884 a entendu
proscrire formellement. Sous ce rapport également, l'illégalité est patente,
indéniable" (64).
   Diesem Propagandafeldzug, der darauf hinauslief, ein 'an sich' löbli-
ches Experiment als gescheitert abbrechen zu lassen, sollte sich bald auch
eine Autorität wie Molinari anschließen, der im Frühjahr 1893 in seinem
zur rechten Zeit veröffentlichten Buch über die Arbeitsbörsen darauf hin-
wies, daß der vermittelnde Charakter dieser Institution inzwischen zugunsten einer Monopolstellung der Arbeitervertretungen verlorengegangen sei.
Eine Schließung der privaten Nachweise, wie sie die Gewerkschaften immer
noch forderten, werde nur zur Erpressung der Unternehmer auf dem Arbeitsmarkt führen. Auch befürwortete Molinari nicht nur - de facto - eine
Liquidierung der Bourses du Travail, sondern auch den Aufbau einer "freien
Arbeitsvermittlungsindustrie", die aufgrund ihrer "unabhängigen" Stellung
allein in der Lage sein werde, ein Gleichgewicht zwischen Kapital und Arbeit herzustellen (65).
   Als Charles Dupuy im April 1893 die Regierung übernahm, fiel der Ent-
schluß, die Situation der Bourse du Travail endlich zu bereinigen: Schon
am 1. Mai kam es zum ersten Zwischenfall, weil der Präfekt die Börse
für diesen Tag schließen ließ und die davor stattfindende Demonstration
gewaltsam auflöste (66). Kurz danach gab ihm dann Dupuy folgende Anweisung: "M. le Préfet, pour faire suite à notre entretien que nous avons eu
au sujet de la Bourse du Travail de Paris, je vous prie de vouloir bien

impartir aux syndicats qui n'ont pas satisfait aux prescriptions de l'art. 4 de la loi du 21 Mars 1884, un délai de un mois pour régulariser leur situation. Ceux de ces syndicats qui, passé ce délai, n'auraient pas opéré le dépot le leurs statuts avec l'indication des noms des personnes qui à un titre quelconque sont chargés de leur administration ou de leur direction, ne sauraient continuer à jouir du bénéfice de leur installation dans cet établissement" (67). Am 2. Juni wurde dieses Ultimatum per Anschlag den Gewerkschaften der Arbeitsbörse mitgeteilt (68). Wie zu erwarten, reagierten sie mit heftigem Protest: eine Eskalation begann.

Indem die Regierung auf diese Weise die strikte Einhaltung des Gewerkschaftsgesetzes einforderte - und dabei gegenüber den Justizbehörden die Initiative ergriff -, suchte sie ganz bewußt den Konflikt. Der Präfekt gab es auch offen zu, als man ihn im Stadtrat fragte, warum denn nicht alle französischen Gewerkschaften gleichermaßen zur 'Regularisierung ihrer Situation' aufgefordert würden. Er sagte: "Si j'ai adressé une notification aux syndicats de la Bourse du Travail, c'est parce que ceux-ci sont les plus en vue du département de la Seine" (CMP, PV, 1893, S. 752).

Für die Haltung der Gewerkschaften war bestimmend, daß sie einerseits genau wußten, wie verbreitet die inkriminierte 'illegale' Praxis war, andererseits von allen Seiten (dem Stadtrat, den sozialistischen Parteien etc.) darin bestärkt wurden, den Pressionen der Regierung nicht nachzugeben, sondern sie als "Einschüchterungsversuche" zurückzuweisen (69). Auch deutete zunächst alles darauf hin, daß die Regierung schlimmstenfalls den Ausschluß einiger Gewerkschaften erzwingen würde. Die Gefahr einer vollständigen Schließung der Börse sah man dagegen nicht (70).

Erst als im Juni auf Betreiben Dupuys eine Finanzsperre für die Bourse du Travail verhängt wurde und damit alle - auch die 'legalen' - Gewerkschaften getroffen waren (71), wurde sichtbar, daß die 'Provokation' möglicherweise größere Dimensionen annehmen würde. Dennoch - so jedenfalls der Eindruck, der im Nachhinein entsteht - kam es zu keinem Wandel in der Haltung der Gewerkschaften. Zur Organisierung des Widerstandes gegen die Subventionsstreichung fand am 12. Juni eine Massenveranstaltung mit 4000 Teilnehmern statt, auf der die Streichung des Artikels 4 des Gewerkschaftsgesetzes gefordert und dem Konflikt eine nationale Dimension gegeben wurde. Unter dem Beifall der Anwesenden erklärte Jean Allemane drohend: "Si ces polissons veulent toucher au peuple, gare là-dessus, ça brûlera!" (72) Auf einem weiteren Meeting am 26. wurde für den Fall einer Polizeiaktion sogar der 'Generalstreik' beschlossen (73). Die Spannung verschärfte sich noch dadurch, daß fast gleichzeitig auf dem anderen Seine-Ufer Straßenkämpfe zwischen Studenten und Polizei stattfanden (74): eine Solidarisierung von Studenten und Arbeitern zeichnete sich ab - auch wenn ihre Verständigung durch zahlreiche Vorurteile erschwert wurde (75). Dupuy, der - auch im Blick auf die Kammerwahlen im August - nur darauf wartete, 'Ruhe und Ordnung' demonstrieren zu können, ließ schließlich am 6. Juli, als die Gewerkschaften schon meinten, die Kraftprobe bestanden zu haben (76), die Bourse du Travail besetzen und schließen. "A 2h envahissement de la Bourse et expulsion manu militari", notierte der Sekretär der Börse, Abel Baumé, ins Protokollbuch (77). Als Folge dieser beispiellosen Aktion sollte die Arbeitsbörse drei Jahre geschlossen bleiben.

Während des parlamentarischen Nachspiels verneinte Dupuy ganz energisch, daß die Maßnahmen der Regierung sich gegen die Börse als solche gerichtet hätten: "Nous n'avons ni la prétention ni l'envie de supprimer l'institution, car on ne supprime pas les idées justes" (78). Nach dieser Reverenz vor der sozialpolitischen Nützlichkeit der Institution wies er darauf hin, daß erst der Zusammenhang mit den Ereignissen des Quartier Latin ein direktes militärisches Eingreifen erforderlich gemacht habe. In einem Wortwechsel mit dem Sprecher der sozialistischen Fraktion, Alexandre Millerand, versuchte sein Justizminister, das noch zu unterstreichen: "Vous me paraissez confondre deux choses: la question de la légalité des syndicats, dont la justice est saisie, et la question de la fermeture de la Bourse du Travail, qui est une mesure d'ordre et de police".

Aber diese nachträgliche 'Entflechtung' eines eindeutigen Zusammenhangs war wenig glaubwürdig: Zum einen schien es für viele Beobachter denkbar - weil keineswegs unüblich -, daß zumindest ein Teil der Ausschreitungen im Quartier Latin von der Polizei selbst provoziert worden war (CMP, PV, 1893, S. 53), zum anderen aber - und dieses Argument ist erst heute, aus der Kenntnis der Archive möglich - hatte Dupuy von vorne herein die feste Absicht, die Börse zu schließen. Ihm lag nämlich durchaus eine ausgearbeitete Alternativtaktik vor, mit der er eine Konfrontation hätte vermeiden können (79), die er jedoch zu keinem Zeitpunkt anzuwenden versuchte. Warum kam es ihm so darauf an, gegen die Börse gewaltsam vorzugehen? Wenn man psychologische Begründungen einmal beiseite läßt, ist als Erklärung nur denkbar, daß für Dupuy und seine Regierung die Probleme der Bourse du Travail derartig schwerwiegend bzw. so grundsätzlich anders als bisher zu stellen waren, daß zunächst eine 'Radikalkur' erforderlich war. In seiner Rede im Senat sagte Dupuy: "La Bourse du Travail n'est pas l'hôtel des syndicats: elle est le marché libre du travail. (Très bien! très bien!). C'est sa définition même; c'est parce qu'elle a dévié de cette définition et a été entraînée à des interventions politiques et souvent révolutionnaires, que j'ai dû prendre la résolution extrême de la fermer" (80). Damit waren zwei Punkte angesprochen, die deutlich machen, wie sehr die Vorstellungen Dupuys - und mit ihm einer ganzen Richtung bürgerlicher Politiker - von der Realität der Bourse du Travail, wie sie sich zwischen entwickelt hatte - als komplexer, zugleich städtischer und gewerkschaftlicher Institution - entfernt waren: Denn erstens stellte er den gewerkschaftlichen Charakter der Börse in Frage und damit auch deren Anspruch auf Selbstverwaltung; zweitens machte er sich zum Vertreter einer äußerst engen Auslegung des 84er Gesetzes, indem er nicht nur die Hinterlegung der Statuten etc. forderte, sondern vor allem das in Art. 3 enthaltene indirekte Politik-Verbot in den Vordergrund stellte.

Aus dem Zusammenhang beider Kriterien mußte eine prinzipielle Ablehnung gegenüber den realen Arbeitsbörsen zugunsten einer imaginären 'Ur-
form' resultieren: Das Bekenntnis und die Rückkehr zu dieser ursprünglichen Form aber verlief - Molinari hätte es sich nicht anders wünschen
können - zunächst über die praktische Liquidierung der abartigen Wirklichkeit selbst (81).

3. Phase: Eine 'unabhängige' Arbeitsbörse?

Hatten Dupuys Repressionsmaßnahmen auch auf eine Schwächung der revolutionären Pariser Gewerkschaftsbewegung abgezielt, so schien kurzfristig
eher das Gegenteil einzutreten: Die zersplitterte Linke reagierte jetzt mit
nahezu einmütiger Entrüstung. Einige Tage lang herrschte im Pariser
Stadtzentrum eine aktionistische Atmosphäre (82). Aber die Kräfteverhältnisse zwangen rasch zur Ernüchterung und führten zur Einrichtung in der
neuen Realität (83).
   An der Spitze der FBdT hatte die Pariser Arbeitsbörse bereits seit dem
Herbst 1892 einen Gewerkschaftskongreß vorbereitet, der in Paris stattfinden und die Aufgabe haben sollte, die von den Guesdisten dominierte
FNS mit der FBdT zu verschmelzen (84). Die Bedingungen für diesen sogenannten 'gemischten' Gewerkschaftskongreß, der vom 12. bis 16. Juli
stattfand, hatten sich aufgrund der Ereignisse radikal verändert. Für die
guesdistischen Gewerkschaften, die bis dahin den Kongreß zu boykottieren
versuchten, weil sie dahinter ein Mänöver der Pariser Allemanisten und
Anarchisten vermuteten (85), wurde die Teilnahme nun zu einer unbeding-
ten Pflicht proletarischer Solidarität (86). Der politische Erfolg des Kongresses, der ohne die Schließung der Börse sicher nicht möglich gewesen
wäre, fand ein Jahr später seine Fortsetzung im Generalstreiks-Beschluß
von Nantes und 1895 in der Gründung der CGT (87). Ohne die Schließung
der Pariser Börse wäre diese ganze Entwicklung vielleicht anders, zumindest aber langsamer verlaufen. Es ist dabei durchaus bemerkenswert, daß
in der Zeit zwischen 1893 und 1896 (bzw. 1900) die von Paris aus geleitete
FBdT den nationalen Durchbruch und den Höhepunkt ihres Einflusses er-
reichte: So scheint es fast, als ob die Maßnahmen Dupuys - und die Repres-
sionskonjunktur hielt noch bis 1895 an (88) - eine 'Avantgarde' berufen
hätten, die die französische Gewerkschaftsbewegung aus ihrer desolaten
Uneinigkeit und der durch die Vorherrschaft politischer Parteien eher noch
geförderten Stagnation herausführen würde. Im übrigen aber profitierten
auch diese Parteien von der Empörung des Sommers 1893: Denn die Kammerwahlen im August bedeuteten eine historische Wende: "Le socialisme
n'était encore que force idéologique, le voilà qui devient force de masse
(...). De facteur incident et éphémère de la vie politique, il se transorme
en facteur constant" (Labrousse 1946, S. 22).
   Betrachtet man allerdings nur die Überreste der Pariser Arbeitsbörse,
so ist trotz dieser relativ günstigen Gesamtentwicklung eine nachhaltige

materielle und politische Schwächung nicht zu übersehen. Zum einen hatte
die Schließung ein juristisches Nachspiel: Bereits Anfang August wurden
die nichtkonformen Gewerkschaften für aufgelöst erklärt und die verant-
wortlichen Sekretäre zu Geldstrafen - in der Regel jeweils 50 Francs -
verurteilt (89). Der politische Charakter des Gerichtsverfahrens war offenkundig (90). Zum anderen entzog die Repression den Pariser Gewerkschaftsgruppen all die Mittel, mit denen sie zuletzt erfolgreich ihre Arbeit organisiert hatten: die Räumlichkeiten, die Finanzhilfe, das 'Bulletin' etc. (91).
Ganz neue Praxisformen mußten gefunden werden, wenn trotz dieses Mangels, der im Bewußtsein mancher Anhänger zugleich einen 'Statusverlust'
implizierte, eine Weiterführung der Börse ins Auge gefaßt werden sollte.

Schon relativ bald nach der Schließung und dem Prozeß setzte die Demo-
bilisierung ein. Einer polizeilichen Enquête zufolge war Mitte August die
'Ruhe' wieder hergestellt (92). Ein Kreis von Aktivisten versuchte dennoch,
die Bourse du Travail wenigstens provisorisch weiterzuführen. Sie miete-
ten zu diesem Zweck einen Raum und begannen wieder Sitzungen abzuhalten (93). Der abnehmende Einfluß der provisorischen Börse läßt sich aber
daran ablesen, daß z. B. im November von 280 Gruppen nur noch 80 ihre
Beiträge entrichteten (94). Zwar kamen Spenden, aber die Zahlungsmoral
der Gewerkschaften ging rapide zurück: Im Mai 1894 wurden nur noch 25
Beiträge verzeichnet (95). Aufgrund der finanziellen Schwierigkeiten mußte
die Zahl der hauptamtlichen Sekretäre von 4 auf einen (Abel Baumé) reduziert werden (96).

Die Situation in der Rest-Börse und ihre innere Zerstrittenheit als Folge
der erfahrenen Niederlage wird in einem Spitzelbericht betont: "Depuis la
fermeture de la Bourse du Travail, les syndicats sont démoralisés. Les
querelles d'écoles se font sentir à nouveaux. Les éléments divers ont
repris chacun leur essor. Le lien de la Bourse du Travail étant rompu les
syndicats sont désunis et suivent des lignes de conduite différentes. Les
uns sont décidés à lutter à outrance, les autres à accepter la loi de 1884.
Depuis le sein (sic) même de la Commission exécutive ces tendances se
manifestent ouvertement" (97). Die Auseinandersetzung um das Gewerkschaftsgesetz lebte in der Tat wieder auf. Sie dauerte praktisch bis zum
Herbst 1894, als sich eine Mehrheit dafür entschied, erstens eine unabhängige Bourse du Travail zu gründen und zweitens nur noch legale Gewerkschaften darin aufzunehmen (98). Vor allem der Prozeßanwalt der verfolg-
ten Gewerkschaften, Millerand, trat für eine umstandlose Anerkennung
der Legalität ein. Gleichzeitig sprach er sich aber gegen das Projekt einer
unabhängigen Börse aus: "... il n'y a aucune utilité à fonder une Bourse
du Travail indépendante; (...) il vaudrait mieux se soumettre à la loi de
1884 qui, en somme, offre plus d'avantages que d'inconvénients aux
organisations ouvrières; (...) les syndicats les plus importants lui
reconnaissent ces avantages puisqu'ils s'y sont soumis et enfin (...) ce
serait le seul moyen d'obtenir la réouverture de l'immeuble de la rue du
Chateau d'Eau dans de bonnes conditions" (99). Anders verhielt sich
Edouard Vaillant: Er erklärte, daß er weiterhin den Gewerkschaften zur

Verfügung stehe und die von ihnen beschlossene Linie in jedem Fall unterstützen werde (100).

Erst im März 1894 unternahm die Regierung den Versuch einer Klärung. Auf ihre Initiative hin legte der 'Conseil d'Etat' einen Entwurf zur Reorganisierung der Arbeitsbörse vor. Er sah vor, daß dort in Zukunft auch Unternehmerverbände zugelassen würden, so daß die Börse nur noch als neutrales Vermittlungsinstitut fungieren würde. Die Verwaltung sollte ganz in den Händen der Präfektur liegen (101). Für die 'Bourse provisoire' war die Entscheidung damit gefallen. Baumé und die sozialistischen Stadträte forderten nun resigniert die 'désaffection' des Gebäudes der Bourse centrale, um von Seiten der Stadt einer regierungstreuen Pseudo-Arbeitsbörse zuvorzukommen (102). Andererseits bemühte man sich verstärkt um eine eigenständige Dauerlösung.

Trotz aller Zugeständnisse an die Legalität (103) und aller Anstrengungen, die 'Bourse indépendante' in der Pariser Arbeiterbewegung zu verankern, ist es dieser aber nie gelungen, auch nur annähernd den alten Einfluß zurückzugewinnen: Im November 1894 zählte sie 55 zahlende Mitgliedsgewerkschaften, im Juni 1895 waren es 66 (Abb. 5), von denen aber nur 56 ihre Beiträge zahlten (104). Die Eintragungen im Protokollbuch werden ab 1894 zunehmend seltener: ein untrügliches Zeichen dafür, daß die Aktivitäten der Börse sehr rasch nachließen (105). In einem Polizeibericht heißt es: "Jusqu'ici, elle n'a créé aucune institution accessoire, tels que bureau de placement, bibliothèque, cours et conférences, et n'a pas d'organe de publicité" (106). Der Verlust der städtischen Unterstützung hatte die Gewerkschaften zwar nicht völlig resignieren lassen, aber eine funktionsfähige Arbeitsbörse gab es praktisch nicht mehr (Prot. FBdT 1898, S. 310ff.).

Erst mit der Bildung des 'radikalen' Kabinetts Léon Bourgeois (1. November 1895) wurde eine Änderung wieder denkbar, zumal jetzt Gustave Mesureur den Posten des zuständigen Handelsministers innehatte (107). War er nicht einer der Väter der Bourse du Travail und hatte er nicht zusammen mit den Sozialisten gegen deren Schließung protestiert? Bereits nach wenigen Wochen dekretierte Mesureur in der Tat die Wiedereröffnung der Arbeitsbörse (108). Aber damit war keineswegs eine Rückkehr zum status quo ante verbunden, denn künftig sollte die Verwaltung der Börse nicht mehr den Gewerkschaften, sondern dem Präfekten und der Stadt unterstellt werden; die 'Selbstverwaltung' der Gewerkschaften sollte sich auf deren interne Verbandsstrukturen beschränken. Als Begründung gab Mesureur an: "On pouvait se demander s'il ne convenait pas de remettre plus complètement la gestion de la Bourse aux syndicats ouvriers; nous avons pensé qu'il ne serait pas bon de leur laisser cette lourde responsabilité, et que les soins et les difficultés d'une administration assez complexe ne pouvaient que les détourner du but que leur assigne la loi de 1884" (109). Obschon liberaler als das erwähnte Projekt des Conseil d'Etat, implizierte dieses neue Konzept eine sehr weitgehende Revision der Regelung von 1887-93, die darauf hinauslief, die 'öffentlichen' Funktionen der Börse von den spezifischen Interessen der von ihr beherbergten Gewerkschaften abzutrennen. In einem Interview meinte der Minister, "que la Bourse du Travail devait avoir une double destination, étant à la fois un établissement public et le siège social de tous les syndicats ouvriers parisiens. En tant qu'établissement public la Bourse sera placée sous l'autorité unique du préfet de la Seine (...). Se plaçant ensuite au point de vue de la Bourse du Travail, siège social des syndicats, le ministre du commerce a déclaré vouloir laisser à ceux-ci la plus entière liberté" (110). Die Gewerkschaftsvertreter reagierten angesichts dieses expliziten Sowohl-als-auch, das in der Praxis eine staatliche Bevormundung anzukündigen schien, illusionslos: "M. Mesureur, ministre, trahit toutes les espérances qu'avait permises M. Mesureur, conseiller municipal. (...) Lui qui hier repoussait l'ingérence gouvernementale dans la politique ouvrière, il ne rouvre la bourse qu'à la condition que les syndicats acceptent le réglement qui les enfermera dans les limites tracées par la loi du 21 mars 1884 (...), il interdit aux syndicats fédérés d'élire un comité général etc." (111).

Angesichts der sozialpolitischen Intentionen Mesureurs war sein Vorgehen allerdings kaum verwunderlich. Nach seinem Engagement in der Frage der Bourse du Travail hatte er sich in der Legislaturperiode 1889-93 z. B. dafür eingesetzt, daß ein Antrag auf Bildung eines 'Arbeitsministeriums' abgewiesen und stattdessen ein harmloses 'Conseil Supérieur du Travail' geschaffen wurde. Dabei hatten die Gewerkschaften auf ihrem Kongreß in Lyon (1886) eine solche staatliche 'Repräsentation' von Arbeiterinteressen ausdrücklich zurückgewiesen und erklärt, hier werde geradezu ein 'offizielles Proletariat' etabliert (Tournerie 1971, S. 88f.). Die sozialintegrativen Absichten Mesureurs standen also nie in Zweifel.

Die Möglichkeit einer Rückkehr in die alte Bourse du Travail stellte die Pariser Gewerkschaftsbewegung vor eine politische Gewissensfrage. Aber letzten Endes gaben die finanziellen und materiellen Gesichtspunkte den Ausschlag. Bei einem Referendum sprachen sich von 119 Gruppen 72 für eine Rückkehr aus und weitere 18 schlossen sich dieser Mehrheit an (CMP, RD, 1896, Nr. 16, S. 11f.). Die Entscheidung fiel gegen den Widerstand wichtiger Gewerkschaften wie z. B. der Eisenbahner, der Allemanisten sowie auch gegen eine ausdrückliche Empfehlung der Börsen-Föderation (112). Somit gab es erstmals einen deutlichen Dissens zwischen den Pariser Vertretern und der Mehrheit des nationalen 'Comité fédéral', die - obwohl die FBdT innerhalb der Börse einen Raum erhalten hätte - für einen kompromißlosen Kampf um die Selbstverwaltung eintrat. Das zeigt folgender Wortwechsel im Comité fédéral: "Le citoyen Baumé (...). - Quand Mesureur étendra aux Bourses de province, comme il nous l'a formellement déclaré, le réglément imposé à la Bourse de Paris, toutes cèderont ... Le citoyen Pelloutier (...). - Quand même ce serait vrai, ne devons-nous pas résister jusqu'au bout?" (113)

4. Phase: Rückkehr und Neustrukturierung

Am 1. April 1896 wurde die Bourse du Travail neu eröffnet. Die meisten Gewerkschaften stellten ihre Bedenken zurück und nutzten die Gelegenheit. Trotz administrativer Beschränkungen kam es in den folgenden Jahren daher zu einer erneuten Verbreitung des gewerkschaftlichen Rekrutierungsfeldes und zur Wiederherstellung vielfältiger Börsen-Aktivitäten (vgl. Abb. 5). Eine vollständige 'Normalisierung' war damit aber nicht verbunden. Trotz der Anerkennung des Gesetzes hatten sich die revolutionären Gewerkschaften nämlich ihr Mißtrauen bewahrt. Sie versuchten zunächst, unter Berufung auf das Recht zum föderativen Zusammenschluß (Art. 5 des Gewerkschaftsgesetzes), einen eigenständigen Verband zu bilden, dem sie ausgerechnet den Namen 'Bourse centrale du Travail & ses annexes' gaben. Die Präfektur sah darin den Versuch einer 'Minderheit', mittels Namensgleichheit die faktische Führung der Arbeitsbörse zu usurpieren, d. h. auf 'kaltem Wege' die alten Selbstverwaltungsstrukturen wiederherzustellen, und verweigerte daher die Legalisierung (114). Daraufhin nahm der Verband den unverfänglichen Namen 'Union des chambres syndicales de la Seine' an und wurde als eigene Gruppierung an der Börse zugelassen (115). Damit entstand eine merkwürdige Doppelkonstruktion, die innerhalb des Börsen-Syndikalismus einzigartig war: Auf der einen Seite die 'Bourse du Travail' als solche, verwaltet von der Präfektur und einer nur zur Hälfte aus Gewerkschaftsdelegierten zusammengesetzten 'Commission consultative'. Auf der anderen Seite die UCSS als eigentlicher Zusammenschluß der Pariser Gewerkschaften, deren geschlossene Liste bei den Wahlen zu jener Kommission regelmäßig die Mehrheit erhielt (116) und überregional die Pariser Bourse du Travail innerhalb der FBdT vertrat (HBdT, S. 234ff.). Mit dieser Unterscheidung zwischen Institution und gewerkschaftlicher Organisation waren natürlich praktische Nachteile verbunden: So konnte z. B. die Arbeit der Führungsgremien der UCSS nur noch über komplizierte Umwege aus dem Budget der Börse finanziert werden (117); ebenso hatte der Sekretär, Baumé, keine eigenständige Verfügung mehr über die Räumlichkeiten und technischen Mittel, sondern mußte hierin mit dem Vertreter der Präfektur, dem 'régisseur' der Börse, zusammenarbeiten (118). Mit einem Wort: Die Pariser Gewerkschaften waren in der Bourse du Travail keineswegs mehr 'zu Hause', wie Mesureur es ihnen 1887 versprochen hatte, sondern wieder unter einem 'fremden' Dach. Der autonome Zusammenschluß einer Mehrheit zur UCSS bedeutete darauf eine Antwort.

Dennoch ist es verwunderlich, daß angesichts dieser Situation sowie auch gewisser Erfahrungen, die zur gleichen Zeit von den Arbeitsbörsen der Provinz gemacht wurden (siehe Kap. IV-V), Versuche weiterbestanden, eine völlig unabhängige Börse zu gründen bzw. aufrechtzuerhalten (119). Erst nach einigen Jahren schwand der Argwohn, wie er z. B. in der Empfehlung zum Ausdruck kam, nachts keine Akten in den Büros mehr zurückzulassen, da sie dort vor der Polizei nicht sicher seien (Le Theuff 1902, S. 73). 1898 entschloß sich sogar das Comité fédéral der FBdT zum Nachgeben und bezog wieder seine Räume in der Bourse centrale (120).

Zum Schluß sei noch angedeutet, daß die restriktiven Bestimmungen, die 1896 den Status der Pariser Arbeitsbörse verändert hatten, in der Zeit der Regierungsbeteiligung Millerands (1899-1902) wieder aufgehoben wurden. Um sich die Gewerkschaften zu verpflichten, vor allem aber um die Börse dem Zugriff des - nach den Gemeindewahlen von 1900 - nationalistisch dominierten Pariser Stadtrats zu entziehen, stellte Millerand in der Tat einen Großteil der alten Selbstverwaltungsrechte wieder her (121). Für die Bourse du Travail, in der inzwischen auch die nationale Leitung der CGT ihren Sitz hatte, begann eine neue Phase ihrer Geschichte, in der es kaum weniger Konflikte geben sollte, als in den vorangehenden ... (122).

Vorbild und sozialpolitisches Experiment

Von ihrer Gründung an war die Pariser Arbeitsbörse ein Modellfall: Durch Presseberichte, Gewerkschaftskongresse und Propagandareisen ihrer Delegierten wurde sie trotz aller Konflikte als Vorbild einer neuen Form des gewerkschaftlichen Zusammenschlusses bekannt. Sie zeigte, wie eine lokale Arbeiterbewegung sich städtische Subventionen, Räumlichkeiten und andere Hilfsmittel verschaffen konnte, ohne deshalb vorne herein auf einen sozialen Änderungsanspruch zu verzichten. Aber auch für die republikanische Bourgeoisie und den Staatsapparat hatte die Börse exemplarischen Charakter: Als 'Sicherheitsventil' gegründet, hatte man ihr eine Doppelfunktion als städtische Institution und gewerkschaftlicher Versammlungsort zugestanden. Während aber der linksstehende Pariser Stadtrat eine kaum kontrollierte Selbstverwaltungsstruktur zunächst akzeptierte, so daß die öffentlichen Funktionen der Börse gegenüber ihren gewerkschaftlichen etwas in den Hintergrund traten, sah die staatliche Exekutive darin eine 'soziale Gefahr'. In einer günstigen Situation entschloß sie sich, die Börse zu schließen, um sie später in ein völlig neutrales Arbeitsamt transformieren zu können. Die Wiedereröffnung erfolgte dann freilich unter neuen politischen Bedingungen und aufgrund einer etwas differenzierteren sozialpolitischen Strategie: So wurde der Doppelcharakter der Börse formell wiederhergestellt, jedoch angesichts der gemachten 'schlechten Erfahrungen' sowie der desolaten Lage der unabhängigen Bourse du Travail - also eines günstigen Kräfteverhältnisses gegenüber den Gewerkschaften - die staatlichen Kontroll- und Eingriffsmöglichkeiten ausdrücklich verstärkt. Eine erneute Instrumentalisierung der Börse durch die Arbeiterbewegung sollte auf diese Weise in Zukunft verhindert werden. Ebenso wie die Gründungsumstände der Bourse du Travail zeigen hier die Differenzen zwischen Dupuy und Mesureur - oder auch diejenigen zwischen der Haltung Mesureurs 1886 und 1896 - wie wenig kontinuierlich und einheitlich sich republikanische Sozialpolitik entwickelt hat. Als Bestandteil des bürgerlichen Klassenkampfs war sie selber Kräfteverhältnissen unterworfen, die über sie hinweggingen und den relativen Stellenwert sozialer Pazifizierung nur jeweils für kurze Zeit fixierten.

"... la besogne syndicale, obscure,
mais féconde".

Fernand Pelloutier, 1899 (TC, S. 418)

Paris war das Vorbild, aber die 'Bewegung' der Arbeitsbörsen existierte
erst durch eine Vielzahl auf die 'Provinz' verstreuter, wesentlich kleinerer Gewerkschaftszentren. Innerhalb nur eines Jahrzehnts wurde so aus
einem einmaligen 'Experiment' ein nationales Phänomen, das den französischen Syndikalismus spezifisch prägte. Im folgenden soll versucht werden, dieses Phänomen in seinen lokalen Aspekten wie in seiner allgemeinen
Praxis näher zu beleuchten. Da unser Wissensstand aber immer noch lük-
kenhaft ist, handelt es sich zunächst um eine Bestandsaufnahme, die weitere
Forschungen anregen soll.

Ausbreitung

Die organisatorische Ausbreitung der Bourses du Travail war auf der politischen Ebene an zwei grundlegende Voraussetzungen geknüpft: Zum einen
an die seit dem Munizipalgesetz von 1884 vergleichsweise demokratische
Struktur des französischen Gemeindewesens (1). Es ermöglichte in der Provinz mehr noch als in Paris eine gegenüber den nationalen Kräfteverhältnissen relativ autonome Sozialpolitik (2). So konnten z. B. in vielen Arbeiterstädten die 'Radikalen' - oft im Bündnis mit den Sozialisten -, seit dem
Ende der 80er Jahre aber auch punktuelle sozialistische Mehrheiten mehr
oder weniger weitgehende lokale Sozialmaßnahmen in Angriff nehmen oder
Subventionen an sozialengagierte Institutionen - darunter auch Genossenschaften, Arbeitsbörsen und Gewerkschaften - verteilen. Neben dieser 'lokalen Demokratie', die allerdings stets widersprüchlich blieb (3), bildete
das bereits vor der Aufhebung des Koalitionsverbots, vor allem aber ab
1888 (Tab. 2) sich knüpfende Netz gewerkschaftlicher Organisationen eine
zweite Voraussetzung für die Bourses du Travail. In vielen Regionen war dieses Netz zunächst noch nicht sehr tragfähig, aber in Verbindung mit den so-

zialistischen Zirkeln - örtlichen 'groupes d'études sociales' - war es Ausgangspunkt einer kämpferischen Arbeiterbewegung. Besonders stark organisiert waren neben Paris die Industriezonen von Lyon, Saint-Etienne, Marseille, Bordeaux und Toulouse sowie die Textil- und Grubengebiete des Nordens; besonders niedrig lag dagegen der Organisationsgrad in West- und Mittelfrankreich, aber auch im traditionell konservativen Nordosten, den Alpen (mit Ausnahme des Isère-Tals) und in Korsika.

Vor diesem Hintergrund kann die geographische Streuung der Arbeitsbörsen (Abb. 9 - 11) betrachtet und nach möglichen Zusammenhängen mit Prozessen der Industrialisierung, der Urbanisierung und der sozialistischen Politisierung gefragt werden (4).

Zweifellos besteht eine auffällige Verbindung zum industriellen und auch urbanen Konzentrationsgrad: Bis auf zwei Ausnahmen weisen alle sehr stark industrialisierten Départements (5) um die Jahrhundertwende mindestens eine Arbeitsbörse auf, während in Regionen mit geringer Arbeitskräftekonzentration - mit Ausnahme Nizzas - vorerst keine derartigen Institutionen existierten. Damit ist aber sozusagen nur der ökonomische 'Hintergrund' benannt, denn eine unmittelbare Rückwirkung der Industrialisierung auf die Gewerkschafts- und Börsenbewegung ist kaum feststellbar. Deren Entwicklung folgte offenbar einer eigenen Zeitlichkeit (6). Einige stark industrialisierte Regionen erhielten nämlich auffallend spät, teilweise erst Anfang des 20. Jahrhunderts eine eigenen Börse. Dies gilt z. B. für die Eisen- und Textilzentren des Ostens, was mit der dortigen Machtstellung der Unternehmer und der Vorherrschaft klerikaler und gewerkschaftsfeindlicher Einstellungen zusammenhängen dürfte. Aber zunächst findet man auch keine Börsen in den politisierten Arbeiterstädten des Nordens oder des Département Allier, d. h. in den Hochburgen des französischen Sozialismus. Insofern spiegelt die geographische Ausbreitung der Bourses du Travail weder allein den regionalen Industrialisierungsgrad, noch - obwohl auch hier ein Zusammenhang unübersehbar ist (Abb. 6) - die bekannten Einflußbereiche der Arbeiterbewegung und der 'radikalen' Linken.

Ähnliches gilt für den urbanen Aspekt: Die Korrelation zwischen Verstädterungsprozeß (7) und Bourses du Travail ist keineswegs eindeutig. So ergibt eine Konfrontation der Einwohnerzahlen mit der relativen Bedeutung der jeweiligen Börse als Gewerkschaftskartell, daß kleinere und mittlere Städte (mit bis zu 50 000 Einwohnern) eine ebenso wichtige Rolle spielten wie einzelne Großstädte (8). Urbane Zentren wie Lille, Roubaix, Reims oder Nancy blieben dagegen für die Börsen-Bewegung ohne Bedeutung. Mit dem insgesamt eher kleinstädtischen Charakter der Mehrzahl der Börsen (9) dürften gewiß einige traditionale Züge und auch Schwächen ihrer Praxis zusammenhängen. Andererseits erschloß ihnen eben diese Streuung einen Wirkungsradius, der weit über den des politischen Sozialismus hinausreichte.

Bedenkt man, daß es sich bei den Börsen um eine gänzlich neue Organisationsform handelte, war ihre Ausbreitung ein relativ rascher Prozeß: Nur wenige Monate nach der Eröffnung der provisorischen Bourse du Travail von Paris wurde in Nîmes eine zweite gegründet, ein Jahr später in Marseille

schon die dritte. Schließlich setzte eine regelrechte Gründungswelle ein
(Tab. 4), so daß 1893 insgesamt 37 Arbeitsbörsen existierten (Abb. 7). Bis
1896 kamen 16 weitere hinzu (Abb. 8), und 1900 hatte sich ihre Zahl bereits
mehr als verdoppelt (Abb. 9 und Tab. 4).

Zum politischen Zusammenhang dieser drei Gründungsschübe (1890-93,
1895-96, 1898-1902) ist festzustellen, daß der erste mit dem Auschwung
der Gewerkschaftsbewegung nach dem Ende der Wirtschaftskrise zusammen-
fällt und daß die Jahre 1892 bis 94 die erfolgreiche Auseinandersetzung mit
dem guesdistischen Gewerkschaftsverband markieren (10). Die Welle wird
jedoch schwächer, als die Regierung mit der Schließung der Pariser Börse
ein Exempel statuiert, das auf alle Munizipalitäten der Provinz einschüch-
ternd wirkte. Dem Andauern der repressiven Politik entspricht das lang-
samere Anwachsen der Arbeitsbörsen-Zahl in den folgenden Jahren. Außerdem lösten sich damals mehrere voreilig gegründete Börsen mangels Subvention bzw. gewerkschaftlicher Basis wieder auf (11). Erst ab 1898 kommt
eine neue Gründungsbewegung in Gang, die kurz nach der Jahrhundertwende
ihren Höhepunkt erreicht. Dies hat sicher etwas mit der innenpolitischen
'Linkswende' im Ausgang der Dreyfus-Krise, aber auch mit der Konsoli-
dierung und Vereinheitlichung der großen Gewerkschaftsverbände (FBdT
und CGT) zu tun.

Derartig globale Trendbestimmungen sind freilich nur von beschränktem
Aussagewert. Um den Entstehungsprozeß der Arbeitsbörsen genauer zu bestimmen, ist es unumgänglich, auf lokales und regionales Material zurückzugreifen. Immerhin läßt sich zusammenfassend die Hypothese formulieren,
daß die Industrialisierung und in geringerem Maße auch die Urbanisierung
sowie schließlich eine 'radikale' und sozialistische Politisierung gewissermaßen jenes Minimum darstellten, das die Entstehung von Bourses du Travail begünstigte, während die konkreten lokalen Kräfteverhältnisse den letzten Ausschlag gaben.

Gründungsmodi

Wie kam es vor Ort zur Gründung einer Bourse du Travail? Von wem ging
die Initiative aus, welche Anlässe gab es und welche Kräfte waren im Spiel,
die das Ergebnis am Ende bestimmten? - Außer in zwei Fällen ergibt sich
aus allen Berichten über Gründungsvorgänge in der Provinz, daß die entscheidenden Impulse zur Einrichtung einer Arbeitsbörse nicht aus städtischen Gremien (12), sondern von außerhalb kamen und meist erst im Nachhinein von sympathisierenden Stadträten aufgegriffen wurden. Träger des
Börsen-Gedankens war zunächst immer die örtliche Gewerkschaftsbewegung,
die sich häufig schon Jahre vorher in einer 'Union' oder 'Fédération
locale' zusammengeschlossen hatte (13). Mit dem Hinweis auf die desolate
materielle Lage der Einzelgewerkschaften und die übliche Praxis der Städte,
für 'nützliche' Einrichtungen Zuschüsse zu gewähren, stellte dieses Orts-
kartell einen Antrag auf Subvention (14). Als signifikantes Beispiel sei hier

die Initiative der Gewerkschaften von Nîmes zitiert, die gleich 1887 erfolgreich war:
"Monsieur le Maire,
Messieurs les Conseillers municipaux,
Les Chambres Syndicales et Groupes corporatifs de Nîmes, ont l'honneur
de vous exposer qu'ils se sont préoccuppés depuis longtemps de la situation
peu avantageuse dans laquelle ils se trouvent, faute d'un local suffisant
pour pouvoir donner à leurs organisations le développement qu'elles
comportent. La plupart des Chambres syndicales de la Ville de Nîmes sont
obligées de se réunir dans l'arrière-salle d'un café, ce qui est en même
temps, une cause de dépense pour leurs membres et une situation peu digne
pour des groupements sérieux. Le complément de l'organisation d'un
syndicat ouvrier, tel que: salle de réunion, bibliothèque, cours professionnels,
etc., ne peut trouver de place pour les associations professionnelles de notre
ville, à cause justement de ce manque de locaux propres à y installer ces
institutions. Par la loi du 21 mars 1884, le législateur n'a pas seulement
voulu donner aux syndicats la reconnaissance légale, mais aussi accorder
aux ouvriers syndiqués tous les avantages que l'association doit leur
procurer. Nous avons pensé que c'était au Conseil municipal qu'il
appartenait d'aider les syndicats ouvriers dans cette voie" (zit. in Bruguier
1926, S. 24).
Die Intention war also bescheiden (bereits die Sprache signalisiert es):
Es ging vor allem um eigene Räume sowie eine Beihilfe zum Aufbau 'seriö-
ser' gewerkschaftlicher Institutionen. Die Präambel des später verabschiedeten Statuts weist darauf hin, daß es der Stadt gelang, diese Mäßigung in
ihrem Sinne zu fixieren: "La Bourse du Travail est une institution publique
et philanthropique confiée à l'administration des syndicats ..." (ebd.,
S. 27). Andernorts war die Zielsetzung jedoch weiter gefaßt. So etwa in
Nantes: "La Bourse du Travail est une institution essentiellement ouvrière.
Elle a pour but: 1° De pourvoir gratuitement au placement des travailleurs
des deux sexes, sans distinction de corporation. 2° De développer l'organisation des groupes professionnels. 3° De solidariser les efforts des
travailleurs salariés, dans le but d'améliorer leur situation matérielle,
d'assurer leur indépendance, et d'elever leur personnalité intellectuelle
et morale ..." (15). Damit wurde die Interessenvertretung der Arbeiter
in den Mittelpunkt gerückt. Doch es gab symptomatische Einschränkungen:
"La Bourse restera complètement étrangère aux questions politiques et
religieuses; les réunions publiques y seront formellement interdites; mais
il pourra y être tenu des réunions plénières des corporations" (16). Im Konfliktfall gaben gerade solche Bestimmungen Ansatzpunkte für administrative
Eingriffe.
Die Gründung der Bourses du Travail erfolgte kaum ohne überregionale
Bezugnahmen. Ein bereits bestehender Kontakt zu einer benachbarten Börse
oder eine Veranstaltung mit bekannten Propagandisten aus Paris brachte
den örtlichen Bemühungen oft den notwendigen Rückhalt (17). Gelegentlich
finanzierte sogar der Stadtrat einen Besuch in Paris, um das 'Vorbild' ge-

nau zu studieren (18). Auch die mit öffentlichen Mitteln subventionierten Arbeiterdelegationen zur Pariser Weltausstellung von 1889, die jeweils von den Funktionären der Bourse du Travail über deren 'Nützlichkeit' informiert wurden (BBdT, Nr. 183, 20. X. 83), dürften entsprechende Anregungen mit nach Hause gebracht haben. Die formelle Organisationsstruktur der Börsen war denn auch überall ähnlich. Die Pariser Konstruktion eines 'Comité général' mit Delegierten aus allen Gewerkschaften, das seinerseits eine 'Commission exécutive', beliebig viele Sonderkommissionen sowie ein oder zwei (meist hauptamtliche) Sekretäre wählte, fand - trotz unterschiedlicher Bezeichnungen der einzelnen Gremien und diverser umständlicher Zusatzbestimmungen - weitgehende Nachahmung (19). Erst in der Praxis gab es dann nennenswerte Differenzen.

Letzten Endes lag die Entscheidung über die Gründung einer Arbeitsbörse allerdings nicht bei den Gewerkschaften, sondern bei den Stadtoberen. Waren sie politisch bzw. 'sozialpolitisch' daran interessiert, die Entwicklung der Gewerkschaftsbewegung zu fördern, mußte die Subventionierung einer Arbeitsbörse - u. a. auch wahltaktisch - als günstiges Mittel erscheinen (Pierre 1973, S. 99f.). Herrschten demgegenüber konservative Mehrheiten vor, wurde das Projekt zwar nur selten abgelehnt - dazu war es auch bürgerlichen Politikern zu 'einsichtig' - aber zunächst einmal auf die lange Bank geschoben: Es konnte dann Jahre dauern - bis zur nächsten oder übernächsten Munizipalwahl - bis der eingeleitete Gründungsprozeß tatsächlich zum Abschluß kam (20).

Allerdings zeigt die Geschichte vieler Arbeitsbörsen auch, daß ein Ausbleiben der Subvention nicht immer sofort abschreckend wirkte. So existierten einige Börsen - selbst wenn dieser Tatbestand in den Statistiken nicht berücksichtigt wird - zum Zeitpunkt ihrer offiziellen Gründung bereits mehrere Jahre und realisierten bereits in improvisierter Form ein Minimum an lokaler Gewerkschaftseinheit (21).

Nicht immer wählte die konservative Seite deshalb den Weg der Obstruktion. Ein besonders signifikantes Beispiel ist Bordeaux, wo es erstmals zur Bildung zweier paralleler Bourses du Travail kam: einer städtischen und einer vollständig 'unabhängigen' (22). Da die Gewerkschaftbewegung in Bordeaux bereits seit längerem in einen gemäßigten und einen sozialistischen Flügel gespalten war und letzterer - von Guesdisten und Blanquisten dominiert - 1889 an der boulangistischen Wahlkampagne teilgenommen hatte, sah der 'opportunistische' Stadtrat keine Veranlassung diesen Gewerkschaften in der Frage der Arbeitsbörse entgegenzukommen. 1890 beschloß er, in der zu eröffnenden Bourse du Travail auch 'gemischte' Gewerkschaften sowie reine Unternehmerverbände zuzulassen. Der Bürgermeister definierte dieses Konzept wie folgt: "Une véritable Bourse du Travail, c'est-à-dire ouverte à tous - ouvriers et patrons - et dans laquelle les intéressés viendront chercher du travail ou en offrir". Die 'guten Arbeiter' würden die Vorteile einer solchen Regelung ganz von selbst einsehen (23). Wie zu erwarten, lehnten die meisten Gewerkschaften das Prinzip einer sozialpartnerschaftlichen 'gemischten' Arbeitsbörse strikt ab (24).

Vor dem Hintergrund der sozialen Mobilisierung der 80er Jahre und nach einer sehr erfolgreichen 1. Mai-Demonstration, an der sich etwa 3500 Arbeiter beteiligt hatten, gründeten sie wenige Monate später eine eigene Börse, die nach Schätzung der Präfektur 1892 bereits doppelt so viele Mitglieder wie ihre subventionierte Rivalin zählte (Hutton 1971, S. 243). Als es der Linken 1896 aufgrund des spektakulären 'Pakts von Bordeaux' - zwischen Sozialisten, 'Radikalen' und Royalisten! - gelang, das Rathaus zu übernehmen, wurde auch die Arbeitsbörse zugunsten der Arbeitergewerkschaften neu organisiert.

Der Fall von Bordeaux hatte nationale Bedeutung. Der offensichtliche Flirt der Sozialisten mit der boulangistischen Reaktion (Willard 1065, S. 193f. ; Hutton 1971) konnte nicht darüber hinwegtäuschen, daß hier zum ersten (aber nicht zum letzten) Mal der Versuch unternommen wurde, den Bourse-du-Travail-Gedanken gleichsam sozialpolitisch 'zurückzugewinnen' und ganz explizit eine von der Realität längst überholte 'ursprüngliche' Konzeption des 'freien Arbeitsmarktes' gegen die Gewerkschaften bzw. zu deren Spaltung auszuspielen. Als Dupuy sich 1893 während des Pariser Konflikts dafür einsetzte, die Börsen einer rigorosen staatlichen Kontrolle zu unterwerfen, um den 'freien Zugang' aller Arbeiter (er selbst: "Nous sommes tous des travailleurs"! (25)) zu garantieren, dachte er genau an dieses Beispiel von Bordeaux (26).

Dennoch steht außer Frage, daß die Subventionierung der Bourses du Travail lokal vor allem von sozialistischen Stadträten bzw. Bürgermeistern gefördert wurde. Seit Mitte der 80er Jahre hatten nahezu alle überregionalen Arbeiterkongresse dieses Thema behandelt, und die Gründung von Arbeitsbörsen wurde zu einem integralen Bestandteil der sozialistischen Kommunalprogramme (Rebérioux 1971, S. 89ff. ; Scott 1980, S. 147f.). Wie für Bordeaux 1896, gilt auch für viele andere Städte, daß ein linker Wahlerfolg oft binnen kurzem die Konstituierung einer Börse zur Folge hatte (27). Ein Problem ist hier allerdings die Tatsache, daß ausgerechnet in einigen frühzeitig von der Arbeiterbewegung majorisierten Gebieten nur sehr vereinzelt und relativ spät Arbeitsbörsen entstanden (28). Wie ist dies zu erklären?

Die Anfang der 90er Jahre vollzogene Umorientierung des 'Parti ouvrier' von einer spät-blanquistischen (29) zu einer nahezu ausschließlich auf parlamentarische Repräsentation fixierten Politik hatte sich auf munizipaler Ebene schnell erfolgreich niedergeschlagen. 1892 erhielten die Guesdisten bereits über 100 000 Stimmen und 600 Stadtratssitze; in 22 Städten übernahmen sie die Rathäuser (30). Sie hatten kurzfristige, 'konkrete' Maßnahmen in den Vordergrund gestellt und begannen sofort nach der Wahl mit deren Realisierung. Eines der Wahlversprechen war eine Bourse du Travail (31). So erklärte auch der guesdistische Bürgermeister von Roubaix in einem Interview, sofort nach der Einrichtung von Schulkantinen und der Kleiderausgabe an Bedürftige werde die Gründung einer Arbeitsbörse in Angriff genommen (Huret 1897, S. 78). In der Praxis dauerte dies aber ganze 17 Jahre ... Ähnlich in Lille: 1896 wurde der Guesdist Gustave Delory zum

Bürgermeister dieser damals fünftgrößten Stadt Frankreichs gewählt. Noch
zwei Jahre zuvor hatte er sich öffentlich für eine Bourse du Travail eingesetzt (32). Nachdem er aber im Amt und "die Diktatur des Proletariats in
einer Region Frankreichs" (33) errichtet war, stellte er das Projekt mit
dem Hinweis auf die allzu hohen Kosten für mehrere Jahre zurück (34).
Schließlich wären noch Montluçon und Commentry zu erwähnen: Erst acht
Jahre nach der Eroberung des Stadtrats von Montluçon kam dort die Gründung einer Börse zustande (1900); in Commentry dauerte es fünfzehn Jahre
(1896) (35).

Natürlich lassen sich keine sozial-ökonomischen Gründe dafür anführen,
daß ausgerechnet in diesen proletarischen Zentren kein 'Bedarf' an einer
Bourse du Travail zu bestehen schien; als Ursachen kommen vielmehr politische Beweggründe in Frage. Die Guesdisten waren keineswegs gewerkschaftsfeindlich, aber sie begriffen kaum den Stellenwert einer eigenständigen ökonomischen Interessenvertretung, vor allem seitdem die Gefahr bestand - wie dies im Konflikt zwischen FNS und FBdT 1892-94 deutlich geworden war -, daß eine autonome Börsenbewegung den Primat der politischen Partei, bzw. des politischen Kampfes nicht nur nicht respektieren,
sondern offen bekämpfen würde (36). Gegenbeispiele, die zeigen, daß auch
guesdistische Arbeiter führend oder gar initiierend in Börsen tätig wurden
(wie in Bordeaux, Marseille oder Roanne), beweisen freilich, daß diesem
Mißtrauen keine einheitliche 'Linie' zugrundelag (37). In den Hochburgen
des PO, wo gewerkschaftliche und politische Gruppen praktisch miteinander
verschmolzen (38) und die Guesdisten außerdem über Führer verfügten,
die - wie Delory in Lille (Simler 1975) - entschlossen waren, das Parteivolk
auf die eine organisatorische Heimat festzulegen, war für Arbeitsbörsen,
die aufgrund ihrer offenen Struktur auch von nicht-guesdistischen Fraktionen genutzt werden konnten, kein günstiger Boden. Alternativ dazu förderten die Guesdisten z. B. im Norden lieber sozialistische Konsumvereine,
die ähnliche Hilfsdienste wie die Börsen anboten, aber keine politische Konkurrenz für die Partei darstellten (vgl. Baker 1967, S. 366ff.).

Der Guesdist Charles Brunellière, der sich in Nantes wegen der dort
herrschenden innersozialistischen Konkurrenzsituation für eine Bourse du
Travail einsetzte, gab sicherlich nicht nur seine eigene Meinung wieder,
als er Guesde und Lavigne gegenüber die äußerst "spezielle", will heißen:
beschränkte Rolle der Arbeitsbörsen betonte: Sie könnten für die Arbeiterklasse allenfalls Aufgaben wahrnehmen, wie sie die Handelskammern für
die Bourgeoisie innehätten. Ansonsten aber stünden sie prinzipiell unter
dem Einfluß der Munizipalitäten und der Regierung, weshalb man ihnen unter keinen Umständen die Führung der Gewerkschaftsbewegung überlassen
dürfe (39).

Die Folgen dieser passiven Haltung der Guesdisten waren kaum zu überschätzen. Wenn Pelloutier behauptete: "Ils se sont aliénés les travailleurs
en oubliant de créer dans les villes dont ils sont maîtres les Bourses du
Travail qu'ils réclamaient si bruyamment ailleurs" (TC, S. 347), benannte
er eine psychologische Realität, die im alltäglichen Kampf zur Isolierung

der Guesdisten und zur nachhaltigen Diskreditierung der 'marxistischen'
Gewerkschaftspolitik beitrug.

Ein letzter relevanter Faktor für die Gründung der Bourses du Travail
war die jeweilige Präfektur. Von der Zentralregierung eingesetzt, besaßen
die Präfekten gegenüber den Gemeinden ausgedehnte Kontrollbefugnisse und
überprüften bzw. genehmigten u. a. das kommunale Budget (40). Auf die damit verbundene Überwachungspraxis gegenüber den Börsen werden wir noch
eingehen (Kap. V). An dieser Stelle sei lediglich darauf hingewiesen, daß
die Präfekten meist schon bei der Gründung zu intervenieren versuchten,
entweder indem sie juristische Bedenken geltend machten und dadurch das
Gründungsverfahren hinauszögerten (41), oder aber indem sie es direkt
blockierten: So wurde ein entsprechender Beschluß der Stadt Saint-Denis
aufgehoben mit der Begründung, es gäbe dort noch nicht genügend 'regu-
läre' Gewerkschaften (42); ebenso strich der Präfekt des Département
Hérault die von der Hafenstadt Cette (heute Sète) vorgesehene Subvention
kurzerhand aus dem Budget, wobei er - Pressemeldungen zufolge - erklärte, daß es in Cette bisher auch keine 'Handelsbörse' gäbe ... (43).

Derartige Eingriffe trafen die entstehenden Arbeitsbörsen an ihrem emp-
findlichsten Punkt: der Subvention. Worin bestand sie konkret? Zunächst
in der Überlassung von städtischen Räumen oder Gebäuden, dann in der direkten Finanzierung der alltäglichen Funktionen der Börsen-Praxis, schließlich auch in der speziellen Subventionierung von Delegationen zu Arbeiter-
kongressen etc. Das Ausmaß dieser Zuschüsse war außerordentlich unterschiedlich. Pelloutier schrieb, es habe sich stets weniger nach der Einwohnerzahl der jeweiligen Städte und der Bedeutung der dortigen Gewerkschaftsbewegung als nach den "Ansichten" der Munizipalität gerichtet (HBdT,
S. 138). Ein Blick in die Statistiken bestätigt diese Einschätzung (44).
Selbst wenn sich in erster Linie die größeren Städte aufwendige Neubauten
leisteten, gab es auch einige Kommunen mit vergleichsweise schmalem
Budget, die zeitweilig sehr erhebliche Summen für 'ihre' Bourse du Travail
bereitstellten (45). Andernorts beschränkte man sich - aber nicht immer
aus Indifferenz, oft auch nur aus finanzieller Schwäche - auf die Herrich-
tung von Vorhandenem. In vielen Städten (z. B. in Le Puy, Narbonne, St.
Chamond, Issy-les-Moulineaux) wurde die Börse direkt im Rathaus unter-
gebracht (HBdT, S. 100). Manchmal war die materielle Hilfe äußerst bescheiden: Die Börse von Valence etwa erhielt einfach nur einen Raum, einen
Tisch und vier Stühle ... (46).

Von entscheidender Bedeutung war in jedem Fall die direkte Jahressubvention. In ihren Genuß kamen zu dem einen oder anderen Zeitpunkt fast
alle Bourses du Travail. Häufig betrug die Summe mehrere Tausend
Francs (47). In einzelnen Fällen wurde sie außerdem noch durch Beihilfen
der départementalen 'Conseils généraux' aufgestockt, die allerdings insgesamt weniger ins Gewicht fielen (48). Aus der Praxis einer weitgehenden
Finanzierung durch öffentliche Gelder entstand mit der Zeit hier und da die
Illusion einer vollständigen finanziellen Absicherung. Aber in der Regel
hielten die Gewerkschaften ihre Mitglieder dennoch an, weiterhin Beiträge

zu zahlen (HBdT, S. 288). Manchmal wurden sogar Reservefonds für den Fall des Subventionsverlusts angelegt (49). Denn die Subvention war immer Gegenstand eines Kampfes: Im Konfliktfall war ihre Stornierung oder Streichung die letzte Konsequenz. Daher wurde die Fähigkeit, ohne finanzielle Zuschüsse auszukommen, mit der Zeit zu einem zentralen Kampfziel der Börsenbewegung; der 'Subventionismus' wurde zwar als Starthilfe akzeptiert, aber der darin liegende Widerspruch zum Prinzip gewerkschaftlicher Autonomie kam aufgrund anhaltender Konfliktsituationen immer mehr zum Bewußtsein (vgl. Kap. V).

Bevor aber die Munizipalitäten drakonische Maßnahmen gegenüber den Arbeitsbörsen ergriffen, hatten sie noch andere Eingriffsmöglichkeiten zur Verfügung: So überprüften ihre Arbeitskommissionen sämtliche Ausgaben; teilweise waren sie auch zuständig für die Berufung der hauptamtlichen Funktionäre und manchmal sogar für die Genehmigung von Versammlungen (50). Das Ausmaß solcher Kontrollen hing wesentlich von der politischen Konstellation ab: In Saint-Etienne z. B. hatte die Börse in der ersten Zeit völlig freie Hand, verlor diesen Spielraum aber nach der nächsten Munizipalwahl, was sich u. a. darin zeigte, daß die Subvention von nun an nicht mehr monatlich an den Kassierer, sondern nur noch gegen Vorlage von Rechnungen ausgezahlt wurde (51). Ähnliches gilt für Lyon, wo nach einigen Jahren die finanziellen Kontrollmechanismen drastisch verschärft wurden (52). In einigen Städten blieben die Verhältnisse dagegen relativ harmonisch: "Jamais la Bourse n'a eu de comptes à rendre; elle est maitresse absolue des deniers qui lui sont alloués", heißt es in einem Eigenbericht der Arbeitsbörse von Nîmes (ODM, 2. Jg., 1898, S. 214).

Die lokalen Gründungsbedingungen, so könnte man zusammenfassen, waren - trotz aller Unterschiede - stets politisch überdeterminiert: Der Zweckoptimismus pompöser Eröffnungsfeiern konnte den zähen Kampf um materielle Zugeständnisse, wie er sich zwischen Gewerkschaften und sozialpolitisch engagierten Notabeln in der Regel abspielte, nur vorübergehend verdecken. Jener Börsen-Sekretär hatte sicher recht, der erklärte: "On nous dit que les Bourses du Travail sont des créations philanthropiques municipales: c'est une erreur; les municipalités ne les accordent que lorsqu'elles y sont contraintes par le peuple qui les pousse" (53).

Mitgliederentwicklung und soziale Basis

Kommen wir nun zu einem Aspekt, der in der Historiographie der Bourses du Travail bisher kaum behandelt worden ist: ihrer Mitgliederstärke und beruflichen Zusammensetzung (54). Wieviele und welche Gewerkschafter waren in den Börsen organisiert? Welche Berufsgruppen hatten in der Praxis jeweils das größte Gewicht? Schließlich: Welchen Arbeiterschichten gehörten die Aktivisten und Führer des Börsen-Syndikalismus an?

Trotz entsprechender Nachforschungen fällt es immer noch schwer, diese Fragen auch nur einigermaßen präzise zu beantworten. Denn die statistischen Angaben zur Gewerkschaftsgeschichte und speziell zur Arbeitsbörsen-Geschichte im Untersuchungszeitraum sind äußerst uneinheitlich und lückenhaft. Obwohl die Bourses du Travail den Anspruch hatten, gerade auch auf dem Gebiet der Statistik die Arbeiterschaft zu informieren (wir kommen darauf noch zurück), haben sie nie daran gedacht, wenigstens über sich selbst zuverlässiges Zahlenmaterial zu erstellen (55). So liegen - bis auf gelegentliche Angaben in der Gewerkschaftspresse etc. - quantitative Daten eigentlich nur in den offiziellen staatlichen Statistiken vor sowie in den z. T. davon abweichenden internen Berichten der Polizeibehörden und Präfekturen (55a). Ab 1889 wurde ein jährliches 'Annuaire des syndicats professionnels' (ASP) publiziert, das im Prinzip sämtliche Gewerkschaften und Börsen mit Adresse, Vorstand etc. aufführen sollte, aber systematische Statistiken zu den Arbeitsbörsen erschienen dennoch erst ab 1894 unter der Regie des inzwischen gebildeten Office du Travail. Diese Zahlen (vgl. Tab. 4 und 5) sind nach wie vor uneinheitlich (56) und beziehen sich nur auf legale Gruppen bzw. Institutionen. Gewerkschaften, die sich dem Gesetz von 1884 noch nicht unterworfen haben, fehlen daher, was bis etwa 1894 besonders spürbar ist und zu einer Verringerung der Gewerkschafts- und Mitgliederzahlen geführt haben dürfte (57). Dafür werden aber alle 'wirtschaftsfriedlichen', d. h. konservativen Gewerkschaften - bzw. Bourses du Travail falls vorhanden - mitgezählt (58). Betrachten wir noch etwas genauer das Zustandekommen der Mitgliederstatistiken, wie sie kontinuierlich allein vom Office du Travail vorgelegt wurden, so kommen weitere Erhebungsprobleme hinzu: Einmal dienten als Informationsquelle stets nur die Auskünfte der Börsen selbst, weshalb einige gar nicht und andere mit höchst unwahrscheinlichen Zahlen vertreten sind (59). Im Blick auf Subventionsanträge mußte auf Seiten der Börsen-Sekretäre die Tendenz bestehen, die Mitgliederzahlen zu 'frisieren', und da es noch keine einheitlichen gewerkschaftlichen Beitragsmarken gab, die erst 1910 von der CGT eingeführt wurden, waren Übertreibungen kaum widerlegbar (60). Zum anderen fragte das Office du Travail nur jeweils nach dem Ist-Stand am 1. Juli, so daß z. B. die saisonale Mitgliederfluktuation nicht berücksichtigt werden konnte. Hier ist ein Bericht von 1899 über die Börse von Narbonne interessant: "La Bourse compte actuellement neuf syndicats, avec 508 membres. Ce dernier chiffre varie sensiblement, selon la saison. C'est ainsi que la plupart des chambres syndicales, comme la fédération du bâtiment, les tonneliers, les cultivateurs voient leur nombre augmenter quand vient l'automne et diminuer de 20 à 30% aux approches du printemps" (LMO, 3. Jg., 1899, S. 58). Im gleichen Jahr aber wurde Narbonne vom Office du Travail mit null Gewerkschaften und null Mitgliedern geführt. Poperen, der seinerseits die Mitgliederentwicklung der Börse von Angers verfolgt hat, geht in seiner Analyse einen Schritt weiter: "Stabilité à peu près générale, pour les petits syndicats de formation déjà ancienne, relevant de corporations aux effectifs limités, dont les travailleurs se connaissent bien et sur lesquels s'exerce souvent l'autorité quasi-paternelle de vieux militants, écoutés et respectés de tous (...). Par contre, les variations sont plus sensibles pour les industries utilisant une main-d'oeuvre abondante, professionnellement moins qualifiée, beaucoup plus fluctuante (...). Enfin la vie précaire et souvent éphémaire pour un certain nombre de groupements, sans traditions syndicales" (61). Gemeint sind dabei zunächst die typographes, chapeliers, vanniers, sculpteurs etc., dann die Arbeiter der Schuh- und Textilindustrie, schließlich - in der dritten Gruppe - die ouvrières en parapluies, die jardiniers, employés de commerce, coiffeurs etc.

Welche minimalen Aussagen über die zahlenmäßige Stärke der Bourses du Travail sind immerhin möglich? Was die absoluten Zahlen angeht, so wird man zweifellos die offizielle Statistik - solange nicht umfangreiche archivalische Forschungen eine ganz neue Datenbasis erstellen - vorläufig akzeptieren müssen. In der Annahme, daß sich die Übertreibungen der Börsen-Statistik und der allgemeinen Gewerkschaftsstatistik (62) gegenseitig in etwa aufheben, läßt sich danach folgende Entwicklung des Anteils der Bourses du Travail an den gewerkschaftlich organisierten Arbeitern errechnen (63):

1894	16, 2%	1897	37, 2%	1900	45, 7%
1895	47, 9	1898	37, 9	1901	45, 2
1896	32, 8	1899	48, 6	1902	44, 6

Während die Zahlen für 1894-95 wegen der Schließung der Pariser Arbeitsbörse kaum signifikant sind - 1894 fehlen die Pariser Gewerkschaften ganz, 1895 ist die selbstfinanzierte 'unabhängige Börse' mit völlig überhöhten Zahlen vertreten -, ist ab 1896 die Entwicklung relativ eindeutig: Nach dem ersten Gründungsschub der Jahre 1890-93, nach der Wiedereröffnung der Pariser Börse und der Stabilisierung vieler kleiner Provinz-Börsen erfassen die Bourses du Travail nahezu 1/3 der gewerkschaftlich organisierten Arbeiter. Entsprechend der weiteren Multiplikation der Arbeitsbörsen ab 1898 (vgl. Tab. 4) stabilisiert sich dieser Anteil bei 45% (64). Daraus läßt sich folgern, daß die Bourses du Travail in den 90er Jahren nicht nur kein marginales Phänomen darstellten, sondern eine sehr starke Minderheit der organisierten Arbeiter im Sinne der Statistik bzw. die Mehrheit der - wenigstens tendenziell - klassenkämpferischen Gewerkschafter erfaßten.

Für eine Zeit, in der proportionale Wahl- und Delegiertensysteme in der französischen Gewerkschaftsbewegung noch kaum denkbar waren, weil ein Mitgliederproporz als Maßstab sofort die vielen Kleinstgewerkschaften von jeder Mitbestimmung ausgeschlossen hätte, ist davon auszugehen, daß die Zahl der Gewerkschaften über die Kraft der Bourses du Travail fast mehr aussagen kann, als die offizielle Gesamtmitgliederzahl (65). Zudem liegen hierfür auch genauere und archivalisch leichter überprüfbare Angaben vor (Tab. 6) (66). Aus ihnen ergibt sich eine Art Schattenumriß der Bourses-du-Travail-Bewegung (Abb. 10): Während einige wenige Börsen - an erster Stelle natürlich Paris, dann Marseille, Lyon und Toulouse sowie in etwas geringerem Maße auch in St. Etienne, Nantes und Bordeaux - außerordentlich viele Gewerkschaftsgruppen organisierten, hatte die große Masse der

92

Börsen häufig nicht mehr als 10, 5 oder gar 2 Gewerkschaften. Genauer betrachtet (67), vereinigten etwa über 2/3 der Börsen kaum mehr als 1/4 bis 1/3 aller angeschlossenen Gewerkschaften, während die eben erwähnten großen Börsen lange Zeit mehr als 50% auf sich zogen. Dabei betrug allein der Anteil von Paris 1/3 bis 1/6. Trotz dieser dauerhaften Disproportion, die nur durch die jeweilige lokale Stärke bzw. Schwäche der Arbeiterschaft einerseits, der Gewerkschaftsbewegung andererseits erklärt werden könnte - wobei immer wieder die oben analysierten Paradoxien auftauchen, daß z. B. die Börse der 'roten' Arbeiterstadt Commentry nur 2 (!) Gewerkschaften zählte -, läßt sich insgesamt doch eine leicht abnehmende Tendenz feststellten: Vor allem auch die kleineren und mittleren Börsen haben gegen 1900 aufgeholt, so daß eine Verbreiterung der Börsen-Basis vermutet werden kann.

Auch für die berufliche Zusammensetzung der Mitgliederschaft fehlt es an den notwendigsten Angaben, weshalb hier wieder kein vollständiger Überblick möglich ist (68). Aus dem Material ergeben sich aber einige Hinweise, um zumindest Schwerpunkte der sozialen Basis der Bourses du Travail angeben zu können (69). Auffallend ist zunächst, daß in den Arbeitsbörsen außerordentlich viele verschiedene Gewerkschaften mit heute nur noch schwer nachvollziehbaren innerberuflichen Differenzierungen (70) vertreten waren. Gerade kleinere Gruppen hatten ein besonderes Interesse an den Einrichtungen der Börsen, die Einzelgewerkschaften für sich nicht realisieren konnten. Diese Vielfalt gilt besonders für die großen Zentren, wo halbartisanale Produktionsverhältnisse, zumal in Bereichen der Holz-, Leder-, Bekleidungs- und Nahrungsmittelindustrie, aber auch des Bauwesens und der Metallverarbeitung gegenüber industriellen Formen der Arbeitsorganisation dominierten. In der Pariser Börse z. B. waren die handwerklichen Berufsgruppen eindeutig am stärksten vertreten, wobei der Schwerpunkt bei der Bauindustrie und der Metallverarbeitung lag (71). Der kleinindustriellen beruflichen Differenzierung entsprach eine extreme Aufsplitterung in Kleinstgewerkschaften, die allesamt 'gleichberechtigt' an der Börsen-Praxis teilnahmen.

Obwohl weniger vielfältig als in Paris, bestimmte ein ähnliches Spektrum von Berufsgewerkschaften auch zahlreiche Arbeitsbörsen der Provinz (72). Dabei dominierten einzelne Branchen wie z. B. die Bekleidungsindustrie in Toulouse und Lyon, die der Lederverarbeitung und Schuhfabrikation in Angers, Chaumont, Fougères, Grenoble, Nîmes und Romans oder die Böttcherei in Bordeaux. Von diesen oft in kleinen Werkstätten oder noch in Heimarbeit organisierten Industrien wären diejenigen abzuheben, in denen sich Lohnarbeit und Massenproduktion bereits stärker durchgesetzt hatten. Dies gilt etwa für die Porzellanmanufaktur in Limoges, die Glasbläserei in Albi und Chalon-sur-Saône, vor allem aber für die Waffenproduktion in den Arsenalen von Bourges, Brest, Toulon und Tulle. Die in größerem Maßstab produzierende Textilindustrie war in Form mitgliederstarker Gewerkschaften v. a. für die Börsen von Angers, Belfort, Cholet, Lyon, Tours und Roanne wichtig. Nur eine Arbeitsbörse hatte dagegen ihre wichtigste Basis unter den Bergleuten: Saint-Etienne. Besonders zahlreich waren die Städte, in denen die Eisenbahner dominierten: so in Belfort, Calais, Dijon, Narbonne, Rennes und Tours. In den Hafenstädten Saint-Nazaire und Boulogne-sur-Mer lag demgegenüber der gewerkschaftliche Schwerpunkt beim Schiffsbau. Für Marseille, Nantes und Toulon ist außerdem auf die Beteiligung der Hafenarbeiter (Docker) besonders hinzuweisen. Lediglich der Börse von Montpellier gelang es frühzeitig, auch die im Weinbau beschäftigten Landarbeiter zu organisieren; ansonsten waren die Bemühungen der Börsen (z. B. im Département Cher), auch Land- und Forstarbeiter zu erfassen, vor der Jahrhundertwende noch kaum erfolgreich (73).

Ein Sonderproblem stellten die Angestellten dar, die schwer zu organisieren waren (74) und auch nirgendwo dominant wurden, in den meisten Börsen aber immerhin mit ein oder zwei Gewerkschaften vertreten waren. Eine weitere Ausnahme waren die Frauengewerkschaften, die nur in vier Fällen erwähnt werden (Paris, Lyon, St. Etienne, Bordeaux). Entspricht dies wirklich dem realen Anteil der Frauen in den Bourses du Travail? In deren Praxis scheint der Kampf um die Gleichberechtigung der Arbeiterinnen allerdings keine nennenswerte Rolle gespielt zu haben (75).

Nur ab und zu geben die Präfekten-Berichte für einzelne Börsen darüber hinaus eine genauere Aufschlüsselung der sozialen Zugehörigkeit der Mitglieder (vgl. die Beispiele in Tab. 7). Dabei ist wieder an die erwähnten Probleme bei gewerkschaftlichen Zahlenangaben zu erinnern. Aber die quantitativen Relationen der soeben angeführten regionalen und lokalen Schwerpunkte werden auf diese Weise zumindest etwas deutlicher, ebenso die Einbettung bestimmter Schwerpunktberufe in das Gesamtspektrum der lokalen Industrien.

Zuletzt sei noch auf einige Sekretäre und Aktivisten von Arbeitsbörsen eingegangen, deren gewerkschaftliche Zugehörigkeit ermittelt werden konnte (76). Unter den Sekretären (77) gibt es vor allem zahlreiche Bauarbeiter sowie Angehörige der erwähnten halbartisanalen Berufsgruppen der Metall- und Lederverarbeitung. Dagegen findet sich nur ein Bergmann (Saint-Etienne) und kein einziger Eisen- und Stahlarbeiter. Stattdessen ein Gastwirt (Roanne), der allerdings ein entlassener Textilarbeiter ist ... Bei den Pariser Aktivisten (78) ist demgegenüber die Dominanz der metallverarbeitenden Berufe (Präzisionswerkzeugmacher, Ofensetzer, Blechschmiede, Dreher etc.), aber auch die starke Vertretung der Angestellten (Post, Krankenhaus, Kaufhaus etc.) auffällig. Demgegenüber ist die Rolle der Arbeiter aus der Nahrungsmittelbranche erstaunlich gering. Am Rande vermerkt sei die Präsenz von immerhin vier Intellektuellen (darunter eine Frau: Marie Bonnevial), was durchaus gegen das in der Literatur manchmal leichtfertig verwandte Etikett des 'Ouvrierismus' geltend gemacht werden kann (79).

Nach dem Vorangegangenen läßt sich zusammenfassend sagen, daß die soziale Basis der Bourses du Travail zugleich heterogen, proletarisch und kleinindustriell war: Heterogen, weil die Börsen fast immer die verschiedensten Arbeiterschichten gleichzeitig umfaßten - von ungelernten Erd-

oder Hafenarbeitern bis hin zu hochqualifizierten Facharbeitern oder Kunst-handwerkern; proletarisch, weil die Grenzen zum kleinen Unternehmertum immer noch deutlich unterstrichen wurden: Keine 'echte' Bourse du Tra-vail ließ die Mitarbeit 'gemischter' Gewerkschaftsverbände zu; aber auch kleinindustriell, weil nicht nur in Paris eine Vielzahl hochdifferenzierter Kleinstgewerkschaften halb-artisanaler Berufe z. B. der Holz-, Leder-, Bekleidungs- und Nahrungsmittelindustrie sowie auch des Bauwesens und der Metallverarbeitung gegenüber den wenigen Gewerkschaften etwa der Rüstungsbetriebe oder des Bergbaus oder auch der Eisenbahner dominier-ten.

Tendenziell herrschte also in den Bourses du Travail eine Dominanz der gelernten Facharbeiter gegenüber den an- und ungelernten Industriearbei-tern im modernen Sinne, ohne daß diese freilich ganz fehlten (80). Da dies der französischen industriellen Situation entsprach, können die Börsen als wirklich "repräsentativ" gelten (Julliart 1971, S. 258f.). Auch unterschei-den sie sich darin z. B. von der guesdistischen Arbeiterpartei, in der der Anteil der traditionellen Berufsgruppen vergleichsweise geringer war (zu-gunsten einer starken Vertretung vor allem der Textilindustrie) (Willard 1965, S. 316ff.). Einige 'Lücken' im sozialen Rekrutierungsfeld der Ar-beitsbörsen sind dennoch unübersehbar: Der Bergbau mit seinen spezifi-schen korporativen Traditionen (Julliard 1964, S. 9) - mit Ausnahme von Saint-Etienne -, die Schwerindustrie sowie schließlich auch die relativ neue chemische Industrie lagen offenbar geographisch und ideologisch jenseits des börsen-syndikalistischen Einflusses.

Es wäre verfehlt, aus den vorangegangenen Gesichtspunkten sofort eine bestimmte 'ideologische' Ausrichtung der Bourses zu deduzieren. Gewerk-schaftliche Haltungen sind sicher nicht einfach auf die Zugehörigkeit zu dem einen oder anderen 'Beruf' rückführbar. Verweist nicht schon die re-gional unterschiedliche Affinität derselben Berufsgruppen zur Gewerk-schaftsbewegung oder zum Parteien-Sozialismus auf ideologische Dispro-portionen? Dafür müssen konkrete Erklärungen gesucht werden. Der Radi-kalismus der Pariser Börse läßt sich z. B. nicht allein auf die Beteiligung ungelernter 'terrassiers' und 'hommes de peine' zurückzuführen, denn er wurde fast ebenso von den 'bronziers' oder den 'ouvriers en instru-ments de précision' getragen (81). Auch psychologische Erklärungen grei-fen sicher zu kurz, obwohl Momente wie die Nostalgie des Kleinbetriebes und daraus folgende maschinenfeindliche Einstellungen durchaus einer ge-wissen Realität entsprachen (82). Vielmehr wären die verschiedenen ge-sellschaftlichen Bereiche zu analysieren, in denen der Proletarisierungs-prozeß spezifisch erfahren und ideologisch umgesetzt wurde (83). Zu die-sen Bereichen gehören nicht zuletzt auch die Praxisfelder der Arbeitsbör-sen selbst, wo bestimmte Bewußtseinsformen und Verhaltensstrukturen ein-geprägt und realisiert wurden, die sich dann im Nachhinein als mehr oder weniger einheitliche syndikalistische 'Ideologie' darstellen (84).

Praxisfelder

Die Existenz einer Bourse du Travail markierte örtlich fast immer den
Beginn einer neuen Phase des gewerkschaftlichen Kampfes. Gelegentlich
äußerte sich dies schon vorher in Streikmaßnahmen, als deren Ergebnis
dann die Börse entstand (85); häufiger noch waren Streiks eine der Konsequenzen der Gründung, gewissermaßen ein Zeichen neugewonnener organi-
satorischer Stärke. "Aussitôt après la fondation de la Bourse", heißt es
z. B. über die Börse von Bourges, "presque toutes les corporations
ouvrières commencèrent à s'agiter. Des bruits d'augmentation de salaires
avec menaces de grèves se répandaient sur les chantiers. Il était dès lors
facile de s'apercevoir que les questions du travail entraient dans une phase
nouvelle. Les ouvriers maçons, menuisiers, charpentiers et tailleurs de
pierre faisaient sucessivement appel à leurs patrons et leur demandaient
une augmentation de salaire. Après une grève de peu de durée, ils obtinrent
tous une légère augmentation" (86). "Zahlreiche Konflikte" vermeldete auch
der Präfekt der Charentes-Maritimes über die Börse von Rochefort: "Dès
son début la Bourse du Travail a fait naître parmi les ouvriers un sentiment
de cohésion jusque là inconnu à Rochefort (...). Les conséquences (...)
ont été sérieuses" (87). Und Charles Brunellière mußte für Nantes einge-
stehen: "La Bourse du Travail a eu pour effet de provoquer un mouvement
syndical inespéré" (88).
    Innerhalb der auf diese Weise 'provozierten' Bewegung bildeten Arbeits-
kämpfe aber nur den spektakulärsten Aspekt. Zahlreiche weitere Praxisformen gingen von den Börsen aus. Insgesamt lassen sich folgende, von
den Gewerkschaften als 'services' (Dienstleistungen) bezeichnete Tätig-
keitsfelder unterscheiden:
1) Arbeitsnachweis;
2) Bildungsarbeit (Abendkurse, Bibliotheken);
3) Propagandaarbeit (Presse, Streikunterstützung usw.);
4) Hilfskassen;
5) Zusatzeinrichtungen (Nachtasyle, Beratungsstellen, Konsumgenossen-
    schaften etc.).
Zwar galt es als erklärtes Ziel der Arbeitsbörsen, "alle der Verbesserung
der Lage der Arbeiterklasse nützlichen Dienste zu monopolisieren" (HBdT,
S. 146), doch verfügten nicht alle Börsen über das gleiche 'Angebot'. In
einigen von ihnen funktionierte - vor allem anfangs oder aufgrund finanzieller und politischer Schwierigkeiten (man denke z. B. an Paris 1893-96) -
phasenweise kein einziger 'service'. An manchen Orten gab es lediglich
ein Vermittlungsbüro und eine Handbibliothek. Von den 63 in unserem Überblick erfaßten Börsen (Tab. 8) besaßen 49% nicht mehr als 3 'services'.
28 Börsen verfügten immerhin über 3-4 Einrichtungen, aber nur 10 Börsen
hatten 6 oder gar 7 verschiedene Arten syndikalistischer Institutionen. Zu
letzteren zählten ihrer Größe, gewerkschaftlichen Basis und ihrem beruflichen Rekrutierungsfeld nach so verschiedene Börsen wie Bourges, Dijon,
Nizza und Montpellier (mit je 7 services), danach kamen Angers, Besançon,

Nîmes, Paris, Perpignan und Tours (mit je 6 services). Demgegenüber beschränkten sich bedeutende Börsen wie Bordeaux oder Marseille auf nur jeweils 4 Einrichtungen (den Arbeitsnachweis, die eigene Zeitung, die Bibliothek und die Bildungskurse). Die Vielfalt des Angebots war also offenbar nicht von der Größe oder gar dem Masseneinfluß abhängig. Eine einflußreiche kleinere Börse wie Roanne z. B. verfügte 1901 lediglich über eine Streikkasse (89)! Das beeindruckende Angebot von Börsen wie Perpignan dürfte demgegenüber sowohl auf eine günstige Finanzlage und - damit zusammenhängend - eine geringere Kampfintensität wie auch auf den hohen Einsatz des Sekretärs zurückzuführen sein. Gleichzeitig ist nicht zu übersehen, daß die Vervielfältigung der services oft auch nur eine Prestigeangelegenheit gewesen sein kann, d. h. entsprechend ineffektiv blieb: Zum Selbstzweck erhoben, entsprachen dem Angebot dann keine realen Praxisfelder, während andere Börsen mit nur einem oder sogar überhaupt keinem Service wesentlich stärker - nur ohne die entsprechenden Ressourcen - an den Bedürfnissen der Arbeiterschaft ausgerichtet waren.

Wir wollen nun versuchen, die verschiedenen Einrichtungen genauer zu betrachten und ihren Stellenwert als Praxisfeld innerhalb des Börsen-Alltags zu bestimmen (90).

Arbeitsnachweis

In den Augen der Zeitgenossen war die wichtigste Einrichtung der Bourses du Travail zweifellos der Arbeitsnachweis. Allein schon diese Vermittlungsfunktion der Börsen rechtfertigte für die bürgerliche öffentliche Meinung die finanziellen Zuwendungen der Städte. Denn obschon die industrielle Ordnung die geographische Umverteilung von Arbeitskräften erforderte und erzwang (de Gaudemar 1979), galt unkontrollierte Mobilität - nicht zu unrecht - als ein sozialer Unruhefaktor (Perrot 1978a), dem nur durch stabilisierende Maßnahmen beizukommen war. Aber auch auf Seiten der Betroffenen erschien die Arbeitsbeschaffung als zentrales Problem: Arbeitslosigkeit - das war evident - bedeutete Hunger und Elend (91). Da der jeweilige ökonomische Konjunkturverlauf ebenso wie die spezifische Arbeitsmarkt-Situation für die Arbeiter relativ undurchsichtig waren (92), blieb die Erfahrung massenhafter Arbeitslosigkeit - wie zuletzt in der Wirtschaftskrise der 80er Jahre - als Trauma bestehen. Auch in Zeiten des Aufschwungs, wenn die Realität des Elends weitgehend verdrängt war, fand die Forderung nach vorsorgendem Schutz in Form von Hilfskassen, vor allem aber durch eine bessere Organisierung des Arbeitsmarktes selbst, weiterhin rege Unterstützung. Während die eigentlichen Ursachen der Arbeitslosigkeit (Industrialisierung, Landflucht, Überangebot an Arbeitskräften in zyklisch wiederkehrenden Krisen usw.) (93), den Betroffenen weitgehend unbekannt blieben, attackierten sie mit Vorliebe die Maschinen, die Konkurrenz der ausländischen Arbeiter, der Frauen oder der Gefängnisse und Klöster ... (94). Die gleiche Unkenntnis galt für die quantitativen Dimen-

sionen des Phänomens. Genaue Arbeitsmarkt-Statistiken gab es noch nicht.
Das Office du Travail (1896, S. 301f.) schätzte für 1891 den Arbeitslosenanteil auf durchschnittlich 13% der industriell Beschäftigten. Für 1894/95
wurde je nach Branche eine Quote zwischen 14 und 15% angenommen (ebd. ,
S. 303f.). Erst 1896 wurde im Rahmen der Volkszählung der Versuch unternommen, die Arbeitslosigkeit präziser zu bestimmen (vgl. Tab. 9). Allerdings blieben die Ergebnisse noch immer sehr unspezifisch (95).

Im Unterschied zur Zeit der Großen Depression, für die man zweifellos
von Massenarbeitslosigkeit sprechen kann (vgl. Kap. III), scheint sich die
Arbeitsmarkt-Lage ab 1895 insgesamt stabilisiert zu haben. Darauf deuten
zumindest die von den Gewerkschaften gegenüber dem Office du Travail
angegebenen Zahlen hin, aus denen sich für 1895-1900 folgende Arbeitslo-
senquoten ergeben (in %) (96):

1895:	6, 8	1896:	6, 7	1897:	6, 9
1898:	7, 3	1899:	6, 6	1900:	6, 8

Obwohl höher als in England und Deutschland (97), scheint sich der zwischen 6 und 8% liegende Arbeitslosenanteil auf das für die kapitalistischen
Verwertungsbedingungen unerläßliche Minimum einer disponiblen industriellen Reservearmee reduziert zu haben (vgl. Marx, MEW Bd. 23, S. 657ff. ;
de Gaudemar 1976, S. 121ff.). Caron geht sogar soweit zu behaupten:
"L'augmentation plus rapide de la population active que de la population
en âge de travailler révèle (ab 1896 - P. S.) une quasi-disparition du
chômage chronique et une quasi-disparition du chômage camouflé" (1981,
S. 25). Die damit einhergehende tendenzielle Verbesserung der materiellen Lebensbedingungen der Arbeiterschaft (Andréani 1968, S. 42ff.) darf
allerdings nicht verschleiern, daß in vielen Bereichen von Industrie und
Handel nach wie vor eine große Arbeitsplatzunsicherheit und -fluktuation
bestand, so daß das Problem der Arbeitsbeschaffung nach wie vor brennend
aktuell war. Dies gilt zumal für den für saisonale und konjunkturelle
Schwankungen extrem empfindlichen Bereich der Bauindustrie, aber auch
für die Bekleidungsbranche, die Holz-, Leder- und Metallverarbeitung,
schließlich den Buchdruck und die Nahrungsmittelindustrie (vgl. Tab. 9).
Auffällig gering ist dagegen in der Statistik der Anteil der Bereiche Bergbau, Chemie und Metallurgie. Den relativ stabilen Belegschaften der Groß-
industrie stand offenbar in den kleinindustriellen oder artisanalen Sektoren
ein stärker fluktuierendes Arbeitskräftepotential gegenüber. Angesichts
der weiter oben aufgewiesenen Tendenzen in der sozialen Zusammensetzung der Bourses du Travail könnte man gewiß die Hypothese aufstellen,
daß der relativ geringe Arbeitslosenanteil der am weitesten industrialisierten Sektoren deren geringere Vertretung innerhalb der Börsen zumindest
teilweise erklärt. Daß Arbeiter der häufiger von Arbeitslosigkeit betroffenen Branchen sehr viel eher an Arbeitsvermittlungs-Instituten wie (u. a.)
den Bourses du Travail interessiert sein mußten, liegt jedenfalls auf der
Hand. Darüber hinaus war gerade im kleinindustriellen Bereich die Ar-
beitsmarktlage am wenigsten überschaubar; auch galten dort oft Arbeits-

bedingungen oder Ausbildungstraditionen, die selbst in Zeiten relativer
Prosperität einen häufigeren Arbeitsplatzwechsel erforderten: Man denke
auf der einen Seite an Erdarbeiter, Kellner, Hausbedienstete usw., auf
der anderen Seite aber auch an die Gesellen verschiedener hochqualifizierter Berufe, für die es immer noch üblich war, einen 'Tour de France'
zu absolvieren und einige Wanderjahre auf dem 'trimard' zu verbringen.
Ganz zu schweigen von der statistisch nie erfaßten Arbeitsplatzfluktuation
als Form des sozialen Widerstands ... (98).

Arbeitslosigkeit und Arbeitsmobilität erforderten gleichermaßen eine
möglichst rasche und effiziente Umverteilung bzw. 'Vermittlung' der je
nach Konjunktur, Industrieentwicklung und berufsspezifischer Wanderbe-
wegung freiwerdenden Arbeitskräfte. Dies geschah zum großen Teil 'spon-
tan', durch die direkte Arbeitssuche der Betroffenen - von Betrieb zu Betrieb, eventuell auch unter Ausnutzung von Bekanntschaften oder durch
den Besuch der neben dem Betrieb gelegenen Kneipe (99) -; ansonsten aber
blieb nur die Hilfe der institutionalisierten Arbeitsvermittlung. Die bedeu-
tendste Konkurrenz der Bourses du Travail auf diesem Gebiet waren die
privaten Arbeitsnachweise. Obwohl ihre Dienste bezahlt werden mußten (100), hatten sie weiterhin die höchsten Vermittlungsraten. Ein renom-
mierter Sozialökonom, Charles Gide, schrieb damals: "Fast 95 Percent
der gesamten Stellenvermittlung entfallen auf die 'Bureaux de placement',
die so sehr gehaßt werden. Es ist dies wohl auf die Leistungsfähigkeit derselben zurückzuführen; wie in anderen Berufszweigen brauchen auch die
Geschäftsleute der Arbeitsnachweisbranche eine gewisse Routine, Fach-
kenntnisse, sie scheuen sich nicht, dahin und dorthin um Auskünfte zu lau-
fen usw. Es genügt eben nicht, wie es die meisten anderen Institute thun,
Angebot und Nachfrage, die fast nie übereinstimmen, einfach zu registri-
ren und zu publiciren. Freilich tritt noch ein anderer Grund hinzu, nämlich
der Umstand, dass es eben die 'Bureaux de placement' sind, an die sich
die Arbeitgeber beinahe ausschliesslich wenden: die Arbeitsvermittlung
der Syndicate, der Gemeinden etc. werden von den Unternehmern höchst
selten in Anspruch genommen" (1897, S. 214). Einschränkend wirkte freilich, daß die privaten Büros fast immer auf nur eine oder zwei Berufsgruppen spezialisiert waren, wobei ihr Schwerpunkt bei Dienstboten, verschiedenen Berufen des Nahrungsmittelsektors sowie den Friseuren lag.
Für andere Berufe fielen sie weit weniger ins Gewicht (Tab. 10). Auch
ging die Zahl dieser Institute schließlich etwas zurück, da die von den Gewerkschaften mobilisierte Öffentlichkeit eine stärkere Überwachung ihrer
Praktiken forderte und im Parlament immer wieder Gesetze für ein Verbot
der gewerblichen Arbeitsvermittlung eingebracht wurden (101).

Eine weitere Konkurrenz entstand den Arbeitsbörsen durch die Arbeitsnachweise von Unternehmerverbänden, 'gemischten' Gewerkschaften sowie vor allem durch die städtischen Arbeitsvermittlungsstellen (102). Diese
existierten aber zunächst nur in wenigen Städten und Pariser Arrondissements. Sie beschränkten sich außerdem weitgehend auf die Vermittlung von
Dienstboten (103).

Wie groß war nun tatsächlich die Wirksamkeit der Bourses du Travail im Bereich der Arbeitsvermittlung? Zwar sind die uns vorliegenden Zahlen (Tab. 11) keineswegs vollständig, da das Office du Travail nur über die Angaben von jeweils 2/3 aller Börsen verfügte, aber es wird dennoch sofort deutlich, daß diese stets weit hinter den fünfstelligen Vermittlungsziffern der privaten Nachweise zurückblieben. Aus einer detaillierten Aufstellung der Leistungen der einzelnen Börsen (Office du Travail 1901, S. 176-180) geht weiterhin hervor, daß es vor allem die beiden größten Städte - Paris und Marseille - waren, die den Hauptteil der Vermittlungstätigkeit zu erbringen hatten. Der Anteil der übrigen Börsen ging dagegen eher zurück (1897 betrug er: 63, 2%, 1898: 52, 6%, 1899: 44, 2%). An diesen geringen Vermittlungszahlen ist bemerkenswert, daß sie auch größere und sehr aktive Börsen - wie z. B. Lyon, Bordeaux oder Saint-Etienne - betrafen.

Weitere Aufschlüsse gibt die berufliche Zergliederung einiger Pariser und Marseiller Nachweiszahlen (Tab. 12): So entfiel 1896 in Paris der größte Anteil auf Arbeiter der Druckindustrie (19, 4%), der Nahrungsmittelbranche (16, 75%) sowie der Bekleidungs- und Metallindustrie. In Marseille lag der Anteil des Nahrungsmittel- und Gaststättensektors sogar bei über 50%. Auch wenn es sich hier nur um ein einzelnes Jahr handelt, läßt sich feststellen, daß der Arbeitsnachweis der Börsen wenigstens teilweise mit dem Monopol der gewerblichen Vermittler kollidierte und für den Nahrungsmittel-, Friseur- und Angestelltenbereich einige nennenswerte Ergebnisse erzielte. Die in der übrigen Nachweis-Statistik so wichtigen Dienstboten etc. spielten dagegen so gut wie keine Rolle (104). Dies läßt sich leicht dadurch erklären, daß sie kaum gewerkschaftlich erfaßt und von daher nicht organisatorisch an der Börse vertreten waren. Zahlreiche Vermittlungen wurden aber auch in Branchen gemacht, in denen bis dahin eine informelle Arbeitsplatzsuche dominierte oder - wie in der Bauindustrie - Versammlungen auf dem Grève-Platz nach wie vor üblich waren.

Zu keinem Zeitpunkt ist es den Bourses du Travail freilich gelungen, den im engeren Sinne proletarischen Arbeitsmarkt auch nur annähernd abzudecken (vgl. Mataja 1894, S. 543f. ; Franck 1910, S. 71ff.). Dies war schon für die Zeitgenossen offensichtlich und wurde durch verschiedene Kritiker immer wieder als mangelnde Effizienz herausgestellt: "Ce que la Bourse de Paris (...) consomme est énorme; ce qu'elle produit est insignifiant. Elle fait songer à la fable de La Fontaine: La Montagne du travail enfante une souris" (Vanlaer 1893, S. 735). Die Erklärung des Mißstands lag schon bereit: Erstens seien alle unentgeltlichen Vermittler mangelhaft qualifiziert und nicht genügend "interessiert": "Que doit être le placeur pour jouer avec éfficacité le rôle qui lui est assigné? Une machine à enregistrer des noms? un grand livre ouvert à tout venant? Non pas, mais un véritable courtier (...) sachant les exigences de l'offre et discernant les qualités de la demande, toujours à l'affût des places vacantes et à la recherche des bras inoccupés, capable d'assortir les spécialités d'ouvriers aux spécialités d'emplois. Or, cette opération délicate qu'est l'assortiment et qui suppose l'expérience acquise, l'habitude des affaires, la connaissance du milieu, un placeur fonctionnaire est à peu près impuissant à la réaliser" (ebd. , S. 732). Zweitens und vor allem verhindere die klassenkämpferische Ausrichtung einer Arbeitsbörse von vornherein jede Verständigung zwischen Arbeitern und Unternehmern: "Centre d'agitation perpétuelle, point de départ de tous les désordres, berceau des idées les plus dissolvantes, comment prétend-elle régler les rapports si délicats entre patrons et ouvriers?" (ebd. , S. 735). Auch solche Unternehmer, die für unentgeltliche öffentliche Nachweise eintraten, haben diesen Vorwurf erhoben: "Comment veut-on que les patrons aillent chercher à la Bourse du Travail des ouvriers, alors que, de ce même local, partent des menaces constantes contre les employeurs" (105)? Ein Spezialist für Arbeitsnachweise im deutschsprachigen Raum resümierte die gegen die Börsen gerichtete Kritik, indem er schrieb: "Mag es daher immerhin sein, dass durch die Concurrenz, welche von der Börse den Placirungsbureaux gemacht wird, die im Gewerbebetriebe der letzteren hervorgetretenen Uebelstände eine wesentliche Einschränkung erfahren haben, so bleibt doch die von der Arbeitsbörse an die Stelle gesetzte Vermittlung eine ebenso einseitige; von dem Ideal einer lediglich durch sachliche Gesichtspunkte geleiteten Arbeitsvermittlung ist sie nicht minder weit entfernt" (Reitzenstein 1892, S. 508).

Alle diese Vorwürfe berührten tatsächlich ein grundsätzliches Problem der Bourses du Travail: ihre besondere Stellung innerhalb des kapitalistischen Arbeitsmarktes und ihre mögliche Differenz zu den üblichen Formen des Arbeitsnachweises. Dabei unterstellten die Kritiker allerdings ihre liberale Sichtweise als einzig gültigen Maßstab. Bevor wir auf die 'Einseitigkeit' der Arbeitsbörsen eingehen, ist es daher nötig, einige kurze Bemerkungen zur allgemeinen Funktion und Ideologie der Arbeitsvermittlung vorwegzuschicken.

Organisierte Arbeitsvermittlung ist ein integraler Bestandteil des kapitalistischen Arbeitsmarktes, also jener "besondere(n) Abteilung des Warenmarkts" (Marx, MEW Bd. 23, S. 183), auf dem sich Käufer und Verkäufer von Arbeitskraft gegenüberstehen. Arbeiter und Kapitalist schließen - nachdem die Ware hinreichend besichtigt ist - als "juristisch gleiche Personen" (ebd. , S. 182) einen Vertrag: ein bestimmter Lohn gegen einen Tag Arbeit. Hinter diesem rechtlich sanktionierten Lohnarbeitsverhältnis steht die ganze - von Marx analysierte (ebd. , S. 161ff. , 557ff. u passim) - Realität der ökonomischen Ausbeutung der Arbeitskraft des Arbeiters durch den über Produktionsmittel verfügenden Kapitalisten - mit allen politischen und ideologischen Konsequenzen, die sich in der Geschichte des Kapitalismus daraus ergeben. - Was nun den 'Vermittler' angeht - egal ob er als Institut oder als Individuum auftritt -, so hat er damit nur insofern etwas zu tun, als er als Agent der Zirkulation dafür sorgen muß, daß die aus dem einen oder anderen Grund frei zirkulierende und insofern 'arbeitslose' Arbeitskraft mit 'arbeitslosem' Kapital zusammengebracht wird; er muß beide sozusagen miteinander verkoppeln, damit der Lohnabhängige sich selbst, aber auch das Kapital seine Verwertungsbedingungen reproduzieren kann.

Interessant ist dabei der ideologische Mechanismus dieser 'Vermittlung': Der Unternehmer, auf der Suche nach verwertbarer Arbeitskraft, wird dem über diese 'spezifische Ware' verfügenden Arbeiter nämlich als ein 'Geber' präsentiert, der einen 'Arbeitsplatz geschaffen' hat, während der Lohnarbeiter, der den Gebrauchswert seiner Arbeitskraft vorschießt (ebd., S. 188) und die Waren erst produziert, also der eigentlich Arbeit Gebende, als 'Arbeitnehmer' erscheint (106). Die reale Eigentums- und Klassendifferenz verschwindet in einem Tauschvorgang, der "das wirkliche Verhältnis unsichtbar macht und gerade sein Gegenteil zeigt" (ebd., S. 562). Diese Mystifikation - die Marx in Analogie zu Feuerbachs Religionskritik häufig als "Verkehrung" bezeichnet - ist gebunden an die juristische Struktur der Warenzirkulation (107): Das Recht ist dabei zugleich 'Ausdruck' der ökonomischen Tauschverhältnisse und abstrahiert doch zugleich von dieser Determination, indem es deren 'Inhalt' - die Mehrarbeit des Arbeiters und deren Aneignung durch den Kapitalisten - einfach nur als 'gerechtes' Ergebnis der Interaktion freier vertragschließender Rechtssubjekte wahrnimmt. Gerade diese ideologische 'Evidenz' aber, die vom bürgerlichen Recht und seinen Apparaten 'garantiert' wird, realisiert sich materiell in der Praxis des Arbeitsmarktes mit Hilfe der dazugehörigen Institutionen wie Arbeitsnachweis, Arbeitsamt usw.

Für die besondere, einseitige 'Gerechtigkeit' der Arbeitsvermittlung ist ein weiterer Aspekt von Bedeutung. Marx benennt ihn, indem er schreibt: "Das Kapital ist konzentrierte gesellschaftliche Macht, während der Arbeiter nur über seine Arbeitskraft verfügt. Der Kontrakt zwischen Kapital und Arbeit kann deshalb niemals auf gerechten Bedingungen beruhen, gerecht nicht einmal im Sinne einer Gesellschaft, die das Eigentum an den materiellen Mitteln des Lebens und der Arbeit der lebendigen Produktivkraft gegenüberstellt. Die einzige gesellschaftliche Macht der Arbeiter ist ihre Zahl. Die Macht der Zahl wird jedoch durch Uneinigkeit gebrochen. Die Uneinigkeit der Arbeiter wird erzeugt und erhalten durch ihre unvermeidliche Konkurrenz untereinander" (108). Die individuelle Abhängigkeit des Lohnarbeiters wird also durch die soziale Schwäche der Arbeiterklasse insgesamt, durch die Existenz einer industriellen Reservearmee und durch die politische Macht der Unternehmer potenziert. Beide Seiten des Arbeitsmarktes sind insofern grundsätzlich asymmetrisch. Friedrich Engels hat dafür die Metapher geprägt: "In dem Wettlauf mit dem Kapital sind die Arbeiter nicht nur benachteiligt, sie haben eine ans Bein geschmiedete Kanonenkugel mitzuschleppen" (109).

Dennoch geht der Vertragsschluß auf die Dauer nicht ohne den Widerstand der Arbeiter vonstatten. Seine primäre Form ist die solidarische 'Kombination' oder 'Koalition' in der Gewerkschaft. Ein von Marx zitierter englischer Arbeiterführer beschreibt die Wirkungsmöglichkeiten der Trade-Unions folgendermaßen: Es existiert "... 'ein großer Unterschied zwischen der durch Nachfrage und Zufuhr bestimmten Höhe des Arbeits-

lohns, d. h. der Höhe, welche die ehrliche (fair) Operation des Warenaustauschs ergibt, wenn Käufer und Verkäufer auf gleichem Fusse verhandeln,
und der Höhe des Arbeitslohns, die der Verkäufer, der Arbeiter, sich gefallen lassen muß, wenn der Kapitalist mit jedem Mann einzeln verhandelt
und eine Herabdrückung durch Exploitation der zufälligen Not einzelner
Arbeiter (die unabhängig von dem allgemeinen Verhältnis von Nachfrage
und Zufuhr) diktiert. Die Arbeiter kombinieren, um sich in dem Kontrakt
über den Verkauf ihrer Arbeit einigermaßen auf den Fuss der Gleichheit
mit dem Kapitalisten zu setzen. Dies ist das Rationale (der logische Grund)
der Trades Unions'. Was sie bezwecken ist, 'dass die zufällige unmittelbare Bedürftigkeit eines Arbeiters ihn nicht zwinge, sich mit geringerem
Arbeitslohn zu begnügen, als Nachfrage und Zufuhr vorher, in dem bestimmten Arbeitszweig festgesetzt hat''' (Marx 1969, S. 119). Mit dem gewerkschaftlichen Zusammenschluß ist demnach eine Veränderung des Kräfteverhältnisses beim Abschluß des Arbeitsvertrages intendiert, wodurch der
der Zirkulation inhärente juristische "Vereinzelungseffekt" (110) durchbrochen werden soll.

Das von den Kritikern der Bourses du Travail unterstellte Modell des
'unparteiischen' Arbeitsnachweises stand derartiger 'Parteilichkeit' natürlich unversöhnlich gegenüber. Als Vermittlungsregel galt einzig das
Gleichheitspostulat, dessen faktische 'Ungerechtigkeit' durch gewisse paternalistische Praktiken seitens der Vermittler noch gesteigert wurde.
Selbst wenn man hier von den damals häufigen Formen des Mißbrauchs der
Vermittlerposition absieht, kann doch kein Zweifel bestehen, daß die im
19. Jahrhundert herrschende Form des Arbeitsnachweises eine absolute
Privilegierung des Unternehmers als 'Arbeitgeber' implizierte: Dieser
konnte sich seine Arbeitskräfte aus den 'demandes de travail' verschiedener Nachweise frei aussuchen und angesichts der innerproletarischen Konkurrenz einen für ihn möglichst günstigen Lohn mit dem Einzelnen aushandeln. Der bzw. die Arbeiter hatten demgegenüber keinerlei Anrechte, weder auf einen bestimmten Tariflohn, noch auf einen gesicherten Arbeitsplatz. Dies kam auch darin zum Ausdruck, daß sie dafür, daß sie (bzw.
ihre Arbeitskraft) 'genommen' wurden, noch dankbar sein und ihrem Vermittler eine nicht unerhebliche Prämie zahlen mußten (gleichsam als Ersatz für eine langwierige Arbeitssuche). Schließlich war der Vermittler,
sofern es sich um ein gewerbliches Institut handelte, selber unternehmerisch 'interessiert' (111). Folglich behandelte er seine 'Kundschaft' völlig ungleich: Während der eine Kunde 'König' war, galt der andere ihm
nur als Träger einer überschüssigen Ware, die möglichst günstig - und
möglichst oft! - verkauft werden mußte. Insofern deckten sich seine Interessen mit denen des 'Arbeitgebers' (Vanlaer nannte dies "les exigences
de l'offre"), und er übernahm dann nicht zufällig dessen Standpunkt
("l'habitude des affaires") sowie dessen Gebaren - bis hin zu seinem instinktiven moralisch-politischen Mißtrauen ("la connaissance du milieu"),
das ihm eine Überwachung und Bespitzelung seiner arbeitslosen Klienten
angeraten sein ließ. Was das für Informationen waren, die da gesammelt
wurden, zeigt beispielhaft eine vom Pariser Zentralarbeitsnachweis für

Friseure 1891 vorgelegte Liste, die 38 'Kunden' als gewerkschaftlich organisierte Agitatoren denunziert. Manche von ihnen hatten vier Mal im Jahr die Stelle wechseln müssen (112). Magnin (1886, S. 22) meinte die Vermittler zu loben, als er schrieb: "Il y a parmi eux un assez grand nombre qui ne se bornent pas à l'inscription règlementaire, ils font plus et mieux. Obéissant aux scrupules les plus honorables, ils tiennent une sorte d'état détaillé du passé et de la moralité de leurs clients, ils constituent pour chacun d'eux une sorte de dossier, qui leur permet d'agir à peu près à coup sûr".

Eine solche kapitalistische Vermittlungspraxis galt nicht nur für kleinere, zudem noch auf bestimmte Berufsgruppen beschränkte Institute, sondern fand auch in größerem Maßstab statt. Das zeigt nicht zuletzt das Beispiel der städtischen Arbeitsbörse von Brüssel, das häufig als Gegenmodell zu den französischen Arbeitsbörsen angeführt wurde (113). Die Arbeitsvermittlung nahm in Brüssel folgenden Ablauf: "Les ouvriers sont inscrits, par profession et dans l'ordre où ils se sont présentés, sur un régistre ad hoc. Les offres des patrons sont inscrites, d'après le même système, sur un autre régistre. Voici comment on procède ensuite: si un patron menuisier, par exemple, demande un ouvrier, on examine la liste des ouvriers inscrits sous cette rubrique; on les invite à passer au local de la Bourse du Travail; cet avertissement est donné à un certain nombre, une demi-douzaine le plus souvent, choisis d'après l'ordre d'inscription. A la Bourse du Travail, on donne aux ouvriers l'adresse du patron: les ouvriers recommandables reçoivent l'adresse manuscrite du patron avec une formule d'introduction; ceux qui ne sont pas recommandables, sans être mauvais, reçoivent l'adresse du patron, sans plus; à ceux qui ont essuyé des condamnations, on se contente de donner l'adresse verbalement. Les renseignements sont confidentiels. Ils sont fournis par la police bruxelloise" (Banneux 1900, S. 35f.).

Einseitigkeit und sachliche Präzision fielen hier direkt zusammen. Die Arbeiterklienten waren Gegenstand möglichst vollständiger Überwachung, Registrierung, Klassifizierung. Zwischen Börse und 'Arbeitgeber' bestand ein Zeichensystem, das diesen von vornherein über jeden Ankömmling aufklärte: Achtung, verdächtig! Achtung, nicht empfehlenswert! Achtung, empfehlenswert! Man kann sich denken, was dies für die dauerhaft oder wiederholt Arbeitslosen bedeutete, zumal dann, wenn sie gewerkschaftlich organisiert waren. Im übrigen war die Einschreibegebühr für Arbeiter doppelt so hoch wie die für Unternehmer ... (ebd., S. 36).

Es ist bemerkenswert, daß das Brüsseler Modell, als es sich noch in der Planung befand, bei den der Gründung der Pariser Börse vorausgehenden Verhandlungen zumindest am Rande relevant wurde. Ausgerechnet die Sozialisten hofften mit diesem Beispiel, wie Vaillant sagte, eventuell noch bestehende Zweifel an der Nützlichkeit einer Arbeitsbörse auszuräumen (114). Freilich gab es auch eine kritische Stellungnahme von Seiten der französischen Arbeiterdelegation zur Weltausstellung von Antwerpen, die bereits 1885 ausdrücklich erklärte, ihre eigene Forderung nach einer

Bourse du Travail sei prinzipiell anders zu verstehen: "La conception de
M. Denis (sc. das Brüsseler Projekt - P. S.) diffère profondément de celle
des ouvriers parisiens. Nous pensons ici que la Bourse du Travail doit
être surtout un instrument destiné à intervenir au profit des ouvriers,
dans les rapports de l'offre et de la demande de la marchandise-travail.
Les conditions d'infériorité dans lesquelles sont placés les travailleurs
sont telles que, si la Bourse du Travail devait être destinée qu'à établir
une harmonie artificielle entre les chefs d'industries et les salariés, son
objet serait insuffisant; car le progrès social n'a pas pour but de
perfectionner l'antagonisme économique en le rendant supportable à ceux
qui en sont les victimes, mais bien de tendre constamment à une égalité
relative des conditions en abaissant celles des parasites et en élevant celles
des producteurs effectifs. C'est pour cela que la Bourse du Travail
réclamée à Paris par les syndicats ouviers devra être exclusivement
administrée par ceux-ci, de façon à ce que les avantages de cette institution
profitent surtout aux travailleurs" (115).
Diese Erklärung, die mit dem weiter oben angeführten Zitat des englischen Trade-Unionisten viel gemeinsam hat, enthält in nuce das klassenkämpferische Programm einer Arbeitsvermittlung, die sich nicht mehr
auf die Fiktion einer juristischen 'Neutralität' beruft, sondern ausdrücklich zur Einseitigkeit bekennt, um innerhalb des bestehenden ökonomischen
Interessenantagonismus wenigstens eine "relative Gleichheit" der Vermitt-
lungsbedingungen zu erkämpfen. Damit nahmen die Arbeiterdelegierten
geradezu das Prinzip dessen vorweg, was nach der Gründung der Bourses
du Travail - wenn auch meist weniger explizit formuliert und vielleicht
nicht immer konsequent praktiziert - als Arbeitsnachweis-Programm anvi-
siert wurde.
Auch wenn unsere Informationen bezüglich der konkreten Nachweispraxis
der Arbeitsbörsen fragmentarisch sind, lassen sich aufgrund der vorliegenden Hinweise einige grundlegende Merkmale aufzählen, die den 'einseitigen' Arbeitsnachweis der Börsen annähernd kennzeichnen:
1. Der Arbeitsnachweis der Bourses du Travail war grundsätzlich un-
entgeltlich (116). Darin unterschied er sich von den gewerblichen Bureaux
de placement, nicht jedoch von den städtischen Arbeitsvermittlungsstellen,
bzw. den Nachweisen anderer Berufsverbände.
2. Die Vermittlung erfolgte in der Reihenfolge der Bewerber (Donat 1899,
S. 106). Hier lag ein Unterschied sowohl zu den privaten, als auch zu vielen öffentlichen Nachweisen, die die Auswahl der Arbeiter dem Vermittler
und nicht zuletzt dem Unternehmer überließen (117).
3. Es galt das Prinzip der gleichen Behandlung aller Bewerber, und die
von ihnen geforderten Informationen beschränkten sich auf unmittelbar ar-
beitsrelevante Daten. Im Gegensatz zu privaten Vermittlern forderten die
Börsen also keinerlei Angaben über Lebenswandel oder politische Einstellungen (118).
4. Obwohl grundsätzlich jeder Arbeiter sich in die Nachweislisten der
Börsen einschreiben konnte (119), traten die jeweiligen Berufsgewerkschaf-

105

ten dem Unternehmer gegenüber als Vermittlerinstanz auf. Implizit war
damit eine Anerkennung gewerkschaftlicher Interessenvertretung verbunden (120). Außerdem forderte die Gewerkschaft natürlich den von ihr ver-
tretenen Tariflohn (121). Damit durchbrachen die Börsen ganz ausdrücklich das anderswo geltende Prinzip, daß sich der Vermittler in Lohnfragen
nicht 'einmischen' dürfe und traten statt dessen als Parteigänger der Arbeitssuchenden auf. Zugleich durchbrachen sie den Isolierungseffekt des
Arbeitsmarktes zugunsten einer minimalen Tariföffentlichkeit, die die in-
nerproletarische Konkurrenz abbauen sollte (122). Schließlich weigerten
sich die Börsen grundsätzlich - im Unterschied zu privaten wie öffentlichen Vermittlern (Varlez 1905, S. 36) - Arbeiter in bestreikte Betriebe
zu schicken; ganz im Gegenteil: sie solidarisierten sich mit den Streikenden.

Inwieweit diese schematisch zusammengefaßten Merkmale für alle Arbeitsbörsen gleichermaßen gültig waren, läßt sich kaum mehr ermitteln;
ebensowenig läßt sich sagen, ob jeweils alle Punkte angewandt wurden.
Ihre Ausführung setzte nämlich auch eine minimale Qualifikation des zuständigen Gewerkschafters sowie eine gewisse Machtstellung der Börse
bzw. der betreffenden Gewerkschaft voraus. Der häufige Wechsel des Ver-
antwortlichen, bzw. die Unerfahrenheit der Gewerkschaftsaktivisten in
Vermittlungsfragen stellten ein ständiges Handicap gegenüber 'professio-
nellen' Vermittlern dar (123). Vor allem blieb stets das Mißtrauen der
Unternehmer bestehen, die Börsen würden durch ihre proletarische Parteinahme ihre 'Vermittlerrolle' zugunsten bloßer politischer Agitation auf-
geben (124). Daraus folgt, daß der Arbeitsnachweis der Bourses du Travail
auf Widerstände und Schwierigkeiten stieß, zugleich aber auch - das eine
ist das Indiz des anderen -, daß er wenigstens ansatzweise eine Alternative
zum kapitalistischen Nachweis-System bildete, indem er dessen 'Regeln'
verletzte und die fiktive Rolle des neutralen Kupplers zurückwies. Wie
Reitzenstein in polemischer Absicht, aber treffend formulierte, handelte
es sich um "die Unterordnung der Arbeitsvermittlung unter die einseitigen
Interessen des Arbeiterstandes im Classenkampfe" (1892, S. 509).

Was bedeutete dies für die Betroffenen konkret? Dazu sei die anschauli-
che Darstellung eines bürgerlichen Journalisten zitiert, die wiederum kritisch gemeint war und deshalb umso bemerkenswerter ist: "Le secrétaire
d'un syndicat reçoit tout nouvel arrivant comme un camarade. Il n'est
pas pour lui un 'monsieur', comme le placeur; il cause avec lui, prononce
plusieurs fois les mots 'solidarité ouvrière' et finit par lui dire: 'Le
syndicat ne peut, naturellement, placer que ses membres. Adhérez au
syndicat: cela vous coûtera que 1fr. pour frais d'admission, livret, etc.,
et 50 centimes, montant de votre première cotisation mensuelle; en tout
1fr. 50. Vous n'aurez plus qu'à verser régulièrement 50 centimes par
mois et vous serez placé gratuitement ad vitam aeternam.' - L'ouvrier
revient les jours suivants, on cause de nouveau. Il est sans relation à
Paris: qu'il vienne à la Bourse, il s'en créera; qu'il assiste aux réunions,
il se distraira, il pourra parler, il pourra être 'quelqu'un'. Quinze jours

plus tard, il n'est peut-être pas encore placé, mais il est devenu, dans toute l'acceptation du mot, un syndiqué" (125).

Die einseitig-proletarische Tendenz der von den Börsen betriebenen Vermittlung fand ihre Grenzen in der vorgegebenen ungleich-gleichen Struktur des Arbeitsmarktes und in den gesellschaftlichen Machtverhältnissen, die die kapitalistischen Arbeitsnachweise immer begünstigen mußten. Niemand konnte ja einen Unternehmer zwingen, sich seine Arbeiter in der Bourse du Travail zu suchen, wenn die dortigen Vermittelungsregeln ihm nicht paßten und parallel andere Formen der Vermittlung weiterbestanden! Infolgedessen gab es für die Arbeitsbörsen immer auch die Versuchung, sowohl formale wie substantielle Zugeständnisse zu machen, also im Namen der Effizienz doch wieder traditionelle Praktiken zu imitieren (126). Dadurch bestand eine gewisse Ambivalenz der Nachweispraxis, je nachdem sie weiterhin - und das war zugleich im Sinne ihres sozialpolitischen 'Auftrags' - als die zentrale Aufgabe der Börsen oder aber nur als ein Moment innerhalb der gewerkschaftlichen Interessenvertretung verstanden wurde.

Auch könnte man sich sogar fragen, warum die Bourses du Travail angesichts der unvermeidlichen 'Zwänge' des Arbeitsmarktes nicht generell auf die Institution der Vermittlung verzichteten, um sich statt dessen auf den Lohnkampf zu konzentrieren. Dies war z.B. die in der deutschen Arbeiterbewegung vorherrschende Haltung. Dort hielt man es für "vorteilhafter, den Arbeitsnachweis als solchen außerhalb des sozialen Kampfes zu stellen und den Gegensatz, der zwischen den Interessen der Arbeiter und der Arbeitgeber nun einmal vorhanden ist, auf einem neutralen Boden auszufechten, die kämpfenden Parteien unter gleichen Bedingungen (...) in den Tauschkampf ziehen zu lassen" (Calwer 1899, S. 12). Die Arbeitsvermittlung sollte daher einer "dritten Instanz", nämlich dem Staat, unterstellt werden (in Form von öffentlichen paritätischen Arbeitsnachweisen), "ohne daß durch die Neutralisierung des Arbeitsnachweises irgendwie die Interessen oder Machtpositionen der Arbeiter geschädigt würden" (ebd., S. 27).

Nach dem Vorausgegangenen dürfte klar sein, daß derartige Argumente vollständig die Prämissen der bürgerlichen Nachweis-Ideologie übernahmen (127). Aber hatten sie dafür nicht den Vorteil, die Gewerkschaften von einer aufwendigen Sisyphus-Arbeit zu befreien? Die Bourses du Travail haben jedenfalls auf ihre 'einseitige' Einflußnahme auf den Arbeitsmarkt nie ganz verzichten wollen, zumal die innerkapitalistische Funktion der Vermittlung sich keineswegs prinzipiell von anderen systemimmanenten Funktionen des gewerkschaftlichen Interessenkampfes unterschied. Auch gegenüber den ersten Ansätzen von städtischen Arbeitsämtern betonten sie das Prinzip der Selbsthilfe der Arbeiterschaft: "C'est un moyen dissimulé d'arriver à embrigader les ouvriers, de les tenir sous la coupe administrative. Donc point de ces bureaux mixtes. Il faut que l'ouvrier fasse ses affaires lui-même, car on n'est jamais mieux servi que par soi-même" (128).

Wie wir gesehen haben, waren die Vermittlungszahlen der Bourses du Travail ihrem Anteil am gesamten Arbeitsmarkt nach zwar beschränkt,

aber gleichwohl nicht völlig unerheblich. Auch verhielten sich nicht alle
Unternehmer in gleicher Weise gewerkschaftsfeindlich. So wird z. B. über
die kleineren Unternehmer in Saint-Etienne berichtet: "Les petits patrons
sont favorables aux chambres syndicales et viennent leur demander des
ouvriers, mais les gros leur sont contraires parce qu'elles les combat-
tent" (129). Damit war vielleicht nur eine - örtlichen Schwankungen unter-
worfene - Tendenz beschrieben, aber sie entspricht durchaus dem gewon-
nenen Bild der Börsen als Zusammenschluß vornehmlich kleinindustriell
beschäftigter Arbeiter. Nach dem Vorbild der Buchdrucker entwickelten
die Börsen ab 1898 diesen gewerkschaftsfreundlichen Unternehmern gegenüber die Praxis des 'label', bei der Produkte mit einem gewerkschaftlichen Markenzeichen belohnt wurden, das sie den Arbeitern zum Kauf empfahl (130).

Ein weiteres Argument für die Durchführung der gewerkschaftlichen
Vermittlung war die - bereits von dem zitierten bürgerlichen Journalisten
bemerkte - Möglichkeit, auf diesem Wege neue Mitglieder zu rekrutieren:
"Le placement (...) constitue un puissant moyen de recrutement", vermerkte auch Pelloutier (HBdT, S. 144f.). Schließlich - und hierin lag vielleicht das entscheidende Motiv - stellten die Börsen im Falle von Streiks
ein Gegengewicht zur Streikbrecherpraxis der 'neutralen' Vermittler dar.
Nur die Börsen, für die der Arbeitsnachweis eben kein "Selbstzweck" war
(Calwer 1899, S. 53), konnten ihre Vermittlung vorübergehend einstellen
und eine Solidarisierung mit den Streikenden herbeiführen (131). Allerdings
mußte klar sein, daß Streikbrüche eigentlich nur bei einer absoluten Monopolstellung der Bourses du Travail auf dem Arbeitsmarkt hätten verhindert
werden können. Trotz entsprechender Forderungen der Gewerkschaftsbewegung war dies aber legislativ nie durchsetzbar, so daß in der Praxis weniger das Ausbleiben von Vermittlung als vielmehr die konkreten Kampfmaßnahmen der Betroffenen (Streikposten etc.) sowie die entsprechende
Unterstützung seitens der in der Arbeitsbörse organisierten Gewerkschaften den Ausschlag gaben.

Insofern ist es kein Wunder, daß Formen der 'action directe' auf die
Dauer eine größere Rolle zu spielen begannen, während die Praxis der Arbeitsvermittlung an Bedeutung verlor und oft nur als 'Aushängeschild' fungierte. In der Börse von Angers kam es darüber 1897 zu einer offenen
Kontroverse, die sicher auch an anderen Orten ähnlich geführt wurde.
Brisset, Sprecher einer linken Fraktion, erklärte: "Pour nous, militants
ouvriers, le bureau de placement (de la BdT - P. S.) est une chose secon-
daire, disons 'un trompe l'oeil' qui doit permettre de masquer l'activité
réelle des responsables. Propagande, recrutement, correspondance intersyndicale, voilà l'essentiel!" (zit. in Poperen 1964, S. 71). Die gemäßigten
Führer der Börse antworteten daraufhin: "Le bureau de placement est et
doit rester l'organisme principal de notre Bourse. C'est par lui qu'on
intensifiera le mieux, de façon durable, la pénétration de l'influence syndicale" (ebd.). Und sie warnten dann: "La proposition de Brisset conduirait
à la politisation du mouvement syndical". Die Vernachlässigung der Arbeits-

vermittlung werde zwangsläufig zur Schließung der Börse durch die Behörden führen: "Elle conduirait (...) à brève échéance à la fermeture de notre institution" (ebd.). Zwar hat sich zunächst diese zweite Position durchgesetzt, aber die Beibehaltung gewerkschaftlicher Arbeitsnachweise wurde auch von Pelloutier in der Hauptsache nur noch damit begründet, daß sonst die öffentliche Subventionierung der Börsen gefährdet sei: "L'extension du placement municipal pourrait aller jusqu'à compromettre l'existence des Bourses et, tout au moins, empêcherait qu'il ne se créât de nouvelles" (HBdT, S. 146). So hat man fast den Eindruck, als hätten die Bourses du Travail schon um die Jahrhundertwende die innovativen Aspekte ihres Arbeitsnachweises verleugnet und sich dem Vormarsch 'neutraler' Vermittlungsbüros gebeugt. Paul Delesalle hatte vielleicht recht, als er später rückblickend meinte, die "Dekadenz" der Arbeitsbörsen habe mit dem Rückgang ihrer Nachweisfunktionen begonnen (132).

Arbeiterbildung

Als zweites wichtiges Tätigkeitsfeld der Arbeitsbörsen galt ihre berufliche und kulturelle Bildungsarbeit. Ihre hauptsächlichen Mittel waren öffentliche Vorträge, Fortbildungskurse sowie eine eigene Bibliothek. Von 63 Börsen verfügten 54 bzw. 79% über derartige Einrichtungen (Tab. 8).
Trotz der republikanischen Bildungsreform spielte innerhalb des staatlichen Schulwesens der Bereich der gewerblichen Berufsausbildung eine recht marginale Rolle (133). Obligatorische Berufsschulen waren undenkbar. Private und lokale Initiativen mußten also die Lücke füllen, zumal die traditionelle Lehrlingsausbildung anteilmäßig ständig zurückging und ohnedies unzureichend war (134). Unternehmer wie Gewerkschaften versuchten, eigene Berufsbildungsveranstaltungen einzurichten, wobei die Arbeitervertretungen aufgrund ihrer beschränkten Mittel meist auf die Zusammenarbeit mit philanthropischen Gesellschaften und Gemeinden angewiesen waren. An dieser damals verbreiteten Praxis knüpften die Bourses du Travail an, indem sie in kontinuierlichen Abendkursen handwerkliche Grundkenntnisse vermittelten. Die Kurse wurden in direkter Verbindung mit den jeweiligen Gewerkschaften durchgeführt und wandten sich nicht nur an Jungarbeiter. Hier die Liste der wöchentlichen Veranstaltungen der Börse von Saint-Etienne: "1°Géométrie et dessin mécanique, à l'usage des ajusteurs mécaniciens; 2°Traçage de lignes courbes, à l'usage des chaudronniers et tôliers; 3°Géométrie et dessin, à l'usage des ouvriers en bâtiment; 4°Filetage, à l'usage des tourneurs mécaniciens; 5°Ecole de trait, à l'usage des ouvriers charpentiers; 6°Cours de mise en carte, à l'usage des ouvriers tisseurs; 7°Cours de coupe et d'essayage, à l'usage des ouvriers tailleurs d'habits; 8°Cours de coupe, à l'usage des ouvriers cordonniers; 9°Cours de coupe pour couturières; 10°Cours de coupe pour ménagères; 11°Cours d'arithmétique pour toutes les professions; 12°Cours de carrosserie, à l'usage des ouvriers de la Voiture réunis; 13°Cours

d'arpentage et de nivellement, à l'usage des ouvriers en construction du bâtiment" (135).

Das Fächerspektrum variierte entsprechend dem Charakter der örtlichen Industrien und der Nachfrage (vgl. HBdT, S. 192ff.). In einigen Städten wurden zusätzlich Fremdsprachenkurse angeboten, in anderen gab es neben der technischen Ausbildung allgemeinbildende Themen. Die Qualität der Kurse dürfte kaum unter der vergleichbarer Einrichtungen gelegen haben; da sie öffentlich waren, bestanden jederzeit Kontrollmöglichkeiten. Die Jahresabschlußfeiern und die im französischen Bildungswesen üblichen Preisverleihungen in Anwesenheit lokaler Honoratioren (136) zeigen deutlich, daß in dieser Hinsicht die Bourses du Travail äußerst gute Beziehungen zu Bürgermeistern und Präfekten unterhielten und die Bildungsarbeit ihr Ansehen auch bei Nichtgewerkschaftern und Unternehmern erhöhte (137). Alle Seiten waren sich nämlich darin einig, daß nur durch eine bessere Berufsausbildung der "art manuel" konserviert und gegenüber den nivellierenden Tendenzen der industriellen Arbeitsteilung verteidigt werden könnte (138). Ebenso wie die Arbeitsnachweise waren auch die Bildungskurse der Börsen an bestimmten kleinindustriellen Schichten der Arbeiterklasse orientiert, deren Vorstellungen vom 'travail bien fait' sie zu reproduzieren halfen (Julliard 1971, S. 246). Damit verband sich allerdings die Gefahr einer 'arbeiteraristokratischen' Absonderung und einer weiteren Zuspitzung der innerproletarischen Konkurrenz. Pelloutier hat es offen zugestanden: "Si l'instruction générale (...) est en toute occurence de nature à épurer les sentiments de l'homme, le perfectionnement technique, au contraire, pourrait en l'état de lutte créé par les difficultés de l'existence, ne servir qu'à aiguiser son penchant, d'ailleurs excusable, à l'égoisme; et, dans ce cas, les Bourses du Travail joueraient un rôle de dupes, qui, retrouvant contremaîtres ou sous-entrepreneurs leurs anciens élèves, continueraient à se façonner des adversaires de leurs intérêts" (139).

Ebenso gab es Schwierigkeiten mit der Ausbildung zusätzlicher Lehrlinge. Pelloutier vermerkt: "La Bourse de Toulouse avait dû fermer momentanément son atelier typographique, les apprentis formés éliminant, grâce à la différence habituelle des salaires (gegenüber den fertig ausgebildeten Arbeitern - P. S.), les ouvriers adultes des imprimeries de la ville" (HBdT, S. 197). Dieses Beispiel zeigt, in welches Dilemma die Börsen mit einer Bildungspraxis gerieten, die sich auf die bloße Erhöhung der beruflichen Qualifikation beschränkte, welche anschließend allenfalls noch mit einem moralisch-humanistischen Supplement versehen wurde: "Les cours institués par les Bourses du Travail n'ont pas seulement pour effet de faire des 'bons ouvriers'; (...) ils ont pour avantage d'élever le coeur de ceux qui les suivent" (140).

Über die genaue Beteiligung an diesen Kursen gibt es leider keine statistischen Angaben. Pelloutier schreibt, daß es im allgemeinen nicht üblich gewesen sei, Teilnehmerlisten zu führen (HBdT, S. 197). Erst 1899 wurde eine staatliche Umfrage zur Situation der beruflichen Bildung durchgeführt, die allerdings nur 17 Arbeitsbörsen erfaßt, während nach unseren Ermitt-

lungen mindestens 33 von 61 Börsen Fortbildungskurse durchführten (Tab.
8). Aus jener Umfrage folgt (Tab. 13), daß 1899 in diesem 17 Börsen ca.
3092 Schüler an 150 Kursen teilnahmen. Nimmt man die Kurse der übrigen Bourses du Travail und nicht zuletzt von Paris hinzu, läßt sich die
Schülerzahl um die Jahrhundertwende vielleicht auf 5000 schätzen. In bezug
auf den möglichen Adressatenkreis konnte dies allerdings kaum mehr als
ein Tropfen auf einen heißen Stein sein. Auffallend an den Ergebnissen der
zitierten Umfrage sind die relativ hohen Schülerzahlen für kleine Provinz-
börsen wie z. B. Nîmes oder Toulon. Pelloutier hat dieses Phänomen bereits kommentiert: "Dans les Bourses du Travail de province, les cours
sont suivis assidûment et par les mêmes personnes pendant toute leur
durée, parce que ces Bourses, au lieu d'être, comme celle de Paris, de
vastes immeubles où les syndicats ne peuvent avoir entre eux que des
relations difficiles ou sommaires, sont de petits et d'autant plus ardents
foyers d'activité syndicale, qu'ainsi l'entente et la collaboration y sont
faciles et complètes et qu'il est possible d'y faire des cours de véritables
écoles, à la fréquentation desquelles les élèves sont, pour ainsi dire,
contraints. A Paris, au contraire, les syndicats (...) ne peuvent régulariser
leurs cours, qui sont, par suite, des sortes de conférences libres. Aussi
le nombre des élèves y est-il très variable, leur assiduité très relative
et les résultats obtenus moins bons qu'on le désirerait" (HBdT, S. 194f.).
Für Paris liegen in der Tat nur vereinzelte Hinweise vor. So werden z. B.
für 1897 Teilnehmerzahlen zwischen 25 (bei den Schneidern) und 108 (bei
den Angestellten) genannt (141), wobei sich die Sitzungen der damals 7 Kurse im wesentlichen auf die Monate Januar bis April verteilten (142). Auch
wenn die hohe Beteiligung an den Buchhaltungs- und Stenographiekursen
der Angestelltengewerkschaften ein besonderes Pariser Phänomen sein
dürfte, ist sie doch bemerkenswert als ein Zeichen für die Qualifikations-
wünsche selbst unter den gewerkschaftlich organisierten Handlungsgehilfen
und 'Büroarbeitern'.
Was schließlich die populärwissenschaftlichen Kurse und Veranstaltungen angeht, die von den Bourses du Travail angeboten wurden, so gab es
nur wenige, die zu einer theoretischen Fundierung der syndikalistischen
Praxis hätten beitragen können (143). Hier bestand ein deutlicher Widerspruch zur oftmals starken Betonung der gewerkschaftlichen Ausrichtung
der beruflichen und sonstigen Bildung (144). Ein ausdrücklich sozialistischer
Unterricht hätte zwar vielleicht zu Konflikten geführt und damit auch die
'unpolitischen' Kurse gefährdet, aber in der Praxis dürfte diese fatale
Selbstbeschränkung bedeutet haben, daß der revolutionären Phraseologie,
die auf den Massenversammlungen oft die Oberhand besaß, keine qualifi-
zierende theoretische Schulung gegenüber gestellt wurde. Sogar Vortrags-
abende zu gänzlich unverfänglichen Themen der Ökonomie oder Geschichte
blieben selten (145). Auf die Konsequenzen dieser Schwäche, die auch mit
der in den Börsen vorherrschenden Phobie des Politischen zusammenhängt
(Jefferson 1963/64, S. 358), werden wir noch zu sprechen kommen (Kap. V).

Werfen wir nun einen Blick in die Bibliotheken der Arbeitsbörsen. Pelloutier äußerte sich über sie euphorisch: "Actuellement il n'est pas une Bourse du Travail qui ne possède une bibliothèque et ne fasse pour l'enrichir de sérieux sacrifices. Certaines n'ont que 400 ou 500 volumes, mais d'autres en comptent 1200, et celle de Paris (...) pourvue d'une salle de travail de 72 mètres de superficie, est riche de plus de 2700 volumes" (HBdT, S. 179f.). Nur der geringste Teil dieser Bücher konnte von den Börsen selbst angeschafft werden. Während die besonders gut ausgestattete Pariser Börse ihr Bibliotheksbudget noch nicht einmal voll ausschöpfte (146), fiel es den meisten Börsen in der Provinz äußerst schwer, überhaupt einen Grundstock an Büchern zusammenzustellen. Die für die berufliche Bildungsarbeit so wichtige technische Literatur war teuer und veraltete schnell. Immer wieder wandten sich die Börsen-Sekretäre an die Präfekten mit der Bitte um Bücherspenden (147). Inhaltlich wurden die Bibliotheksbestände von dieser berufsbezogenen Literatur beherrscht, daneben gab es zahlreiche juristische und sozialökonomische Werke, Enzyklopädien oder populärwissenschaftliche Darstellungen, schließlich Romane und Unterhaltungsliteratur. Sozialistische Texte waren nur vereinzelt vertreten. So führt ein Verzeichnis der Bibliothek von Nîmes je ein Buch von Bebel, Blanqui, Deville, Lassalle und Malon an, freilich kein einziges von Marx oder Proudhon (148). Sicherlich typisch ist auch die Bibliothek der Börse von Mazamet (Tarn), die zu Anfang des Jahrhunderts zwar alle Bände von Victor Hugo, Zola, Anatole France und Tolstoi besaß, aber keinen Titel von Marx und nur jeweils einen von Lagardelle, Kropotkin, Allemane, Bakunin, Grave und Louise Michel (Cazals 1978, S. 259ff.). Fortschrittliche bürgerliche Belletristik und eklektisch zusammengestellte populärwissenschaftliche Literatur dominierten durchweg gegenüber Werken aus der sozialistischen Tradition.

Wie stand es mit der Benutzung der Bücher? Pelloutier bemerkte dazu: "Oserions-nous dire que tous ces livres sont beaucoup lus? Assurément non; mais des ouvriers se rencontrent qui ont la curiosité de les ouvrir" (189). Weniger verschwommen heißt es in einem Bericht der Börse von Nîmes: "La bibliothèque est très fréquentée; malheureusement les livres d'études qui instruieraient le plus les camarades, sont de beaucoup les moins lus" (ODM, 2. Jg., 1898, S. 214). Sehr konkrete Hinweise auf die Lesegewohnheiten gibt auch ein Artikel im 'Bulletin' der Pariser Arbeitsbörse (BBdT, Nr. 361, 19. III. 93). Über die Bibliothek heißt es zunächst: "Nulle part, dans tout l'édifice, il n'existe autant de vie et d'animation". Gegen 10 Uhr beginne der Publikumsverkehr: "C'est généralement vers dix heures qu'arrivent lentement les premiers lecteurs, ouvriers sans travail, naturellement, qui viennent aux informations à la Bourse, et qui, ne sachant où se rendre, vont passer quelques heures à la bibliothèque pour se distraire et s'instruire". Aber die meisten Leser würden zwischen 15 und 18 Uhr und zwischen 20 und 22 Uhr gezählt: "Ceci est explicable, car la matinée a été employée par les sans-travail à courir les chantiers ou ateliers, pour trouver de la besogne, et, n'ayant rien trouvé, ils reviennent

instinctivement vers leur point de départ, qui est la Bourse du Travail.
Si on entre à la bibliothèque vers les quatre heures (...) on est certain de
trouver l'immense table du milieu remplie de lecteurs. Les uns viennent
parcourir les journaux du matin, d'autres s'intéressent à la lecture des
journaux corporatifs ou techniques (...), enfin quelques-uns sont absorbés
par la lecture d'ouvrages littéraires ou traitant d'économie sociale. Un
certain nombre de citoyens viennent aussi à la Bibliothèque pour consulter
le Bottin, afin sans doute d'avoir des indications ou prendre des adresses
pour chercher du travail, et le bibliothécaire met gracieusement à leur
disposition tout ce qu'il faut pour écrire, et faire en même temps leur
petite correspondance".

Diese atmosphärische Beschreibung wird durch die statistischen Angaben der 'commission consultative' für die Jahre 1896 bis 1898 zugleich
differenziert und bestätigt (149): In den Monaten November bis Mai wurde
die Bibliothek am häufigsten aufgesucht (150). Obwohl der Raum auch abends
geöffnet war, konzentrierte sich der Publikumsverkehr auf die Zeit zwischen 9 Uhr und 19. 30 Uhr, was den Schluß nahelegt, daß manche Arbeitslose, die morgens zur Börse kamen, um nach einer Beschäftigung zu fragen, zwar die Wartezeit in der Bibliothek verbrachten, aber nicht den ganzen Abend. Sowohl unter den an Ort und Stelle benutzten (Tab. 14) als auch
unter den ausgeliehenen Titeln (Tab. 15) waren die Sachgebiete 'Geschichte' und 'Romane' eindeutig am häufigsten vertreten, wobei der Anteil der
schöngeistigen Literatur bei der Ausleihe verständlicherweise noch etwas
höher lag (151). Häufig wurden auch Werke der Politischen Ökonomie (vom
Statistiker unsinnigerweise mit den Naturwissenschaften in ein gemeinsa-
mes Sachgebiet verwiesen), der Sozialökonomie und sogar der Philosophie
entliehen. Theoretische Schriften wurden von den Benutzern offenbar lieber
zu Hause gelesen, während in der Bibliothek besonders technische, verwal-
tungsrechtliche und statistische Bücher sowie sehr häufig Nachschlagewer-
ke verlangt wurden, die Informationen für den Alltag enthielten. Insgesamt
- dies muß nun einschränkend hinzugefügt werden - benutzte jedoch nur ein
Bruchteil der Mitglieder der Pariser Gewerkschaften die Möglichkeiten
der Buchausgabe. Die Zahl der entleihenden Leser lag 1896-99 zwischen
100 und 250 (Tab. 15). Ebenso beschränkt war auch der Kreis der Gewerkschaften, aus denen sich diese Leser rekrutierten. Die meisten Ausleihen
wurden 1896/97 in Namen der Handelsangestellten (97 Bde.), der Bäcker
(52 Bde.), der Präzisionsmechaniker (48 Bde.) sowie der Goldschmiede
(45 Bde.) vorgenommen. 1899 waren dagegen vor allem die Anstreicher
(158 Bde.), Linsenschleifer (66 Bde.), Reinigungsarbeiter (47 Bde.) sowie
die Börsenverwaltung selbst (45 Bde.) vertreten (152). Da Ausleihen aber
immer nur auf die Leserkarte einer Gewerkschaft hin erfolgten, ist es
möglich, daß die Bücher jeweils nur von ein oder zwei besonders lesehungri-
gen Mitgliedern entliehen wurden, so daß keine eindeutige Verbindung zwischen Berufsgruppe und Ausleihhäufigkeit herzustellen ist. Vielleicht
könnte man - auch aufgrund des vorhin über die Bildungsarbeit Gesagten -
die Hypothese aufstellen, daß das im engeren Sinne theoretische Bildungs-

interesse, für das die Ausleihe eines polit-ökonomischen oder philosophischen Buches sicher ein Indiz ist, bei den Aktivisten und Gewerkschaftern der Bourses du Travail erstens nur eine kleine Minderheit betraf und zweitens eine sehr individuelle und autodidaktische Angelegenheit war (153). Man vertraute darauf, daß 'Bildung' - auch politische - in erster Linie, wie Pelloutier es formuliert hat, eine "culture de soi-même" sei (154).

Propaganda

Für die Bourses du Travail war 'Propaganda' ein eigenständiges Praxisfeld - und nicht etwa die Summe sämtlicher Praxisformen. In der Regel gab es dafür besondere 'Kommissionen', die in Verbindung standen mit der Börsen-Exekutive, vor allem aber der Zeitungskommission und - wenn vorhanden - der Streikkasse. Hauptziel sowohl der lokalen wie regionalen Propagandaarbeit war die Verbreitung gewerkschaftlicher Ideen, die Entfaltung von Solidarität und die Rekrutierung neuer Mitglieder für die Börse.

Man könnte meinen, das wichtigste Instrument der Börsen-Propaganda sei die von ihnen selbst herausgegebene Presse gewesen. Rund die Hälfte aller Börsen verfügte immerhin über eine eigene Zeitung. Die Titel lauteten: 'Bulletin officiel de la Bourse du Travail' oder 'Le réveil syndical' oder 'L'écho des syndicats' etc. (155). Jedoch, allein die Auflagenhöhe einiger Blätter zeigt, daß sie keinen großen Einfluß haben konnten (156):

Lyon	2000 Exemplare	Narbonne	500 Exemplare
Dijon	1500	St. Etienne	450 (davon 150 für
Paris	900		St. Chamond)
Nantes	800 (ab 1897: 500)	Toulouse	200

Man kann also annehmen, daß diese Zeitungen nur einen Bruchteil der Arbeiterschaft erreichten und nahezu ausschließlich von Gewerkschaftern bzw. Aktivisten gelesen wurden, während das Gros der proletarischen Leserschaft weiterhin auf sozialistische Blätter, vor allem aber auf die 'radikale' Presse zurückgriff (157). Gelegentlich gab es immerhin Versuche, eine breitere Leserschaft anzusprechen; so z. B. in Montpellier: "Tous les dimanches 150 numéros seront distribués sur la Place de la Préfecture où se réunissent, ce jour-là, les travailleurs de terre des campagnes, et cela dans un but de propagande syndicale" (158). Wichtigste Abnehmer waren freilich in erster Linie die eigenen Mitgliedsgewerkschaften, die Behörden sowie schließlich die anderen Börsen, die die Zeitungen in ihren Bibliotheken auslegten (159). Das Pariser Bulletin, das im Unterschied zu den Organen der Provinz-Börsen wöchentlich erschien, veröffentlichte 1890 eine aufschlußreiche Liste seiner 174 Abonnenten (160): darunter waren 124 Einzelpersonen (Gewerkschafter, Politiker, Professoren wie Molinari und Levasseur), 44 Gewerkschaften und 3 (von damals 8) Arbeitsbörsen (Marseille, Nîmes und St. Etienne). Und 1892 gingen von 900 Exemplaren 220 an Delegierte des Comité général, 258 an Pariser Abgeordnete, 57 an Abonnenten in der Provinz, 86 wurden gegen ausländische Zeitungen getauscht. Also blieb nur ein Rest von 279 Exemplaren für die eigentliche Propagandaarbeit in Paris! (BBdT, Nr. 311, 3. IV. 92).

Der insgesamt minimale Leserkreis der Bulletins hing sicherlich nicht nur mit der ungebrochenen Attraktivität bürgerlicher Massenblätter sogar in den Familien von Gewerkschaftern zusammen (161), sondern auch mit ihrer spezifischen Aufmachung und inhaltlichen Gestaltung. Pelloutier vermerkte bitter: "Que les journaux corporatifs ne soient point lus, c'est une mésaventure explicable, personne ne pouvant songer à lire des publications dénuées d'intérêt" (HBdT, S. 189). Zwar wäre dieses Urteil noch im einzelnen zu überprüfen (was uns nicht möglich war), an Hand der eingesehenen Exemplare ist ihm jedoch kaum zu widersprechen. Der 'offizielle Teil' der Bulletins enthielt z. B. in penetranter Ausführlichkeit die Protokolle nahezu sämtlicher Börsen-Gremien. Für den Historiker mögen solche 'Bleiwüsten' interessante Details enthalten bzw. - wenn die Mittel zur Verfügung stehen - sich sogar für eine quantifizierende Auswertung anbieten, für die Arbeiter im Umfeld der Börsen aber kann dies nicht gerade eine spannende Lektüre gewesen sein. Auch das Niveau der Editorials und des 'nicht-offiziellen Teils' blieb (mit Berichten zur internationalen Arbeiterbewegung, zu Streiks sowie mit dem Abdruck von Gesetzestexten) weit unter dem vergleichbarer sozialistischer oder anarchistischer Zeitungen - man denke z. B. an den 'Père Peinard' von Emile Pouget (vgl. Pouget 1975). Berücksichtigt werden muß allerdings, daß fast alle Artikel von den Gewerkschaftern selbst verfaßt wurden: Ihr revolutionäres oder reformerisches Pathos ebenso wie ihre journalistische Fadheit sind also auch als Symptome einer gewissen Gewerkschaftskultur zu verstehen oder - genauer gesagt - der Art und Weise, in der bestimmte Aktivisten meinten, die Gewerkschaftsbewegung repräsentieren zu müssen: gesellschaftsverändernd, aber republikanisch, proletarisch, aber seriös - bis hin zu einem Sprachstil, der die Beamtensprache der III. Republik imitierte.

Wesentlich besser gemacht war die von Pelloutier selbst herausgegebene Zeitung 'L'Ouvrier des Deux Mondes' (ab 1899: 'Le Monde Ouvrier'). Auch sie stieß aber auf nahezu vollständiges Desinteresse nicht nur bei der Masse der Arbeiterschaft, sondern auch bei den Arbeitsbörsen selbst (162). Die Abstinenz der Börsen in theoretischen Dingen ging hier sogar soweit, daß sie sich weigerten, ihr eigenes Verbandsorgan zu abonnieren. Da es im Unterschied zu den lokalen Bulletins nicht subventioniert war, mußte Pelloutier es bereits nach zwei Jahren wieder einstellen. Er zog erbarmungslos Bilanz: "Grâce à l'abondance, à la variété et à l'universalité de nos informations, les groupements corporatifs, dont la science économique est rudimentaire comme leur capacité organisatrice, auraient pu prendre leçon des unions anglaises, américaines et australiennes, des syndicats allemands, des coopérateurs de tous les pays (...) s'ils avaient daigné lire la revue unique qui précisément leur appartient" (163).

Unter diesen Bedingungen konzentrierte sich die Propaganda der Arbeitsbörsen auf Flugblätter und Plakate, im wesentlichen aber auf das gesprochene Wort: Vorträge, Versammlungen und Kampagnen, die dann z. T. neue

Formen hervorbrachten wie jene 'groupe de propagande cycliste', die in
der Umgebung von Bourges mit roter Fahne und Arbeiterliedern von Dorf
zu Dorf zog, um Agitation zu betreiben (164). Auch richtete sich die Öffent-
lichkeitsarbeit der Börsen nicht bloß an eine diffuse 'opinion publique',
sondern oft ganz speziell an die "opinion ouvrière" der jeweiligen Stadt
oder auch Region (165). Diese regionale Propagandaarbeit ist besonders
hervorzuheben, weil allein die Bourses du Travail das Rekrutierungsfeld
der Gewerkschaftsbewegung auf diese Weise ausweiten konnten, nicht zuletzt, um sich selbst als Zentrum aller Initiativen zu stabilisieren (166).
Neben dem Nahziel, die Börsen besser bekannt zu machen (167), ging es
auch - obwohl hierin offenbar die Einzelgewerkschaften aktiver und konkreter waren - um die Popularisierung bestimmter Forderungen, die die materiellen Interessen der Arbeiter direkt betrafen (wöchentlicher Ruhetag,
Acht-Stunden-Tag, Senkung der Brotpreise etc.) (168).

Von besonderer Bedeutung war schließlich die agitatorische und materielle Unterstützung von Streiks. Im Unterschied zu späteren Jahren, in
denen die CGT eine regelrechte "Streikgymnastik" (Pouget) betrieb, waren
die Börsen in ihren programmatischen Erklärungen allerdings immer
'streikskeptisch' (169). Julliard resümiert die damals typische Argumentation wie folgt: "Si elle échoue, la grève épuise les forces morales et
matérielles du prolétariat et provoque le découragement. Si elle réussit,
elle provoque de dangereuses illusions et éloigne de l'objectif de transformation sociale" (Julliard 1968, S. 57). Und er fügt hinzu: "En cette fin du
XIXe siècle, on est persuadé dans les milieux syndicalistes que la grève
est impuissante à améliorer la condition ouvrière; on croit à une 'loi
d'airain' des salaires qui s'oppose à toute amélioration éventuelle de la
condition ouvrière en régime capitaliste (...). A partir de 1902, le climat
change radicalement. (...) Loin de se désintéresser des grèves ou d'en
juger les résultats négligeables ou illusoires, les nouveaux dirigeants font
porter l'essentiel de leur action sur la conduite des mouvements de grève.
Griffuelhes ou Merrheim, les deux figures les plus marquantes de la CGT,
ne sont ni des théoriciens, ni des organisateurs: ce sont des meneurs de
grève" (170). Diese konzeptionelle Veränderung ist auch in Verbindung mit
der ökonomischen Konjunktur zu sehen und der effektiven Zunahme erfolg-
reicher Streikabschlüsse in jenen Jahren (171).

Über die genaue Zahl der von den Arbeitsbörsen unterstützten Streiks
liegen keine Angaben vor. Nur eine extensive Auswertung der lokalen Presse könnte hier eines Tages weiterhelfen. Shorter und Tilly (1974, S. 164f.)
haben nun ihrerseits versucht, diese Lücke dadurch zu schließen, daß sie
die statistische Korrelation zwischen der kurzfristigen Häufung und der
kommunalen 'Dichte' von Streiks berechneten. Aufgrund ihrer Ergebnisse
meinen sie, auf eine starke lokale "Koordination" durch die Börsen schlies-
sen zu können: "The Bourse du Travail was approximately as effective a
mobilizer of men and sparked just about as many conflicts as the industrial
federation. The ties which held workers together who were in the same
occupation yet in different municipalities were roughly as powerful as those

which held together workers who were in different trades but in the same municipality" (ebd.). Obwohl diese These einer relativen Gleichberechtigung horizontaler und vertikaler Kommunikations- und Anleitungsfunktionen in Streiksituationen durchaus plausibel ist, hat der Beweisgang der Autoren eine methodische Schwäche: Als Vergleichsindex dienen ihnen nämlich beliebige Gemeinden, die allein aufgrund ihrer 'Streikdichte' ausgewählt wurden. Sie unterschlagen also genau die Differenz, die möglicherweise zwischen Gemeinden mit und Gemeinden ohne Bourse du Travail in bezug auf die 'lokale Koordination' bestanden hat. Shorter/Tillys These kann insofern nur für die 'durchschnittliche' Streikkoordination gelten, und man muß vermuten, daß die wirkliche Streikwirksamkeit und Koordination bei Existenz einer Börse noch wesentlich höher lag, als dies hier berechnet wurde (172).

Aus Polizeiberichten über konkrete Streikfälle geht hervor, daß die Arbeitsbörsen sowohl als Versammlungszentrum der Gewerkschaften und Streikenden (Fabrikbesetzungen waren ja noch unbekannt), wie auch als reales Anleitungsorgan - z. B. in Zusammenarbeit mit Streikkomitees - fungierten. Dabei waren es aber weniger die Börsen selbst, die zum Streik provozierten; meist gaben sie ihre Unterstützung erst im Nachhinein bekannt. Ein typisches Beispiel sei ein Bericht über die Börse von Lyon zitiert: "La Bourse du Travail n'a pas organisé de grèves, à proprement parler, mais elle a soutenu par des subsides variables non seulement les grèves de Lyon, mais aussi nombre d'autres sur tout le territoire; elle a été d'un grand secours pour les grèves fomentées par les syndicats adhérents en mettant à la disposition des grèvistes d'une façon permanente la grande salle des réunions" (173). Die Börse gab also einen materiellen Rückhalt, wirkte aber nicht auslösend. Sie war das 'Zentrum' des Streiks, aber versuchte dennoch - offenbar auch aus juristischen Motiven - nicht als dessen 'Kopf' zu erscheinen (174).

Aber es gab natürlich auch Situationen, in denen sich die Arbeitsbörse und ihre Exekutivkommission ganz ausdrücklich an die Spitze einer Bewegung stellte (175). Eine solche massive Solidarität war meist mit einer Radikalisierung der Kämpfe verbunden. Dies gilt etwa für den 'Generalstreik' von Nantes im April-Mai 1893 (176), für die Ausstände in Dijon, die 1893 zur Schließung der Börse führten (177) oder den großen Weberstreik von Roanne (Dezember 1894-Februar 1895), auf den wir wegen seiner politischen Implikationen im folgenden Kapitel noch eingehen werden.

Das Streikverhalten der Börsen war insgesamt aber keineswegs intransigent, sondern zielte durchaus auch auf Vermittlung. Aufgrund fehlender Statistiken läßt sich zwar nicht sagen, wie häufig die Börsen auf diese Weise in Arbeitskämpfe eingegriffen haben, jedoch waren einzelne Börsen sogar per Statut zur Einleitung von Schlichtungsverhandlungen verpflichtet (178). Grundsätzlich dürfte solche Beschwichtigung in erster Linie ein Interesse der kommunalen Förderer gewesen sein - außer es handelte sich um rein sozialistische Stadträte -; auf die sozialversöhnenden Hoffnungen der Pariser Stadtväter wurde weiter oben bereits verwiesen. Andererseits liegen

auch Berichte über Schlichtungen vor, die belegen, daß die Arbeitsbörsen
sich teilweise erfolgreich um die Einleitung von 'Tarifverhandlungen' bemüht haben (179). Zu bedenken ist denn auch, daß die Schlichtung nicht
immer disziplinierend wirkte (180), sondern unter Umständen erst einen
erfolgreichen Streikabschluß herbeiführen konnte - notfalls durch Inkauf-
nahme eines Kompromisses. Angesichts der Gewerkschaftfeindlichkeit der
französischen Unternehmer dürfte allein schon die Anerkennung der Arbeitsbörsen als Vermittlungsinstanz den versöhnenden Charakter des
Schlichtungsrituals partiell entwertet und einen Fortschritt für die Arbeiter
bedeutet haben (181). Es scheint im übrigen auch deshalb falsch, solche
Interventionen a priori des Reformismus zu verdächtigen, weil die Bourses
du Travail auf nationaler Ebene sich durchaus kritisch gegen gesetzliche
Schlichtungsobligationen und Streikreglementierungen ausgesprochen haben (182). Die entgegengesetzte Annahme, allein die gesellschaftsverändernde Absicht sei bereits eine Garantie gegen Integration, wäre allerdings
ebenso unsinnig. Denn es gab durchaus Börsen, die sich bei Streiks unsoli-
darisch oder zumindest passiv verhielten (183). Manchmal vermerkten die
Präfekten einfach nur lakonisch, daß es seit der Gründung der Arbeitsbörse in der betreffenden Stadt keinen Streik (mehr) gegeben habe ... (184).

Andere Dimensionen der Streikunterstützung waren Geldsammlungen und
- wenn der Streik nicht am Ort der Börse stattfand - die Entsendung von
Delegationen. Vor allem bei langandauernden Kämpfen waren die Bourses
du Travail aufgrund ihrer vergleichsweise komfortablen Finanzbasis einer
der wichtigsten und häufigsten Adressaten von Solidaritätsappellen - aus
dem eigenen Département ebenso wie aus ganz Frankreich (185). Als Indikator für Streiksolidarität kann hier eine Aufstellung des nationalen Gene-
ralstreikkomitees dienen (186). Danach sammelten zwischen Oktober 1898
und August 1900 die Börse von Tours 2000 F, die Börse von Rennes 267 F
und die von Bourges 200 F. Der Hauptanteil kam dieser Aufstellung zufolge
von der 'Union des syndicats de la Seine' (d. h. der Börse von Paris), die
immerhin 18 039 F zusammenbrachte. Zeitweilig hatte sie es sich zur Regel gemacht, für je 100 Streikteilnehmer 20 F zu spenden, mußte diesen
Satz aber aus Geldmangel wieder auf 10 F reduzieren (187).

Einen interessanten Hinweis auf das Spendenverhalten der Arbeiter gibt
auch eine etwas detailliertere Aufstellung der Pariser Börse für 1890 bis
1892, die ausdrücklich zwischen den Einzahlungen in die allgemeine Streikkasse und den Spenden für spezifische Streiks unterscheidet (BBdT, Nr.
372, 4. VI. 93) (188):

Streikspenden der Pariser Arbeitsbörse 1890 - 1892
(monatlicher Durchschnitt und Anteil am Gesamtvolumen)

Jahr/Zeitraum	Spenden für die allg. Streikkasse		Spenden für spe- zifische Streiks		Gesamtvolumen der Spenden	
	F	%	F	%	F	%
1890 (Juni-Dez.)	137,25	64,2	76,49	35,8	213,74	100
1891 (Jan.-Dez.)	99,27	23,3	326,51	76,7	425,78	100
1892 (Jan.-Dez.)	104,27	9,8	955,57	90,2	1059,84	100

Zwar ist die Zeitspanne natürlich zu kurz, um weitreichende Interpretationen zu erlauben, aber es fällt immerhin auf, daß der Anteil der 'allgemeinen' Spenden sehr stark zurückgeht (von 64% auf unter 10%). Damit stellt sich die Frage ob dies nur relativ pragmatische Gründe hatte - man wollte z. B. wissen, wohin die Spenden gingen und spendete lieber punktuell als kontinuierlich - oder ob darin auch eine Differenzierung zwischen allgemeiner Solidarität und berufsbezogener Solidarität zum Ausdruck kam, wie sie sich später in der Praxis der Berufs- und Industrieverbände konkretisierte (188). Für letzteres könnte die Tatsache sprechen, daß 1898-1900 54% der aufgeführten Spenden von Berufs- oder Industrieverbänden kamen, während die Bourses du Travail als solche nur 2, 3% aufbrachten (CG, 4. Jg., Nr. 14, 1900, S. 4). Aber die vorhandenen Daten reichen nicht aus, um einen solchen Trend hinreichend zu beweisen. Ebensowenig können sie bereits die Frage beantworten, wie die Relation von regionaler/berufsübergreifender und überregionaler/berufsbezogener Solidarität quantitativ ausfiel. Sollten eines Tages entsprechende Auszählungen vorgenommen werden, dürften auch gesichertere Aussagen über das Verhältnis von 'horizontaler' und 'vertikaler' Gewerkschaftssolidarität gemacht werden können.

Die Delegierung von Agitatoren war eine Frage vor allem der regionalen Solidarität und diente indirekt der Rekrutierung und Einflußsicherung der betreffenden Börse (188a). Vor allem für Belegschaften mit geringer Kampferfahrung oder in kleinen Industriegebieten war die Präsenz eines Gewerkschafters 'aus der Stadt' eine nicht nur symbolische Hilfe im Kampf gegen die Allmacht des Unternehmers. Besonders die Pariser Arbeitsbörse wurde sehr häufig um die Entsendung von Rednern gebeten. Die Behörden beobachteten es mit Sorge: "Lorsqu'une grève éclatait quelque part, un membre de la 'commission des grèves' se rendait aussitôt au milieu des grèvistes et les exhortait à lutter contre les patrons" (189). Hier spielten sowohl das Prestige der Börse von Paris (190) als auch deren materielle Möglichkeiten eine Rolle, die es ihr gestatteten, aufwendige Propagandareisen zu finanzieren. Nicht zufällig wurden sonst in der Regel sozialistische oder sogar 'radikale' Deputierte herbeigerufen: Weniger aus politischer Übereinstimmung, sondern weil dann keine Reisekosten entstanden (Charles 1962, S. 87).

Der Bereich der 'Propaganda', zu dem wir einige Aspekte zusammengetragen haben (191), war zweifellos das brisanteste Praxisfeld der Bourses du Travail. Nirgendwo sonst bestand ein vergleichbarer politischer Spielraum für die über die Börsen wirkenden Gewerkschaften, konnten sie ihre klassenkämpferischen Ziele ähnlich offen zur Geltung bringen, also auch Abstand nehmen gegenüber der ihnen offiziell zugedachten Funktion als Ordnungsfaktor. Gewiß haben nicht alle Börsen diese Möglichkeiten voll ausgeschöpft; auf die Gründe wird weiter unten noch einzugehen sein. Aber immerhin war es dieses Praxisfeld, in dem die meisten Konflikte für die Börsen entstanden, d. h. in dem Gewerkschaften am heftigsten gegen städtische oder staatliche Auflagen ankämpften - wenn auch oft nur 'unbe-

wußt' und unter dem Druck von Kämpfen, die nicht in ihnen entstanden,
sondern durch sie hindurchgingen. Kaum zufällig bezog sich der immer
wieder von den Staatsinstanzen erhobene Vorwurf, in dieser oder jener
Arbeitsbörse werde 'Politik' gemacht, ausschließlich oder doch primär
auf diesen außenwirksamen propagandistischen Bereich. Und kaum zufällig
kam es genau hier zu innersyndikalistischen Widersprüchen und Fraktionie-
rungen, die - wenn auch nicht im Sinne der bürgerlichen Kritik - letzten
Endes nur als politische zu begreifen sind (vgl. Kap. V).

Hilfskassen und andere Einrichtungen

Im Vergleich zu den bisher behandelten Praxisfeldern war der Stellenwert
der Hilfskassen sowie diverser Zusatzeinrichtungen von untergeordneter
Bedeutung. Zwar verfügte die große Mehrzahl der Börsen über einen oder
mehrere Unterstützungsfonds - 'caisse de grève', 'caisse de chômage',
'caisse de secours en cas de maladie', 'caisse de retraite' etc. -, aber
deren Wirksamkeit hing von der jeweiligen Finanzstärke ab, die wiederum
an die Existenz zahlungskräftiger Einzelgewerkschaften bzw. einer ge-
schickten Umverteilung der eigentlich für sozialpolitische Zwecke erhaltenen Subventionen gebunden war (192). Die fast überall bestehenden Streik-
kassen mußten sich deshalb in der Hauptsache ad hoc aus dem Erlös von
Spendenaktionen und Solidaritätsveranstaltungen finanzieren. Erst mit ihrer
Institutionalisierung entstand das Dilemma, daß Kampfmaßnahmen von der
Zustimmung der Börsen-Exekutive abhängig wurden. Hielt diese z. B. den
Fond für noch nicht ausreichend oder wollte sie ihn für einen 'wichtigeren'
Streik reservieren, wurde die Kampfbereitschaft gedrosselt (Charles 1962,
S. 49ff. u. 101f.). Die Arbeitslosen-Kassen - gleichsam eine Ergänzung
des Arbeitsnachweises - konnten demgegenüber auf gelegentliche kommunale Sonderzuschüsse hoffen (193).
Insgesamt gesehen, waren die Börsen allerdings kaum in der Lage, ein
zugleich kontinuierliches und relativ autonomes Versicherungswesen der
Arbeiterklasse aufzubauen. Die Hilfskassen waren zudem nicht unumstrit-
ten: Der zahme Mutualismus Barberets war noch in allzu schlechter Erin-
nerung. Es kam z. B. der Vorwurf, die Kassen würden zu einer attentisti-
schen Position verleiten und stellten einen Rückfall hinter den revolutionären Anspruch der Gewerkschaftsbewegung dar (194). Pelloutier seinerseits
unterschied zwischen einem "mutualisme humiliant" und einem "mutualisme
proudhonien" im positiven, eigentlichen Sinne; bei letzterem handele es
sich nicht um philanthropische Fürsorge, sondern um eine "dette de solidarité", auf die jeder Gewerkschafter Anspruch habe (HBdT, S. 148). Er
ging so weit, gerade auch im "service de mutualité" eine "application
toujours plus large du principe de la lutte des classes" zu sehen, weil die
Existenz eines proletarischen Unterstützungswesens nur Ausdruck der
"tendance socialiste à éliminer progressivement toutes les institutions
actuelles" sein könne (195). Mit diesem Versuch einer revolutionären Um-

deutung des Proudhonismus dürfte er freilich innerhalb der Bourses du Travail nur eine Minderheitenposition vertreten haben (196).

Wie sehr führende Vertreter der Börsen mit der mutualistischen Ideologie im traditionellen Sinne noch kokettierten, zeigt das Beispiel der 1899 von der Pariser Börse gegründeten 'Société des Ouvriers', an der die Sekretäre Baumé und Briat direkt beteiligt waren. Diese "compagnie utile à capital variable et responsabilité limitée" hatte folgende Zielsetzung: "La Société ouvrière (. . .) veut concentrer les sommes minimes, mais nombreuses, déposées par les travailleurs dans les caisses d'épargne, afin d'employer cette accumulation d'économies à l'achat d'actions de ces vastes entreprises industrielles anonymes (mines, métallurgic, industrie moderne), qui emploient ces mêmes travailleurs. La Société des Ouvriers deviendra ainsi copropriétaire de ces entreprises et usera de sa force et de son influence pour améliorer le sort des ouvriers dont elle sera le mandataire. Là où cent ouvriers ne peuvent rien, cent mille peuvent beaucoup!" (197) Die gleichen Gewerkschafter also, die ansonsten revolutionäre Parolen vertraten und den Zusammenbruch des bestehenden Wirtschaftssystems mit Hilfe des 'Generalstreiks' herbeiführen wollten, traten hier unverhüllt und offenbar ohne den Widerspruch zu spüren für einen 'Aufkauf' des Kapitalismus ein (198)!

Eine weitere Unterstützungseinrichtung der Bourses du Travail war das sogenannte viaticum, ein teils in bar, teils in Naturalien ausgezahltes Weggeld für wandernde Gewerkschaftsmitglieder. Damit knüpften die Börsen an eine alte Tradition der Compagnonnages an (199), die sich zuletzt nur noch in der 'Fédération du Livre' gehalten hatte (200). Das viaticum stellte gleichsam den Bezug her zwischen Arbeitsnachweis, Mutualité und Propaganda. Gegenüber einer Mitgliederbasis, die aus konjunkturellen wie beruflichen, im Falle einiger Aktivisten aber auch aus politischen Gründen (201) von Zeit zu Zeit zur Wanderschaft gezwungen war, bildete es einen individuell erfahrbaren Ausdruck "gewerkschaftlicher Solidarität" im Gegensatz zur "charité officielle" (202). Zugleich war es ein Mittel, den lokalen Arbeitsmarkt zu entlasten, indem den Reisenden die materielle Möglichkeit geboten wurde, weiterzuziehen. Wie kaum ein anderer 'service' war der 'secours de route' eine rückwärtsgewandte Einrichtung, deren Stellenwert bald immer weniger einsichtig wurde. Als 1897 im Comité fédéral der Gedanke aufkam, das viaticum im Rahmen des Börsen-Verbandes zu vereinheitlichen und u. a. einen besonderen Reiseausweis (livret de viatique) auszugeben (203), zeigte es sich, daß bei den Börsen nur ein sehr geringes Interesse bestand (204). 1901 mußte Pelloutiers Nachfolger, Georges Yvetot, konstatieren: "A peu près toutes les Bourses font quelque chose pour les voyageurs, mais très peu se servent du service du viaticum tel qu'il fut conçu et présenté (. . .) par Pelloutier" (205). Nur einzelne Arbeitsbörsen verfügten kontinuierlich über weitere Einrichtungen wie z. B. ein Nachtasyl für Wandergesellen im Zusammenhang mit dem viaticum oder eine Volksküche für Arbeitslose und Streikende. In Bourges existierte darüberhinaus ein service médical, der ärztliche Konsultationen sowie Rabatt in einigen Apotheken organisierte (206). In mehreren Städten gab es conseils juridiques, in denen sozialistische Anwälte für Gewerkschafter Sprechstunden abhielten. Das war für das Selbstbewußtsein der Arbeiter in Konfliktfällen von erheblicher Bedeutung, denn: "Les prolétaires ont une terreur instinctive de tout ce qui appartient à la justice, et cette terreur indique, plus que toute autre chose, l'inégalité et la partialité dont on a toujours usé envers ceux qui ne possèdent rien et qui n'ont jamais pu, dans notre prétendue société égalitaire, faire prévaloir leurs droits, si souvent et si odieusement spoliés" (207). Diese Rechtsberatung ergänzte mit der bereits etwas älteren Praxis, die Tätigkeit der Arbeiterbeisitzer bei den Prud'hommes-Gerichten durch spezielle 'Überwachungskomitees' koordinieren und kontrollieren zu lassen (208). Dem Pariser 'Conseil judiciaire' (209) gehörten neben Rechtsanwälten, Prud'hommes-Beisitzern und Gewerkschaftsdelegierten auch vier Ärzte an, die z. B. bei Arbeitsunfällen und Krankheiten eine medizinische Alternative zu den einseitigen Diagnosen der Betriebsärzte bieten konnten. 1901 wurde dieses Gremium von 62 Gruppen der 'Union des syndicats de la Seine' getragen und finanziert. Über interne Diskussionen informiert das noch vorhandene Protokollbuch. Von den darin behandelten 49 Fällen betreffen 63% Arbeitsunfälle, 16 bzw. 20% Entlassungen und Streikkonflikte sowie 8% Vertragsstreitigkeiten (210). Die eigentliche Beratung erfolgte aber in den täglichen Sprechstunden. Innerhalb von 6 Monaten sollen ca. 400 Arbeiter von dieser Möglichkeit Gebrauch gemacht haben (Uhry 1901, S. 417).

Ein Sonderproblem innerhalb der 'services' der Bourses du Travail stellten schließlich die Konsumvereine dar. Obwohl die Diskussion über Produktions-, Kredit- und Konsumgenossenschaften seit dem 'Empire libéral' in der radikalen und sozialistischen Publizistik einen breiten Raum einnahm, wurde die Praxis der real existierenden und meist profitorientierten Kooperativen in der Arbeiterbewegung spätestens seit 1879 relativ kritisch eingeschätzt (vgl. Brizon/Poisson 1913, S. 197ff.). Nach dem Vorbild der sozialistischen Konsumvereine 'Vooruit' in Gent und 'Maison du Peuple' in Brüssel riefen dann jedoch die Guesdisten in ihren nordfranzösischen Hochburgen kooperative Institutionen ins Leben, die im gesamten Konsum- und Freizeitbereich eine propagandistisch wirksame Alternative zur kapitalistischen Umwelt anbieten sollten (211). Während diese Konsumvereine im Nachhinein auch als 'Ersatz' für die im Norden fehlenden Bourses du Travail erscheinen, wurde in Paris eine ähnliche Initiative unmittelbar aus dem Umkreis der Arbeitsbörse lanciert. Angeregt durch den Besuch des Brüsseler Volkshauses während des internationalen Sozialisten-Kongresses von 1891, machte sich ein blanquistisches Mitglied des Comité général der Börse (Léon Martin) für die Gründung eines 'Maison du Peuple' stark, wobei er versicherte: "La Maison du Peuple de Paris joindra son effort à ceux des autres organisations (...). Nous ne sommes plus en face des vieilles coopératives parisiennes qui semblent avoir pour mot d'ordre d'empêcher de pénétrer chez elles les idées d'affranchissement. Nous sommes en présence d'une institution qui a pour but d'être utile, de grouper, d'instruire et surtout d'agrandir le champ d'évolution du socialisme" (BBdT, Nr. 302, 31. I. 92). Während diese Initiative zunächst erfolglos blieb, haben sich in den folgenden Jahren eine Reihe von Arbeitsbörsen (Besançon, Chaumont, Nizza, Laval, Rennes, Tours) (Tab. 8), Konsumvereine direkt angegliedert und damit einerseits ihren Mitgliedern im Kampf um bessere Reproduktionsbedingungen eine weitere 'Dienstleistung' angeboten und andererseits die Gewerkschaftskassen aufgebessert. Von Rennes heißt es: "Le trop-perçu sur (les) ventes est affecté à des oeuvres de propagande syndicales et de solidarité" (Prot. FBdT 1898, S. 329). Allerdings blieben diese Experimente lange Zeit umstritten (212). Erst um die Jahrhundertwende schcinen immer mehr Börsen - möglicherweise beeindruckt durch die finanziellen Erfolge und das Ansehen der Konsumvereine der sozialistischen Partei - systematisch dazu übergegangen zu sein, gewerkschaftseigene Maisons du Peuple mit konsumgenossenschaftlicher Struktur zu gründen, um angesichts einer zunehmend repressiven Politik gegenüber den Arbeitsbörsen auf die Dauer eigenfinanzierte syndikalistische Zentren zu bekommen (213).

Lokale Zentren der Arbeiterklasse

Wie wir gesehen haben, entstanden die Bourses du Travail aus unterschiedlichen politischen und gewerkschaftlichen Konstellationen; gemeinsam war ihnen das Zusammentreffen, die Überschneidung von syndikalen Organisationsbestrebungen mit sozialpolitischen und/oder sozialistischen Interessen einzelner Stadtverwaltungen. In einer Zeit, da vertikale Strukturen wie Berufs- oder Industrieverbände nicht zuletzt wegen der noch wenig fortgeschrittenen Konzentration und Verflechtung der Industrie nur geringe Bedeutung besaßen (214), ermöglichte der horizontale Zusammenschluß der Gewerkschaftsgruppen eine erste Durchbrechung der innerproletarischen Konkurrenz sowie betrieblicher und beruflicher Partikularismen: "Nulle profession ne peut améliorer son sort sans aggraver celui des autres, (...) ainsi l'affranchissement prolétarien est subordonné à l'effort simultané de tous les travailleurs" (HBdT, S. 283). Auch wenn der Aktionsspielraum der Börsen politisch und juristisch begrenzt blieb und ihre Autonomie gegenüber dem bürgerlichen Umfeld stets problematisch, d. h. eine Frage des Kräfteverhältnisses war, enthielt ihre Selbstverwaltungspraxis geradezu den Zwang zu interprofessioneller Kooperation und Solidarität.

Y. Lequin (1969a) hat am Beispiel von Lyon darauf hingewiesen, daß die Rhythmen proletarischer Kämpfe in entscheidendem Maße von lokalen Ereignissen, Verhaltensgewohnheiten und Organisationsformen bestimmt wurden, wobei berufsbezogene, horizontale Solidarisierungsprozesse gegenüber gesamtindustriellen Gemeinsamkeiten den Vorrang hatten. Genau diesem Primat "urbaner Konflikte" und "urbanen Bewußtseins" entsprachen die Bourses du Travail, indem orts- und berufsspezifische Interessenlagen und Forderungen nicht einfach auf einen gemeinsamen nationalen Nenner reduziert, sondern von den Betroffenen selbst zusammengetragen, diskutiert und punktuell miteinander verbunden wurden. So bildeten sie gewerkschaftliche "Sammelpunkte" (215) im eigentlichen Sinne: "Ici, nous nous sentirons (sic) les coudes: syndicats fédérés, réunis sous le même toit, pour la défence de nos revendications communes, sous les plis du drapeau social, nous deviendrons plus forts" (216). Obwohl die Börsen häufig nur über beschränkte Räumlichkeiten verfügten (217) - der Pariser Prachtbau blieb immer eine Ausnahme -, waren sie als Treffpunkt der organisierten, aber auch teilweise der unorganisierten Arbeiter gleichsam Kristallisationskerne einer "proletarischen Öffentlichkeit" (218). Auch ihr halboffizieller Status und die aus ihrer materiellen Absicherung sich ergebende Möglichkeit, fast den ganzen Tag über sowie auch abends geöffnet zu sein, förderten einen regen Publikumsverkehr. So heißt es über Lyon: "A Lyon (...) on ne connait que la Bourse du Travail, et chaque fois qu'un camarade se présente pour demander un renseignement on l'envoie à la Bourse du Travail" (Prot. FBdT 1900, S. 62). Und Bruguier (1926, S. 30) kann über die Börse von Toulouse berichten: "Presque la totalité des salariés de la ville pénètre dans ses locaux, soit qu'il s'agisse de la constitution de syndicats, de grèves et de mouvements revendicatifs, ou bien à l'occasion de cours, de conférences, du placement ou des différents individuels du travail." Hinzugefügt werden müßten hier allerdings auch noch die zahlreichen Festlichkeiten, die zu verschiedenen Anlässen in den Räumen der Bourses du Travail stattfanden: ob zur Einweihung des Gebäudes oder zur Preisverleihung am Ende des Schuljahres, zur Feier eines erfolgreichen Streiks oder zur indirekten Finanzierung gewerkschaftlicher Propaganda und Solidarität (durch Eintrittskarten, Tombola etc.) oder zur Kommemorierung revolutionärer Feiertage (18. März, 14. Juli etc.) (219). Die einzigartige Funktion der Börsen als "paralleles" Kommunikationsnetz (220) war derart offensichtlich, daß sie auch nicht nur selber daraus einen nationalen Vertretungsanspruch in Form der FBdT ableiteten, sondern von anderen Verbänden quasi als Grundorganisationen anerkannt und eingesetzt wurden (221).

Vor der Gründung einer Bourse du Travail konnten Arbeiter- und Gewerkschaftsversammlungen meist nur in den Hinterzimmern von 'cabarets' und 'estaminets' stattfinden, also am klassischen Ort popularer Geselligkeit (Agulhon 1979, S. 85ff.). Für größere Meetings mußten Säle angemietet und die entsprechenden Unkosten durch Eintrittsgelder wieder hereingebracht werden (222). Die Existenz einer Börse bedeutete demgegenüber die Möglichkeit kostenloser und ungehinderter Versammlungen, kontinuierlicher Gruppenpraxis für die Gewerkschaften und manchmal auch permanenter Tagungen für die Streikkomitees. "Le local de la Bourse du Travail ne pourra être refusé, sous aucun prétexte, à tout syndicat ouvrier qui en aura fait la demande", lautete ein Artikel des Statuts von Montpellier (223). War ein größerer Saal vorhanden, konnten Massenversammlungen für die gesamte örtliche Gewerkschaftsbewegung abgehalten werden (224).

Der Ablauf solcher Veranstaltungen - soweit uns Polizei- und Zeitungs-
berichte darüber informieren - entsprach im wesentlichen jenen Formen,
wie sie M. Perrot bereits für Streikmeetings ausführlich und eindrucksvoll
beschrieben hat (1974a, S. 592ff.). Am Anfang stand das juristisch erzwungene Ritual der Wahl der Versammlungsleiter (des 'bureau') (225); dann
folgten die Vorträge und Appelle der Redner, beantwortet von Zwischenru-
fen, Beifallsbekundungen oder Protesten. Für eingehende Kontroversen
war dies kaum der geeignete Ort; umso häufiger war der polemische Schlag-
abtausch zwischen divergierenden politischen Richtungen. "Les assemblées
sont rarement des lieux de discussion ou d'étude. En dépit des nombreuses
consultations, leur fonction est moins de décision que de communion. Non
que le public se montre passif; au contraire, il manifeste bruyamment son
approbation ou son désaccord, mais collectivement. Peu de prises de parole
individuelle, peu de questions posées, mais de grands mouvements houleux
de foule qui rapprochent la réunion de la manifestation dont elle n'est, à
certain égards, que le substitut. Des oui, des non, des applaudissements,
des huées, des cris, plus variés, plus hardis que dans la rue, ponctuent
les propos identiques d'orateurs peu renouvelés, destinés moins à expliquer
qu'à honnir ou célébrer" (226). Vor allem die Massenversammlungen der
Pariser Börse waren für ihre Länge und ihre Atmosphäre berüchtigt:
"Voyez on vote l'ordre du jour. Combien lèvent la main? ... Cent sur
mille! Les neuf cent autres s'en sont allés dès la fin des discours en se
félicitant d'avoir assisté à une pareille soirée d'engueulement" (227).
    Von etwas anderer Art, aber für die Funktionsweise der Börsen sicher
ebenso wichtig, wenn nicht wichtiger, waren die internen Treffen und Mit-
gliederversammlungen der einzelnen Gewerkschaften. 1890, also noch vor
der Eröffnung des Hauptgebäudes fanden in Paris allein 800 solcher Sitzungen statt (228). 1896-97 waren es 1236, wovon 49% in den kleineren und
30% in den größeren Räumen des Gebäudes in der rue du Chateau-d'Eau
abgehalten wurden; weitere 13% mußten sogar das große Amphitheater be-
nutzen. Darüberhinaus hielten 100 Gewerkschaften durchschnittlich 16 Stunden in der Woche Sprechstunden ab (229). In der Provinz lagen die Zahlen
zwar niedriger - in Toulouse waren es 1898 immerhin 680 Gewerkschafts-
sitzungen (230) - aber es besteht kein Grund anzunehmen, daß nicht auch
in den kleinen Börsen die Gewerkschaften durch das Raumangebot zu häufigeren Treffen als zuvor angeregt wurden.
    Die Einberufung und formale Abhaltung einer Sitzung ist freilich eine Sa-
che - die wirkliche Beteiligung der Mitglieder eine andere. Um noch einmal das Beispiel von Toulouse anzuführen: 1898 wurden dort 30 000 Gewerkschafter regelmäßig angesprochen, 452 erhielten sogar schriftliche
Einladungen, aber für den Sekretär der Börse war das Ergebnis dennoch
enttäuschend: "Il ne faut pas croire que tous ces camarades convoqués se
soient rendus aux différents appels qui leur ont été adressés. Cette indiffé-
rence est pénible à constater. A quoi cela tient-il? Sans doute à ce que la
plupart du temps, les ordres du jour de ces convocations ne présentent pas
un caractère des plus intéressants, et, de ce fait, les camarades ne s'y

rendent pas ou bien se font excuser pour des raisons que nous ne chercherons pas à connaître. Il serait donc difficile de pouvoir dire d'une façon exacte, même approximative, les camarades qui se sont réunis dans le courant de cette année" (231). Dieselben Erfahrungen galten auch in anderen Städten und sicher nicht allein in den Bourses du Travail (232).

Umso größer war die Verantwortung der Delegierten der verschiedenen Gremien sowie der Gewerkschafts- und Börsensekretäre. Eine extensive Auswertung der in den Börsen-Organen abgedruckten Protokolle und Anwesenheitslisten würde es gestatten, über ihren Sitzungseifer genauere Angaben zu machen (233). An dieser Stelle müssen wir uns mit der Vermutung begnügen, daß die Beteiligung im Bereich der Börsen-Gremien in normalen Zeiten eher unbeständig und schwankend war (234). Als Gründe kommen - dem Hinweis aus Toulouse folgend - sowohl eine mangelhafte Vorbereitung und Durchstrukturierung der Sitzungen als auch persönliche Verhinderungen und erst zuletzt wirkliches Desinteresse in Frage (235).

Die eigentliche Leitungsarbeit lastete größtenteils auf den Schultern der hauptamtlichen Sekretäre bzw. einer kleinen Minderheit von aktiven 'militants'. So klagte der Sekretär der Börse von Dijon: "Nous sommes bien une douzaine et encore, qui sommes de toutes les réunions, de toutes les sociétés et de toutes les commissions, de tous nos groupements; il y a des semaines ou j'ai une soirée à passer chez moi ..." (236). Halévy sah in diesen Männern eine der wichtigsten Stützen der damaligen Arbeiterbewegung: "Grâce à leurs secrétaires, les Bourses ignorent la pâle existence des institutions subventionnées et patronnées. Elles sont originales et créatrices. (...) Leurs fonctionnaires, recrutés dans une classe ouvrière jeune, riche en facultés à peine dégrossies, mais puissantes, sont de premier ordre. (...) Ils sont, dans les villes de provinces, les véritables représentants et les secrétaires du peuple. Leurs bureaux ne désemplissent pas. On les consulte à toute occasion" (237). Für manche Sekretäre mag dies kein übertriebenes Lob gewesen sein: Man denke nur an einen Edouard Mayeux in Roanne, einen Gustave Hervier in Bourges und nicht zuletzt einen Fernand Pelloutier in Paris. Vom entbehrungsreichen, risikobereiten Einsatz solcher Aktivisten hing in der Tat sehr viel ab. Bereitschaft zu materiellen Opfern fand sich aber nicht nur bei den hauptamtlichen Funktionären. In Lyon z. B. bestand die stillschweigende Vereinbarung, daß alle Gremienmitglieder die aus der Subvention gezahlten 'jetons de présence' jeweils an die Streikkasse abführten (238).

Aber trotz allem wird man hier jetzt nuancieren müssen. Denn nur allzu häufig gab es auch Klagen über mangelhaftes Engagement, Unzuverlässigkeit und persönliche Mißwirtschaft - bis hin zu Veruntreuung und direktem Kassendiebstahl (239). Zwar hat M. Perrot durchaus recht, wenn sie zur Psychologie des gewerkschaftlichen Aktivisten schreibt: "Militer, c'est apprendre, quand l'école vous rejette, exercer des responsabilités que l'usine refuse, vaincre la solitude du travail en miettes, être considéré; c'est 'peser sur l'événement', 'faire son époque'. La plupart y trouvent de grandes satisfactions personnelles, voire une joie éclatante ..." (240), aber man sollte auch die Schattenseiten nicht übersehen: Jenen oft unmerklichen Übergang von der persönlichen Zufriedenheit zum anscheinend berechtigten Stolz auf die eigene 'historische Bedeutung' (241), dann zur Eitelkeit und Borniertheit, die so manchen für Kritik unzugänglichen Gewerkschaftsführer und Börsen-Sekretär mit den Jahren zum Reformismus führte (242). Schließlich sind auch noch andere Schicksale zu erwähnen, die für die Zeitgenossen fast immer undurchschaubar blieben: jene nicht ganz wenigen, scheinbar uneigennützigen 'meneurs', die in Wahrheit als Kontaktmänner und Informanten ('mouchards') für die Polizei arbeiteten. Das Ausmaß des Spitzelwesens (243) in den Bourses du Travail ist für den Historiker in der Tat verblüffend: Über nahezu jede interne Sitzung besaßen die Polizeikommissare Informationen aus erster Hand. Der wohl eklatanteste Fall ist derjenige von André Girard, dem Kassierer der FBdT und Sekretär des nationalen Komitees für den Generalstreik (244). Etwas umstrittener, aber kaum unbedeutender ist die Rolle Aristide Briands, der einer der engsten Freunde Pelloutiers war und zeitweilig als bezahlter Provokateur innerhalb des Syndikalismus agierte (245). Die meisten Spitzel jedoch werden nie enttarnt werden ...

Diese wenigen - vielleicht etwas anekdotischen - Hinweise müssen genügen, um anzudeuten, daß der Funktionärskörper der Arbeitsbörsen, über den es bisher nur wenig Material gibt, alles andere als homogen war (246) und daß er keineswegs nur aus 'proletarischen Helden' bestand, für die Leben und Klassenkampf identisch sind. Er umfaßte auch Männer, für die sich die hauptamtliche Tätigkeit in den Börsen auf die Dauer als eine Möglichkeit des sozialen Aufstiegs darstellte, heraus aus der Anonymität und dem Schmutz des Betriebes in das respektable Dasein eines zwar noch 'proletarischen', aber bereits von der öffentlichen Hand bezahlten Gewerkschaftsbeamten. Auch ein abstrakter 'refus de parvenir' konnte umschlagen in syndikalistischen Karrierismus. Derartige Phänomene sollten gewiß nicht überbetont, aber wegen ihrer 'Normalität' auch nicht einfach auf individuelle Schwächen reduziert werden. Sie sind durchaus Symptome für bestimmte 'administrative' Verhaltensmuster, die in der Ausrichtung und Praxis der Börsen selbst angelegt waren und reproduziert wurden und zusammen mit den Praxisfeldern und Ritualen des Börsen-Alltags eine komplexe Realität bildeten, die als Ganzes mit dem einst von Maxime Leroy geprägten Begriff der "coutûme ouvrière" bezeichnet werden könnte.

Zur 'praktischen Ideologie' der Bourses du Travail

Nachdem wir bisher verschiedene Aspekte in der Realität der Arbeitsbörsen relativ ausführlich beschrieben haben, scheint es möglich, etwas Abstand zu nehmen und nach der ideologischen Struktur zu fragen, die diese Realität dominierte. Dabei handelt es sich weniger darum, die verschiedenen Theorien zu analysieren, die von den Börsen bzw. deren Sprechern vertreten wurden (247). Dies ist zwar wichtig, aber solche Untersuchungen lassen unberücksichtigt, daß die kollektiven Verhaltensweisen und Zielsetzungen der Arbeiterbewegung nur wenig durch das Studium theoretischer Texte, dafür aber umso mehr durch praxisnahe und relativ elementare ideologische Orientierungen geprägt wurden, die in Versammlungen, Appellen und Losungsworten zirkulierten. Diese eigentlich nie explizit formulierte, sondern implizit kolportierte oder in Veranstaltungen und Gremien realisierte und eingeprägte Ideologie, die deshalb im Gegensatz zur 'theoretischen' als 'praktische Ideologie' bezeichnet werden kann (248), ist analytisch natürlich sehr schwer zu fassen. In der Perspektive sind hier historische Diskursanalysen erforderlich, die zumindest das sprachliche Material systematisch auswerten können (249). Aber auch dann bleiben noch die nonverbalen Äußerungsformen zu entziffern: "Actions speak louder than words, but what do they say?" (Baker 1975). Demgegenüber müssen wir uns hier mit einem durchaus 'impressionistischen' Verfahren begnügen. Unser Versuch, einige ideologische Grundmuster herauszugreifen und gegen den Strich zu lesen, die die Funktionsweise der Börsen von innen her - natürlich nicht total, aber doch 'hegemonial' - regulierten und stabilisierten, ist also nicht mehr als ein Provisorium, das methodisch gesichertere Forschungen zur alltäglichen Gewerkschaftsideologie provozieren soll.

Der ideologisch-praktische Horizont der Bourses du Travail, so meinen wir, läßt sich, mit einem Minimum an notwendigem Schematismus, in drei Grundelemente zergliedern, die in ihrer Verbindung eine spezifische Wirksamkeit entfalteten: 1. eine Ideologie der Statistik, 2. eine Ideologie der Erziehung und 3. eine Ideologie der 'Organisation'. Im folgenden wollen wir versuchen, die wichtigsten Merkmale dieser drei Ideologien an einer Reihe von Beispielen zu skizzieren.

1. Eine Ideologie der Statistik. - Bereits die 'Gründer' der Bourses du Travail hatten auf die Bedeutung einer möglichst präzisen Beobachtung und Beschreibung des Arbeitsmarktes als wichtigster Voraussetzung für eine erfolgreiche Arbeitsvermittlung hingewiesen. In ihrer Praxis des Arbeitsnachweises, aber auch ihrer Propaganda, haben die Börsen diese Betonung der Statistik vollständig aufgegriffen. Wie die folgende Passage eines Rechenschaftsberichtes aus Toulouse dokumentiert, geschah dies fast ohne jede kritische Distanz: "Dans notre société, de plus en plus positiviste, les questions de statistique prennent tous les jours une plus grande importance, mais elles sont encore bien imparfaitement données surtout en ce qui concerne les conditions de travail. Mais grâce aux Bourses du Travail, ce procédé d'investigation moderne, fera connaître aux intéressés les points du pays et, au besoin, de l'étranger, les bras manquant, où ils sont abondants, les prix des loyers et des objets nécessaires à l'existence des familles ouvrières. (...) Une certaine fixité, dans le prix de la main-d'oeuvre, s'établira d'elle-même en détournant les bras inoccupés des lieux où un conflit, entre le capital et le travail, aurait éclaté" (250). Allenfalls der etwas merkwürdige Schlußsatz deutet hier einen Widerspruch zu den liberalen Wunschträumen eines Molinari an: Statt die optimale Vertei-

128

lung der Arbeitskräfte auf eine Ausschaltung sämtlicher Störfaktoren zurückzuführen - Hilfsmittel dazu wäre eben die Statistik als wertneutrale
"moderne Forschungsmethode" -, werden nämlich Streiks ganz ausdrücklich toleriert. Pseudoliberal verdreht, kommt eines der brisantesten Probleme der Börsen - die Nicht-Vermittlung von Arbeitern an bestreikte Betriebe - hier symptomatisch zum Vorschein.

Während theoretische Konzepte aus der sozialistischen Theorietradition
nur selten diskutiert oder gar zur Herleitung konkreter Maßnahmen angeführt wurden, dominierte in den Börsen der Glaube, eine größere Genauigkeit und Vollständigkeit in der empirisch-statistischen Erfassung der sozial-ökonomischen Realität werde bereits ausreichen, um eine gewerkschaftliche Änderungsstrategie zu begründen. Ausdruck der 'capacité' der
Arbeiterklasse - im Sinne Proudhons - sei vor allem die eigenständige
statistische Arbeit: "L'administration juge les ouvriers incapables de se
conduire eux-mêmes. C'est la tactique des classes dirigeantes, qui font
toujours baser leur pouvoir sur la prétendue incapacité des travailleurs.
Mais ce que l'on craint, ce n'est pas que les ouvriers ne sachent pas faire
des statistiques, c'est qu'ils les fassent au contraire trop exactes. La
statistique ne consiste pas à aligner seulement des chiffres relatifs au
travail; elle doit montrer aussi les sources de la misère, elle doit être
un tableau fidèle de la situation des ouvriers. Ce n'est pas ainsi que les
statisticiens officiels de la Préfecture entendent la faire, mais c'est ainsi
que la veulent les organisations syndicales" (251). Was dies konkret zu bedeuten hatte, zeigt das Programm der Statistik-Kommission der Pariser
Börse: "1°Etablir une statistique périodique, qui traitera toutes les conditions du travail; 2° Une statistique dite de combat, dont les éléments
seront fournis par les documents ministériels mis à notre disposition;
3°Classer les documents qui intéressent les corporations dans une chemise
spéciale pour chaque syndicat, ce qui servira à la propagande socialiste"
(ABdT 1892, S. 152). Der besondere 'Kampfcharakter' einer solchen
"statistique vraiment ouvrière" (252) bestand in der Hauptsache also einfach darin, das vorhandene offizielle Material zu sichten, zu interpretieren
und berufsspezifisch so zu sortieren, daß die betreffenden Gewerkschaften
bei Bedarf darauf zurückgreifen konnten. Eine (wissenschafts-)theoretische
Kritik an der inhärenten Einseitigkeit des statistischen Formalismus wurde
an keiner Stelle geäußert. Allein schon die 'genauere' Information, so
meinte man, sei kämpferisch, weil damit die Gewerkschaften die Beschäftigungslage erkennen und insofern den günstigsten Augenblick für Kampfmaßnahmen würden fixieren können (253).

Zwar versuchten die Börsen und ab 1892 die FBdT darüberhinaus, eigenständige statistische Aufstellungen und Enqueten vorzunehmen, aber ihre
Fragebögen unterschieden sich wenig von denen des Office du Travail, und
ihre Ergebnisse waren aus naheliegenden Gründen statistisch wenig relevant (254). Über die Schwierigkeit solcher Umfragen berichtet Bruguier
(1926, S. 58): "Un questionnaire détaillé est remis aux membres les plus
actifs des syndicats aux fins d'enquêter dans leur voisinage sur l'état des

différentes professions. Les réponses furent tardives, peu nombreuses et encore moins concluantes". Trotz solcher Mißerfolge wurden häufig - vor allem vom Comité fédéral in Paris - sozialstatistische Recherchen lanciert (z. B. über die Gefängnis- und Klosterarbeit, über die Durchschnittslöhne bestimmter Berufe etc.) (255). Auch die innerverbandliche Demokratie der FBdT, die zwischen den Kongressen über plebiszitäre "référendums" verlief, war von einem 'statistischen Optimismus' getragen (256).

Die jedoch wichtigste Initiative auf diesem Terrain war das 1899 ins Leben gerufene Office national ouvrier de statistique et de placement (257). Auf der Basis von wöchentlichen Lageberichten sämtlicher Börsen sollte ein nationaler Überblick über den Arbeitsmarkt erstellt werden, mit dessen Hilfe die Arbeitslosen im ganzen Land zu den freien Arbeitsplätzen dirigiert werden könnten (258). Außerdem war an eine Kombination mit dem ohnehin von den Börsen propagierten 'viaticum' gedacht. Daß dieses Office dann wirklich zustande kam, war allerdings nur der Tatsache zu verdanken, daß gerade zu dieser Zeit der zuständige Minister, Alexandre Millerand, eine möglichst sichtbare Wende in der Sozialpolitik einleiten wollte (259) - und angesichts der gesellschaftlichen Kräfteverhältnisse auch mußte -, sowie darüberhinaus unmittelbar daran interessiert war, die für den Bau der Weltausstellung von 1900 in Paris konzentrierten Arbeitermassen in Anbetracht der nationalistischen Welle in der Hauptstadt in die Provinz zurückzuschicken. Er bewilligte deshalb eine Jahressubvention von 10 000 Francs (260).

Während der ersten Zeit funktionierte das in der Pariser Börse untergebrachte Office noch relativ erfolgversprechend: Innerhalb von 6 Monaten wurden in 45 Départements 490 Arbeitsplätze vermittelt (261). Bald jedoch zeichnete sich ab, daß eine kontinuierliche Tätigkeit in so großem Maßstab kaum möglich und die verschickten Arbeitsangebote meist schon vergeben waren, ehe sich ein Interessent aus einer entfernten Region melden konnte (Guernier 1905, S. 213f.). Da es überdies nicht im Interesse der Börsen lag, nur noch Zubringerdienste für staatliche Bauprojekte zu leisten, stieß das Office auch auf Kritik aus den eigenen Reihen (262). Schließlich, nachdem Millerands kurzfristiges Anliegen erfüllt war, wurde die Subvention erst um die Hälfte gekürzt und dann ganz gestrichen. Das Projekt war nun nicht länger lebensfähig (263).

Dieses Beispiel macht deutlich, wie sehr sich die statistischen Bemühungen der Bourses du Travail mit der Praxis und den aktuellen Bedürfnissen der staatlichen Sozialpolitik überschnitten, ja sogar punktuell übereinstimmten (264). Auch die Bourses du Travail fragten hier nicht nach den strukturellen kapitalistischen Ursachen der Arbeitslosigkeit, sondern sahen darin nur noch - wie die liberalen Ökonomen - ein Problem der ungenügenden Transparenz des Arbeitsmarktes und folglich der Arbeitsvermittlung. Unmerklich und trotz bester Intentionen wurden sie damit zu Repräsentanten einer ökonomischen Rationalität, die sie weder theoretisch durchschauten, noch praktisch im Griff hatten (de Gaudemar 1979, S. 131).

Aber diese Statistik-Ideologie der Börsen befand sich nicht nur in Kontinuität zur bürgerlichen Sozialökonomie, sie verdankte sich auch einer bestimmten historischen Tradition innerhalb der Arbeiterbewegung selbst, die sich umso leichter erhalten konnte, als sie an eine latente Theoriefeindschaft in der Arbeiterklasse appellierte und sich dabei auf gewisse 'Evidenzen' des proletarischen Alltagsbewußtseins berief. Gemeint ist die bereits in der I. Internationalen vor allem von französischer und anarchistischer Seite vertretene 'sozialstatistische' Konzeption des proletarischen Emanzipationskampfes (265). Auf dem Genfer Kongreß von 1866 erklärte beispielsweise der Delegierte des Generalrats, Eugène Dupont: "J'appelle l'attention du congrès sur la statistique proposée par le Conseil Central. C'est une des premières et des plus importantes questions que nous ayons à résoudre, car c'est elle seule qui fournira les données positives sur la situation respective des classes ouvrières de tous les pays; alors seulement nous pourrons agir en connaissance de cause, car nous connaîtrons les éléments de la lutte sociale" (zit. in Mysyrowicz 1969, S. 56). Und in einem Antrag der französischen Delegation wurde gefordert: "Etablir des statistiques exactes, complètes, de façon à éviter l'encombrement dans certaines professions, ce qui amène nécessairement la baisse des produits et conséquemment du salaire et la rareté des bras dans certains autres, ce qui cause une augmentation dans le prix des produits dans une proportion beaucoup plus élevée que celle obtenue par la main-d'oeuvre" (zit. ebd., S. 60). Es fällt nicht schwer, in einer solchen Passage die Problemstellung der Arbeitsbörsen wiederzuerkennen. Was in ihrer Praxis zum Tragen kam, war z. T. eben diese Statistikgläubigkeit der Internationalen (266), die weniger theoretisch-wissenschaftlich fundiert war, als vielmehr in einem sozialistischen 'Positivismus' gründete, der auch noch nach 1872 in der französischen Arbeiterbewegung explizit und implizit wirksam blieb (267).

In den Arbeitsbörsen avancierte die Statistik gleichsam zur 'Ersatzwissenschaft' angesichts des Fehlens konsistenter sozialistischer Analysen des französischen Kapitalismus. Die Schriften von Marx waren in Frankreich bekanntlich kaum rezipiert worden (268), und die vorherrschende Kapitalismus-Kritik blieb immer eklektisch, moralisierend und der bürgerlichen politischen Ökonomie verhaftet (Bouvier 1975, S. 259ff.). Andererseits mißtrauten aber die Börsen auch den "gelehrten Ökonomen" (269) so sehr, daß offenbar allein die Evidenz der Zahlen und des Faktischen - genauer als üblich registriert - gegen das bestehende System noch überzeugend aussagen konnte.

Indem sie ihren Kampf und ihre Propaganda dermaßen empiristisch begründeten, blieben die Börsen unbewußt auf die Oberfläche des Kapitalismus fixiert. Die Klassenspaltung nahmen sie vom Standpunkt der Zirkulationssphäre aus wahr - als ein ungerechtes Verhältnis der Vertragsparteien auf dem Arbeitsmarkt, in dessen Mittelpunkt ... sie selbst standen! Wenn sie dann ihrerseits versuchten, eine Gegenposition zur herrschenden Klasse einzunehmen, verfielen sie - kaum zufällig - von der Utopie statistischer

Vollständigkeit in das Phantasma einer Berechenbarkeit des Klassenkampfes, so daß ihr Comité fédéral 1894 die Frage stellen konnte: "... si le prolétariat ouvrier ne devait pas prendre, comme règle de conduite absolue, de suivre mathématiquement le contre-pied de toutes les mesures gouvernementales?" (270)

2. Eine Ideologie der Erziehung. - Wie bereits erwähnt, spielte die Bildungsarbeit innerhalb der Bourses du Travail eine wichtige Rolle. Aber bemerkenswert ist, daß auch alle anderen Praxisfelder letztendlich 'pädagogisch' begriffen wurden. Die Börsen ebenso wie die Einzelgewerkschaften stellten sich als primäres Medium der 'moralischen' und 'ökonomischen' (allerdings nicht der politischen!) Erziehung der Arbeiterklasse dar. Auf einem Plakat zur Neueröffnung der Börse von Roanne war folgender Aufruf zu lesen: "Camarades, ayez tous le désir de vous instruire moralement et économiquement, et sans arrière-pensée venez dans les rangs du Syndicat; car, si nous voulons arriver à faire triompher notre cause, il faut que nous nous instruisions et à cet effet rappelons-nous ce mot tant de fois répété par divers philosophes: 'L'instruction d'un Peuple est le premier pas vers son émancipation'" (271). Im Zentralorgan der Börsen wurde auf dem Höhepunkt der Dreyfus-Krise (1898) im Blick auf die politische Indifferenz der Massen erklärt: "Le peuple regarde de plus en plus froidement les compétitions féroces qui se manifestent devant la puissance publique, et se réserve pour le moment où la force lui sera venue de renverser l'édifice capitaliste tout entier. Comment donc lui viendra cette force? Comment en lui s'épanouira cette conscience de l'oeuvre radicale nécessaire? Par l'instruction économique" (272).

Nicht nur im übertragenen, sondern im wörtlichen Sinne waren die Bourses du Travail als "Schulen" zu bezeichnen (273). Neben den Abendkursen, die - wie wir sahen - keine 'Schulungen' im sozialistischen Sinne darstellten, sondern durchaus staatliche Schulpraktiken reproduzierten (einschließlich der Preisverleihungen ...), wird dies besonders deutlich an einem immer wieder aufgegriffenen Projekt, das wie kein anderes die pädagogischen 'Phantasien' der Börsen zum Ausdruck bringt.

1892 gab die Pariser Börse die Eröffnung eines Musée ouvrier bekannt, bei dem es sich konkret um eine in der Bibliothek arrangierte Ausstellung einiger besonders gelungener Handwerksprodukte aus zunächst vier Berufsgruppen handelte. Dazu wurde die folgende Absichtserklärung gegeben: "L'institution d'un musée au centre de l'industrie parisienne, d'un musée rétrospectif et contemporain; celle d'une bibliothèque renfermant des monographies où le travailleur trouvera la genèse de sa profession, lui donneront les moyens de développer ses facultés et mettront à sa disposition tous les éléments que la science moderne peut offrir" (ABdT 1892, S. 148). In der gleichen Weise organisierte die Börse von Lyon 1894 aus Anlaß der internationalen Industrieausstellung eine 'Exposition ouvrière' (274). Pelloutier hat diese Ansätze seinerseits aufgegriffen und 1898 die Einrichtung eines zentralen 'Musée du Travail' vorgeschlagen. Er schrieb: "Il faut offrir au peuple le moyen de dégager lui-même les phénomènes sociaux, et de ces phénomènes, toute leur signification. Et pour cela, lui mettre sous les yeux ce qui est la matière même de la science sociale: les produits et leur histoire. (...) Ce que nous voudrions (...): un musée organisé de telle sorte que la vue seule des produits familiarisât les visiteurs avec la science économique, que la monographie accolée à chaque objet fût la plus complète et la plus éloquente leçon de socialisme et de révolution" (275).

Bei diesem Projekt, das in der Literatur sehr häufig herausgestellt wird (Julliard 1971, S. 247ff.; Crubellier 1974, S. 314; Pica 1981, S. 71f. etc.) - aber meist mit mehr Bewunderung als Verwunderung -, treffen wir erneut auf das Thema der 'Evidenz' des Sichtbaren und die Faszination der Zahlen (276). Dabei gibt es erstaunliche Parallelen zu den Ideen Le Plays, der bereits während des Kaiserreichs eine 'Exposition d'économie domestique' angeregt hatte (Duroselle 1951, S. 621ff.). Und gründeten nicht 1896 einige paternalistische Unternehmer das - auch Pelloutier wohlbekannte (277) - 'Musée Social' als Lehrstätte der sozialen Versöhnung (Elwitt 1980)? Der revolutionäre Anspruch des von den Börsen vorgelegten Projekts muß vor diesem Hintergrund umso erstaunlicher wirken, als eine theoretische Kritik der kapitalistischen Wirklichkeit gar nicht erst vorgesehen war; an ihre Stelle trat der 'stumme Unterricht' des Realen selbst: "Ces muettes leçons ne seraient-elles pas plus éloquentes que les vaines clameurs révolutionnaires à quoi s'essoufflent les orateurs d'estaminet?" (HBdT, S. 185) Obwohl zunächst eine selbständige Erkenntnisarbeit des Volkes gefordert wird, bleibt am Ende nicht mehr übrig als passive Rezeption vorgegebener 'Bedeutungen'. Ökonomischer Empirismus und pädagogischer Idealismus verhalten sich dabei komplementär. Sie verhindern, daß die zur selben Zeit staatlich durchgesetzte schulische Praxis der 'Education morale' (278) überhaupt ernsthaft in Frage gestellt werden kann.

Pelloutier, der als Anarchist für eine "absolut freie Erziehung" (279) eintrat, wiederholte nur das sozial- und schulpolitische Credo der III. Republik, wenn er schrieb: "La question de l'enseignement est incontestablement la plus importante, car d'elle seule dépend toute la vie sociale" (TC, S. 492). Mochte dies bei ihm auch mit einer revolutionären Intention verbunden sein, in der Praxis der Arbeitsbörsen, wo divergierende Revolutionsvorstellungen als 'Privatsache' betrachtet wurden (vgl. Kap. V), mußte in erster Linie die Identifikation mit dem bürgerlichen "Primat der Erziehung über die Politik" (280) verfangen, das ja nicht schon dadurch durchbrochen ist, daß man seinerseits das alte humanistische Bildungsideal gegen die zunehmende 'Spezialisierung' der großindustriellen Arbeitsteilung wendet (281).

Mit ihrer praktischen Erziehungsideologie standen die Börsen am Schnittpunkt einer weit zurückreichenden sozialistischen pädagogischen Tradition (vgl. Duveau 1948; Dommanget 1970) und einer neuen, auf soziale Befriedung ausgerichteten Schulpolitik, die sich gerade dadurch auszeichnete, daß sie z. T. von 'privaten' Institutionen getragen werden mußte. Auch die

Bildungsinitiativen der Bourses du Travail konnten daher - wie ja nicht zuletzt auch die gezahlten Subventionen zeigen - im Sinne einer schulischen Arbeitsteilung im Prinzip akzeptiert und integriert werden (282). Der dafür geforderte Preis bestand in der Ausblendung bestimmter Inhalte und Themen, die eine Kritik der bürgerlichen Erziehungsideologie erst ermöglicht hätten (vor allem der Kritik der politischen Ökonomie), sowie von Praxisformen, in denen Bildungs- und Kulturfragen nicht mehr das Problem der politischen Macht und des Klassencharakters staatlicher Apparate verschleiert hätten, sondern vielmehr das eine auf das andere bezogen worden wäre (vgl. Lindenberg 1972, S. 52f.).

3. Eine Ideologie der 'Organisation'. - In den Bourses du Travail bestand schließlich eine Tendenz, sowohl die aus ihrem sozialpolitischen 'Auftrag' sich ergebenden Funktionen, als auch die im engeren Sinne gewerkschaftlichen Ziele als bloße 'Organisations'-Fragen zu behandeln. Und dies in einem doppelten Sinne: einmal, indem sie primär den Stellenwert der eigenen Organisation betonten, also gleichsam 'organisationspatriotisch' verfuhren; zum anderen, indem sie die sozialen Probleme insgesamt unter dem Gesichtspunkt ihrer 'Organisierung' betrachteten.

Der erste Aspekt, die in der Geschichte der Arbeiterbewegung durchaus häufige ideologische Fixierung auf die eigene Organisation, hat die Praxis der Börsen bis zur Jahrhundertwende nachhaltig bestimmt (283). Oft stand nicht die Mobilisierung der Arbeiter im Vordergrund, sondern allein die institutionelle Stärkung der Börsen selbst, was sich unter anderem in der auffälligen Vernachlässigung von direkten Aktionen zeigte und seinen Niederschlag auch in einem gewissen gewerkschaftlichen Egoismus fand (284). Im Mai-Aufruf von 1896 wurde dies indirekt eingestanden: "Volontairement confinées jusqu'à ce jour dans le rôle d'organisatrices du prolétariat, les Bourses de Travail de France entrent désormais dans la lutte économique ..." (TC, S. 405). Damit ist zugleich ein gewisser Wandel angezeigt, bzw. eine Art Gegentendenz, die aber erst ab 1898 wirklich relevant wird (285).

Nicht nur diese Widersprüchlichkeit, auch die "zeitweilige historische Berechtigung" (286) einer derartigen Beschränkung auf den Ausbau und den Erhalt der eigenen Organisation ist natürlich zu berücksichtigen. Denn die historische Konstellation war derart, daß die gesamte französische Gewerkschaftsbewegung zunächst kaum feste Strukturen besaß, vielmehr erst nach eigenständigen und massenhaften Verbandsformen zu suchen begann. Die Erweiterung und Absicherung der eigenen Praxis war daher trotz des Risikos der Verselbständigung völlig legitim, zumal die bis 1895 anhaltende ökonomische Depression sowie die gewerkschaftsfeindliche Haltung der Unternehmer ohnehin keine günstigen Voraussetzungen für einen offensiven Kampf um soziale Forderungen boten. Andererseits bestand angesichts der finanziellen Abhängigkeit der Börsen eine besondere Gefahr der Bürokratisierung. Dem Dilemma, daß eine massenbezogene Interessenvertretung zunächst kaum möglich war, aber ohne einen solchen Kampf auch keine wirkliche Stabilisierung erreicht werden konnte, sind die Börsen nicht entgangen. Eine der Funktionen der Generalstreiks-Losung könnte deshalb darin gesehen werden, eben dieses Defizit an außenbezogener Aktion durch eine pseudokonkrete Kampforientierung zu kompensieren. Ob dies gelungen ist, muß bezweifelt werden. Auf lokaler Ebene konnten die Börsen immerhin zahlreiche Streiks unterstützen, selbst wenn sie dabei vom kämpferischen Einsatz der Streikenden und ihrer Gewerkschaften abhängig waren und immer wieder den Druck ihrer 'Geldgeber' zu spüren bekamen. Manchmal wichen sie aber auch zurück, indem sie sich mit einer passiven, eher administrativen Unterstützung begnügten.

Der zweite Aspekt der Organisationsideologie der Bourses du Travail ist jedoch interessanter, weil er für die Börsen spezifisch ist. "Nous voulons tous la transformation sociale", meinte z. B. Yvetot, aber: "Il y en a parmi nous qui ne croient pas que cette transformation sera simplement et uniquement une question de force et de violence, mais qu'elle sera surtout la solution primordiale d'organisation, nécéssitant un patient travail de gestation préliminaire" (Prot. FBdT 1902, S. 146). Mit dem Selbstverständnis, "Zellen der künftigen föderativen Gesellschaft" zu bilden (287), woraus sich eine möglichst vollständige Übernahme verschiedenster Funktionen der alten legitimierte, war die Idee einer immer weiter greifenden und neuartigen 'Organisierung' des Gemeinwesens verbunden, der Errichtung eines Netzwerks, dessen Knotenpunkte die Bourses du Travail sein sollten: "... l'englobement de toutes les forces ouvrières dans un réseau gigantesque et serré de syndicats, de sociétés coopératives, de maisons de marins, de ligues de résistance, de Bourses du Travail ..." (TC, S. 500). Und: "Un jour les Bourses du Travail devront par la consommation organisée régler scientifiquement la quantité, l'utilité sociale, l'opportunité, la moralité de la production" (Prot. FBdT 1902, S. 152). Angesichts des Ziels einer vollständigen sozialstatistischen Erfassung und einer entsprechenden Regulierung des Arbeitsmarktes und des Warentausches (288) läßt sich bei den Börsen gleichsam eine Wiederaufnahme des alten Themas der 'Organisation du travail' feststellen (289), auf dessen Stellenwert innerhalb der Genealogie des Börsen-Konzepts wir bereits eingegangen sind (Kap. I). Mit dem Unterschied freilich, daß das in der (biologischen) Organisationsmetapher angelegte Harmoniemodell (vgl. Lecourt 1975) nun nicht sozialstaatlich, sondern gewerkschaftlich herbeigeführt werden soll. An die Stelle kapitalistischer 'Anarchie' tritt die anarchistische 'Organisation', das Paradoxon eines 'anarchistischen Staates' (290). Daß diese Perspektive in der Praxis unweigerlich zu einer Zentralisierung zugunsten der Bourses du Travail führen mußte, liegt auf der Hand (291). Als künftige Instanzen der ökonomischen Verteilung, der Erziehung und der statistischen Beobachtung müssen die Börsen tendenziell eine 'Quadrierung' (Foucault) des Territoriums anstreben, die keinen Freiraum mehr dulden kann (292). Es ist nicht sehr überraschend, daß wir bei den Gewerkschaften der Börsen-Bewegung eine gewisse korporative Nostalgie antreffen (293), vor allem aber einen spontanen Juridismus, wie er z. B. in der minutiösen statuarischen Regelung sämtlicher Praxisfelder zum Ausdruck kommt (294).

Aus den beiden genannten Aspekten der Organisationsideologie ergibt
sich ein gewisser Orientierungsunterschied zwischen den Börsen und der
übrigen Gewerkschaftsbewegung. Letztere sollte nur für den ökonomischen
Tageskampf zuständig sein, während die Börsen 'die Zukunft organisieren':
"Le citoyen Bourderon (Lyon) distingue entre les affaires spéciales aux
Bourses (...) et les luttes sociales dont l'étude appartient aux syndicats.
Le Comité fédéral doit s'éfforcer de préparer une organisation qui, en
cas d'une transformation sociale, puisse assurer le fonctionnement
économique par le libre groupement et rendre superflue toute institution
politique; mais il ne peut, en aucun cas, diriger ni même provoquer un
mouvement comme par exemple celui de Carmaux (295). Organiser,
grouper les travailleurs pour leur permettre d'agir par eux-mêmes: là
se borne sa tâche" (296). Diese Sätze machen die ganze Ambivalenz des
in den Bourses du Travail vorherrschenden Organisationsbegriffs deutlich:
Einerseits der Appell an die Selbsttätigkeit der Arbeiterschaft, andererseits die Beschränkung der Börsen auf eine 'organisierende' Funktion im
Blick auf die Zukunftsgesellschaft. Der eigentliche 'soziale Kampf', so
wird zugestanden, soll allein von den Einzelgewerkschaften und Fachverbänden geführt werden (297). Eine derartige Einstellung mußte die Arbeitsbörsen jedoch entweder in die Isolation führen oder aber - und dies war
wohl häufiger der Fall - die Betonung des Organisationsaspekts geriet zur
ideologischen Rechtfertigung eines alltäglichen Trade-Unionismus, der
Arbeiterinteressen verwaltet, statt sie in gesellschaftsverändernde Kämpfe
umzusetzen. J. Charles, der die attentistische Praxis der Börse von
Besançon analysiert, spricht daher kritisch, aber treffend von einem
"syndicalisme honteux" (298).
   Zusammengenommen markieren die drei Elemente Statistik/Erziehung/
Organisation die Umrisse eines ideologischen 'Systems', das man - kaum
überspitzt - als "utopischen Technokratismus" (Lecourt 1975) bezeichnen
könnte, weil es auf eine allseitig verwaltete und berechnete Gesellschaft
orientiert und dies mit einem voluntaristisch-humanistischen Erziehungs-
konzept verbindet, das von der realen Determination subjektiver Ände-
rungsbereitschaft abstrahiert. Seine relative Geschlossenheit erhielt es
weniger durch kohärente Prinzipien, als durch das materielle Ineinander-
greifen praktischer Ideologeme unter den Bedingungen des Börsen-Alltags.
Dessen Praxisfelder - Arbeitsnachweis, Bildungsarbeit, Propaganda etc. -
funktionierten gleichsam nach 'Regeln', die zwar als solche nie definiert,
aber 'aus den Kulissen' heraus wirksam wurden. Berechnen, Unterrich-
ten, Verwalten: das waren Orientierungen, die den lokalen Konstellationen
entsprechend das Verhalten der Börsen und der in ihnen zusammengeschlossenen Gewerkschaften vereinheitlichen und mit 'Sinn' erfüllen konnten.
Die Funktion dieser praktischen Ideologie bestand dabei nicht zuletzt darin,
den in den Börsen wirksamen Grundwiderspruch zwischen ihrer Tendenz
zur "Syndikalisierung aller Beschwerden" (Leroy 1913, S. 249), also letztlich einer Ausrichtung am Klassenkampf, und der ebenso vorhandenen
Tendenz zum sozialpolitischen Dienstleistungsbetrieb imaginär zu versöh-

nen. Auch wenn diese Versöhnung nie wirklich gelang, weil die klassenkämpferische Praxis wenigstens punktuell (Streiksituationen vor Ort,
Veranstaltungen mit revolutionären Rednern etc.) das sozialpolitischen
Neutralitätsgebot durchlöcherte oder sogar ad absurdum führte, blockierten vor allem der theoretische und politische Indifferentismus - gleichsam
die Quintessenz der praktischen Börsen-Ideologie - immer wieder die möglichen Auswege aus dem ökonomistisch-humanistischen Kompromiß. Besonders deutlich wird dies in der Konfrontation der Börsen mit dem bürgerlichen Staat.

"Sich koalieren, heißt das nicht Politik
treiben?"

Karl Marx, 1847 (MEW Bd. 4, S. 179)

Bis zur Schließung der Pariser Arbeitsbörse hatte die republikanische Regierung abgewartet, "que les données de l'expérience et l'observation des faits aient pu fournir quelques indications précises" (1), um die Funktion der Börsen eventuell gesetzlich zu fixieren. Dupuy war der erste, der es für dringend hielt, eine spezifische Politik einzuleiten, um den mit der raschen Ausbreitung der Bourses du Travail entstehenden 'Gefahren' rechtzeitig vorzubeugen. Auf der anderen Seite bedeuteten die Ereignisse von 1893 aber auch eine entscheidende Erfahrung für die Arbeiterbewegung selbst. Die großbürgerliche Presse hatte geschrieben: "Il ne faut pas qu'en province les Bourses du Travail oublient le sort instructif de leur grande soeur (...) de Paris" (2). Wie wurde diese Warnung verarbeitet? Im folgenden sollen dazu einige Gesichtspunkte vorgetragen werden, die sich vor allem auf das taktische Dilemma des Subventionismus und das strategische Dilemma des Apolitismus konzentrieren.

Das Zirkular von 1894

In seiner Rede vor dem Senat hatte Dupuy 1893 betont: "Je déclare que l'idée de la Bourse du Travail en elle-même est une idée juste" (3). Aber erst fünfzehn Monate später (in seiner dritten Kabinettszeit) konkretisierte er, wie er sich die Durchsetzung dieser 'richtigen Idee' angesichts der inzwischen bestehenden 37 Arbeitsbörsen dachte. Auf der Basis einer Bestandsaufnahme, die er unmittelbar vor den Ereignissen von Paris hatte erstellen lassen (4), formulierte er im Dezember 1894 (5) einen Rundbrief an sämtliche Präfekten, der sowohl eine allgemeine Funktionsbestimmung der Bourses du Travail als auch präzise Anweisungen für das Verhalten der Behörden enthielt. Bis zur Jahrhundertwende galt dieses Zirkular als "definitive Regelung der Frage der Bourses du Travail" (6). Eine Ausnahme stellte allenfalls die kurze Amtsperiode der Regierung Bourgeois dar, deren Handelsminister Mesureur in bezug auf Paris eine Änderung durchsetzte (vgl. Kap. III), die Direktiven Dupuys jedoch formell nicht aufhob. Erst im Oktober 1901, gegen Ende der Regierungszeit Waldeck-Rousseau/Millerand, wurden sie - wenn auch mehr implizit als explizit - den veränderten Bedingungen angepaßt (7).

Worin bestanden nun diese Anweisungen der bürgerlichen Exekutive, die praktisch bis zur Fusion der Bourses du Travail mit der CGT in Kraft blieben? Zunächst erklärte Dupuy noch einmal ausdrücklich, worin der Stellenwert der Arbeitsbörsen zu sehen sei und welche Kriterien vom Standpunkt der Regierung die Aktivitäten lokaler Gewerkschaftszusammenschlüsse zu erfüllen hätten: "En premier lieu, les Bourses du Travail ne peuvent s' occuper que de l'embauchage des travailleurs, du placement gratuit ou des renseignements concernant l'offre et la demande de travail. Il est, en conséquence, formellement interdit de s'y livrer à des discussions politiques, religieuses, ou même économiques d'un caractère général. Les Bourses du Travail ne sauraient devenir avec votre assentiment, tout au moins tacite, des réunions de théoriciens plus ou moins autorisés, et encore moins une tribune pour les agitateurs de profession; il importe de leur conserver le caractère que leur ont attribué à l'origine les amis les plus sincères de la classe ouvrière, celui de marché libre du travail" (8). Damit war von vorne herein das im Gesetz von 1884 fixierte Politik-Verbot (vgl. Kap. III) zum entscheidenden Merkmal konformer Gewerkschaftspraxis erhoben. Die übrigen gesetzlichen Regelungen wurden demgegenüber als rein formale Voraussetzungen der Zulassung zur Arbeitsbörse erst einige Zeilen später erwähnt. Daß der apolitische Charakter der Börsen durch einen Rekurs auf deren 'Ursprung' begründet wurde, unterstreicht dabei erneut die legitimatorische Funktion der offiziellen Herkunftsgeschichte der Bourses du Travail.

Als zweites Merkmal der Börsen nannte Dupuy ihren 'öffentlichen' Charakter: "En second lieu, les Bourses doivent être ouvertes, pour l'embauchage, indistinctement aux patrons et aux employés ou ouvriers, syndiqués ou non syndiqués; il en est de même en ce qui concerne l'accès des bureaux de placements et des offices de renseignements. J'insiste particulièrement sur cette condition essentielle, qui a pour objet de maintenir aux Bourses du Travail leur caractère propre et d'assurer à tous les citoyens une égale liberté et une jouissance égale des droits que la loi leur confère. Toutes distinctions contraires à ce principe ne sauraient être tolérées". Damit wurde den Arbeitsnachweisen in den Börsen eben jene 'Ausgewogenheit' vorgeschrieben, die - wie in Kap. IV behandelt - die Gewerkschaften nicht nur ablehnten, sondern aufgrund ihrer Funktion als einseitige Interessenvertretungen der Arbeiter auch gar nicht erfüllen konnten. Allerdings hegte Dupuy wohl auch die Hoffnung - selbst wenn er zunächst keine Möglichkeit besaß, dies praktisch zu erzwingen -, daß in Zukunft die Börsen sowohl Berufsvertretungen der Arbeiter wie der Unternehmer umfassen würden; nur so wäre das Gleichgewicht gesichert und hätte man es wirklich mit einem "freien Arbeitsmarkt" zu tun.

Schließlich benannte das Zirkular noch die Eingriffs- und Kontrollrechte der Bürgermeister und Präfekten: "Les hôtes de la Bourse du Travail, accidentels ou permanents, doivent se conformer, comme tous les citoyens, aux lois générales sur l'ordre public et aux règles de la police particulière des Bourses. La loi du 5 avril 1884 (art. 97) confie d'une manière générale aux Maires le soin 'd'assurer le bon ordre . . . . . 3° dans les endroits où il se fait de grand rassemblements d'hommes, tels que les foires, marchés, réjouissances et cérémonies publiques, spectacles, jeux, cafés, églises et autres lieux publics'. - Ce texte donne donc aux Maires le droit d'intervenir, pour le maintien du bon ordre, dans les Bourses du Travail. Mais cette disposition n'est pas exclusive du droit qui vous appartient, Monsieur le Préfet, de veiller à la police générale. Le maintien de l'ordre dans les Bourses du Travail sera donc l'une de vos principales préoccupations. D'autre part les Bourses du Travail ne fonctionnent actuellement ni comme établissements, ni comme services publics; elles n'ont pas une autonomie distincte et définie par la loi elle-même; c'est donc à vous exclusivement qu'il appartient d'en régler le fonctionnement, de prononcer l'exclusion des agitateurs et, au besoin, de fermer l'établissement". Die mit Ausnahme von Paris geltenden Polizeirechte der Gemeinden wurden also unterstrichen, gleichzeitig aber - in Abgrenzung etwa zur anfänglichen Haltung der Pariser Präfektur (vgl. Kap. III) - die Intervention des Präfekten innerhalb dieser 'privaten', lediglich unter das Assoziationsrecht fallenden Institution jederzeit gerechtfertigt. Am Schluß wurde der Überwachungsauftrag noch zugespitzt: Bei allen finanziellen und polizeilichen Maßnahmen in bezug auf die Bourses du Travail sollten die Präfekten vorher das Innenministerium - und nicht das an sich für Gewerkschaftsfragen zuständige Handelsministerium - verständigen.

Die Bedeutung des Dupuy-Zirkulars läßt sich in zwei Punkten zusammenfassen: Erstens wurden die Arbeitsbörsen ausdrücklich zum Gegenstand einer besonderen gesamtnationalen Überwachungspolitik erhoben; zweitens wurde der Aktionsspielraum der Börsen dahingehend eingeengt, daß sie als möglichst neutrale Vermittlungsinstitute fungieren, zumindest aber auf jedweden politischen Anspruch verzichten sollten. Dabei ist die genaue Formulierung zu beachten: "Il est (. . .) formellement interdit de s'y livrer à des discussions politiques, religieuses, ou même économiques d'un caractère général". Durch diesen Zusatz, der über den Wortlaut des Gewerkschaftsgesetzes hinausging, obgleich er seinem 'Geist' durchaus entsprach, wurden jetzt nicht nur parteipolitische Debatten und Äußerungen inkriminiert, sondern auch allgemeine gewerkschaftliche Diskussionen verboten. Für einen bürgerlichen Staatsmann war das nur scheinbar paradox: Das Politik-Verbot des Gesetzes von 1884 sollte eben nur unmißverständlich als Klassenkampf-Verbot ausgesprochen werden.

In der Praxis hatte das Zirkular weitreichende Folgen. Es gab Präfekten und konservativen Bürgermeistern eine Handhabe, um gegen revolutionäre oder nicht konforme Arbeitsbörsen vorzugehen, bei der Vergabe von Subventionen Auflagen zu machen, administrative Schikanen einzusetzen und im Extremfall die Börsen zu schließen, also der lokalen Arbeiterbewegung ihre wichtigste materielle Stütze zu nehmen. Ein Beispiel, das den Einsatz dieses repressiven Instrumentariums veranschaulicht, ist der Kampf um die Arbeitsbörse von Roanne.

Roanne als Beispiel

Die Bourse du Travail von Roanne, einer Kleinstadt des oberen Loire-Tals mit knapp 30 000 Einwohnern, wurde Anfang 1892 mit Unterstützung eines 'radikalen' Stadtrats gegründet. Ihre wichtigste Basis hatte sie unter den Webern der örtlichen Baumwollfabriken (9), unter Färbern, Fertigmachern und den Arbeitern des Güterbahnhofs (vgl. Tab. 7). Von den sozialistischen Strömungen hatte vor allem der guesdistische Parti Ouvrier großen Einfluß, aber in Roanne kapselte er sich weniger als anderswo von den übrigen Gruppen ab und unterhielt sogar enge Kontakte zu den Anarchisten (10). Sekretär der Börse war Edouard Mayeux: 26 Jahre, Weber und Mitglied des PO.

Es soll nicht darum gehen, hier die Geschichte der Roanner Arbeitsbörse zu skizzieren. Vielmehr wollen wir uns auf wenige beispielhafte Aspekte des von den örtlichen Unternehmern unterstützten städtischen und staatlichen Kampfes gegen die von der Börse verfolgte revolutionäre 'Politik' beschränken.

Eine erste Ebene der Überwachung läßt sich am Verbot einer Solidaritätsversammlung für die streikenden Bergleute von Carmaux (Oktober 1892) verdeutlichen. Begründung: dieser Streik sei kein Lohnkampf, sondern eben ein 'politischer' Streik (Gegenstand war die Wiedereinstellung des entlassenen Arbeiterführers und Bürgermeisters von Carmaux, Calvignac), und insofern habe die Börse kein Recht, sich mit diesem Kampf zu solidarisieren (11).

Wenig später kam es zu einem neuen Konflikt: Mayeux, der als revolutionärer Aktivist galt, wurde von dem seit Herbst 1892 konservativ dominierten Gemeinderat vorgeworfen, an verschiedenen überregionalen Kongressen und sozialistischen Veranstaltungen teilgenommen zu haben; mit seiner Funktion als Sekretär der Börse sei das völlig unvereinbar (12). Entweder er trete daher zurück oder die Subvention für die Börse werde gestrichen. Da die Gewerkschaften sich auf dieses Erpressungsmanöver nicht einließen, wurden in der Tat sämtliche Finanzmittel storniert. Die Börse mußte von nun an aus eigener Kraft sowie mit Hilfe von Spenden anderer Börsen zu überleben versuchen (13).

Nach Eintreffen des Dupuy-Zirkulars wurden diese Episode und ihre Konsequenzen vom örtlichen Unterpräfekten mit bemerkenswerter Klarheit interpretiert: "Il est bien évident que, lors de l'inauguration de cet établissement, sous la municipalité socialiste, ses premiers occupants furent loins de s'inspirer des règles tracées par la circulaire (...). Depuis, il s'y est établi des traditions et perpétué des usages auxquels la municipalité actuelle a bien essayé de remédier, mais qui, à chaque instant, peuvent donner naissance à des difficultés administratives. Le secrétaire général actuel de la Bourse du Travail de Roanne est un révolutionnaire actif et militant qui, à plusieurs reprises, a fomenté à la Bourse même des manifestations et des grèves (...). L'action qu'il exerce sur les travailleurs (...) est des plus fâucheuses (...). C'est très certainement à son intervention et à ses agissements que sera dûe la grève qui couve en ce moment à Roanne". Schließlich informierte er den Präfekten über die von der lokalen Bourgeoisie eingeschlagene Taktik: "M. le Maire estime qu'il n'y aurait pas pour le moment opportunité à exclure cet agitateur (gemeint ist Mayeux - P. S.) de la Bourse ou de fermer cet établissement qui est la propriété de la Ville. Je partage actuellement sa manière de voir. L'une ou l'autre des ces mesures, dans les circonstances actuelles, ne manquerait pas, en effet, d'être considérée comme un provocation à l'adresse des ouvriers ou comme un moyen d'intimidation obtenu de l'Administration par les fabricants (!), à la veille de l'élaboration du nouveau tarif régional" (14).

Der sich abzeichnende Streik der Webereien brach am 20. Dezember 1894 tatsächlich aus. Er dauerte fast zwei Monate. Trotz relativ günstiger Ausgangsbedingungen, hoher Beteiligung und auch überregionaler Unterstützung, endete er mit einer Niederlage. Die Hauptforderung, Anerkennung der Gewerkschaft durch die Fabrikanten, stieß auf absolute Unnachgiebigkeit, der auch die mehrfachen Schlichtungsversuche des Friedensrichters nichts anhaben konnten. 350 Arbeiter wurden nicht wieder eingestellt (15).

Für die Bourse du Travail, die das aktive Zentrum des Streiks gewesen war, ließen die Konsequenzen - die obiger Bericht schon andeutete - nicht lange auf sich warten: Im Mai 1895 beschloß der Stadtrat die Schließung der Börse und ihre Umwandlung in ein städtisches Museum. Die Begründung war z. T. wörtlich aus dem Zirkular Dupuys übernommen: Die bisherige klassenkämpferische Praxis der Börse sei mit ihrer eigentlichen Vermittlungsaufgabe völlig unvereinbar (16).

Obwohl die Gewerkschaften versuchten, eine unabhängige Bourse du Travail zu gründen, führte der Verlust des Gebäudes zu einer raschen Auflösung des Zusammenhalts der verschiedenen Gruppen: "Les syndicats se sont'fédérés', mais ils n'ont plus de lieu de réunion et partant plus de cohésion; chaque syndicat se réunit dans des locaux différents et il n'y a que celui des tisseurs qui se remue. Les cotisations se versent très irrégulièrement et encore faut-il les percevoir à domicile, ce qui rencontre des difficultés" (17).

Als sich jedoch bei den folgenden Gemeinderatswahlen eine sozialistische Mehrheit durchsetzte, wurde sofort über eine Wiedereröffnung der Arbeitsbörse beraten. Dabei traten nun bemerkenswerte "complications" und "difficultés avec l'autorité supérieure" (18) auf, die die Praxis staatlicher Bourse-du-Travail-Politik konkret beleuchten.

Der neue sozialistische Bürgermeister hatte sich als sehr konziliant erwiesen, indem er die im Dupuy-Zirkular festgelegten Prärogativen des Präfekten ausdrücklich akzeptierte (19). Angesichts der örtlichen politi-

142

schen Situation schien es deshalb naheliegend, daß der Statutenentwurf, der u. a. auch das inzwischen übliche Verbot politischer und religiöser Diskussionen enthielt, vom Präfekten genehmigt wurde (20). Dieser verlangte aber nun "dans l'intérêt de l'ordre public et de la liberté du travail" (21) und mit Zustimmung des Innenministers weitergehende Änderungen (22): Streikversammlungen sollten in Zukunft in der Börse nicht mehr "en permanence" tagen dürfen, Veranstaltungen sollten zuvor polizeilich angemeldet werden, vor allem aber sollte das von Dupuy vorgesehene Verbot "ökonomischer Diskussionen allgemeinen Charakters" im Statut ausdrücklich verankert werden (23).

Die Roanner Gewerkschaften haben diese Auflagen am Ende akzeptiert; ihre Begründung dafür ist in den Akten nicht erhalten. Aber dennoch sollte sich die Wiedereröffnung bis 1900 - also weitere vier Jahre - hinauszögern, weil der Präfekt seine Unterschrift immer noch verweigerte! Die verwaltungsinterne Begründung dafür war offen politisch: "La réouverture de la Bourse du Travail serait (...) une menace continuelle pour la tranquillité publique sans pouvoir vraisemblablement par cela même servir utilement les veritables intérêts des ouvriers" (24). Dieses sicherlich nicht untypische Verhalten des Regierungsvertreters in einem der wichtigsten Départements wirft ein Licht auf die gewerkschaftsfeindliche Einstellung der Exekutive, aber auch auf den Spielraum, innerhalb dessen ein Präfekt seine Entscheidungen frei fällen konnte: Nach dem Regierungswechsel von 1899 und nachdem aus Roanne zahlreiche Eingaben an Waldeck-Rousseau und Millerand erfolgt waren, betrachtete nämlich dieser Präfekt die Wiedereröffnung der Börse immer noch als "reale Gefahr" (25). Es bedurfte erst einer direkten Intervention des Regierungschefs, um ihn zum Nachgeben zu veranlassen (26). Im neuen Statut der Börse war das Verbot "ökonomischer Diskussionen" schließlich nicht mehr enthalten (27).

Dieses Einlenken der Behörden scheint einen Kurswechsel zu signalisieren: den Verzicht auf sofortige Repression zugunsten integrativer Toleranz. Die Veränderungen in der innenpolitischen Konjunktur kamen auf diese Weise - nur etwas verspätet - auch in einer Provinzstadt zum Tragen. Allerdings ist ein Widerspruch in der Haltung Waldeck-Rousseaus nicht zu übersehen: In demselben Brief, in dem er dem Präfekten die Anweisung gab, die Wiedereröffnung zuzulassen, bestätigte er ihm noch einmal ausdrücklich die weitere Gültigkeit des Dupuyschen Zirkulars (28). Das repressive Instrumentarium - und die damit zusammenhängende Funktionsbestimmung der Bourses du Travail - blieb also auch bei einer 'fortschrittlichen' Regierung vollständig intakt, lediglich seine Anwendung wurde nun differenzierter ... (29).

Verhinderung gewerkschaftlicher 'Politik'

Roanne war kein Einzelfall, obwohl die verschiedenen Unterdrückungsmöglichkeiten dort besonders massiv eingesetzt wurden: "Il serait bien à

désirer que les villes qui ont cédé à l'engouement des Bourses du Travail
suivissent l'exemple qui leur vient de Roanne", kommentierte der 'Journal
des Débats' (30). Tatsächlich gibt es viele ähnliche Beispiele (31). Im Mittelpunkt der Konflikte stand immer der Vorwurf, in der betreffenden Börse
werde 'Politik' betrieben und die 'eigentlichen' Aufgaben eines 'freien
Arbeitsmarktes' vernachlässigt. Konsequente gewerkschaftliche Praxis
wurde auf diese Weise immer wieder verdächtigt, eingegrenzt und möglichst verhindert. So wurden z. B. Hilfsmaßnahmen für Streiks, wenn sie
nicht rein philanthropisch begründet waren, als 'Politik' bezeichnet,
Versammlungen, auf denen revolutionäre Äußerungen gemacht wurden, ebenfalls. Eine Diskussion über eine Tageszeitung der Gewerkschaften, ein
Meeting mit Tom Mann zur Unterstützung der streikenden englischen Hafenarbeiter wurden als 'politisch' verboten. Und auch als die UCSS einmal
einen Saal für eine Veranstaltung zum Thema "Abus commis dans les
hopitaux - Mauvaise applications des mesures d'hygiène" beantragte, verweigerte die Präfektur die Genehmigung (32). Dabei kam es oft gar nicht
darauf an, was gesagt wurde, allein die Person des Redners berechtigte
dann schon zu Befürchtungen und prophylaktischen Maßnahmen (33).

Dennoch blieb ein gewisser administrativer Spielraum immer bestehen.
Gegen Börsen wie Carcassonne, wo von acht Gewerkschaften nur eine regulär angemeldet war, wurde z. B. nicht vorgegangen (34). Andernorts beschränkte man sich bei politischen Proklamationen der Börse auf schriftliche Ermahnungen der Staatsanwaltschaft, obwohl ein sofortiges Einschreiten ebenso möglich gewesen wäre (35). R. Trempé hat in ihrer Arbeit über
Carmaux (1971, S. 644ff.) diese Art von Willkür eindringlich beschrieben:
Eine Arbeiterdemonstration konnte z. B. einmal als "promenade" eingestuft
und entsprechend toleriert werden, ein anderes Mal aber auch als "suscep-
tible d'entrainer des désordres", was ihre sofortige Auflösung sowie Ver-
haftungen und Verfolgungen nach sich zog. Die Anklage richtete sich jeweils
weniger nach eventuellen Gesetzesübertretungen, als nach den politischen
Vorteilen, die die Behörden aus einem bestimmten Urteil zu ziehen hofften (36). Das Verhalten des Staates gegenüber den Bourses du Travail war
ähnlich differenziert: Die Verhinderung gewerkschaftlicher 'Politik' war
zwar das einheitliche Ziel, aber nicht immer ließ es sich mit denselben
Methoden erreichen. Nicht immer waren nämlich die Verhältnisse so, daß
der Präfekt einfach verbieten konnte ...

Nicht zuletzt aufgrund solcher - auch mit der parlamentarischen Situation in Paris zusammenhängender - Inponderabilien kam es in verschiedenen Städten zu 'ergänzenden' Maßnahmen der lokalen Unternehmerschaft.
Das gilt besonders für die Gründung bürgerlicher Gegen-Arbeitsbörsen,
die unter dem Namen 'Bourse du Travail indépendante' oder auch 'Office
du Travail' auftraten (37). Bei der Gründung einer solchen Institution in
Bourges hieß es recht deutlich: "C'est du besoin de lutter contre les politiciens socialistes exploiteurs des ouvriers, contre les prédicants de la
grève générale à outrance que sont nés les Offices du Travail. A la lutte
des classes, les promoteurs de ces institutions ont pour but de substituer

la bonne harmonie entre le Capital et le Travail, d'éviter tout conflit entre patrons et ouvriers" (zit. in Forgeot 1973, S. 247). Die Entstehung der Gegen-Börsen stand auch in direktem Zusammenhang zur nach 1900 aufkommenden Bewegung der 'Gelben', die den Einfluß der 'Roten' zurückdrängen sollte (38).

Antworten der Bourses du Travail

Die Reaktionen der Arbeitsbörsen auf staatliche und kommunale Interventionen waren zwar meist von Empörung getragen, aber dennoch unterschiedlich. Während man manchmal die bürgerlichen Proklamationen einfach nur beim Wort nahm und umdrehte - so etwa, wenn nach der Schließung in Paris der Plan entstand, Dupuy wegen "atteinte à la liberté du travail" zu verklagen (39) -, wurde von Männern wie Pelloutier die Repression fast noch begrüßt: "La maladroite intolérance des municipalités rendra (les Bourses du Travail - P.S.) de plus en plus révolutionnaires" (40). Und als Dupuy die Subvention der Lyoner Börse vom Präfekten auf die Hälfte reduzieren ließ, antworteten ihm die Gewerkschaften in einem offenen Brief: "Nous ne saurions trop vous engager à continuer cette façon de procéder; (...) il nous faut des actes indéniables pour prouver à la masse qu'elle n'a rien à attendre de cette République anti-sociale et qu'elle n'obtiendra des réformes sérieuses que quand elle aura fait son éducation elle-même; (...) elle rendra alors coup pour coup, suivant votre exemple, sur le terrain de la lutte des classes. Continuez et aidez-nous surtout, Môssieu le Ministre, à lui prouver que là est son salut" (41).
　Solche Erklärungen konnten die praktische Hilflosigkeit der Börsen allerdings kaum verbergen. Wie sollten sie, die städtische Subventionen erhielten und fast immer dringend benötigten und die überdies keine direkten Druckmittel besaßen - außer vielleicht der Drohung mit dem 'Generalstreik' -, dem Staat gegenüber eine konsequente, zugleich unbestechliche und doch flexible Haltung einnehmen? Welche Zugeständnisse waren vertretbar, und wo begann der 'Opportunismus' (wie man damals zu sagen begann ...)? Dabei ging es nicht nur um eventuelle Vergünstigungen, sondern auch um die Legalität im Sinne des 84er Gesetzes: Wo waren die Grenzen 'korporativer' Interessenvertretung, und wo genau begann der Bereich der 'Politik'? Wie konnte man auf den Vorwurf, die eine oder andere gewerkschaftliche Praxisform sei bereits 'Politik', überhaupt wirksam reagieren? - Die Bourses du Travail haben sich derartige Fragen nur selten explizit gestellt (42), aber dennoch in der Praxis darauf geantwortet. Hinter ihren kurzfristigen taktischen Entscheidungen standen gewisse strategische Gesichtspunkte, die ihr Verhältnis zur Politik betrafen und die die längerfristige Ausrichtung ihrer Praxis mit bestimmten.

'Subventionismus' und 'Gemeinnützigkeit'

Das taktische Dilemma der Börsen war besonders eklatant in der Frage der Subventionen. Denn eine Subvention bedeutete lokalpolitisch zweifellos mehr als nur die Überweisung eines Geldbetrages. Es war immer auch eine 'Gabe' der Gemeinde mit symbolischer Bedeutung (43). Wurde sie von den Sozialisten beschlossen, die mit der Börse politisch übereinstimmten, gab es kaum Probleme. Bestanden aber zwischen Stadtvätern und Gewerkschaften Divergenzen, dann fungierte die Subvention, als ein 'Opfer' aus dem Gemeindebudget, nicht nur als einseitiges Prestigesymbol der Gebenden, sondern implizierte auch eine 'Gegengabe'. Insofern verpflichtete der Subventionismus die Arbeitsbörsen also durchaus zu einem gewissen Wohlverhalten, war er - wie aus den in Kapitel I und IV zitierten Eröffnungsreden von Bürgermeistern hervorgeht - mit der geradezu berechtigten Erwartung sozialer Friedfertigkeit und Disziplin verbunden.

Aber nur selten erfüllten die Börsen alle in sie gesetzten Hoffnungen. In der Regel erwiesen sie sich als "mendiants ingrats" (Julliard 1971, S. 165), die die Gabe der Stadtväter zu Zwecken 'mißbrauchten', die nicht vorgesehen waren. Dieses symbolische Fehlverhalten war allerdings auch deshalb möglich, weil die Subventionsleistungen auf keiner festumrissenen Basis beruhten: Weder gab es eine persönliche Beziehung zwischen Gebern und Empfängern, weshalb im Unterschied zu individuellen Fürsorgeverhältnissen die Kollektivität der Gewerkschaften kaum zu 'Dankbarkeit' verpflichtet werden konnte, noch besaßen die Börsen einen eindeutigen juristischen Status, der z. B. die Städte zu einer Finanzierung gezwungen hätte. Deshalb beriefen sich die Gemeinden immer wieder auf rein imaginäre moralische Ansprüche, wenn sie die Subventionen verweigerten, kürzten oder strichen (44).

Da die Börsen einerseits auf Finanzhilfe angewiesen waren, andererseits aber jede äußere Einmischung und auch jede mit Zugeständnissen verbundene 'Dankbarkeit' vermeiden wollten, kam der Gedanke auf, eine besondere gesetzliche Grundlage zu fordern, die ihre materielle Existenz langfristig sichern würde: Die Bourses du Travail sollten vom Staat als gemeinnützig anerkannt werden, so daß die Kommunen ein für alle Mal zu ihrer Unterstützung verpflichtet wären. Im Februar 1893 wurde diese Forderung von der Mehrheit der Arbeitsbörsen beschlossen (44a).

Im Sommer des gleichen Jahres zeigte sich allerdings, wohin eine derartige Regelung führen konnte. Paris besaß seit 1889 als einzige Bourse du Travail den Status der Gemeinnützigkeit. Nun wurde schlagartig deutlich, daß damit auch bestimmte Kontrollrechte, insbesondere der Regierung, verbunden waren. Der Präfekt hatte es intern bereits 1890 formuliert: "Le fait que l'installation d'une bourse du travail a été déclarée d'utilité publique modifie complètement le caractère de l'établissement et rattache celui-ci aux services publics. Il en résulte que c'est au pouvoir exécutif qu'il appartient de déterminer les conditions de fonctionnement de la bourse" (45). Zwar gaben die Börsen nach der Schließung von Paris ihre

Forderung keineswegs schlagartig auf (46), aber mit der Zeit wurde doch immer klarer, daß ihre Existenz nicht nur durch Veränderungen in den lokalen Kräfteverhältnissen, sondern vor allem durch staatliche Willkür bedroht war. Vor Ort konnte das richtige Wahlverhalten der Arbeiter immer noch eine Änderung herbeiführen, auf nationaler Ebene dagegen bestand vorerst keine Aussicht auf eine gewerkschaftsfreundliche Politik. Pelloutier meinte daher zur Gemeinnützigkeit: "Il faudrait que les gouvernements fussent fous pour l'accepter sans vouloir se mêler de la gérance de nos Bourses" (47). 1895 wurde diese Frage endlich ad acta gelegt.

Daß ein solcher negativer Beschluß aber nicht eher gefällt wurde, verweist darauf, daß manche Börsen bis dahin mit staatlichen Stellen nicht nur schlechte Erfahrungen gemacht hatten (48). Darüberhinaus dürfte auch ein utopisches 'theoretisches' Element eine Rolle gespielt haben, das erst durch eine desillusionierende Praxis teilweise entkräftet wurde: Gemeint ist die Ideologie der 'services publics'.

Vor allem Paul Brousse und seine Partei hatten seit Anfang der 80er Jahre die These propagiert, daß nur durch eine schrittweise Transformation aller gesellschaftlich wichtigen Einrichtungen - also auch der Industriebetriebe - in 'öffentliche Dienste' eine 'sozialistische Revolution' vollzogen werden könne (49). Diese Vereinnahmung des juristischen Instituts des 'service public' für eine sozialstaatliche Strategie hatte einen relativ grossen Einfluß auch in der übrigen französischen Arbeiterbewegung gewonnen, zumal dabei ganz ausdrücklich an gewisse kommunalistische Traditionen angeknüpft wurde (50). Auch konnte diese sozialistische Dienstleistungsideologie, die ein Verschwinden staatlicher Macht in demokratisch-kommunaler Verwaltung suggerierte und die die alte saint-simonistische Utopie von der 'administration des choses' anstelle der 'administration des hommes' wiederbelebte (vgl. Nizard 1974), relativ problemlos mit der praktischen Ideologie der Bourses du Travail koexistieren (51). Der Sekretär der Börse von Nîmes bezeichnete die Bourses du Travail sogar als "véritables services publics municipaux - voire même nationaux pour la Fédération des Bourses - sous l'administration des syndicats" (Prot. FBdT 1902, S. 46).

Indem die Arbeitsbörsen schließlich auf die staatliche Anerkennung ihrer Gemeinnützigkeit verzichteten, wählten sie gleichsam einen Mittelweg: Einerseits forderten und bejahten sie weiterhin Subventionen, deren korrumpierenden Folgen sie zu entgehen versuchten (52), andererseits lehnten sie jede staatliche Reglementierung ihrer Praxisfelder ab. Das Dilemma bestand nun darin, daß genau dieser Spielraum durch das Dupuy-Zirkular tendenziell abgedeckt wurde, denn dort wurden ja die Präfekten dazu aufgefordert "(de)régler le fonctionnement, de prononcer l'exclusion des agitateurs et, au besoin, de fermer l'établissement". Auch wenn es punktuell gelang, die Widersprüche innerhalb des Staatsapparates bzw. zwischen den verschiedenen 'Instanzen' des Staates zu nutzen - u. a. gestützt auf sozialistische Stadträte - war die Konfrontation - ob mit oder ohne Gemeinnützigkeitserklärung - kaum dauerhaft zu vermeiden.

Der Mittelweg eines 'Subventionismus ohne Dankbarkeit' konnte insofern nur eine vorübergehende Lösung sein. Auf dem Hintergrund zahlreicher negativer Konflikterfahrungen, die auch durch punktuelle Spendenaktionen zugunsten der betroffenen Börsen nicht kompensiert werden konnten (53), wurde das Problem daher nach einigen Jahren neu thematisiert. Die erste, spontane Reaktion der Börsen war wiederum die Forderung nach einer Verrechtlichung ihrer Existenz: So tauchte auf dem FBdT-Kongreß in Nizza nicht nur das alte Stichwort der "utilité publique" wieder auf (Prot. FBdT 1901, S. 102; Prot. FBdT 1902, S. 143), sondern es wurde z. B. auch das Konzept einer Zwangsmitgliedschaft aller Arbeiter einer Region in den Bourses du Travail - analog zu den Handelskammern - vorgetragen, woraus sich eine kontinuierliche Finanzierung aus dem Steuersäckel ergeben würde (Prot. FBdT 1901, S. 96 u. 167f.). Da diese Lösung ebenso unrealistisch war wie der Pariser Vorschlag, die Autonomie der Börsen kurzerhand per Gesetz garantieren zu lassen (Prot. FBdT 1902, S. 76ff.), einigten sich die versammelten Börsen wiederum auf eine Subventionslösung: Um kommunale Budget-Konflikte zu vermeiden, sollte in Zukunft eine allgemeine Subvention in Höhe von 500 000 Francs beim Handelsminister beantragt werden, die dann auf alle Börsen zu verteilen wäre (Prot. FBdT 1901, S. 96f. u. 107). Bereits ein Jahr später war diese millerandistische Phantasie, die das Subventionsproblem zu lösen meinte, indem sie es auf die Spitze trieb, wieder vergessen. Die bereits 1901 angesprochene Alternative, die Autonomie der Börsen, wenn schon nicht durch Gewerkschaftsbeiträge, so doch wenigstens durch die Gewinne aus Konsum- und Produktionsgenossenschaften zu finanzieren, wurde nun endlich ernsthaft erwogen (Prot. FBdT 1902, S. 143ff.). Zu einer wirklichen Überwindung der Subventionslogik (54) kam es allerdings nicht. Trotz ausgiebiger und erbitterter Diskussionen, die auch in späteren Jahren über den "Subventionismus" als "remède anesthésique contre la hardiesse ouvrière" (Marie 1911, S. 510) geführt wurden (55) und trotz der 1912 sanktionierten formalen Unterscheidung von 'Unions départementales' und 'Bourses du Travail' (analog dem Pariser Vorbild der UCSS), haben die Börsen die Nabelschnur zur bürgerlichen Sozialpolitik nie wirklich durchschnitten ...

Das Dilemma des Apolitismus

Wie wir gesehen haben, bestand eines der wesentlichsten Ziele der staatlichen Bourses-du-Travail-Politik in der Durchsetzung des im Gewerkschaftsgesetz vorgeschriebenen Politik-Verbotes, um auf diese Weise jede Instrumentalisierung der Börsen für eine klassenkämpferische Gewerkschaftspraxis zu verhindern. Dementsprechend wurde die Frage, ob in dieser oder jener Arbeitsbörse 'Politik' betrieben werde, zum zentralen Kriterium ihrer polizeilichen Überwachung sowie des präfektoralen Verhaltens bei der Genehmigung von Statuten, Subventionen etc. Allerdings ergibt sich hier ein paradoxes Phänomen: Während die Polizeibehörden immer wieder über 'politische' Äußerungen und Handlungen der Bourses du Travail berichten und entsprechende Sanktionen fordern, sprechen sich die Börsen selbst zu keinem Zeitpunkt gegen das aufgezwungene Politik-Verbot aus, sondern proklamieren ganz im Gegenteil ausdrücklich ihren Apolitismus. Wie ist dieser eigenartige Widerspruch zu erklären und was bedeutete er für die damalige Gewerkschaftsbewegung?

Zunächst: Es handelte sich ganz sicher nicht um ein Phänomen kollektiver Heuchelei. Aufgrund unserer Analyse der Alltagspraxis der Bourses du Travail dürfte vielmehr klar sein, daß deren expliziter Apolitismus nicht (oder nicht nur) im Blick auf die Behörden geäußert wurde, sondern einem bestimmten Selbstverständnis entsprach und mit einer spontanen Tabuisierung des 'Politischen' - auch in internen Briefen, Diskussionen, Ritualen etc. - einherging (56). Dies schließt keineswegs aus, daß die Verankerung des Apolitismus-Gebots z. B. in den Statuten der meisten Börsen (57) anfangs und gelegentlich tatsächlich erst auf den Druck der Präfekturen hin erfolgte. Aber das staatliche Politik-Verbot, das ja durchaus mit repressiven Maßnahmen (Drohungen, Einschüchterungen, Bestrafungen) verbunden war, ließ sich umso leichter durchsetzen, als die Ausklammerung von Staats-, Parlaments- und Regierungsfragen durch die Syndikalisten geradezu 'freiwillig' vorgenommen wurde. Dies wird dadurch möglich, daß die auf beiden Seiten vorhandenen Politik-Begriffe zwar nicht identisch, aber doch komplementär waren: Sowohl der juristische Politikbegriff der Behörden, als auch der negative Politik-Begriff der meisten Syndikalisten ging offenbar davon aus, daß mit 'Politik' eine a priori fixierte und normativ umgrenzte Arena der Gesellschaft gemeint ist. An dieser ideologischen 'Evidenz' setzte die sozialpolitische Vereinnahmung des syndikalistischen Apolitismus an. Allerdings ist - zumindest in den Augen der Herrschenden - die Entpolitisierung der Bourses du Travail dennoch nie ausreichend gelungen, wie an den ständigen Konflikten mit Präfekturen, Munizipalitäten etc. ablesbar ist. Daraus läßt sich folgern, daß hinter der Koinzidenz der Politik-Ablehnung eine Differenz existierte, die auch durch Repressionsmaßnahmen nicht einfach zu beseitigen war, weil sie mit der Grundstruktur der Börsen und ihrer proletarischen Basis zusammenhing.

Der Apolitismus der Bourses du Travail läßt sich also nicht auf die repressive oder ideologische Einwirkung des Politik-Verbotes reduzieren (58). Dagegen ist anzunehmen, daß hier auch verschiedene Momente aus der Sozial- und Ideologiengeschichte der französischen Arbeiterbewegung wirksam werden, die ihrerseits zu einer Diskreditierung des Politischen geführt haben. Obwohl dieses komplexe Phänomen sicher noch gesonderter Forschungen bedarf, die die Genese des Politikverständnisses der breiten Volksmassen und den Prozeß der "Trennung der proletarischen von der bürgerlichen Demokratie" (Gustav Mayer) konkret rekonstruieren, sollen dazu wenigstens einige Anhaltspunkte skizziert werden.

Der Apolitismus in der französischen Arbeiterbewegung ist sehr viel älter als die III. Republik. Auch nachdem die 'Politik' in den 30er und 40er Jahren des 19. Jahrhunderts zu den Volksmassen "hinabgestiegen" war

(Agulhon 1970), haben repressive Assoziations- und Koalitionsgesetze
- mit Ausnahme der revolutionären Unterbrechung von 1848 - jahrzehntelang eine politische Betätigung der Arbeiterschaft verhindert und kriminalisiert. Nur kleine Gruppen von Revolutionären konnten sich in politischen
Geheimgesellschaften organisieren (vgl. Huard 1978); für die Masse der
Arbeiter bestand als einzige mögliche Organisationsform die legale und
damit notgedrungen 'apolitische' Assoziation (Genossenschaft, Hilfsge-
sellschaft etc.). Umgekehrt mußte etwa während des Zweiten Kaiserreichs
das bestehende System der ökonomischen Ausbeutung, politischen Unterdrückung und Korruption über zwei Jahrzehnte hin mit 'Politik' schlechthin identifiziert werden. Auf diese abschreckende Vorstellung von Politik
konnten z. B. die französischen 'Antiautoritären' in der IAA (Proudhoni-
sten, Bakunisten etc.) zur Begründung ihres strategischen Apolitismus
Bezug nehmen (59). Wie J. Dubois (1962, S. 57f.) gezeigt hat, wurde am
Ende des Kaiserreichs und während der Pariser Kommune im politisch-
sozialen Vokabular deutlich zwischen 'socialistes' und 'politiques' unterschieden, wobei dieser zweite Terminus in zunehmendem Maße pejorativ
konnotiert war.

Als die Arbeiterbewegung sich Ende der 70er Jahre reorganisierte, betonte sie wiederum - nicht bloß aus Angst vor Repression, sondern gleichsam aus 'politischen' Gründen - ihren nicht-politischen Charakter. So
hieß es ausgerechnet in der guesdistischen (also vom Anspruch her marxistischen) Zeitung 'L'Egalité' über die 1879 gegründete Arbeiterpartei:
"En face des partis politiques, de plus en plus parjures à leurs promesses,
il est nécessaire, il est indispensable de créer un parti ouvrier, non pas
politique, mais socialiste qui, laissant de côté les ambitieux du pouvoir,
recherchera les moyens pratiques d'améliorer le sort des producteurs" (60).
Politik war inzwischen - gerade auch unter der Arbeiterklasse (61) - zu
einem "Synonym für Parlamentarismus" (62) und persönliche Cliquenwirt-
schaft von Honoratioren und Aufsteigern geworden. Ein fortschrittlicher
Republikaner wie Clémenceau klagte daher 1884: "Nous avons la douleur
aujourd'hui de voir les ouvriers soutenir que la politique est la cause de
leur maux" (zit. in Barral 1968, S. 269). In ihrer Analyse des Vokabulars
von Streikversammlungen (1871-1890) hat M. Perrot (1974a, S. 635) diesen Eindruck bestätigen können: "Politique s'emploie presque toujours
dans un sens péjoratif proche de politicien. '... L'assemblée décide que
la politique sera rigoureusement exclue des débats'. 'La plupart des
ouvriers se retirent et protestent contre les questions politiques mêlées
à la grève'. 'Nous ne voulons pas nous faire les complices de vos menées
politiques'. 'Le mouvement actuel est en dehors de toute politique ...
Gardons-nous d'y mêler autre chose'. 'Nous ne sommes pas ici pour faire
de la politique, mais pour défendre les intérêts de la corporation'. 'Nous
reconnaissont que le sectarisme et la politique ont occupé un peu trop
les instants des travailleurs et fait naître des divisions. Tous nos efforts
tendront à ramener la lutte sur le terrain corporatif et économique', etc. "
Und sie resümiert: "La politique corrompt et divise, par opposition à
l'économique et au social qui unissent. "

Damit ist ein Punkt angesprochen, der auch in den Arbeitsbörsen relevant war: Die Zersplitterung der 'politischen' Arbeiterparteien nach 1879
wirkte sich in der Gewerkschaftsbewegung sehr schnell nachteilig aus, da
es zwischen Parteigruppen und Gewerkschaften zunächst keine genauen
organisatorischen Grenzen gegeben hatte und gerade die radikaleren Gewerkschaften fast immer auch einer politischen Partei angehörten. E. Vaillant hat rückblickend beschrieben, welche Folgen sich in der Praxis der
gewerkschaftlichen Vertretung daraus ergaben: "Un syndicat en voie de
progrès adhérait à un parti politique et aussitôt sa croissance s'arrêtait.
Les ouvriers de la même corporation qui ne partageaient pas les idées du
parti auquel leur syndicat adhérait devaient en effet ou rester en dchors
de toute organisation, ou former un nouveau groupement corporatif, qui,
le plus souvent, par une même et funeste erreur, génératrice de divisions
nouvelles, adhérait à un autre parti est entrait en conflit plus ou moins
avoué avec le syndicat rival" (zit. in Howorth 1975, S. 99).
Das Politik-Verbot im Gewerkschaftsgesetz änderte hieran zunächst wenig. Die Gründung und Entwicklung der FNS (ab 1886) zeigt vielmehr, daß
der Widerstand gegen die Legalisierung der Gewerkschaften kurzfristig
eher noch eine weitere Politisierung zur Folge hatte, selbst wenn die
Guesdisten die sich ihnen bietende Chance, die FNS zu einer sozialistischen
Gewerkschaft auszubauen, dann nicht konsequent genutzt haben. Von rivalisierenden Strömungen wurde ihnen nun häufig der Politik-Vorwurf entge-
gengehalten (63), aber auch ihre eigene Praxis und ihre geradezu utilitaristische Konzeption gewerkschaftlicher Politik (vgl. Brécy 1963, S. 6) führte
bald zu äußerst heftigen Widerständen, ohne die ohne der Erfolg der Arbeitsbörsen oder auch der apolitischen Losung des 'Generalstreiks' auf den
Gewerkschaftskongressen zwischen 1892 und 1894 nicht zu erklären wäre.
Das negative Bild sozialistischer Parteipolitik ist aber nicht nur auf die
Guesdisten zurückzuführen, sondern hängt auch mit den Praktiken der
Possibilisten vor allem in der ersten Phase der Pariser Bourse du Travail
zusammen (vgl. Kap. III). Nach ihrer Ablösung 1891 erklärte das Comité
général: "Considérant que la crise que traverse en ce moment la Bourse
du Travail est le résultat de l'antagonisme existant entre les diverses
écoles composant le Comité général, dont l'une s'était rendue prépon-
dérante au détrimant des autres - pour éviter à l'avenir que ces faits se
renouvellent, le Comité général déclare que, dès à présent: La Bourse du
Travail se place uniquement sur le terrain corporatif et économique
..." (64).
Ohne damit die 'sanfte Gewalt' (P. Bourdieu) des staatlichen Politik-
Verbotes, das die Verleugnung von Politik zum Kriterium gewerkschaftlicher Legalität erhob, herunterzuspielen, läßt sich also festhalten, daß der
Apolitismus der Bourses du Travail teilweise auch in den gelebten Erfahrungen der Arbeiterbewegung selbst begründet war. Gelegentlich wurde
dies unmißverständlich ausgesprochen, so etwa, wenn es im Statut der
Börse von Montpellier über deren Aufgaben hieß: "... 10° D'éloigner toute
question politique ou religieuse afin d'établir, par ce moyen, la plus grande

entente possible entre tous les travailleurs sur la grande question économique: Capital et Travail" (65). Hier funktionierte das Politik-Verbot tatsächlich nicht als ein Verbot von Klassenkampf, sondern es spitzte die sozialen Gegensätze eher noch zu, indem es zum Kampf für die Einheit der Klasse verpflichtete. Ähnlich wurde auch in Lyon argumentiert, als anläßlich der Wiedereröffnung der Börse einer ihrer Sprecher - laut Polizeibericht - den zu befolgenden Apolitismus vor 2000 Zuhörern dadurch charakterisierte: "... qu'on s'abstiendrait d'agiter des questions de politique pure qui divisent les ouvriers, pour ne traiter que des questions économiques et sociales qui sont pour eux le terrain de ralliement, mais que cependant, quand l'occasion s'en présentera, la Fédération (lyonnaise des syndicats) saura faire la propagande nécessaire pour le triomphe des principes socialistes-révolutionnaires" (66). Bemerkenswert ist, daß eben solche Äußerungen den Protest der Präfektur hervorriefen: "L'article du réglement prohibant les discussions politiques a été violé. Cette réunion était plutôt consacrée à préconiser les principes socialistes révolutionnaires, à célébrer la prétendue victoire des chambres syndicales sur la municipalité de Lyon qu'à discuter les intérêts corporatifs et économiques" (67). Damit wird die Differenz unmittelbar greifbar, die den staatlich geforderten Apolitismus von dem freiwilligen Apolitismus vieler Syndikalisten trotz terminologischer Koinzidenzen trennt: Für die Präfektur ist bereits die Thematisierung von gespannten Beziehungen zur Stadtverwaltung 'politisch' und erst recht die Erwähnung einer allgemeinen gesellschaftsverändernden Zielsetzung; demgegenüber will die Lyoner Bourse du Travail nur die "reine Politik" ausklammern, weil sie die Arbeiter spaltet und ihren gemeinsamen Kampf gefährdet (68).

Aber ist Lyon - eine der Hochburgen des politischen Sozialismus (der Guesdisten und Blanquisten) - wirklich ein typisches Beispiel für die Politik-Vorstellungen der Arbeitsbörsen? In der Tat lassen sich innerhalb des Börsen-Syndikalismus recht verschiedene Formen des Apolitismus unterscheiden:

An erster Stelle ist der explizite Apolitismus der politisch organisierten Sozialisten zu nennen, die in zahlreichen Börsen den Ton angaben (69) und meist nachdrücklich zwischen ökonomischer und politischer Kampfebene unterschieden. So erklärte die Leitung der Börse von Fougères: "Si le but est le même et la marche parallèle, le débat des questions économiques et ouvrières doit rester libre de toute politique; s'il en était autrement, des désordres et des scissions se produiraient" (70). Ein solcher Parallelismus konnte verschieden verstanden werden, je nachdem, wie die Verbindung beider Ebenen begründet und praktiziert wurde. Die Blanquisten von Bourges z. B. machten eine Differenz zwischen Lohnarbeitern und Staatsbürgern: "Un socialiste ne l'est véritablement, ne l'est de manière complète et efficace que si, comme travailleur salarié, il appartient à un syndicat, et comme citoyen, à un comité politique. La Bourse du Travail, voilà le centre de l'organisation économique; le comité socialiste, voilà le centre de l'action politique" (71). Eine unausgesprochene Voraussetzung war hier die republikanische Ideologie. Jeder Lohnempfänger war immer schon als 'citoyen' definiert. Die Politik war insofern der unumstößliche Rahmen der gesellschaftlichen Entwicklung. Bei den Guesdisten hatte demgegenüber der politische Kampf vollends die Priorität: "L'organisation syndicale (...) ne peut être qu'un moyen de défence des intérêts corporatifs ... (elle) ne sera jamais à elle seule le levier qui doit renverser la societé capitaliste" (72). Hier gründete sich die 'Hierarchie' von Politik und Ökonomie auf der - mechanistisch verkürzten - marxistischen Unterscheidung von Basis und Überbau, wobei Guesde und seine Parteigänger dazu tendierten, die Transformation der Ökonomie rein etatistisch zu begreifen (Willard 1965, S. 181ff.). Guesdistisch dominierte Börsen waren daher auch besonders motiviert, in Wahlkämpfen aktiv zu werden (73).

Schließlich vertrat auch die possibilistische FTSF das Prinzip eines zweigleisigen Kampfes "sur le terrain politique et sur le terrain corporatif" (ABdT 1889, S. 216). Jedoch hatte sie bei dieser Unterscheidung weniger Probleme oder Bedenken, da sie ohnehin eine rein legale Reformstrategie verfolgte (74).

Natürlich wäre es notwendig, den Stellenwert des Politischen in der konkreten Tagespraxis der Sozialisten noch sehr viel genauer zu analysieren, um diese allzu grobe und die 'strategischen' Standpunkte zwangsläufig überschätzende Typologie zu differenzieren. Auch ist es durchaus wahrscheinlich, daß die Grenzen zwischen Parteien und Gewerkschaften sich im lokalen Maßstab - trotz verbaler Abgrenzungen - sehr oft verflüssigten (vgl. z. B. Merrimann 1979, S. 136) und die gleichen Individuen, je nachdem wo sie gerade auftraten, sehr verschiedene und teilweise auch inkongruente Haltungen einnahmen. Brunellière hat auf diese Diskrepanz eindringlich aufmerksam gemacht: "Les mêmes hommes qui se prononcent à la Fédération (gemeint ist die Parteiorganisation des PO - P. S.) pour la révolution sociale et la conquête des pouvoirs publics se prononcent à la Bourse pour la grève générale. En cela ils ne croient point être inconséquents avec eux-mêmes, mais bien employer la tactique qui convient le mieux pour organiser le prolétariat et l'attacher au Socialisme. Ils ne sont pas politiciens à la Bourse du Travail et à mon avis, ils ont raison, puisque malgré la situation extrêmement difficile qui existe à Nantes, la Bourse n'a pas succombé et elle est plutôt en bonne voie" (75).

Eine sicher konsequentere Form des Apolitismus vertraten demgegenüber die anarchistischen Börsen-Aktivisten wie Pelloutier, Delesalle, Yvetot etc. Zwar erkannte Pelloutier die Existenz politischer Kämpfe an, aber einen revolutionären Charakter sprach er ihnen ab, da sie letzten Endes nur zur Befestigung staatlicher Macht führen könnten. Für ihn galt: "La question sociale est une question exclusivement économique" (HBdT, S. 284). Er brauchte sich deshalb nicht um Zweigleisigkeit zu sorgen, sondern konnte - gestützt auf den volkstümlichen pejorativen Politik-Begriff - jede Politik als "viande creuse et pomme de discorde" (76) zurückweisen. Interessanterweise hat dieser Apolitismus von Zeit zu Zeit selber Widerstände hervorgerufen. Er war nämlich ausdrücklich anti-politisch - im

Sinne von anti-etatistisch - und mußte daher viellen gemäßigten Gewerkschaftern als eine Kritik ihrer eigenen 'Doppelstrategie' und reformistischen Praxis erscheinen. Auf einem Kongreß der Börsen wurde Pelloutier 1897 denn auch indirekt dafür gerügt, in seinem Rechenschaftsbericht von der "Unwirksamkeit" des politischen Kampfes gesprochen zu haben: Auch eine solche negative Formulierung sei nämlich 'Politik' und insofern von den Bourses du Travail abzulehnen (Prot. FBdT 1897, S. 29)!

Damit zeichnet sich noch eine dritte Form des Apolitismus ab. Sie hat zwar so gut wie keine 'theoretischen' Spuren hinterlassen, aber ihre Resonanz bzw. Verankerung in der Praxis der Bourses du Travail war sicher wesentlich größer, als dies für die von der Historiographie meist überschätzten anarchistischen Positionen gilt (77). Gemeint ist ein politischer Neutralismus, der dem gesetzlichen Politik-Verbot affirmativ entgegenkam. Gegen Ende der 90er Jahre war dies z. B. die Position der Börse von Nîmes: "Nous nous prononçons pour la neutralité de la Bourse du Travail; faisons que le syndicat et partout l'organisation professionnelle soit, du fait de la tolérance des idées, ouvert à tous" (78). Zwischen einem Apolitismus nach der Art Pelloutiers und diesem reformistischen Neutralismus bestand eine Kluft, die gegenüber den sozialpolitischen Initiativen der Regierung Waldeck-Rousseau dann deutlich zu Tage trat. Während die Mehrheit des Comité fédéral der FBdT allen Reformprojekten skeptisch, ja feindlich gegenüberstand (79) und seine Mitglieder sich weigerten, z. B. an Banketts der Regierung teilzunehmen (80), verabschiedeten Börsen wie die von Blois Dankesadressen an Millerand (81). Und sogar in den Protestschreiben, mit denen einige Börsen 1901 gegen die Einführung der neuen Form der Subventionsabrechnung reagierten, klang noch die 'apolitische' Identifikation mit dem republikanischen Staat durch, wenn diese Maßnahmen als "indignes d'un gouvernement réellement républicain" kritisiert wurden (82).

Allerdings war die Kluft zwischen den verschiedenen Formen des Apolitismus nicht unüberbrückbar. Das zeigt sich z. B. in einer Kontroverse des Comité fédéral aus Anlaß einer Analyse der Gewerkschaftsbewegung im Département Pas-de-Calais. Pelloutier hatte eine Einschätzung vorgelegt, in der es hieß: "... rien ne sera possible au point de vue du groupement corporatif dans ce département du Pas-de-Calais et du Nord, tant que les travailleurs de cette région, n'ayant pas éprouvé l'impuissance de l'action politique, ne comprendront pas que l'émancipation prolétarienne est entre les mains des syndicats" (83). Einige Delegierte machten dagegen geltend, daß in diesem Fall allein die politischen Gruppen eine klassenkämpferische Praxis entfalteten und man sie deshalb nicht pauschal diffamieren dürfe: "... il faut reconnaître que, parmi les travailleurs de Dunkerque, ce sont ceux qui agissent sur le terrain politique qui professent des sentiments révolutionnaires. Les autres, ceux qui ne voient rien en dehors des syndicats, sont des timorés, sont prêts à se montrer les plus sages du monde et à accepter la tutelle municipale sur la Bourse qu'ils désirent créer". Pelloutier versuchte nicht einmal dies zu bestreiten.

Sein Gegenargument, dem sich die Mehrheit des Komitees anschloß, bestand einfach darin, zu behaupten, daß eine gewerkschaftliche Organisationsform in jedem Fall besser sei als die Beteiligung an einer politischen Partei: "Le camarade Pelloutier (...) ne conteste pas que les adversaires de l'action politique à Dunkerque ne soient des timorés. Mais du jour où ils sont entrés dans un syndicat, ils se sont condamnés, même inconsciemment, même malgré à eux, à engager tôt ou tard l'action révolutionnaire à laquelle le système économique condamne tous les travailleurs (...); un jour ou l'autre ils auront à se révolter contre le patronat, et l'on peut dire que tout syndiqué, quelles que soient ses opinions présentes, sera nécessairement un révolutionnaire un jour. Il ne faut donc point blâmer ceux de Dunkerque, et en s'abstenant de politique, ils gagneront de constituer des syndicats unis et forts". Der Klassen-Charakter der Gewerkschaftsbewegung wurde hier vom Klassenkampf-Charakter ihrer Praxis getrennt und das eine dem anderen übergeordnet. Im Namen eines konsequenten Apolitismus ließ sich damit jeder korporative Reformismus kurz- und mittelfristig legitimieren (84).

Fassen wir abschließend die Folgen des im Gewerkschaftsgesetz und im Dupuy-Zirkular vorgeschriebenen Politik-Verbotes - das ja im übrigen noch durch die alltägliche Tabuisierung der Politik am Arbeitsplatz verlängert wurde (85) - für die Praxis und das Selbstverständnis des Börsen-Syndikalismus zusammen: Es bedeutete nicht nur eine formal-juristische Schranke für politische Diskussionen, die natürlich auch woanders hätten geführt werden können, sondern bot vor allem eine ständige Legitimation für polizeiliche Überwachungs-, Kontroll- und Repressionsmaßnahmen. Dabei wurde offensichtlich der Politik-Begriff 'von oben' je nach Bedarf mehr oder weniger breit ausgelegt, so daß auch eine syndikalistische Praxis, die sich selbst als apolitisch verstand und darstellte, aber an der Unversöhnlichkeit des ökonomischen Klassengegensatzes, also der Basis konsequenter gewerkschaftlicher Interessenvertretung festhielt, als 'politisch' denunziert werden konnte. Eine wirksame Unterlaufung des Politik-Verbotes war daher kaum möglich (86). Der staatlich verlangte Apolitismus hatte aber auch deshalb Konsequenzen für die Bourses du Travail, weil er sich mit einem syndikalistischen, aus der gelebten Erfahrung der Arbeiterschaft stammenden Apolitismus überschnitt und aufgrund dieser mißverständlichen Koinzidenz die in den Börsen immer schon vorhandenen korporativen Tendenzen hin auf einen "syndicalisme neutraliste" (87) unterstützte. Auch muß die Frage offen bleiben, ob der radikale Apolitismus der Anarchisten, sofern er auf einen Automatismus der gewerkschaftlichen Radikalisierung vertraute und deshalb auf eine grundsätzliche Kritik des Neutralismus verzichtete, gegenüber dieser reformistischen Verflachung auf die Dauer ein Gegengewicht bilden konnte. Allein die Erforschung der weiteren Geschichte der Bourses du Travail in den Jahren bis zum I. Weltkrieg könnte darauf eine Antwort geben. In dem von uns untersuchten Zeitraum konnten sich die Arbeitsbörsen jedenfalls nie aus dem Dilemma befreien, daß ihnen einerseits 'Politik' verboten war und parteipolitische

Diskussionen sich in der Tat als ein Ferment der Spaltung der Gewerkschaftseinheit auswirkten, daß sie aber andererseits die alltäglichen Bedingungen des Klassenkampfes immer wieder auf Politik verwiesen und ein politisches Verhalten erzwangen, so daß eine echte Autonomie der Bourses du Travail - gegenüber Staat und Parteien - eigentlich nicht durch eine Verleugnung, sondern nur durch eine kritische Verarbeitung und 'Entregionalisierung' von Politik möglich gewesen wäre.

Schluß

Worin bestehen die wichtigsten Ergebnisse der vorliegenden Untersuchung?
Obwohl sie sich auf einige zentrale Aspekte beschränken mußte, hat unsere
Darstellung der Entstehungsgeschichte der Bourses du Travail das traditionelle Bild der Arbeitsbörsen in mehrfacher Hinsicht in Frage gestellt.
Zunächst konnte gezeigt werden, daß die Börsen - im Gegensatz zur bisher
üblichen Annahme - nicht einfach eine liberale Idee repräsentierten, die
dann später von den Gewerkschaften 'mißbraucht' wurde, sondern vielmehr
von Anfang an eine komplexe Ursprungsgeschichte besaßen, in der sich
Strategien zur Regulierung des kapitalistischen Arbeitsmarktes mit Elemen-
ten der geselligen Arbeitsvermittlung sowie der sozialistischen 'Organisation der Arbeit' überschnitten. Auch bei der Gründung der Arbeitsbörsen
ab 1887 handelte es sich nicht bloß um ein versöhnendes 'Geschenk' fort-
schrittlich-radikaler Politiker; die sozialpolitische Pazifizierungsabsicht
wurde von vornherein mit den Ansprüchen der Arbeiterbewegung auf eine
städtisch finanzierte, aber von den Gewerkschaften selbst verwaltete Institution konfrontiert. Zur endgültigen Durchsetzung der Arbeitsbörse in Paris
bedurfte es denn auch außerparlamentarischer Anstöße: der Massenaktionen
der Arbeitslosen und der Gegner der gewerblichen Arbeitsnachweise. Ähnlich erfolgte in der Provinz die Gründung von Börsen im wesentlichen aufgrund gewerkschaftlicher Initiativen sowie eines mehr oder weniger massiven Drucks von unten. Als konkrete Produkte lokaler Klassenkämpfe konnten die Bourses du Travail daher von den Arbeitergruppen instrumentalisiert werden, ohne daß man im Nachhinein berechtigt wäre, von einer 'Umfunktionierung' zu sprechen, da es sich letzten Endes nur um die Auswir-
kung einer schon in der Entstehungsgeschichte und Struktur der Börsen
selbst angelegten Tendenz handelte.
Aber trotz ihrer sozial- und häufig systemoppositionellen Programmatik
nahmen die Arbeitsbörsen die ihnen zugeschriebenen 'öffentlichen' Funktionen der Arbeitsvermittlung, Berufsausbildung, Arbeitslosenunterstützung
etc. durchaus wahr, zumal diese Bereiche damals von keiner staatlichen
Stelle wirksam abgedeckt wurden. Man kann deshalb durchgängig von einem
Doppelcharakter der Bourses du Travail sprechen, der sozialpolitische und
klassenspezifische Praxisformen miteinander verband. In Konfliktsituationen - z. B. bei Streiks oder aufgrund des Verlusts der Subvention infolge
von Verschiebungen der lokalen Kräfteverhältnisse - wurden die 'öffentli-

chen' Aufgaben allerdings meist zurückgestellt zugunsten unmittelbarer gewerkschaftlicher Propaganda.

Insgesamt gesehen waren die Börsen im Hinblick auf 'direkte Aktionen' - und darin liegt ein bemerkenswerter Unterschied zur späteren CGT-Entwicklung - relativ vorsichtig, ja zurückhaltend. Vor allem zwei Faktoren konnten dafür herausgearbeitet werden: Erstens die ständige materielle Bedrohung der Börsen, die spätestens 1893 offenkundig war und dazu führte, daß sie so weit wie möglich die 'von oben' vorgegebenen Kriterien der Subventionswürdigkeit zu erfüllen suchten. Erst wenn die Interessenvertretung der lokalen Arbeiterklasse allzu offensichtlich eine Verletzung der von ihnen erwarteten politischen und ökonomischen Neutralität forderte, brachen sie aus der "Zickzack-Loyalität" (vgl. Bausinger 1973, S. 31f.) aus und kam es zu direkten Konfrontationen. Der staatlich zugestandene Spielraum war dabei nie sehr eindeutig definiert oder vielmehr seit dem Dupuy-Zirkular von 1894 derartig eng begrenzt, daß eine vollständige Einhaltung ohnehin nicht möglich war. Regelverletzungen wurden also von den Behörden offenbar von vornherein einkalkuliert und das eine Mal toleriert, das andere Mal unterdrückt. Zweitens aber wurde das Verhalten der Bourses du Travail auch durch eine interne, in ihren Praxisfeldern verankerte und reproduzierte Ideologie strukturiert, deren Grundelemente - Statistik/ Erziehung/Organisation - die im Doppelcharakter der Börsen begründete Widersprüchlichkeit in einem 'utopischen Technokratismus' versöhnten. Daher verstanden sich die Börsen weniger als direkte Kampfverbände im Sinne der Fach- und Industrieföderationen, sondern als gewerkschaftliche Sammelzentren der Gegenwart und Keimzellen der Zukunftsgesellschaft.

Der in den Bourses du Travail vorherrschende Apolitismus ist vor dem Hintergrund sowohl jener äußeren Bedrohung als auch dieser 'praktischen Ideologie' zu sehen, die den politischen Kampf ebenso wie sozialistische Theoriedebatten pauschal ausgrenzte. Während das Politik-Verbot des Gewerkschaftsgesetzes und seine Konkretisierung im Dupuy-Zirkular von 1894 tendenziell jede klassenkämpferische Aktion oder Äußerung inkriminierte, verzichteten die Börsen - bis auf wenige Ausnahmen - geradezu freiwillig auf einen politischen Anspruch und erhoben statt dessen die 'rein ökonomische' Umstrukturierung der Gesellschaft - durch Einflußnahme auf den Arbeitsmarkt, die Berufsqualifikation und die Organisation der Arbeit bzw. der Arbeiterklasse - zur gewerkschaftlichen Änderungsstrategie. Sie waren dabei insofern etwas inkonsequent, als sie einerseits eine Art 'Arbeitsteilung' mit dem politisch-parlamentarischen Sozialismus keineswegs ausschlossen - wie nicht zuletzt die Präsenz sozialistischer Parteiaktivisten innerhalb der Börsen beweist -, andererseits aber auch für einen korporativen Neutralismus noch offen waren, der dem staatlichen Politik-Verbot affirmativ entgegenkam. Indem die Bourses du Travail, von denen wir in groben Zügen gezeigt haben, daß sie von ihrer Mitgliederstruktur her für die französische Arbeiterklasse des ausgehenden 19. Jahrhunderts durchaus repräsentativ waren, in ihrer Praxis derart zweideutig blieben, legten sie nicht nur die Grundlagen für den sogenannten 'revolutionären Syndikalismus', sondern eben auch für den reformistischen Syndikalismus, der spätestens ab 1909 innerhalb der CGT dominant wurde (1).

Unsere Darstellung hat versucht, am Beispiel der Bourses du Travail den Gegensatz von Sozialpolitik und Klassenkampf konkret zu verfolgen. Dabei hat sich gezeigt, daß, obwohl die sozialpolitischen Maßnahmen, die zur Gründung bzw. Zulassung der Arbeitsbörsen als besonderer Gewerkschaftsform führten, meist ausdrücklich mit dem Ziel der Klassenversöhnung begründet wurden, dennoch kaum Illusionen hinsichtlich eines kurzfristigen Erfolges dieser Integrationsstrategie bestanden. Vielmehr diente dieses Zugeständnis vor allem dazu, einige bürgerliche 'Spielregeln' innerhalb der Gewerkschaftsbewegung zu verankern, die eingehalten werden mußten, wenn die Gewerkschaften weiterhin in den Genuß finanzieller und sonstiger Vorteile kommen wollten, von denen ihre organisatorische Stabilisierung zu dieser Zeit noch weitgehend abhing. Trotz mancher Differenzen, die wir zwischen staatlicher und munizipaler Sozialpolitik feststellen konnten, fungierten die Börsen also durchaus als ein das Gewerkschaftsgesetz von 1884 ergänzender 'Köder' (2), der umso nötiger war, als die Arbeiterbewegung die Vorschriften des Gesetzes in den ersten Jahren ganz ausdrücklich zu ignorieren vorgab. Über den Umweg munizipaler Sozialpolitik und in konkrete statuarische und verwaltungstechnische Regeln übersetzt, sollten die im Gesetz explizit oder implizit enthaltenen Normen der Klassenversöhnung und des Apolitismus doch noch durchgesetzt werden. Dieser 'Klassenkampf von oben', als dessen zentrales Instrument der staatliche Überwachungs- und Repressionsapparat auf nationaler wie departementaler Ebene (Präfekturen) diente, fand seinen ideologischen Niederschlag in einer permanenten Kampagne sowohl der Regierung als auch diverser Presseorgane, die die 'ursprüngliche Idee' der Bourse du Travail beschwören, um die realen Börsen gegen die 'einseitige' Einflußnahme der Gewerkschaften zu verteidigen oder vielmehr diese Gewerkschaften auf eine 'ausgewogenere' Praxis zu verpflichten. Auch wenn man im Nachhinein zeigen kann, daß jene 'Ursprungsgeschichte' weitgehend imaginär war, ändert dies nichts an der Tatsache, daß sie als ideologische 'Evidenz' eine wichtige Funktion zur Einschüchterung der Gewerkschaften und zur Legitimierung einer rigiden Überwachungspraxis besaß.

Ein weiteres Ergebnis unserer Analyse ist, daß der Widerstand der in den Börsen zusammengeschlossenen Arbeitergruppen gegenüber den sozialintegrativen Vorschriften und Appellen der bürgerlichen Seite keineswegs die Form einer direkten Infragestellung von juristischen Normen und ideologischen 'Evidenzen' annahm, sondern sich fast ausschließlich innerhalb des aufgezwungenen ideologischen Bildes bewegte, das lediglich anders interpretiert und gegen seine Urheber gekehrt wurde: So stellte man z. B. der falschen Neutralität der kapitalistischen Arbeitsvermittlung einen einseitig-gewerkschaftlichen Arbeitsnachweis gegenüber oder beantwortete die entqualifizierende Tendenz der betrieblichen und schulischen Berufsausbildung durch eine weiterqualifizierende Fach- und Allgemeinbildung in eigener Regie. Kennzeichnend für diese Art Gegenwehr blieb, daß sie kompensatorisch war und insofern die sozialpolitische Illusion des 'gerechten Ausgleichs' - wenn auch ungewollt - reproduzieren half. Die Figur der 'Umkehrung', die die gesamte praktische Ideologie der Bourses du Travail durchzieht, ist bezeichnenderweise auch im Namen 'Bourse du Travail' enthalten: Sowohl von liberalen Politikern als auch von vielen Gewerkschaftern wurde er mit dem Gegensatz zur Handelsbörse (oder auch zur Handelskammer) in Verbindung gebracht; die gleichzeitige Existenz beider Institutionen konnte dann als Akt der sozialen Gerechtigkeit interpretiert werden, der die von der republikanischen Bourgeoisie postulierte soziale Symmetrie demnächst herstellen werde (3). Als eine noch extremere Form der Identifikation mit den gegebenen juristisch-politischen Spielregeln kann auch der zeitweilige 'Flirt' mit der Gemeinnützigkeitsforderung gelten. Deren Realisierung hätte den öffentlichen Charakter der Börsen noch wesentlich verstärkt und die Verrechtlichung ihrer Praxis weiter vorangetrieben. Dank der negativen Erfahrung von 1893 (Schließung der Pariser Arbeitsbörse) ist es dazu allerdings nicht gekommen.

An diesem Beispiel wird zugleich deutlich, daß Sozialpolitik nie unter 'idealen' Bedingungen zustandekommt, sondern immer reaktiv und beschränkt bleibt. Jede einigermaßen weitsichtige Regierung hätte sonst sicher die Chance genutzt, über ein spezielles Gesetz die Bourses du Travail für 'gemeinnützig' zu erklären, und auf diese Weise ihre klassenneutrale Funktion ein für alle Mal festgelegt; keine Gewerkschaft und kein sozialistischer Stadtrat hätten sich dann mehr darüber hinwegsetzen können. Umgekehrt wäre allerdings auch zu fragen, ob die Gewerkschaften unter diesen Umständen überhaupt noch zu einer Beteiligung an den Börsen bereit gewesen wären.

Nicht nur für die Arbeiterbewegung bedeutete Sozialpolitik also ein permanentes Dilemma: Auch der Bourgeoisie fiel es schwer, zum richtigen Zeitpunkt die richtige Strategie zu finden, und das jeweilige Ergebnis war weniger Produkt ihres 'bewußten Willens', als einer Dialektik der unfreiwilligen Reformen, in der sowohl kurzfristige ideologische und politische als auch langfristige ökonomische Prozesse wie Industrialisierung und Proletarisierung präventive gesellschaftliche 'Antworten' herausforderten.

Neben den positiven Ergebnissen sind hier freilich auch Probleme und Fragen zu nennen, die nicht geklärt werden konnten und für weitere Untersuchungen offen bleiben. In der Tat gibt es für die Erforschung der Bourses du Travail - auch in dem untersuchten Zeitraum - noch einiges zu tun: So bedarf unsere Darstellung der Ergänzung und eventuell auch Korrektur durch eine entsprechende Analyse der Verbandsgeschichte der FBdT, die wir ausdrücklich ausgeklammert haben. Dabei wird man sich nicht auf ihre jährlichen Kongresse beschränken dürfen, sondern auch die spezifische Funktionsweise des Comité fédéral und dessen Pariser Hintergrundszenerie durchleuchten müssen, um z. B. den 'föderalistischen' Anspruch des Verbandes kritisch zu relativieren. Weiterhin haben wir darauf verzichtet, überregionale Kampagnen wie die für den 1. Mai oder den 'Generalstreik' auf ihren mobilisierenden Stellenwert hin zu überprüfen. Die bisher übliche ideengeschichtliche Behandlung etwa der Generalstreiksgeschichte ist jedenfalls überholt (4). Schließlich müßte auch das gespannte Verhältnis der Bourses du Travail zu den anderen Gewerkschaftsverbänden und besonders zur CGT sozialgeschichtlich beleuchtet werden. Die Frage der sozialen Basis des Syndikalismus stellt sich dabei erneut. Die von uns ausgemachten Schwerpunkte in der Rekrutierung der Bourses du Travail können als Hinweise dienen, die aufgrund des noch zu erschließenden lokalen Quellenmaterials differenziert und wenn möglich quantifiziert werden sollten. Wenn es gelingt, im Rahmen von Fallstudien über lokale Bourses du Travail neue Daten zu ermitteln, kann am Ende auch auf nationaler Ebene der Vergleich zwischen FBdT und CGT auf einer neuen Ebene vorgenommen werden.

Fallstudien sind auch für die verschiedenen Formen bürgerlicher Sozialpolitik dringend erforderlich, um über das Stadium der groben Typisierung hinauszukommen. Besonders wichtig dürfte die eingehende Untersuchung der einzelnen Unternehmerverbände und ihrer konkreten, u. a. lokalen Wirksamkeit sein. Das Gleiche gilt für die zahlreichen öffentlichen und privaten Fürsorgeeinrichtungen sowie überhaupt für alle von bürgerlicher oder auch aristokratisch-konservativer Seite unternommenen Maßnahmen zur Dämpfung und Verwaltung des sozialen Elends. Auf diese Weise kann die 'Interaktion' von sozialer Befriedung und sozialem Widerstand, von herrschender und beherrschter Ideologie, auf einer erweiterten Basis noch genauer betrachtet werden, als dies im Rahmen der vorliegenden Arbeit möglich war. Dabei wird das von uns in Ansätzen analysierte Zustandekommen von Kompromißideologien, die sozialpolitische und klassenkämpferische Elemente versöhnen, ebenso eine zentrale Rolle spielen wie die Herausbildung von Widerstandsformen, die von der Bourgeoisie nie vollständig zu 'vereinnahmen' oder zu 'kontrollieren' sind. Um diese Dimension der 'beherrschten Ideologien' analytisch in den Griff zu bekommen, sind eingehende Forschungen zu den alltäglichen Wahrnehmungsweisen der Arbeitermassen nötig, die unter anderem kulturgeschichtliche und diskursanalytische Aspekte zu berücksichtigen haben.

In der offenen oder stillschweigenden Konfrontation bürgerlicher Pazifizierungsstrategien mit den Ansätzen proletarischer Interessenvertretung durch die Bourses du Travail wird auch die widersprüchliche Herausbildung antikapitalistischer Praxisformen innerhalb und gegenüber von Apparaten angesprochen, die als solche in letzter Instanz noch Bestandteile des kapitalistischen Reproduktionszusammenhangs - also "ideologische Staatsapparate" (Althusser 1977) - sind. Dabei geht es für die Arbeiterbewegung um die strategische Schwierigkeit, autonome Kampfformen gegenüber der Hegemonie der Bourgeoisie zu entwickeln, die sich - trotz aller organisatorischen und theoretischen Unzulänglichkeiten - tendenziell nicht nur komplementär, sondern auch konträr (asymmetrisch) zur bürgerlichen

Politik verhalten, um auf die Dauer die Aufrechterhaltung des Bestehenden in Frage zu stellen. Dieses zentrale Problem der modernen Arbeiter- und Gewerkschaftsbewegung ist anhand der Analyse der Bourses du Travail natürlich in keiner Weise zu lösen. Aber deren besondere Entwicklung und Struktur liefert immerhin Reflexionsmaterial, das dazu beitragen kann, zunächst eine adäquatere Problemstellung vorzunehmen, indem nicht nur der Gegensatz, sondern eben auch die Einheit von Sozialpolitik und Klassenkampf in einer zugleich staatlich-städtischen und gewerkschaftlichen Institution greifbar und in ihren Wirkungen analysierbar wird.

Abbildungen

Tabellen

Abb. 5:

In der Bourse du Travail von Paris organisierte Gewerkschaften 1888-1902

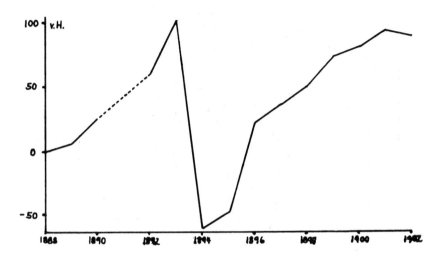

Quellen: siehe Tab. 6.

Stimmenanteil der äußersten Linken 1893

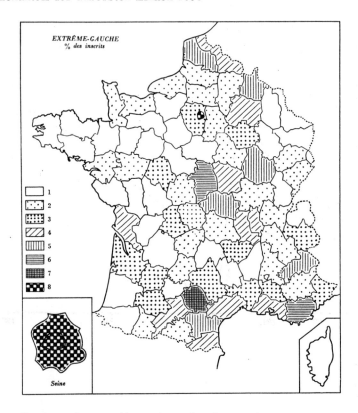

EXTRÊME-GAUCHE
% des inscrits

L'extrême-gauche comprend les socialistes et les radicaux-socialistes.

1. Néant.	5. De 15 à 20 % des inscrits.
2. Moins de 5 % des inscrits.	6. De 20 à 25 % —
3. De 5 à 10 % —	7. De 25 à 30 % —
4. De 10 à 15 % —	8. De 30 à 35 % —

Aus: Goguel 1970, S. 67.

Abb. 7:

Ausbreitung der Bourses du Travail 1893

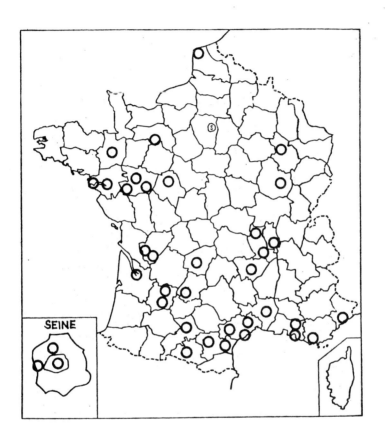

Quelle: vgl. Tabelle 6.
Nicht aufgeführt: Algier.

Ausbreitung der Bourses du Travail 1896

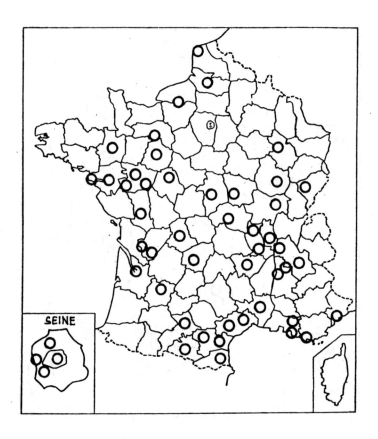

Quelle: vgl. Tabelle 6.
　　　　Nicht aufgeführt: Algier, Oran.

Ausbreitung der Bourses du Travail 1900

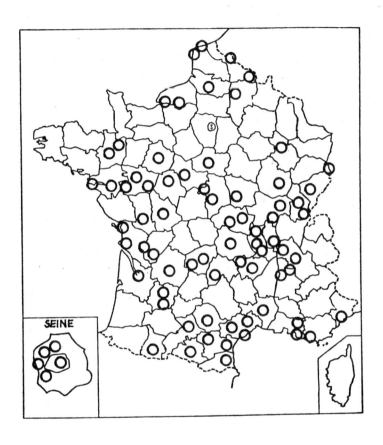

Quelle: vgl. Tabelle 6.
   Nicht aufgeführt: Algier, Constantine, Mustapha, Oran.

Gewerkschaftliche Basis der Bourses du Travail 1900

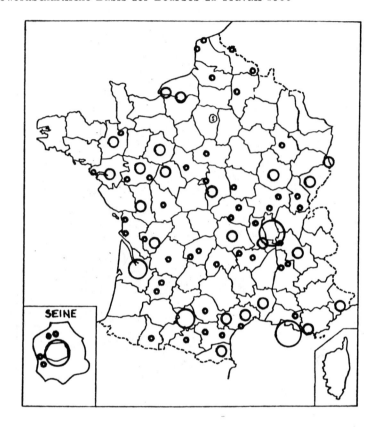

   °   BdT mit 1-20 Gewerkschaften

   O   BdT mit 20-50 Gewerkschaften

        BdT mit 50-100 Gewerkschaften

        BdT mit über 100 Gewerkschaften

Quelle: vgl. Tabelle 6.
    Nicht aufgeführt: Algier, Constantine, Mustapha, Oran.

Tabelle 1

Streiks 1870-1885

Jahr	Fre-quenz	Aus-dehnung	Beteili-gung	Dauer i. Tagen	Verurtei-lungen	Repressions-rate in %
1870	116	88232	760		186	2, 1
1871	52	14145	272	9, 4	104	7, 3
1872	151	21094	139	8, 3	288	13, 6
1873	44	4905	111	7, 2	78	15, 9
1874	58	7797	134	9, 6	146	18, 7
1875	101	16557	163	0, 2	88	5, 3
1876	102	21156	207	12, 9	101	4, 7
1877	55	12857	233	6, 3	113	8, 7
1878	73	38546	528	10, 1	259	6, 7
1879	88	54439	618	13, 9	99	1, 8
1880	190	110376	580	10, 0	114	1, 0
1881	209	68037	325	8, 7	88	1, 2
1882	271	65514	241	8, 8	134	2, 0
1883	181	42008	232	11, 9	103	2, 4
1884	112	33898	302	25, 9	93	2, 7
1885	123	20850	169	8, 3	17	0, 8

Definitionen: Frequenz = Zahl der Streiks;
Ausdehnung = Zahl der Streikenden;
Beteiligung = Durchschnitt aus Frequenz und Ausdehnung;
Dauer = durchschnittliche Streikdauer pro Streikteilnehmer
pro Jahr;
Verurteilungen = Gesamtzahl der verurteilten Streikteilnehmer;
Repressionsrate = Anteil der Verurteilungen an der Gesamt-
zahl der Streikenden ('Ausdehnung').

Quelle: Perrot 1974a, S. 51 und 183.

Tabelle 2

Gewerkschaften 1876-1902

Jahr	Gewerkschaften	Gewerkschafts-mitglieder
1876	182	32728
1880	478	64046
1883	670	94782
1884	545	72268
1885	616	90045
1886	710	110542
1887	810	124468
1888	953	138882
1889	1270	172836
1890	1481	230665
1891	1779	300599
1892	2056	365250
1893	2369	447108
1894	2424	439629
1895	2314	436949
1896	2376	434461
1897	2304	432098
1898	2361	419761
1899	2685	492647
1900	3287	588832
1901	3680	614204
1902	3934	645426

Quelle: Perrot 1974a, S. 447.

Tabelle 3

Gewerkschaftlicher Organisationsgrad nach Industriebranchen 1884-1897
(in % der aktiven Bevölkerung)

Tabak - Zündhölzer	55
Bergbau	12
Keramik	6
Textil	3
Buchdruck	9
Nahrungsmittel	2
Leder - Häute	4
Bekleidung	1
Bau u. Baumaterialien	4
Holzverarbeitung	2
Eisen - Stahl	4
Chemie	4
Glas	11
Metallverarbeitung	3
Öffentl. Dienst (Elektrizität)	44
Eisenbahn	18
Transport	9
Häfen - Docks	11
Handel - Banken	8

Quelle: Shorter/Tilly 1974, S. 151.

173

Tabelle 4

Gründungsentwicklung der Bourses du Travail 1887-1902

Jahr	Neugründungen Quelle: Archiv	BOT	Gesamtzahl der Bourses du Travail Archiv	BOT	Brécy
1887	2	2	2	(2)*	
1888	1	1	3	(3)	
1889	2	2	5	(5)	
1890	3	4	8	(9)	
1891	8	8	16	(23)	
1892	11	7	27	(24)	22
1893	10	13	37	(37)	32
1894	2	3	38	30	33
1895	8	5	44	33	40
1896	8	5	51	45	48
1897	1	4	52	48	47
1898	7	5	59	55	51
1899	8	8	67	65	54
1900	10	12	77	75	57
1901	11	12	88	85	
1902	5	7	93	94	86

* Die Angaben in ( ) wurden durch bloße Addition der Gründungen errechnet.

Quellen:
"Archiv": Zusammengestellt aufgrund verstreuter Angaben, insbesondere
AN. F7/13598 - F7/13623 (vgl. Tab. 6).
"BOT": BOT 1896, 1897, 1898, 1899, 1901, 1903; ASP 1902. Angaben für
die 'gemischte' BdT Bordeaux, die 'unabhängige' BdT Narbonne
und die 'gelbe' BdT Paris wurden jeweils abgezogen.
"Brécy": Brécy 1963, S. 8. Diese Zahlen wurden offenbar nach den Anga-
ben in den Protokollen der FBdT zusammengestellt (mit einigen
Abweichungen).

Tabelle 5

Mitgliederentwicklung der in den Bourses du Travail organisierten Gewerkschaften 1894-1902

Jahr	Zahl der BdT	Zahl der Gewerkschaften *	Zahl der Mitglieder *	⌐Durchschnittliche Mitgliederzahl (ohne Paris)
1894	30	640 (-)	71393 (-)	2379,8
1895	33	689 (72)	209558 (139280)	2196,2
1896	45	918 (165)	142725 (66243)	1738,2
1897	48	1039 (193)	160794 (86166)	1554,7
1898	55	1136 (201)	159284 (67462)	1700,4
1899	65	1350 (238)	239449 (132939)	1664,2
1900	75	1605 (246)	269107 (123832)	1963,2
1901	85	1737 (264)	277876 (121880)	1857,1
1902	94	1871 (257)	288036 (120643)	1799,9

* In ( ) die Zahlen für die BdT Paris.

Quellen:

BOT 1896, 1897, 1898, 1899, 1901, 1903; ASP 1902.
Die Zahlen für die 'gemischte' BdT Bordeaux, die 'unabhängige' BdT Narbonne und die 'gelbe' BdT Paris wurden jeweils abgezogen.
Zur Problematik des Zahlenmaterials des Office du Travail siehe Kap. IV.

Tabelle 6

Gewerkschaftsgruppen in den Bourses du Travail 1887-1901

BdT	Gründung	1887	88	89	90	91	92	93	94	95	96	97	98	99	00	01
Agde	1900	-	-	-	-	-	-	-	-	-	-	-	-	-	4	4
Agen	1891	-	-	-	-	?	10	8	-	-	-	-	-	-	11	19
Aix. e. Prov.	1890	-	-	-	?	?	?	?	?	?	?	8	6	9	7	5
Alais	1901	-	-	-	-	-	-	-	-	-	-	-	-	-	-	8
Albi	1899	-	-	-	-	-	-	-	-	-	-	-	-	6	7	7
Alençon	1892	-	-	-	-	-	-	20	23	-	-	-	-	-	-	11
Alger	1893	-	-	-	-	-	-	?	18	16	13	16	23	25	34	32
Amiens	1895	-	-	-	-	-	-	-	-	?	6	7	11	13	17	20
Angers	1892	-	-	-	-	-	12	22	28	29	29	24	26	28	31	30
Angoulême	1893	-	-	-	-	-	-	10	10	7	9	11	13	12	16	16
Arles	1901	-	-	-	-	-	-	-	-	-	-	-	-	-	-	9
Aurillac	1898	-	-	-	-	-	-	-	-	-	-	-	?	?	1	1
Bagnères de Bigorre	1900	-	-	-	-	-	-	-	-	-	-	-	-	-	5	4
Beauvais	1901	-	-	-	-	-	-	-	-	-	-	-	-	-	-	?
Belfort	1899	-	-	-	-	-	-	-	-	-	-	-	-	15	15	15
Besançon	1894	-	-	-	-	-	-	-	17	20	23	21	19	20	19	19
Béziers	1891	-	-	-	-	12	15	16	21	25	25	18	18	19	20	19
Blois	1898	-	-	-	-	-	-	-	-	-	-	-	10	8	?	9
Bordeaux	1890	-	-	-	7	30	31	23	24	23	24	25	52	53	69	77
Boulogne s. M.	1892	-	-	-	-	-	?	8	7	10	12	12	13	14	15	10
Boulogne s. S.	1893	-	-	-	-	-	-	5	5	5	5	5	8	8	8	8
Bourges	1896	-	-	-	-	-	-	-	-	-	?	14	17	20	20	23
Brives	1892	-	-	-	-	-	6	8	6	-	-	-	-	-	8	8
Cahors	1891	-	-	-	-	?	?	?	-	-	-	-	-	-	-	-
Calais	1900	-	-	-	-	-	-	-	-	-	-	-	-	-	6	7
Carcassone	1892	-	-	-	-	-	?	8	10	?	?	8	8	8	11	12
Cette (Sète)	1892	-	-	-	-	-	?	?	-	-	-	-	-	-	-	-
Chalon s. S.	1896	-	-	-	-	-	-	-	-	-	6	5	4	5	8	10
Chateauroux	1901	-	-	-	-	-	-	?	6	6	-	-	-	-	-	10
Chaumont	1893	-	-	-	-	-	-	6	6	6	6	6	6	4	4	9
Cholet	1891	-	-	-	-	2	2	4	4	4	6	5	5	11	20	20
Clermont-Fer.	1898	-	-	-	-	-	-	-	-	-	-	-	11	17	21	22
Clichy	1896	-	-	-	-	-	-	-	-	-	2	2	6	6	5	4
Cognac	1892	-	-	-	-	-	8	9	9	15	15	16	10	10	12	13
Commentry	1896	-	-	-	-	-	-	-	-	-	2	2	2	2	2	2
Constantine	1897	-	-	-	-	-	-	-	-	-	-	10	10	?	8	14
Creil	1901	-	-	-	-	-	-	-	-	-	-	-	-	-	-	13
Dijon	1893	-	-	-	-	-	-	18	19	15	15	19	23	25	26	21
Elbeuf	1899	-	-	-	-	-	-	-	-	-	-	-	-	5	10	8

Tab. 6 Forts. :

BdT	Gründung	1887	88	89	90	91	92	93	94	95	96	97	98	99	00	01
Fougères	1900	-	-	-	-	-	-	-	-	-	-	-	-	-	11	10
Fourmies	1900	-	-	-	-	-	-	-	-	-	-	-	-	-	?	?
Grenoble	1894	-	-	-	-	-	-	-	22	23	24	22	22	25	28	35
Issy l. M.	1895	-	-	-	-	-	-	-	-	1	1	2	4	4	4	4
La Rochelle	1900	-	-	-	-	-	-	-	-	-	-	-	-	-	4	9
Laval	1901	-	-	-	-	-	-	-	-	-	-	-	-	-	-	6
Le Havre	1898	-	-	-	-	-	-	-	-	-	-	-	13	19	?	?
Le Mans	1895	-	-	-	-	-	-	-	-	12	19	23	20	18	22	18
Le Puy	1892	-	-	-	-	-	?	6	4	4	5	5	5	6	8	8
Levallois-P.	1900	-	-	-	-	-	-	-	-	-	-	-	-	-	6	5
Limoges	1896	-	-	-	-	-	-	-	-	-	30	30	34	28	34	40
Lons l. S.	1900	-	-	-	-	-	-	-	-	-	-	-	-	-	6	4
Lyon	1891	-	-	-	-	45	46	81	92	92	62	64	68	91	102	101
Mâcon	1900	-	-	-	-	-	-	-	-	-	-	-	-	-	?	?
Marseille	1888	-	?	49	58	62	64	64	75	73	73	76	77	88	105	89
Montbéliard	1901	-	-	-	-	-	-	-	-	-	-	-	-	-	-	?
Montluçon	1900	-	-	-	-	-	-	-	-	-	-	-	-	-	14	12
Montpellier	1890	-	-	-	?	13	15	15	20	24	25	28	16	20	23	23
Mustapha	1899	-	-	-	-	-	-	-	-	-	-	-	-	7	7	9
Nantes	1892	-	-	-	-	-	24	44	53	57	29	42	47	49	46	47
Narbonne	1893	-	-	-	-	-	-	?	10	7	6	8	6	9	12	15
Nevers	1895	-	-	-	-	-	-	-	-	?	7	8	12	?	13	12
Nice	1892	-	-	-	-	-	?	13	14	18	13	19	28	24	28	33
Nîmes	1887	6	6	?	9	12	12	13	12	10	6	11	13	16	20	18
Niort	1896	-	-	-	-	-	-	-	-	-	10	17	17	17	16	15
Oran	1892	-	-	-	-	-	?	?	7	7	7	7	8	9	15	14
Orléans	1899	-	-	-	-	-	-	-	-	-	-	-	-	-	18	22
Paris	1887	?	135	143	171	?	216	270	55	72	165	185	205	236	246	264
Périgeux	1892	-	-	-	-	-	?	?	?	?	?	?	15	13	12	10
Perpignan	1894	-	-	-	-	-	-	-	10	14	14	13	12	14	21	20
Poitiers	1899	-	-	-	-	-	-	-	-	-	-	-	-	10	10	11
Rennes	1893	-	-	-	-	-	-	8	10	16	19	19	19	24	25	23
Roanne	1892	-	-	-	-	-	10	14	14	11	?	?	?	7	14	17
Rochefort	1900	-	-	-	-	-	-	-	-	-	-	-	-	-	8	9
Romans	1895	-	-	-	-	-	-	-	-	8	8	9	?	?	?	8
Rouen	1896	-	-	-	-	-	-	-	-	-	21	21	19	21	25	26
St. Chamond	1895	-	-	-	-	-	-	-	-	?	-	-	-	-	-	7
St. Claude	1898	-	-	-	-	-	-	-	-	-	-	-	?	-	-	-
St. Denis	1893	-	-	-	-	-	-	12	-	-	-	-	-	-	-	-
St. Etienne	1889	-	-	21	30	33	36	39	36	31	33	31	30	35	43	40
St. Florine	1897	-	-	-	-	-	-	-	-	-	-	-	3	3	3	3

177

Tab. 6 Forts. :

BdT	Grün-dung	1887	88	89	90	91	92	93	94	95	96	97	98	99	00	01
St. Girons	1893	-	-	-	-	-	-	?	2	-	-	-	-	-	-	-
St. Nazaire	1892	-	-	-	-	-	?	11	19	18	13	13	12	13	17	17
St. Quentin	1900	-	-	-	-	-	-	-	-	-	-	-	-	-	?	25
Saintes	1901	-	-	-	-	-	-	-	-	-	-	-	-	-	-	4
Saumur	1893	-	-	-	-	-	-	?	14	11	10	11	11	11	17	14
Toulon	1889	-	-	?	1	8	18	14	16	20	21	18	16	29	30	24
Toulouse	1890	-	-	-	?	27	58	61	59	59	56	58	53	56	65	62
Tourcoing	1900	-	-	-	-	-	-	-	-	-	-	-	-	-	?	?
Tours	1891	-	-	-	-	?	12	12	12	15	14	19	17	21	21	25
Tulle	1899	-	-	-	-	-	-	-	-	-	-	-	-	10	11	9
Valence	1896	-	-	-	-	-	-	-	-	-	9	8	7	10	10	11
Versailles	1895	-	-	-	-	-	-	-	-	11	11	12	13	12	13	14
Vienne	1896	-	-	-	-	-	-	-	-	-	?	?	?	?	?	?
Vierzon	1898	-	-	-	-	-	-	-	-	-	-	-	9	13	14	16
Villeneuve s. L.	1892	-	-	-	-	-	?	4	4	5	7	6	5	4	5	4
Voiron	1898	-	-	-	-	-	-	-	-	-	-	-	6	8	7	7

N = 96

Quellen: AN, F 7/13598-13623;
BOT, 1894, S. 512f. ; 1896, S. 606; 1897, S. 386f. ; 1898, S. 266f. ; 1899,
S. 1090; 1901, S. 120ff. ;
ABdT 1887-1888, S. V; ABdT 1889, S. V.

Tabelle 7

Branchen- und Gewerkschaftszugehörigkeit der Mitglieder einiger Bourses du Travail 1891-1894

	Angers (1893)	Bordeaux (1893)	Lyon (1891)	Montpellier (1893)	Nizza (1894)	Roanne (1894)
Textilindustrie	672	-	6110	-	32	500
Bekleidung	238	?	3105	72	-	183
Metallverarbeitung	417	255	1164	54	286	15
Lederverarbeitung	400	35	650	29	-	88
Holzverarbeitung	163	2999	410	270	190	18
Papier, Keramik	30	582	290	-	-	37
Bau, Steine	710	857	726	161	340	69
Handel	64	337	67	52	130	-
Eisenbahn, Verkehr	-	200	144	-	350	146
Nahrungsmittel	-	525	640	133	268	-
Druckindustrie	70	137	457	115	114	-
Landarbeiter	-	-	-	145	-	-
Verschiedene (u. a. Kunsthandwerk, Friseure)	-	-	536	-	265	-
GESAMT	2715	5247	14299	1031	2075	1056

Quellen: AN, F 7/13607; F7/13602; F7/13603; F7/13598; F7/13605.

Tabelle 8

Praxisfelder und Einrichtungen der Bourses du Travail 1887-1899

BdT (N = 63)	Arbeitsnachweis A	Bibliothek B	Bildungskurse C	versch. Hilfskassen D	Zeitung E	Rechtsberatung F	Nachtasyl G	Konsumgenossenschaft H	Volksküche I	medizin. Beratung J	Gesamt
Agen	x	x	x	-	-	-	-	-	-	-	3
Aix en Prov.	x	-	-	x	x	-	-	-	-	-	3
Alais	x	x	-	x	x	-	-	-	-	-	4
Albi	x	-	-	-	x	-	-	-	-	-	2
Alger	x	x	-	x	x	-	-	-	-	-	4
Amiens	x	-	-	-	-	-	-	-	-	-	1
Angers	x	x	x	x	x	x	-	-	-	-	6
Angoulême	x	x	x	-	-	-	-	-	-	-	3
Belfort	x	x	-	-	x	-	-	-	x	-	4
Besançon	x	x	x	x	x	-	-	x	-	-	6
Béziers	x	x	-	x	x	-	x	-	-	-	5
Blois	x	x	x	x	-	-	-	-	-	-	4
Bordeaux	x	x	x	?	x	-	-	-	-	-	4
Boulogne s. M.	x	x	x	x	x	-	-	-	-	-	5
Bourges	x	x	x	x	x	x	-	-	-	x	7
Carcassone	x	x	x	-	-	-	-	-	-	-	3
Chalon s. S.	x	-	-	x	-	x	-	-	-	-	3
Chaumont	-	x	-	-	-	-	-	x	-	-	2
Cholet	x	x	x	-	-	-	-	-	-	-	3
Clermond-Ferrand	x	x	x	-	-	-	-	-	-	-	3
Cognac	x	x	-	x	-	-	-	-	-	-	3
Commentry	-	x	-	-	-	-	-	-	-	-	1
Constantine	x	-	-	x	-	-	-	-	-	-	2
Elbeuf	x	x	-	-	-	-	-	-	-	-	2
Dijon	x	x	x	x	x	x	-	-	-	x	7
Grenoble	x	x	x	-	-	-	-	-	-	-	3
Issy l. M.	-	x	-	-	-	-	-	-	-	-	1
Le Mans	x	x	-	x	-	-	-	-	-	-	3
Le Puy	x	-	-	x	-	-	-	-	-	-	2

Tab. 8 Forts. :

BdT	A	B	C	D	E	F	G	H	I	J	Gesamt
Limoges	x	x	x	x	x	-	-	-	-	-	5
Le Havre	x	-	-	-	x	-	-	-	-	-	2
Lyon	x	x	x	x	x	-	-	-	-	-	5
Marseille	x	x	x	-	x	-	-	-	-	-	4
Montpellier	x	x	x	x	x	-	x	-	x	-	7
Mustapha	x	-	-	-	-	-	-	-	-	-	1
Nantes	x	x	-	x	x	-	x	-	-	-	5
Narbonne	x	x	x	x	x	-	-	-	-	-	5
Nevers	x	x	x	-	-	-	-	-	-	-	3
Nice	x	x	x	x	x	-	x	x	-	-	7
Nîmes	x	x	x	x	x	x	-	-	-	-	6
Niort	x	x	-	x	x	-	-	-	-	-	4
Oran	x	-	-	-	-	-	-	-	-	-	1
Orléans	x	x	-	x	x	-	-	-	-	-	4
Paris	x	x	x	x	x	x	-	-	-	-	6
Périgeux	x	x	-	-	-	-	-	-	-	-	2
Perpignan	x	x	x	x	x	-	-	-	x	-	6
Poitiers	x	-	-	x	-	-	-	-	-	-	2
Rennes	x	x	-	x	-	-	-	x	-	-	4
Roanne	-	-	-	x	-	-	-	-	-	-	1
Rouen	x	x	-	x	-	-	-	-	-	-	3
Romans	x	x	x	-	-	x	-	-	-	-	4
St. Etienne	x	x	x	x	x	-	-	-	-	-	5
St. Nazaire	x	x	x	-	x	-	-	-	-	-	4
Saumur	x	x	x	x	-	-	-	-	-	-	4
Toulon	x	x	-	-	-	-	-	-	-	-	2
Toulouse	x	x	x	x	x	-	-	-	-	-	5
Tours	x	x	x	x	x	-	-	x	-	-	6
Tulle	x	x	x	x	-	-	-	-	-	-	4
Valence	x	x	-	-	x	-	-	-	-	-	3
Versailles	x	-	x	-	-	-	-	-	-	-	2
Vierzon	x	-	-	-	-	-	-	-	-	-	1
Villeneuve s. L.	x	x	x	-	-	-	-	-	-	-	3
Voiron	x	x	x	x	-	-	-	-	-	-	4
	59	50	33	36	30	7	4	5	3	2	229

Quellen: Zusammengestellt aufgrund verstreuter Hinweise in Archivalien
(AN, AD), Monographien und Aufsätzen über die betreffenden BdT
(siehe Einleitung, Anm. 13).

Tabelle 9

Arbeitslosigkeit nach Industriebranchen 1896-1901
(Anteil der Arbeitslosen auf 1000 Beschäftigte)

	1896	1901
Mines et minières	9	5
Carrières	10	15
Industries de l'alimentation	32	34
Industries chimiques	5	4
Caoutchouc, papier, carton	20	17
Industries du livre	46	40
Industries textiles	24	27
Travail des étoffes	74	70
Pailles, plumes, crins	30	48
Cuirs et peaux	50	45
Industries du bois	52	54
Métallurgie	2	3
Métaux ordinaires	43	48
Métaux fins	56	42
Taille des pierres précieuses	28	29
Tailles des pierres, moulage	126	137
Terrassement, construction	75	82
Céramique et verrerie	14	11
Manutention	121	120
Transport	22	22
Commerces divers	45	49
Commerces forains, spectacles	19	26
Banques, assurances, agences	9	7
Soins personnels	62	65

Quelle: Evolution de la population active 1953, S. 278.

Tabelle 10

Arbeitsnachweis der gewerblichen Vermittlungsbüros 1891-1898

1891 - 1892

Berufsgruppen	Vermittlungs-büros	feste Vermitt-lungen
Hausangestellte	717	254000
Nahrungsmittelbranche	171	169000
Friseure	29	15000
Verschiedene	77	21000
GESAMT	994	459000

1897 - 1898

Hausangestellte	929	350000
Nahrungsmittelbranche	181	153000
Friseure	37	18000
Verschiedene	252	79000
GESAMT	1399	609000

Quelle: Office du Travail 1901, S. 58.

Tabelle 11

Arbeitsnachweis der Bourses du Travail 1894-1899

Jahr	Gesuche	Angebote	Vermittlungen fest	auf Zeit
1894	38141	17190	15031	5335
1895	58108	27247	24518	6044
1896	68220	32611	33553	7450
1897	60239	31273	35180	28822
1898	83648	45461	47237	38159
1899	75575	41482	55096	48618

Quelle: Office du Travail 1901, S. 180.

Tabelle 12

Arbeitsnachweisleistungen der Bourses du Travail von Paris und Marseille

Bourse du Travail von Paris 1896/97			
Industriezweig	Zahl der Gew.	Feste Vermittlungen	%
Alimentation	7	1431	17
Papier, livre	5	1658	15
Tissus	8	1132	13
Cuirs, chaussures	5	799	9
Bois, ameublement	7	521	6
Métaux	8	924	11
Bijouterie, orfèvrerie	2	281	3
Bâtiment	4	625	7
Magasiniers, cochers	1	292	3
Employés, instituteurs	4	665	8
Coiffeurs	1	211	2, 5
	52	8539	98, 5

Bourse du Travail von Marseille 1891			
Industriezweig	Zahl der Gew.	Feste Vermittlungen	%
Alimentation	6	1873	55, 5
Papier, livre	3	52	1, 5
Tissus	3	82	2
Cuirs, chaussures	2	39	1
Bois, ameublement	8	325	10
Métaux	8	257	8
Bijouterie, orfèvrerie	1	121	3, 5
Bâtiment	6	495	15
Magasiniers, cochers	1	29	1
Employés, instituteurs	2	82	2
Coiffeurs	0	-	-
Marins de commerce	1	17	0, 5
	41	3372	100

Quellen: Für Paris: Rapport moral présenté au Conseil Municipal par la
Commission consultative de la Bourse du Travail, 1896/97, S. 9
(IFHS 14 AS 221 (1)).
Für Marseille: Office du Travail 1893, S. 476-477.

Tabelle 13

Beteiligung an den Fortbildungskursen der Bourses du Travail 1895-1899

K = Kurse   T = Teilnehmer

	1895		1896		1897		1898		1899	
	K	T	K	T	K	T	K	T	K	T
Angoulême		120		130		150		110	6	96
Blois		95		96		97		98	6	99
Bordeaux									3	ca. 90
Carcassonne							3	39	3	31
Clermont Fer.							3	55	3	72
Cognac									4	67
Dijon									7	107
Limoges									9	210
Lyon									9	ca. 180
Marseille									23	ca. 260
Nantes					11	81	11	120	11	199
Nevers							6	30	6	47
Nîmes							19	ca. 247	19	ca. 285
St. Etienne	5	202	6	287	6	355	6	507	6	469
St. Nazaire							5	45	5	138
Toulon									9	367
Toulouse		130		180		225		290	21	375

N = 17   150 ca. 3092

Quelle: Zusammengestellt aufgrund der Angaben in: Direction de l'enseignement technique 1900, Bd. IV. Bei approximativen Teilnehmerzahlen
(ca.) handelt es sich nur um eine Multiplikation der Kurszahl mit
einer angegebenen durchschnittlichen Teilnehmerzahl.

Tabelle 14

Benutzung der Bibliothek der Bourse du Travail von Paris nach Sachgebieten 1896 - 1899

Sachgebiete	Benutzung (in %)		
	1896/97 *	1898	1899
Naturwissenschaften			
u. Politische Ökonomie	9	8	12
Geographie	6	2	3
Sozialökonomie	9	15	14
Philosophie	0, 6	4	2
Geschichte	22	12	10
Romane	17	?	17
Theater u. Dichtung	1	3, 5	3
Literatur (diverse)	9	14	14
Enzyklopädien			
u. Lexika	12	9	9
Statistik	0, 5	0, 6	0, 4
Gesetzgebung	4	3	5
Office du Travail	2	1	0, 3
Parlamentarismus	1	1	1, 5
Veröffentlichungen			
der Stadt Paris	3	3	3
Handel u. Industrie	1	1	2
Vorhandene Bände	3069	3502	5779
Benutzungen	3529	3403	1681

*) Auf 15 Monate

Quelle: Berechnet aufgrund der Jahresberichte der 'Commission consultative de la Bourse du Travail' für 1896/97, 1898 und 1898/99 (IFHS, 14 AS 221 (1)).

Tabelle 15

Ausleihe der Bibliothek der Bourse du Travail von Paris nach Sachgebieten 1896 - 1899

Sachgebiete	Ausleihe (in %)		
	1896/97 *	1898	1899
Naturwissenschaften u. Politische Ökonomie	18	12	14
Sozialökonomie	15	14	8, 5
Philosophie	3	10	7
Geschichte	22	18	23
Romane	21	24	17
Theater u. Dichtung	2	2	2, 5
Literatur (diverse)	14	16	24
Statistik	0, 6	0, 6	0, 3
Technologie	3	2	4
Vorhandene Bände	3069	3502	5779
Entleihungen	612	507	758
Entleihende Leser	105	162	251
Betroffene Gewerkschaften	38	55	?

*) Auf 15 Monate

Quelle: Berechnet aufgrund der Jahresberichte der 'Commission consultative de la Bourse du Travail' für 1896/97, 1898 und 1898/99 (IFHS, 14 AS 221 (1)).

Anmerkungen zur Einleitung

1 Anmerkung zur Zitierweise: Um Platz zu sparen, wird in diesem Buch
das sogenannte naturwissenschaftliche Zitiersystem benutzt, d. h. der
Autorenname oder der Beginn des Sachtitels verweisen zusammen mit
dem Erscheinungsjahr auf die vollständige Titelangabe im Literatur-
verzeichnis (dort: Teil D). Kongreßprotokolle werden dagegen zitiert
durch Angabe der Organisation und des Kongreßdatums (nicht des Er-
scheinungsjahres!). Also z. B. : Prot. FBdT 1892, S. ... Eine Ausnahme macht der FNS-Kongreß von 1888, für den zwei protokollartige
Berichte vorliegen, die deshalb durch ein zusätzliches Stichwort unterschieden werden. Einige Schriften F. Pelloutiers werden in Abkürzun-
gen zitiert, die in dem entsprechenden Verzeichnis am Ende des Buches ausgewiesen sind. - Im übrigen sei gleich zu Anfang allgemein
festgestellt, daß wir uns nicht an den 'neuen deutschen Usus' halten
wollen, ganze Zettelkästen von Sekundärliteratur in den Anmerkungen
unterzubringen. Vielmehr beschränken sich die sekundären Literatur-
hinweise durchweg auf das wissenschaftlich notwendige und nützliche
Minimum.

2 Im folgenden wird 'Bourse du Travail' mit 'Arbeitsbörse' übersetzt.
Der in der deutschen Arbeiterbewegung gelegentlich benutzte Begriff
der 'Arbeiterbörse' enthält dagegen eine Akzentverschiebung, die
mißverständlich ist, weil sie die sozialpolitische Funktion der Börsen
unterschlägt.

3 Insofern besteht keine Ähnlichkeit zu den in England von Robert Owen
propagierten und in den 1830er Jahren auch erprobten 'labour exchanges'
(was häufig mit 'Arbeitsbörsen' übersetzt wird). Dort ging es nicht
um Arbeitsvermittlung, sondern um die Institutionalisierung eines direkten bzw. nur durch 'Arbeitsschecks' vermittelten Warentausches
zwischen den Produzenten. Vgl. dazu Cole 1950, S. 36ff.

4 Ihr juristischer Status hat sich gegenüber der Jahrhundertwende (vgl.
Kap. III) kaum verändert. Nur die Funktion der Arbeitsvermittlung
wurde inzwischen von staatlichen Arbeitsämtern übernommen. Die in
dem nach wie vor existenten Gebäude der Bourse du Travail unterge-
brachten Gewerkschaften treten allerdings schon seit längerem für

einen Neubau ein, der den heutigen Anforderungen eines zentralen Gewerkschaftshauses besser entsprechen soll. Vgl. Association pour l'étude d'une nouvelle Bourse du Travail 1972.

5 Zur Entstehungsgeschichte der Fach- und Zentralverbände, die als gesellschaftsgeschichtlicher Prozeß bisher nicht aufgearbeitet ist, siehe noch immer die zeitgenössische Regierungspublikation: APO, 4 Bde., (vgl. auch w. u. Kap. IV, Anm. 214). Der angekündigte 5. Bd. über die Bourses du Travail und interprofessionellen Dachverbände ist leider nie erschienen.

6 Das von Fernand Pelloutier aus eigenen Aufsätzen zusammengestellte Buch 'Histoire des Bourse du Travail' (1. Aufl. 1902), das trotz seines Titels keinen ereignisgeschichtlichen Abriß, sondern v. a. eine Darstellung der Funktionsweise der Börsen aus der Sicht ihrer nationalen Leitung darstellt, hat daher bis heute als wichtigste Informationsquelle dienen können.

7 Zu nennen sind hier bes.: Weill 1924, Dolléans 1967, Lefranc 1967, Bron 1971 sowie last but not least Maitron 1975, I, S. 294ff. Eine nützliche Chronologie bietet ferner: Thorel 1947. Als Handbuch ist unentbehrlich: Brécy 1963. Auf deutsch ist immer noch lesenswert: Louis 1912.

8 Die sicher wichtigste Arbeit in diesem Zusammenhang ist die mit einer Textsammlung kombinierte Biographie von J. Julliard (1971). Vgl. außerdem Julliard 1965. Weiterhin sind zu nennen: Butler 1960 (ausgewertet bei Spitzer 1963) und Baker 1973, beides ereignis- und ideengeschichtliche Arbeiten in der amerikanischen Tradition. Für die Arbeitsbörsen-Geschichte unerheblich und bereits im Titel irreführend ist dagegen Foulon (1967). Auch in der älteren Pelloutier-Literatur, die deutlich überragt wird von dem engagierten Text Max Nettlaus (1927/28) sowie den entsprechenden Kapiteln seiner nur teilweise veröffentlichten Anarchismus-Geschichte (IISG, Nachlaß Nettlau), ist kaum etwas Näheres über die BdT zu finden.

9 Pelloutiers 'Histoire des Bourses du Travail' wurde zuletzt 1971 nachgedruckt, ebenso 1975 die gemeinsam mit seinem Bruder Maurice verfaßte soziologische Studie 'La vie ouvrière en France'.

10 J. Julliard ist führendes Mitglied der CFDT und hat 1968 versucht, eine gewisse Kontinuität zwischen revolutionärem Syndikalismus und Studentenbewegung zu konstruieren (Julliard 1968a). Demgegenüber hat M. Perrot, die in ihrer wichtigen Arbeit über die Streikkämpfe 1871-1890 (Perrot 1974a) mehrfach Parallelen zwischen dieser Arbeiterbewegung und dem Mai 68 betont hat, die Kontinuitätsthese kürzlich wie folgt formuliert: "Il me semble que le rôle des Bourses a été très important dans le mouvement ouvrier français. Notamment, elles ont apporté à ce syndicalisme revolutionnaire (...) la notion d'éducation ouvrière, celles de compétence professionnelle, de responsabilité professionnelle. Enfin, le syndicalisme révolutionnaire d'avant 1914, correspond à un courant très profond du syndicalisme français perpé-

tuellement résurgent (...). Dans les idées autogestionnaires d'aujourd'
hui il y a bien des relents du syndicalisme d'action directe d'avant
1914" (Diskussionsbeitrag, in: Au pays de Schneider 1977, S. 42).

11 Daraus ergibt sich eine auffällige Informationsunsicherheit hinsichtlich
der Realgeschichte der BdT, die sich z. B. darin zeigt, daß Autoren
wie Bron (1971, S. 57) und sogar Perrot (1979a, S. 525) die erste BdT
1885 in Marseille entstehen lassen; ein Irrläufer, dessen Quelle offenbar die fehlerhafte Tabelle bei Kriegel/Becker (1964, S. 205) ist. Abweichende Angaben existieren auch für die Zahl der BdT (vgl. im Anhang Tab. 4).

12 So zuletzt Droz 1977, S. 32. Vgl. hierzu auch die Kontroverse zwischen Kriegel (1968, S. 33-50) und Julliard (1971, S. 205-210) sowie
unseren kritischen Exkurs in: Schöttler 1973, S. 118-123. Bereits 1909
hat L. Febvre, später einer der beiden Begründer der 'Annales-Schule',
den Einfluß der proudhonistischen Ideen auf den revolutionären Syndikalismus prinzipiell problematisiert und gemeint: "Il n'y a pas, au
sens propre du mot, de théories 'créatrices' - parce que dès qu'une
idée, aussi fragmentaire soit-elle, a été réalisée dans le domaine des
faits et de manière aussi imparfaite qu'on voudra - ce n'est pas
l'idée qui compte dès lors et qui agit, c'est l'institution située à sa
place, en son temps, s'incorporant au réseau compliqué et mouvant
des faits sociaux, produisant et subissant tour à tour mille actions
diverses et mille réactions" (Febvre 1962, S. 785).

13 Siehe hierzu insbes. : Charles 1962; Poperen 1962, 1964; Vasseur 1967;
Baal 1971, 1973; Forgeot 1973; Pierre 1973; Guin 1976; Legendre 1977;
Lequin 1977; Cazals 1978; Sagnes 1980; Brunet 1980. Vereinzelte In-
formationen zu den BdT enthalten auch: Baker 1967; Barrau 1971;
Brana/Cavignac/Cuq 1971; Pigenet u. a. 1977; Merriman 1979b; Hutton
1971; Héritier u. a. 1979; Dion 1980.

14 Herausragend ist v. a. die großangelegte Untersuchung Lequins (1977)
über die Arbeiterklasse des Lyoner Beckens (siehe dazu Perrot 1978b
sowie die Rez. v. H. - G. Haupt in: Archiv für Sozialgeschichte, 21, 1981,
S. 681-684). Allerdings werden die BdT darin nur relativ kurz und traditionell behandelt. Sehr anregend sind auch Lequins Vorstudien
(1969a, 1969b).

15 Vgl. zuletzt Schneider 1974 sowie - als ein bes. krasses Beispiel für
die Desinformation und den Provinzialismus der deutschen Syndikalis-
mus-Studien -: Röhrich 1977 (sinnigerweise in einer Buchreihe, die
sich "Impulse der Forschung" nennt). Insgesamt differenzierter und
sozialhistorisch orientiert, aber nur kurz zum Syndikalismus: Lösche
1977.

16 Vgl. insbes. Lefranc 1967 sowie - stärker sozialhistorisch argumentie-
rend - Moss 1976. Speziell für die FBdT siehe: Butler 1960; Julliard
1971; Schöttler 1973, 1981a. Damit ist allerdings nicht behauptet, daß
die Entwicklung der verschiedenen Gewerkschaftsverbände (FNS, CGT,
nationale Berufsföderationen etc.) bereits hinreichend aufgearbeitet

ist, z. B. im Blick auf ihre Praxis, ihre Mitglieder, ihre alltäglichen
Kämpfe etc. Eine Organisation wie die FNS z. B. , jenes "unglückliche
Experiment" (Perrot 1974a, S. 439), ist bis heute zwar viel geschmäht,
aber kaum ernsthaft erforscht worden. Ansätze gibt es allenfalls bei
Willard (1965, S. 49ff.) oder in den mehr biographisch orientierten
Studien von Dommanget (1967b, 1972) sowie zuletzt bei Geslin (1977).
Ohne genaue Kenntnis des - wenn auch sehr beschränkten - Verbands-
lebens der FNS muß aber der Aufschwung der Arbeitsbörsen und spä-
ter der CGT als etwas sehr Plötzliches erscheinen und kann daher
nicht als eventueller 'Lernprozeß' begriffen werden.

17 Die vorliegende Untersuchung knüpft an eine Bochumer Magisterarbeit
an (Schöttler 1973), in der v. a. die hier ausgeklammerte Kongreßge-
schichte sowie die biographische und theoretische Entwicklung Pelloutiers im Vordergrund standen. Da es nur minimale Überschneidungen
gibt, kann diese Arbeit immer noch als Ergänzung angesehen werden
(ein Ex. ist im Institut zur Geschichte der Arbeiterbewegung, Ruhr-
Universität Bochum, deponiert). Da ursprünglich nur an eine Vertie-
fung dieser institutionen- und ideengeschichtlichen Arbeit gedacht war
und die sozialgeschichtliche Schwerpunktverschiebung sich erst im Laufe
der Archivarbeit ergab, ist es erklärlich, daß eine stärker regionalgeschichtliche Ausrichtung innerhalb der gesetzten Fristen nicht mehr
möglich war. Vgl. auch Anm. 18.

18 So konnten - mit zwei Ausnahmen (Loire und Loir-et-Cher) - keine
Materialien aus Departementalarchiven ausgewertet werden. Darüberhinaus kann als sicher gelten, daß auch in einigen Stadtarchiven (z. B.
Angers) oder lokalen Gewerkschaftsarchiven noch Dokumente über die
BdT vorhanden sind, die z. T. auch schon in Lokalstudien (s. Anm. 13)
ausgewertet wurden. Allerdings betrifft dieses Quellenmaterial meist
die Periode nach 1900.

19 Zum Stand der regionalgeschichtlichen Forschung in Frankreich vgl.
zuletzt Veit-Brause 1979 und Ayçoberry 1981. Siehe auch den allg.
Forschungsbericht von M. Perrot (1976c).

20 Hazard 1939, S. 25. Auch zit. in Hatzfeld 1971, S. 6.

21 Dies gilt sogar für die verdienstvolle Arbeit von Julliard (1971).

22 Dieser Ausdruck ist bereits verschiedentlich benutzt worden, um die
widersprüchliche Rolle der Gewerkschaften im Kapitalismus zu cha-
rakterisieren. Vor allem R. Zoll hat ihn anhand der Marxschen Texte
systematisch zu fassen versucht: "Ordnungsfaktor und Gegenmacht -
das ist keine Alternative gewerkschaftlicher Existenz, denn die Gewerkschaften sind immer beides; dieser Doppelcharakter ist ein Makel, der
ihnen seit ihrer Entstehung anhaftet" (Zoll 1976, S. 7). In bezug auf
die BdT läßt sich diese Bestimmung vielleicht konkretisieren. Hier
geht es nämlich nicht nur um den Widerspruch zwischen dem 'Kampf
im Lohnsystem' und dem 'Kampf gegen das Lohnsystem', sondern
die systemimmanenten Funktionen werden bei den Börsen direkt als
'öffentliche' greifbar. Insofern handelt es sich um einen für die historische Untersuchung günstigen Sonderfall.

23   Der Klarheit halber sei hinzugefügt, daß sich unser Marxismus-Ver-
     ständnis im weitesten Sinne an einem 'strukturalen' Ansatz orientiert,
     wie er seit den 60er Jahren von Autoren wie L. Althusser, E. Balibar,
     D. Lecourt oder auch N. Poulantzas erarbeitet worden ist. Querver-
     bindungen bestehen zu nichtmarxistischen Theoretikern wie M. Foucault
     oder P. Bourdieu. Neben den im Literaturverzeichnis aufgeführten
     Schriften der Genannten vgl. zur allg. Information Therborn 1976 so-
     wie zur deutschen Diskussion die Beiträge in Sandkühler 1977. Spe-
     ziell zum 'strukturalen' Ansatz in der Geschichte vgl. Stedman Jones
     1972, 1976; Robin 1973; Bois 1978. Als polemische Gegenposition zu-
     letzt: Thompson 1980b. - Unser eigenes Fazit aus den diesbezüglichen
     Diskussionen der letzten Jahre deckt sich weitgehend mit dem von R.
     Samuel: "The starting point of the structuralist critique, that theoretical
     propositions can't be derived from empirical evidence, is a correct
     one. But it by no means follows that the inverse of this is true, i. e.
     that the construction of new theoretical concepts can proceed by a
     purely deductive process of reasoning without reference to empirical
     work. For Marxists, theoretical work has always generated propositions
     designed to explain and understand the real world, and to interpret
     concrete situations even if they cannot be verified by reference to
     empirical enquiry alone. Theory-building cannot be an alternative to
     the attempt to explain real phenomena, but is rather, a way of self-
     consciously defining the field of enquiry, clarfying and exposing to
     self-criticism the explanatory concepts used, and marking the limits
     of empirical investigation. It is right and proper that we should be
     warned against mistaking the historian's patterning of the represen-
     tations of the past for the reality of the past itself. But it would be
     absurd, on these same grounds, to urge the abandonment of the study
     of history. If theory persuaded socialist historians to give up the
     ambition to comprehend the real world on the ground that the effort
     was epistemologically disreputable, the only effect will be to leave the
     terrain to the undisputed possession of those with no such qualms, and
     allow 'just ordinary sound history' to regain its former mastery"
     (Samuel 1981, S. XLVIII f.).

24   Ebensowenig wie sich der Klassenkampf auf eine ursprünglich klassen-
     kampflose Struktur zurückführen läßt, ist die Existenz der sozialen
     Klassen vom Klassenkampf zu isolieren. Althusser (1973, S. 28ff.)
     und Balibar (1974, S. 46ff.) haben daher die scheinbar paradoxe These
     aufgestellt, daß im strengen Sinne erst der Klassenkampf die Klassen
     produziert und nicht umgekehrt, so daß jede Klassendefinition und
     -analyse, die nicht vom Klassenkampf ausgehe, irreführend sein müs-
     se. Es ist bemerkenswert, daß ein Historiker wie E. P. Thompson,
     der von ganz anderen theoretischen Prämissen ausgeht (vgl. Thompson
     1980b), aber sich zu einer ähnlichen politischen Radikalität bekennt,
     aufgrund seiner sozialhistorischen Praxis zu Überlegungen gelangt
     ist, die dem durchaus nahe kommen: "Meiner Ansicht nach hat man

dem Begriff 'Klasse' viel zuviel (...) theoretische Beachtung ge-
schenkt, dem Begriff 'Klassenkampf' dagegen zuwenig. In der Tat
ist Klassenkampf sowohl der vorgängige als auch der universellere
Begriff. Im Klartext: Klassen existieren nicht als gesonderte Wesen-
heiten, die sich umblicken, eine Feindklasse finden und dann zu kämpfen beginnen. Im Gegenteil: Die Menschen finden sich in einer Gesellschaft, die in bestimmter Weise (wesentlich, aber nicht ausschließlich
nach Produktionsverhältnissen) strukturiert ist, machen die Erfahrung, daß sie ausgebeutet werden (oder ihre Macht über diejenigen
aufrechterhalten müssen, die sie ausbeuten), erkennen antagonistische
Interessen, beginnen um diese Streitpunkte zu kämpfen, entdecken sich
im Verlauf des Kampfes als Klassen und lernen diese Entdeckung allmählich als Klassenbewußtsein kennen. Klasse und Klassenbewußtsein
sind immer die letzte, nicht die erste Stufe im realen historischen
Prozeß" (Thompson 1980a, S. 267). Zu Thompsons Polemik gegen
Althusser und den 'Strukturalismus', auf die hier nicht weiter eingegangen werden kann, siehe Samuel 1981, S. 376ff.

25 Vgl. bes. Vester 1970 und Rappl 1974. Auf die zweite Arbeit und die
sich aus dem geschichtsphilosophischen Ansatz ergebenden Schwächen
gehen wir gleich noch näher ein.

26 Dieses - im Westen wie im Osten gleichermaßen vorherrschende -
philosophische Dogma vom Subjekt als 'causa sui' und Zentrum der
Welt ist in der Theoriegeschichte u. a. von Marx, Nietzsche und Freud
- wenn auch auf unterschiedliche Weise - kritisiert und durchbrochen
worden. Vor allem angesichts der psychoanalytischen Thesen von der
Struktur des Unbewußten und der Nichtidentität des 'Subjekts' (vgl.
Lacan 1973), aber auch der These vom Primat des Klassenkampfs über
die Klassen und Subjekte scheint es denn auch problematisch, die Defi-
zite der Geschichtsphilosophie etwa durch den Rekurs auf die Sozialpsychologie oder die phänomenologische Wissenssoziologie auszuglei-
chen (so u. E. in der Tendenz: Lüdtke 1979; Groh 1979, 1980). Damit
entsteht nämlich die Gefahr, daß über die Frage bzw. 'Evidenz' des
Subjekts und der 'Sinnkonstituierung' die als tendenziell transparent
und subjektzentriert (ohne Unbewußtes und Klassenkampf) gedachte
Normalität der bürgerlichen Gesellschaft (vgl. kritisch: Plon 1976,
Pêcheux 1978) unbemerkt zurückkehrt und den materialistischen Ansatz
unterläuft.

27 Dieser Ideologiebegriff (vgl. Althusser 1977, Pêcheux 1978, Lock 1981)
geht ganz allg. davon aus, daß Ideologie kein idealler Reflex und kein
verzerrtes Bewußtsein ist, sondern das imaginäre Verhältnis der Individuen zu ihren realen Existenzbedingungen darstellt. Es existiert materiell in Praxen, Ritualen, Apparaten etc. und konstituiert in der bürgerlichen Gesellschaft die Individuen stets von neuem als sich 'frei'
wähnende 'Subjekte'. Die verschiedenen Ideologien existieren allerdings konkret nur unter den widersprüchlichen Bedingungen des Klassenkampfes, der einzelnen ideologischen Formationen unterschiedliche

und sich verändernde Funktionen zuweist. Während die herrschende
Ideologie zur Reproduktion der bestehenden Ausbeutungs- und Herr-
schaftsverhältnisse beiträgt, bringen die beherrschten Ideologien (vgl.
dazu: B. Labrousse 1978) die Widerstände und Verweigerungen der
Ausgebeuteten und Abhängigen zum Ausdruck: nicht nur als explizite
Weltanschauungen, sondern auch in den unscheinbaren Formen bewußter oder unbewußter Regelverletzungen, Entgleisungen, Fehlleistungen
etc. Die Vorherrschaft der herrschenden Ideologie ist also nie ungebrochen oder garantiert.

28 Vgl. dazu den kurzen Überblick über die verschiedenen Theorieansätze
bei Gerstenberger/Haupt 1981. Für eine relativ umfassende Dokumen-
tation der Forschungen in der akademischen Disziplin 'Sozialpolitik'
siehe v. Ferber/Kaufmann 1977.

29 Bes. wichtig waren für uns die - z. T. stark divergierenden - Ansätze
von Stedman Jones 1971, Foucault 1976, Gerstenberger 1976, 1979 und
Lenhardt/Offe 1977.

30 Daß diese Gegnerschaft vom Standpunkt einer 'wertfreien' akademischen Sozialpolitik noch heute gilt, dokumentiert der entsprechende
Artikel im 'Handwörterbuch der Sozialwissenschaften', der die wesentliche Aufgabe von Sozialpolitik darin sieht, "die Klassengegensätze im
Sinne des sozialen Friedens zu modifizieren", durch "sachliche Aufklä-
rung der Massen über die Zusammenhänge des Wirtschafts- und Gesell-
schaftslebens (...) die Klassenverhetzung vom Intellekt her ad absurdum
zu führen" und durch "Förderung und Verbreitung einer idealistisch-
altruistisch eingestellten Ethik (...) wirtschaftlichen Auseinanderset-
zung(en) der Gesellschaftsgruppen das sozial zersetzende Gift" zu nehmen (Weddingen 1956, S. 556).

31 Etwas weiter hebt Marx beide Aspekte fast noch pointierter voneinander ab, indem er schreibt: "Diese minutiösen Bestimmungen, welche
die Periode, Grenzen, Pausen der Arbeit so militärisch uniform nach
dem Glockenschlag regeln, waren keineswegs Produkte parlamentarischer Hirnweberei. Sie entwickelten sich allmählich aus den Verhältnissen heraus als Naturgesetze der modernen Produktionsweise. Ihre
Formulierung, offizielle Anerkennung und staatliche Proklamation waren Ergebnis langwieriger Klassenkämpfe" (MEW Bd. 23, S. 299).
Zum Klassencharakter von Sozialpolitik - die "Kunst, das Unglück der
Arbeiterklasse zu verbergen" - vgl. auch F. Engels' Vorwort zur
deutschen Ausgabe von 1892 der 'Lage der arbeitenden Klasse in England' (MEW Bd. 22, S. 318ff.), wo die Verhältnisse am Ende des
19. Jhdts. mit denen der Jahre 1844/45 verglichen werden.

32 Gerstenberger 1979, S. 4. - Wie allerdings dieser Integrationseffekt
sozialpolitischer 'Formen' konkret funktioniert, ist kontrovers. Während H. Gerstenberger u. a. Marxisten hier vor allem auf die Fetischis-
mus-Problematik zurückgreifen (vgl. MEW Bd. 23, S. 85ff.), halten
Autoren der 'strukturalen' Richtung gerade dieses Modell für ge-
schichtsphilosophisch und suchen deshalb nach einer anderen Erklärung,

die die Materialität und relative Eigenständigkeit ideologischer Strukturen berücksichtigt (vgl. z. B. Balibar 1974, S. 206ff. oder Pêcheux 1978).

33 So der Untertitel von Stearns 1971, wohl in Anspielung auf den Film von Nicolas Ray "Rebels without a cause" (dt. "... denn sie wissen nicht was sie tun"). - Im übrigen basiert Stearns' Interpretation auf einem recht willkürlichen Umgang mit dem Quellenmaterial. Seine Hauptthese, Streiks und syndikalistischer Aktivismus basierten direkt auf einer Verschlechterung der ökonomischen Lage der Arbeiterschaft und dementsprechend habe es nach 1911 auch weniger Streiks und Aktivismus gegeben (ebd., S. 111-120), kann durch die franz. Forschung zur Streikgeschichte (vgl. Julliard 1908, Perrot 1974a) sowie vor allem auch zur Teuerungskrise 1910/11 und den daraufhin auftretenden Hungerrevolten und 'direkten Aktionen' (Flonneau 1970) als widerlegt gelten.

34 Vgl. Rappl 1974, S. 228. Zwar erwähnt der Autor die "Konzilianz" der Liberalen gegenüber den entstehenden Arbeitskammern, geht aber über ihre "Erwartungen" mit einem Federstrich hinweg.

35 Über die Arbeitsvermittlung heißt es z. B. : "Als vorbildlich darf (...) die Leistung der Camere del Lavoro von Mailand gelten, die vom Jahr ihrer Gründung an (1891) die Organisation der Arbeitsverteilung planvoll ausbaut und allein im Jahr 1902 ca. 3800 Arbeitssuchende 'vermittelt'" (Rappl 1974, S. 253). Über die reale Bedeutung solcher Zahlen erfahren wir allerdings nichts. Im Vergleich zu den BdT und erst recht den gewerblichen Vermittlern in Frankreich (siehe im Anhang die Tabellen 10-11) sind sie jedenfalls äußerst niedrig. Indem Rappl den 'planvollen' und 'allseitigen' Anspruch der Arbeitskammern einfach nur wörtlich nimmt, wird er ein Opfer ihrer utopistischen Ideologie. Er bescheinigt ihnen z. B. auch, "die je spezifischen Reproduktionsbedingungen der partizipierenden Gruppen situationsgerecht ermittelt und allseitig transparent (!) gemacht zu haben" (ebd., S. 229).

36 Im Vergleich dazu stellt die neuere Studie von V. Hunecke (1978) einen bemerkenswerten Beitrag zur Sozialgeschichte dar. Während Rappl in der Tradition geistesgeschichtlicher Sozialismus-Geschichte steht, wendet sich Hunecke bewußt der Wirtschaftsgeschichte zu, um auf der Basis umfassender ökonomischer, sozialer, demographischer und stadtgeschichtlicher Analysen die Anfänge der Mailänder Arbeiterbewegung zu rekonstruieren. Leider befaßt er sich dabei - unter Hinweis auf bereits vorhandene italienische Forschungen - nur äußerst kurz mit der Camera del Lavoro, deren strukturelle Besonderheiten nicht näher hinterfragt werden (ebd., S. 179ff., 226ff.). An einer Stelle heißt es sogar, die Mailänder Arbeitskammer - die erste in Italien - sei eben "keine Nachahmung der Pariser Bourse du Travail, sondern eine Schöpfung des Partito Operaio" gewesen, wobei offenbar unterstellt wird, die französischen BdT seien im Vergleich zu den italienischen keine "exklusiv proletarischen Organisation(en)" (ebd., S. 228).

Aus Kap. III und IV der vorl. Arbeit geht hervor, daß dies - bis auf zu spezifizierende Ausnahmen - nicht zutrifft.

37 Zu nennen sind hier für Frankreich v. a.: Trempé 1971, Perrot 1974a (dazu: Haupt 1976a), Lequin 1977 (s. Anm. 14) sowie die Forschungen von Georges Haupt (1980), die sich allerdings vornehmlich auf die internationale Arbeiterbewegung beziehen. Die beiden radikalsten und wichtigsten Versuche, einen expliziten theoretischen Ansatz in Analysen zur neueren französischen Gesellschaftsgeschichte fruchtbar zu machen, stammen paradoxerweise von deutschen Autoren: Ziebura 1979, Haupt/Hausen 1979.

Anmerkungen zum Kapitel I

1 Das Gebäude aus dem Jahr 1561 ist nicht mehr erhalten. An dieser Stelle kreuzen sich heute die rue J. J. Rousseau und die rue Colonel-Driant.

2 APP, BA 1611, Abschrift der Eröffnungsrede G. Mesureurs. Vgl. auch ebd. den Bericht v. 4. II. 87.

3 BBdT, Nr. 319, 29. V. 92.

4 AVP, VM^{29}, 3, A. Détré, L'ère nouvelle. Pièce dite à l'inauguration de la Bourse centrale du Travail de Paris, le dimanche 22 mai 1892.

5 AN, F 7/13614, Le Temps, Beilage v. 7. VII. 93.

6 AN, F 7/13615, Notiz v. 30. VI. 93.

7 AN, F 7/13614, La République Française, v. 16. VI. 93, Art. "La Bourse du Travail".

8 AN, F 7/13567, La Liberté, v. 30. V. 93, Art. "Les Bourses du Travail".

9 CMP, RD, 1886, Nr. 142, S. 9ff. (Bei Zitaten aus den Protokollen und Dokumenten des Conseil Municipal de Paris (CMP) wird im folgenden jeweils nur das Verhandlungsjahr angegeben. Die Drucklegung erfolgte ein Jahr später. Die meisten Jahrgänge umfaßten 2 durchpaginierte Bde.; die numerierten 'Rapports et Documents' dagegen sind jeweils einzeln, manchmal überhaupt nicht paginiert).

10 AN, F 7/13567, La Liberté, v. 30. V. 93, Art. "Les Bourses du Travail"; La Justice, v. 5. VIII. 93, Art. "De l'origine des Bourses du Travail".

11 Vgl. Prot. gemischter Kongreß 1893, S. I-IX.

12 Vgl. zuletzt: Lefranc 1967, S. 49; Dubief 1969, S. 23ff.; Baker 1973, S. 88; Maitron 1975, I, S. 295; Zeldin 1978, I, S. 286. Eine Ausnahme jetzt: de Gaudemar 1979, S. 122ff., der aber keine genaue Rekonstruktion vornimmt.

13 Pelloutier betonte, daß der Name "Bourse du Travail" mißverständlich sei und stattdessen besser von "Chambre du Travail" (im Sinne der italienischen "Camere del lavoro") gesprochen werden müßte. Mit anderen Worten: er lehnte die gängige Analogie zwischen 'Arbeitsmarkt' und 'Kapitalmarkt' ab (TC, S. 412f.).

14 Am 30. III. 1882 referierte er z. B. vor der zuständigen Kommission des Pariser Munizipalrats (CMP, RD, 1886, Nr. 142, S. 24). Im September 1888, also noch vor der Gründung der Pariser Arbeitsbörse, schrieb er im 'Journal des Economistes' einen beachteten Artikel unter dem Titel 'La Bourse du Travail'. Besondere Resonanz fand schließlich sein 1893, mitten in der 'Krise' der Pariser Bourse du Travail, erschienenes Buch "Les Bourses du Travail", in dem er seine Version der Vorgeschichte ausführlich darlegte und mit einer Kritik an den bestehenden BdT verband (Molinari 1893, S. 144ff.).

15 Leider konnten zur Person Leulliers keine Angaben ermittelt werden. Sein Name ist noch heute derart unbekannt, daß er nicht einmal in dem einschlägigen biographischen Lexikon von J. Maitron (1964ff.) vorkommt.

16 Molinari erwähnt Leullier in seiner Schrift: Les soirées de la rue Saint-Lazare. Entretiens sur les lois économiques et défence de la propriété, 1849, S. 174.

17 Delesalle 1911. Das Original der Flugschrift mit dem etwas irreführenden Titel: La Bourse du Travail, par Adolphe Leullier. Projet présenté à la Commission municipale par le citoyen Ducoux, avec un plan dressé par Charles Duval, Architecte, o. O. u. Jg., 2 Seiten in-folio, dreispaltig gedruckt, befindet sich heute in den Archives de la Ville de Paris unter der Signatur: GAZ 300/1. Neben zwei Texten Leulliers (von 1846 und 1848) enthält es noch eine Reihe kleinerer Dokumente, darunter einen kurzen Bourse-du-Travail-Entwurf des Architekten Charles Duval. Im folgenden wird dieses Exemplar zit. als "Flugschrift"; die Seitenangabe erfolgt in römischen, die Spaltenangabe in arabischen Ziffern.

18 Dies muß auch deshalb verwundern, weil das Projekt Leulliers in dem Artikel "Bourse du Travail" der "Grande Encyclopédie" (1885-1902, Bd. 7, S. 826-828) ausdrücklich angeführt wird, während dort jeder Hinweis auf Molinari fehlt! Weder Pelloutier noch Delesalle scheinen diesen Artikel gekannt zu haben - sie hätten sonst sicher davon Gebrauch gemacht.

19 Die folgende Skizze ist sicherlich holzschnitthaft und kann eine sozialgeschichtliche Untersuchung der Frühgeschichte des Arbeitsmarktes nicht ersetzen. (Die bisher vorliegenden Arbeiten in dieser Richtung sind enttäuschend: Uhlig 1970; Garraty 1978; Nieß 1979). An dieser Stelle geht es jedoch nur um einige allgemeine Zusammenhänge und Traditionslinien, um die Formulierung des BdT-Konzepts zu verorten.

20 MEW Bd. 23, S. 761f. Zur Genese der Marktwirtschaft siehe bes. Polanyi 1978.

21 Zur Frühgeschichte der Arbeitsvermittlung vgl. Office du Travail 1893, S. 1-167; Adler 1899, S. 711ff. ; Hauser 1927, S. 59ff. ; Geremek 1968. Einen Gesamtüberblick geben Heist 1926; Boiteau 1946.

22 Vgl. u. a. Gutton 1974, S. 93ff. ; Mollat 1978, S. 303ff. ; Davis 1979, S. 40ff.

23 Plakat v. 7. X. 1531, abgedruckt bei Lameere 1902, Bd. III, S. 265-273, hier: S. 269.
24 Das Beispiel einer nordfranzösischen Bourse des Pauvres untersucht Imbert 1952, S. 13ff.
25 Zum Zusammenhang von Arbeitsbeschaffung und staatlicher Repression vgl. klassisch: Rusche/Kirchheimer 1974, S. 36ff. Wirtschaftsgeschichtliches Material zur Einführung der Manufaktur und der Arbeitshäuser bringt u. a. Kulischer 1965, Bd. II, S. 146ff.
26 Siehe hierzu auch Hufton 1974, S. 131ff. sowie für die Überwachung und Reglementierung des Arbeitsmarktes Kaplan 1979.
27 Nebenbei sei allerdings angemerkt, daß allg. Konzepte zur Verbesserung des Arbeitsmarktes im späten 18. Jahrhundert keine Seltenheit waren. Auch Louis-Sébastien Mercier hatte in seinem 'Tableau de Paris' (1781-82) ein Register für Arbeitssuchende vorgeschlagen. Vgl. Hinz 1978, S. 32.
28 Zur Vermittlungstätigkeit der Compagnonnages siehe: Office du Travail 1893, S. 104ff. ; Perdiguier 1977, S. 102f. Vgl. hierzu auch allg. Truant 1979, die jedoch nicht auf die Vermittlung eingeht.
29 Vgl. zuletzt Kaplan 1979, S. 72ff. mit weiterer Literatur.
30 "Ceux qui veulent changer de maître se réunissent en un endroit fixé par la tradition, place devant l'église, champ de foire, rue ou carrefour, et se font reconnaître au moyen d'un emblème signalétique qui varie d'ailleurs peu d'une région à l'autre. Les futurs maîtres examinent les garçons et les filles, les hommes et les femmes comme ils étudieraient des animaux de trait" (Van Gennep 1949, S. 2040). Vgl. auch Office du Travail 1893, S. 182f.
31 Der spätere Politiker Martin Nadaud hat seinen ersten Eindruck des Grève-Platzes beschrieben: "Cette place de Grève, dernier vestige de l'ancien marché aux esclaves de l'Antiquité, était bondée d'hommes hâves et décharnés, mais s'accomodant sans trop de tristesse de leur situation de meurt-la-faim. On les voyait grelottant de froid sous de mauvaises blouses ou des vestes usées jusqu'à la couture, trépignant des pieds sur les pavés pour se rechauffer un peu" (M. Nadaud 1976, S. 77). Zur Bedeutung des Grève-Platzes v. a. für die Arbeiter im Baugewerbe vgl. auch Chatelain 1976, S. 832.
32 "Aufgrund seines Nichtbesitzes an sachlichen Produktionsmitteln (ist der Arbeiter - P. S.) (...) dem Willen des Marktkontrahenten, des Nachfragers (...) prinzipiell unterlegen. Dadurch untersteht er einem 'strukturellen Verkaufszwang'" (E. Willeke 1956b, S. 327). Vgl. hierzu w. u. Kap. IV, Abschn. "Arbeitsnachweis".
33 Durch metonymische Verschiebung wurde aus 'grève' als Bezeichnung für den Ort der Arbeitssuche, also der Arbeits-Losigkeit, in eben diesen Jahren (um 1805) eine neue Bezeichnung für bewußte Arbeitsniederlegung (Wartburg 1968, S. 305). Zur sprachlichen Durchsetzung dieses Ausdrucks vgl. Balibar/Laporte 1974, S. 77-79 sowie zuletzt Tournier 1979.

34 Zwischen 1810 und 1816 ging in Paris die Ausgabe von 'bulletins
d'inscription' wie folgt zurück:
1810: 8200 Einschreibungen   1814: 840 Einschreibungen
1811: 9400 "   1815: 600 "
1812: 2650 "   1816: 400 "
1813: 2150 "
Nach Marquant 1962, S. 208.

35 Erstens hätte eine Neuregelung des Arbeitsnachweises einer Gesetzes-
initiative bedurft, was der zuständige Minister nicht für der Mühe
wert hielt. Zweitens gab es wohl auch politische Motive: Passart und
seine Mitarbeiter waren Bonapartisten; das Regime konnte also kein
Interesse daran haben, ihnen den Aufbau eines Informationssystems
zu ermöglichen (ebd., S. 223 und 236f.).

36 Für weitere Materialien und Arbeitsnachweisprojekte aus dieser Zeit
vgl. die wichtige Quellensammlung von Bourgin/Bourgin 1912-1941,
bes. Bd. I, S. 21 u. 116ff., Bd. II, S. 166ff. sowie Bd. III, S. 133f.

37 "In diese Zeit völliger Arbeitsnachweisfreiheit fällt die größte wirt-
schaftliche Knechtung und Ausbeutung der Arbeitsuchenden in der
ganzen französischen Geschichte. Das Stellenvermittlungsgewerbe
nahm einen ungeahnten Aufschwung ..." (Heist 1926, S. 11).

38 Damit ist allerdings nicht gesagt, daß ihnen dies in der Praxis tatsächlich auch gelungen sei. Hier gilt, was M. Perrot (1979c, S. 150) über
die industriellen Disziplinierungsstrategien formuliert hat: "One must
point out that a disciplinary system is never fully implemented. It is
devised in order to deal with resistance and immediately fosters further
resistance. A set of rules is always twisted to a certain extent and its
reading might not provide an accurate account of daily life in the fac-
tory or workshop".

39 Zum folgenden vgl. u. a. Perrot 1972; 1978c; 1979c; Dautry 1957,
S. 15ff.; Bruhat 1976; Faure 1974.

40 "Les Bourses du Travail seraient pour les transactions des travailleurs
ce que les bourses actuelles sont pour les opérations des capitalistes.
Dans les principaux centres d'industrie et d'agriculture, on établirait
une bourse où se rendraient les ouvriers qui auraient besoin de travail
et les maîtres d'ateliers qui auraient besoin d'ouvriers. Le prix du
travail pour chaque industrie y serait chaque jour affiché. La cote de
la bourse du travail serait ensuite insérée dans les journaux ..."
(Molinari 1844, S. 12).

41 Molinari, De l'avenir des chemins de fer (Zeitungsartikel v. 23. VII.
1843), zit. in Molinari 1893, S. 124f.

42 Die häufige Verwendung der Ausdrücke 'Regulierung' und 'Organisation' verweist auf eine in dieser Zeit aufkommende sozialtheoretische
Problematik, die ihre wesentlichen Begriffe aus dem Bereich der Bio-
logie übernimmt. Die BdT kann insofern als sozialökonomischer Regu-
lator gedacht werden, als Organisation des Gleichgewichts von Angebot und Nachfrage, von Kapital und Arbeit analog der 'organisierten'

Harmonie des menschlichen Körpers. Zum Stellenwert dieser biologischen Metaphorik vgl. Canguilhem 1979, S. 89ff.

43 Molinari 1844, S. 13: "La féodalité industrielle cesserait d'être redoutable, car le travail deviendrait indépendant."

44 Flugschrift, S. I/1. Leullier räumt ein, daß sein Projekt zunächst nur für die Bauindustrie vorgesehen sei (S. II/1), betont aber zugleich, daß es sich bei einigen Modifikationen auch auf alle anderen Berufe ausdehnen lasse. Dieses wie auch immer begründete Interesse für das Baugewerbe scheint signifikant: Sowohl die Institution der 'grève' wie auch das Problem saisonaler Arbeitslosigkeit, dem Leullier mit Hilfsarbeiten begegnen möchte, sind typisch für diesen Berufszweig. Außerdem ist dort der Einfluß der Compagnonnages noch am stärksten erhalten.

45 Paris besaß 1846 knapp über eine Million Einwohner. Die nächstgrößte Stadt, Lyon, zählte demgegenüber nur wenig mehr als 150 000! (Dautry 1957, S. 30).

46 Man kann diese Stelle mit der Abbildung am Kopf der Flugschrift in Verbindung bringen, die die BdT als riesigen Rundbau darstellt mit verschiedenen Eingängen für die jeweiligen Berufsgruppen sowie folgender Passage aus dem Begleittext (?) des Architekten Duval: "... notre projet présente, au centre de la grande rotonde, une estrade où viennent rayonner toutes les loges destinnées à chacun des corps d'état du bâtiment" (S. II/3). Allein die panoptische Bauform, so scheint es, konnte den Aufgaben der BdT gerecht werden: Sie war 'einfach', 'streng' und vor allem 'allseitig'. Auch vierzig Jahre später griff der Architekt beim Bau der Pariser Bourse centrale du Travail wieder auf das bewährte utilitaristische Grundschema zurück (vgl. die Abb. und Skizzen in: AVP, VM^{29}, 1).

47 Leulliers 'Buchführung' ist natürlich kaum der Rede wert. Seine Annahme, die Unternehmer könnten unter Umständen bereit sein, den Lohn im voraus zu zahlen, verrät nicht nur ökonomische Ignoranz, sondern auch politische Naivität: bestand doch zu jener Zeit eines der wichtigsten Disziplinierungsmittel des Unternehmers in den Bußgeldern und sonstigen Abzügen vom ausstehenden Lohn.

48 Ebd. S. I/1-2. - Es ist bemerkenswert, daß gerade dieser Aspekt in einem Artikel der christlich-sozialistischen Arbeiterzeitung 'L'Atelier' zum Anlaß einer vernichtenden Kritik genommen wurde: D'un projet de marché aux travaux, ou Bureau central des ouvriers (8. Jg., Nr. 2, Nov. 1847, S. 26-28). Zwar werden weder Leullier noch das Wort 'BdT' direkt erwähnt, aber mehrere wörtliche Übereinstimmungen legen die Identifizierung nahe. Das über Leulliers Konzept gefällte Urteil ist hart: "c'est un pas de plus dans la voie qui prépare l'asservissement de la classe ouvrière" (S. 28), obwohl der Kritiker seinerseits keine konkrete Alternative hat: Er schlägt nur die Gründung von Vermittlungsbüros "par tous et pour tous" vor, die durch den "corps d'état tout entier" überwacht werden sollen (ebd.).

49 Flugschrift, S. II/1. - Delesalle (1911, S. 42) hat als Antimilitarist
   drei Jahre vor dem I. Weltkrieg diese Passagen einfach weggelassen
   und vermerkt, daß sie "heute von keinerlei Interesse mehr sind".

50 Von beiden Projekten blieb nicht mehr als das, was der ehemalige
   Polizeipräfekt Ducoux in seinen Antrag auf Errichtung kostenloser
   kommunaler Arbeitsnachweisbüros übernahm (abgedruckt in: HBdT,
   S. 125f.). Aber selbst dieser im Grunde banale Vorschlag scheiterte
   - wie man annehmen muß - an der Lobby der gewerblichen Vermittler.

51 Molinari 1849, S. 174. Die konservative Kritik argumentierte später
   ähnlich: "Une grande bourse du travail (...) serait doublement défec-
   tueuse. Elle augmenterait l'intervention de l'Etat à laquelle le XIXe
   siècle n'est pas sympathique et avec raison (dieser Vorwurf traf - wie
   wir sahen - für Molinari nicht zu; P. S.), puis elle déterminerait dans
   les grand centres, et à Paris surtout, une énorme affluence d'ouvriers;
   lorsqu'ils verraient qu'on s'occupe d'eux sérieusement il y aurait
   encombrement ..." (Améline 1866, S. 199).

52 Vgl. Molinari 1893, S. 271ff. Er stand zu dieser Zeit in Verbindung
   mit dem deutschen Nationalökonomen Max Wirth, der seinerseits ab
   1856 das Wochenblatt "Der Arbeitgeber" herausgab: "Was die Handels-
   zeitungen für den Produktenmarkt, was die Börsenzeitungen für den
   Kapitalmarkt, das soll der 'Arbeitgeber' für den Arbeitsmarkt sein"
   (Wirth, zit. nach Frühauf 1966, S. 43). Frühauf erwähnt Molinari
   nur kurz und behauptet irrtümlich, er habe Wirth "kopiert" (S. 46).

53 Vgl. Heist 1926, S. 16ff.; Bourgin 1912, S. 124ff. Allerdings dürfte
   das Fehlen einer BdT-Diskussion während des 2. Kaiserreiches auch
   dadurch zu erklären sein, daß der Arbeitsmarkt aufgrund der großen
   öffentlichen Bauprojekte relativ ausgeglichen war (vgl. Chatelain 1976,
   S. 856ff.).

54 Vgl. die entsprechenden Dekrete und Erlasse in: Office du Travail
   1893, S. 118-120. Siehe dazu auch Bourgin 1912, S. 123 sowie bes.
   Gossez 1967, S. 237 u. 311ff.

55 Bei Lamartine heißt es freimütig: "Le gouvernement en alimentant
   cette masse d'indigence pendant le chômage de quatre mois d'une
   multitude industrielle accumulée dans une capitale en feu, n'avait
   jamais eu, comme on l'a cru, la pensée d'en faire une institution. Ce
   n'était pas une institution, c'était un secours; secours à la fois
   d'assistance et de politique: car, sans ce subside de riche pour
   nourrir les pauvres, que seraient devenues à la fois la propriété et
   l'indigence?" (Histoire de la Revolution de 1848, (1850), Paris 1948,
   S. 304). Agulhon hat seinerseits festgehalten: "Sous le nom d'ateliers
   nationaux, c'est l'atelier de charité (!), qui prévalut en fait" (1973,
   S. 44).

56 L. Althusser hat gezeigt, daß der Spiegeleffekt des "Wiedererkennens"
   eines der wichtigsten Merkmale der Ideologie ist (1977, S. 141ff.).

57 Vgl. z. B. Boyer 1841, S. 117ff. oder L. Vasbenter, Lettre à Flora
Tristan (1843), in: Faure/Rancière 1976, S. 202f., wo ähnliche Institutionen entworfen werden. Die hier analysierte Flugschrift Leulliers
enthält neben dem bereits erwähnten 'Plan' von Duval auch noch den
Hinweis auf ein Bourse-du-Travail-Projekt für Zimmerleute, das von
einem "citoyen Vellu ouvrier charpentier" ausgearbeitet worden sei.
Ein entsprechendes Dokument konnte jedoch bisher nicht gefunden werden.

58 Vgl. "La bourse du travail", in: L'Egalité, Genf, 27. II. 1869, S. 3-4.
Es heißt dort u. a. : "La Bourse du Travail devrait, dans chaque section
ou soussection, avoir un petit local à elle, où les taux de salaires et
les demandes et offres de travail seraient affichées. Elle devrait etre
administrée par un syndicat composé d'un ou plusieurs travailleurs
de chaque profession." Dieses Projekt geht offenbar auf Diskussionen
des Genfer Kongresses der IAA zurück (1866). Vgl. dazu auch w. u.
Kap. IV.

Anmerkungen zum Kapitel II

1 Neben den Beiträgen in Braudel/Labrousse 1976-79 s. hierzu bes.
Weber 1977 und Haupt 1979.

2 Vgl. u. a. Bouvier 1972; Ziebura/Haupt 1975; Lévy-Leboyer 1978;
Roehl 1976; Caron 1981.

3 Die bisher beste Gesamtanalyse der Anfänge der III. Republik gibt
Elwitt 1975. Vgl. auch Mayeur 1973. Immer noch lesenswert sind die
älteren Essays von Halevy: 1972a; 1972b.

4 Vgl. dazu u. a. Elwitt 1975; Mayeur 1973; Lhomme 1960, S. 269ff.;
Ponteil 1968, S. 378ff.; Baudelot/Establet/Malemort 1974, S. 29ff.
Die hier sehr schematisch vorgenommene politische Gegenüberstellung
hat sich in der Folgezeit dann verschoben, hin auf einen neuen Macht-
block der sog. 'linken Mitte', dem sowohl Vertreter des Industrie-
und Bankkapitals als auch der mittleren Bourgeoisie angehörten.

5 Gambetta: Brief vom 29. IX. 1874, zit. in Bédarida 1948, S. 164.

6 Gambetta: Rede in Le Havre am 18. IV. 1872, abgedruckt in: Barral
1968, S. 262. Zu dieser Auflösung der 'sozialen Frage' in 'Detail-
fragen' siehe Bédarida 1948, S. 274ff. sowie Sorlin 1966, S. 242f.

7 Ebd., S. 257. Immerhin setzten sich die 'Radikalen' für eine Amnestie der 'Kommunarden' ein. (Hier und im folgenden werden, wenn
von 'Radikalismus' im Sinne der franz. 'radicaux' die Rede ist, Anführungszeichen verwendet, um jenen damit vom politischen Radikalismus (u. a. Arbeiterradikalismus) im Sinne fundamentaler Opposition
abzuheben).

8 "La religion a été envisagé comme un moyen de tenir le peuple" (Bigot
1875, S. 227). Vgl. auch Bédarida 1948, S. 94ff.

9 Signifikant war z. B. folgendes Räsonnement: "Les réunions, dans notre pays, deviennent inévitablement des clubs ... les clubs n'ont jamais été que des instruments de désordre, d'oppression et de révolte, ... aucun gouvernement ne saurait subsister avec eux, aussi tout ce qui mènerait à leur rétablissement doit être repoussé énergiquement" (Le Moniteur, 21. XI. 1876, zit. in Sorlin 1966, S. 244f.). Auch wenn die Logik: Versammlungsfreiheit = Assoziationsfreiheit = Unordnung mit der Zeit kaum noch ernsthaft vertreten werden konnte, ist es doch bemerkenswert, daß auch jene Regierungen, denen die Republik von 1792 als Vorbild galt, ausgerechnet das Club-Verbot weiter aufrecht erhielten (vgl. Courcelle 1899, Bd. II, S. 1978, Artikel: "Réunions publiques").

10 Vgl. Moutet 1967, S. 6ff. ; Perrot 1974a, S. 188ff. Siehe auch die Angaben zur Streikrepression in Tab. 1 (im Anhang).

11 Zur Genese des Moralisierungs-Konzepts vgl. jetzt Bezucha 1977 und Donzelot 1980. S. Barrows hat die anti-sozialistische Stoßrichtung dieser Politik konkret an der Anti-Alkohol-Gesetzgebung v. 1873 untersucht (1979).

12 Frédéric Le Play (1806-1882) war mit seinen monographisch angelegten Feldforschungen zur Lage der europäischen Arbeiter einer der Begründer der empirisch arbeitenden Sozialwissenschaft; zugleich war er aber auch ein Ideologe des 'sozialen Cäsarismus' unter Louis Bonaparte. "The central question to him was how to control the forces of social change so as to maintain social peace. He was examing and re-examing his material in the light of this question" (Brooke 1971, S. 119). Die von Le Play begründete Schule der katholisch-paternalistischen 'Sozialökonomie' besaß zu Beginn der III. Republik großen Einfluß unter der Unternehmerschaft (Savoye 1981). Siehe auch w. u. Anm. 16.

13 So der Berichterstatter Ducarre am 18. V. 1874 vor der Nationalversammlung. Zit. in Bédarida 1948, S. 61f. Vgl. auch ebd. , S. 254ff.

14 P. Leroy-Beaulieu schrieb 1875: "Dans notre société, il y a deux grandes catégories de personnes qui se connaissent assez mal mutuellement, les ouvriers et les bourgeois (...). L'ouvrier est au fond un monde inconnu que nous sommes obligés de deviner et où nous n'avons guère accès". (Zit. ebd. , S. 86).

15 So ein anderer Berichterstatter, L. Favre, 1875. Zit. ebd. , S. 89. Der vorherrschende Sprachgebrauch hatte sowohl den Begriff des 'Klassenkampfs' als auch denjenigen der 'Klassen' tabuisiert. 1872 erklärte der Innenminister V. Lefranc vor der Nationalversammlung: "Tout gouvernement qui distinguerait ou désignerait des classes différentes serait un gouvernement dangereux" (zit. ebd. , S. 88). Vgl. auch Perrot 1974a, S. 32.

16 Der ca. 1830 aufgekommene Terminus 'Sozialökonomie' bezeichnete eine Teildisziplin der Politischen Ökonomie, deren hauptsächlicher Gegenstand die Analyse der Distributionssphäre war. Darüberhinaus

war sie aber auch unmittelbar praktisch orientiert (siehe Procacci 1978; Desroche 1979). Um eine Synthese beider Aspekte bemühte sich die 1856 von Le Play gegründete 'Société d'économie sociale' in Verbindung mit den ebenfalls von Le Play initiierten 'Unions de la paix sociale' und der Zeitschrift 'La Réforme Sociale' (Savoye 1981). Eine entgegengesetzte Richtung formierte sich 1886 zur 'Société républicaine (!) d'économie sociale'. Ihr Sekretär war Benoît Malon, ihr Publikationsorgan die 'Revue Socialiste'. Ziel war die Vorbereitung und Förderung dringender Sozialreformgesetze auf der Basis eines "praktischen Sozialismus" (LRS, Bd. 3, 1886, S. 74f.). Der Terminus 'Sozialökonomie' war demnach also allgemein akzeptiert - auf konservativer wie sozialistischer Seite. Während aber der orthodoxe Leplayismus jede staatliche 'Einmischung' in den Sozialbereich ablehnte und Sozialgesetze als Ausdruck eines unberechtigten Mißtrauens gegenüber dem Verantwortungsbewußtsein der Unternehmer empfand (Collignon 1932, S. 114f.), formierte sich Ende des 19. Jhdts. v. a. an den juristischen Fakultäten eine Strömung von Sozialökonomen, die - auch in Verbindung mit dem deutschen 'Verein für Socialpolitik' - eine interventionistische Position verfochten. Zu ihren bekanntesten Vertretern gehörten G. Paulet, Ch. Gide und Ch. Rist. Siehe dazu Stone 1979, S. 69ff. Im politischen Alltag wurde 'économie sociale' nun zunehmend im Sinne von 'Sozialpolitik' verwandt.

17 Zu dessen apologetischer Funktion siehe z. B. Pankoke 1970, S. 175ff.

18 Zu diesen 'Verführungen' gehörten der Alkohol ebenso wie der Sozialismus. Gegen sie galt es vor allem die Institution der Familie zu stabilisieren (Améline 1866, S. 27-29). Entscheidender Hebel dazu sollte die Erziehung zur Sparsamkeit sein (ebd., S. 206). Siehe hierzu auch Kanipe 1978; Barrows 1979.

19 Zum Begriff der Sozialkontrolle vgl. den Überblick bei Gurvitch 1947, außerdem die marxistische Kritik von Stedman Jones 1977, bes. S. 168.

20 Vgl. Brice 1894; Duroselle 1951, S. 498ff.; Hatzfeld 1971, S. 104ff.; Melucci 1974; Perrot 1979c; de Gaudemar 1979, S. 175ff. Eine umfassende sozialhistorische Untersuchung des Patronage-Systems sowie des Zusammenhangs von Sozialpolitik und Arbeiterbewegung in Frankreich liegt bisher nicht vor.

21 Siehe Etablissements Schneider 1912 sowie Parize 1978. M. Perrot (1979c, S. 160) meint demgegenüber - ohne dies näher zu begründen -, das Schneider-System sei bereits kein Paternalismus mehr gewesen: "Schneider established a policy of material profit and security that foreshadowed the large companies of modern capitalism."

21a Picot 1890, S. 653. In einer anderen Schrift heißt es: "Ces institutions patronales forment un système complet de protection qui s'étend sur toutes les manifestations de la vie populaire dans le travail et hors du travail ..." (Ch. Grauwin, Les institutions patronales des Compagnies houillères du Pas-de-Calais, 1909, zit. in: Lefranc 1976, S. 51). -

Wir haben an dieser Stelle bewußt den Akzent auf den 'integrativen'
Aspekt des Patronage-Systems gelegt; es versteht sich von selbst,
daß er nur im Wechsel mit der unmittelbaren Repression funktionierte.
Vgl. Melucci 1974, S. 191ff. u. 263ff.

22 Vgl. Bigot 1875, S. 310: "Une seule espérence reste: la réconciliation
de la bourgeoisie et du peuple (...). Nous le disons sans hésiter, elle
doit venir des classes dirigeantes." Zum sozialen Optimismus der
Republikaner s. auch Sorlin 1966, S. 240ff. 1877 erklärte Gambetta:
"Il n'y a plus de divisions dans notre pays, (...) la République est
faite et (...) elle est scellée du sceau de l'alliance de la bourgeoisie
et du prolétariat." (Rede in Lille am 15. VIII. 77, abgedruckt bei:
Barral 1968, S. 236).

23 Mayeur 1973, S. 46ff.; Elwitt 1975, S. 53ff. Republikanisierung hieß
aber nicht vollständige Demokratisierung. Auch war der Prozeß keineswegs kontinuierlich. Ein Symptom dafür ist das Verbot und die Unterdrückung des internationalen Sozialistenkongresses, der 1878 - aus
Anlaß der Weltausstellung - in Paris stattfinden sollte: die republikanische Versöhnungsbereitschaft hielt sich in engen Grenzen. (Zu diesem Kongreß vgl. Haupt/Verdès 1965, S. 119ff.).

24 Anführungszeichen deshalb, weil diese 'Amnestie' nur für diejenigen
galt, die bis zu einem bestimmten Tag (dem 14. Juli 1880) vom Prä-
sidenten der Republik begnadigt wurden. Eine direkte und echte Amnestie mochte die Mehrheit des Senats nicht zugestehen. Vgl. ausführlich Joughin 1955.

25 Barberet 1873, S. 147. Vgl. Sorlin 1966, S. 238 und 251; Moutet 1967,
S. 14ff. - Obwohl er die Schwächen dieser frühen Gewerkschaftsbewegung keineswegs bestritt, hat Pelloutier versucht, sie dennoch als
Vorläufer des späteren Syndikalismus zu vereinnahmen. Die richtige
anti-etatistische "Intuition" sei bereits vorhanden gewesen und die
"Ereignisse selbst", d.h. die feindliche Haltung der Unternehmer
einerseits und die parlamentarische Fixiertheit der Sozialisten andererseits hätten dann den Übergang zu einer zweiten Phase der Gewerk-
schaftsentwicklung bedingt, in der "revolutionäre Gewerkschaften" dominant wurden (HBdT, S. 99-105).

26 Vgl. eingehend Sorlin 1966, S. 252ff.; Moss 1976, S. 63ff. - Jean
Barberet (1831-1920) war damals Redakteur der Sozialkolumne der
von Victor Hugo herausgegebenen 'radikalen' Tageszeitung 'Le Rappel'. Ein anderer Vertreter dieser Richtung, Louis Pauliat, edierte
zur gleichen Zeit eine kleine 'Bibliothèque ouvrière', in der v. a. genossenschaftliche, gewerkschaftliche und 'arbeitsrechtliche' Schriften erschienen. (S. das Titelverzeichnis in B. Malon, Le mouvement
syndical de 1872 à 1878, in: LRS, 3. Jg., 1886, S. 873).

26a Vgl. dazu David 1974. Siehe jetzt auch die vorzügliche soziologische
Studie von Cam 1981. Konkrete sozialhistorische Untersuchungen zu
dieser wichtigen Institution sind in Vorbereitung.

27 "Sous le régime de tolérance antérieur à la loi du 21 mars 1884, les
chambres syndicales de patrons avaient déjà pris une large extension;
elles s'étaient multipliées et groupées, devançant la constitution des
chambres syndicales ouvrières" (Chalaix 1902, S. 29f.). Dies wird
auch durch die Untersuchung von Priouret (1963) bestätigt, die jedoch
nur die Zeit bis 1870 berücksichtigt. - Zwischen 1848 und 1864 - also
vor der Lockerung des Koalitionsverbots durch Napoleon III. - wurden
1144 Arbeiter- und 162 Unternehmerkoalitionen strafrechtlich verfolgt (G. Engels 1972, S. 41). Eine sozialhistorische Untersuchung
der franz. Unternehmerverbände fehlt bisher. Siehe zuletzt Hilsheimer 1976 sowie bes. die Forschungen von A. Lincoln (u. a. 1981).

28 Rede vom 16. IV. 1884, in: Waldeck-Rousseau 1900, S. 138. Die Bedeutung dieser 'Doppelerziehung' - Volksschule plus Assoziationswe-
sen - wird erst dann voll verständlich, wenn man bedenkt, daß Waldeck-
Rousseau die Funktion des Staates ausdrücklich definierte als Summe
aus Sicherheit und Erziehung (ebd., S. 134). Das heißt: Neben dem
staatlichen Gewaltmonopol sah er sehr realistisch die Notwendigkeit
einer ideologischen Hegemonie seitens der bürgerlichen Klasse. Wäre
demnach auch die Assoziationsgesetzgebung als Bestandteil dieser
ideologischen Rückversicherung zu betrachten? Zur Rolle der Erzie-
hungsreform vgl. eingehend: Elwitt 1975, S. 170-229 ("Schools for the
Republik").

29 Waldeck-Rousseau: Rede in Roubaix am 29. IV. 1883, zit. nach Sorlin
1966, S. 268. Vgl. ebd., S. 264ff., die Analyse seiner Vorstellungen
zur Eingliederung der Arbeiterklasse in die Bourgeoisie mittels Produktionsgenossenschaften.

30 Rede vom 2. II. 1884, in: Waldeck-Rousseau 1900, S. 302 (Hervorhe-
bung im Original). Zur Auseinandersetzung mit dem Sozialkatholizis-
mus s. Sorlin 1966, S. 240ff.

31 Zur Entwicklung des franz. Sozialismus nach 1871 siehe jetzt einfüh-
rend: Willard 1981, S. 63ff.; außerdem: Rebérioux 1975b sowie
Moissonnier 1978. - Bis zur Jahrhundertwende gab es eine ganze
Palette konkurrierender sozialistischer Parteien und Gruppen. Vgl.
zu den einzelnen Richtungen (Guesdisten, Broussisten, Allemanisten
- die beiden letztgenannten bildeten zunächst zusammen die 'Possibilisten' -, Blanquisten u. a.) bes. folgende Darstellungen: Willard
1965; Stafford 1971; Winock 1971; Winock 1973; Hutton 1974; Howorth
1975.

32 Néré 1959, I, S. 39. Vgl. auch ebd., S. 620: "Des centaines de milliers
d'ouvriers sont condamnés à la gêne et à l'incertitude du lendemain
par un chômage partiel ou total, et cela pendant trois, quatre et même
cinq années consécutives. Privés de secours assurés, beaucoup
s'entassent dans les grandes villes, à l'affût des métiers d'occasion,
ou affluent dans les régions où s'ouvrent des chantiers de travaux
public." Vgl. außerdem: Blumé 1957, S. 61ff.

33 Neben der grundlegenden, aber leider schwer zugänglichen Arbeit von
   Néré (1959) siehe zum Boulangismus bes. Seager 1969; Hutton 1976;
   Sternhell 1978, S. 33ff. Die Haltung der franz. 'Marxisten' zum
   Boulangismus behandeln Dautry 1965 sowie Hutton 1967. Vgl. hierzu
   auch w. u. Kap. III und IV.
34 Vgl. Sorlin 1966, S. 274ff. - In einer Anweisung an den Präfekten des
   Tarn heißt es in bezug auf den Bergarbeiterstreik von Carmaux (1883)
   u. a. : "L'administration a du moins le devoir de s'employer, dans la
   mesure de l'influence qui lui appartient, à l'apaisement des conflits
   qui, se prolongeant, pourraient amener des complications fâcheuses. "
   In diesem Sinne sei der Unternehmensleitung gegenüber für mehr Verständnis für die Lohnforderungen der Arbeiter zu werben: "Il est bon
   qu'ils (gemeint ist die Betriebsleitung - P. S.) sachent (...) que mon
   attention a été appelé sur l'état des salaires à Carmaux et que j'estime,
   sans ailleurs vouloir prendre parti dans la question, qu'en ne recher-
   chant pas sérieusement tous les moyens de conciliation, les administra-
   teurs ne pourraient que donner plus de force aux attaques dirigées
   contre le régime actuel des Mines. " Zit. in Trempé 1971, II, S. 637.
   Vgl. auch Néré 1956, S. 295ff.
35 Dieses 'Programm' entwickelte Waldeck-Rousseau in einem vertraulichen Zirkular an die Präfekten vom 27. II. 1884 (AN, F 7/12773).
   Seine Position kommt in diesem Punkt derjenigen der 'Radikalen'
   nahe, die sich immer wieder gegen militärisch-polizeiliche Interventionen bei Streiks aussprachen. Siehe Loubère 1963, S. 93ff.
36 Brief an Waldeck-Rousseau, 9. III. 1883, zit. in Trempé 1971, II,
   S. 646. Bourgeois ist ein gutes Beispiel für den neuen Typus des republikanischen Präfekten, der zu jener Zeit eingesetzt wurde. Vgl.
   Perrot 1974a, S. 704ff.
37 AN, F 7/12773, Zirkular vom 27. II. 1884.
38 Sorlin 1966, S. 289f. Vgl. auch Shorter/Tilly 1974, S. 21ff. sowie
   speziell zum Anzin-Streik und zur divergierenden Strategie von Regierung und Unternehmern: Gillet 1957.
39 Moss 1976, S. 138ff. Brécy (1963, S. 6) spricht fälschlicherweise von
   einer guesdistischen Initiative, was in der weiteren Literatur dann
   übernommen wurde. Auch Lequin (1977, II, S. 247) äußert sich unklar,
   wenn er einerseits davon spricht, die FNS nehme ihren "Ursprung" in
   der Lyoner Gewerkschaftsföderation, wenig später aber zugibt, daß
   die Veranstalter des Kongresses dieser Föderation nicht angehörten.
40 AN, F 7/12491, Brief v. 27. IX. 86 (Abschrift).
41 Waldeck-Rousseau 1900, S. 284. Diese Sichtweise findet sich bereits
   1872 bei dem 'aufgeklärten' Unternehmer Denis Poulot: "On n'essaie
   pas de supprimer un fleuve, on endigue ses rives, on creuse son lit
   afin d'éviter les inondations" (Poulot 1980, S. 352). Oder auch: "Les
   travailleurs groupés et instruits, c'est le blindage de la société contre
   les boulets de l'arbitraire d'en haut et d'en bas" (ebd. , S. 353).
42 Der Wortlaut des Gesetzes findet sich u. a. dt. in Willard 1981, S. 94f.
   Im folgenden wird nach dieser Fassung zitiert.

43 Siehe Dolléans/Dehove 1953, S. 355ff. sowie v. a. Bance 1978, S. 70ff.,
   dessen Darstellung aber insgesamt unbefriedigend ist, weil sie ganz
   der syndikalistischen Ideologie aufsitzt.

44 G. Engels (1972), der das Gesetz ausführlich kommentiert und auch
   die wichtigsten Gerichtsurteile beibringt, die seine Auslegung bestimmten, schreibt zusammenfassend (S. 77): "Die Koalitionen haben
   sich jeder politischen Tätigkeit zu enthalten. Sie überschreiten insbesondere ihre Befugnisse, wenn sie sich in das politische Wahlgesche-
   hen einschalten, ihre Mitglieder zur Teilnahme an politischen Kundge-
   bungen zwingen, auf eine Veränderung des politischen Systems hinar-
   beiten oder für eine politische Partei oder Ansicht werben. Das Gesetz
   lehnt also nicht nur direkte Aktionen ab, sondern versagt den Koalitionen schon das Recht, sich in Entschließungen und Stellungnahmen zu
   politischen Fragen zu äußern. Das im Spezialitätsgrundsatz enthaltene Gebot völliger politischer Untätigkeit ist absolut."

45 Ebd., S. 94ff. sowie Louis 1912, S. 139ff. Perrot (1974a, S. 307f.)
   zit. einen Präfekten, der, nachdem er eine diesbezügliche Beschwer-
   de von Gewerkschaftern abgewiesen hat, seinem Vorgesetzten gegenüber zynisch von einer "loi sentimentale" spricht. Zwar hat es in den
   folgenden Jahren verschiedene Gesetzentwürfe gegeben, die diese
   'Lücke' beseitigen sollten, aber sie fanden nie eine parlamentarische
   Mehrheit. Erst durch ein Gesetz vom 27. IV. 1956 (!) wurde der gängigen Unternehmerpraxis Einhalt geboten!

46 Am 14. 8. 1884 wurde in Abänderung des Grundgesetzes v. 1875 die
   Republik für unrevidierbar erklärt.

47 Der bereits erwähnte Freycinet-Plan von 1878-82 zeigt allerdings, daß
   auch liberale Dogmatiker wie der damalige Finanzminister Léon Say
   gezwungen waren, zu wirtschaftsregulativen Maßnahmen Zuflucht zu
   nehmen (Gonjo 1972, S. 57f.). Vgl. hierzu die ideologiekritische Untersuchung von Barak (1975), die dem Widerspruch zwischen liberaler
   Wirtschaftsideologie und staatlicher Wirtschaftspolitik im 19. Jahrhundert nachgeht.

48 Friedrich Engels hat darauf hingewiesen, daß es für die industrielle
   Bourgeoisie - angesichts ihrer vom Proletariat unterschiedenen Arbeitsbedingungen - ohnehin keinen vergleichbaren Zwang gab, sich in
   Unternehmerverbänden zusammenzuschließen: "Die Kapitalisten sind
   immer organisiert. In den meisten Fällen brauchen sie keinen formellen Verband, keine Statuten, keine Funktionäre etc. Ihre im Vergleich
   zu den Arbeitern geringe Zahl, der Umstand, daß sie eine besondere
   Klasse bilden, ihr ständiger gesellschaftlicher und geschäftlicher Ver-
   kehr untereinander machen das alles überflüssig ..." (Die Trade
   Unions, MEW Bd. 19, S. 256).

50 Rückblickend erklärte Waldeck-Rousseau am 18. I. 1900 vor der Kammer: "Le phénomène nouveau, messieurs, la constatation précieuse
   et consolente, c'est que les syndicats ne font pas seulement les grèves:
   ils les régularisent, ils les disciplinent (...) Et c'est là le progrès

social qui est né de la législation de 1884" (1900, S. 128).

51 Sie beschränkten sich einerseits auf die Errichtung sozialpolitischer Beobachtungsstationen und Beratungsgremien (Office du Travail, Conseil supérieur du Travail) und andererseits z. B. auf Sozialmaßnahmen, die die Arbeitsverhältnisse spezifischer Arbeitergruppen betrafen (Kinder, Frauen, Eisenbahner, Bergleute, Beschäftigte in Betrieben mit Staatsaufträgen). Abgesehen von einer Liberalisierung des Versicherungswesens der 'sociétés de secours mutuels' (1898), die allerdings kaum einen Ersatz für eine staatliche Sozialversicherung darstellten, betrafen lediglich drei Gesetze positiv die Mehrheit der Arbeiterklasse· eines über die fakultative Streikschlichtung (1892), eines über die unternehmerische Verantwortung bei Arbeitsunfällen (1898) und eines - das einzige Millerand'sche Sozialgesetz übrigens - über die schrittweise Verkürzung der Arbeitszeit auf 10 Stunden (1900). Auch diese Maßnahmen hatten allerdings keine spektakulären Verbesserungen der Arbeiterlage zur Folge. Vgl. dazu mangels einer systematischen Gesamtdarstellung der Sozialpolitik jener Zeit: Tournerie 1971, S. 63ff.; Weitz 1977, S. 283ff.; Stone 1979, S. 134ff.; Hatzfeld 1971, S. 211ff.; Bourquin 1977, S. 102ff.

52 Jules Guesde, Une nouvelle loi Chapelier (sic), in: Guesde 1899, S. 275: "Ce n'est pas, en réalité, l'abrogation de la loi Chapelier; c'est sa modernisation, son adaptation aux nouvelles nécessités capitalistes. Sous couleur d'autoriser l'organisation professionnelle de notre classe ouvrière, la nouvelle loi n'a qu'un but: empêcher son organisation politique. "

Anmerkungen zum Kapitel III

1 APP, BA 1611, Ber. v. 19. I. 84 über eine Versammlung des Pariser PO.

2 Vgl. etwa den Beschluß des FNS-Gründungskongresses v. 1886, der für die Gewerkschaften betonte, "qu'ils sont partisans de la liberté de réunion et d'association, et n'entendent pas que nos politiciens aient le droit de légiférer sur ces deux principes fondamentaux de la République" (Prot. FNS 1886, S. 354f.).

3 Vgl. Perrot 1974a, S. 161, sowie Néré 1959, II, S. 48 u. passim. - Eine Demonstration im März 83 vereinte über 20 000 Teilnehmer. Die Presse kennzeichnete diese wie folgt: "La masse des manifestants appartient aux corporations sans travail, aux industries des métaux, de l'ameublement, du bâtiment. Beaucoup d'ouvriers du bronze aussi" (Le Temps v. 10. III. 83, zit. in Perrot 1974a, S. 161).

4 Néré 1959, II, S. 59. Vgl. auch Perrot 1974a, S. 164.

5 Le Radical v. 19. II. 1886 (zit. nach Néré 1959, I, S. 93). Diese Forderungen bezogen sich konkret auf das Projekt des Métropolitain sowie die Weltausstellung von 1889. Zur öffentlichen Baupolitik in Paris und ih-

ren sozialen Implikationen siehe Cottereau 1969, hier bes. S. 356ff.

6 Zur gleichen Zeit erklärte Ferry, der Staat habe nicht "soziale Therapeutik, sondern soziale Hygiene" zu leisten (zit. in Tournerie 1971, S. 67).

7 Vgl. dazu Améline 1866, S. 50; Molinari 1893, S. 61. In dem bis 1898 gültigen Gesetz über die Sociétés de secours mutuels v. 1852 war denn auch ausdrücklich eine Versicherung gegen Arbeitslosigkeit verboten. Siehe Chavot 1977, S. 16ff.

8 Tournerie 1971, S. 72ff. Diese Linksentwicklung zeigte sich auch darin, daß im Wahlkampf v. 1885 zum ersten Mal sozialpolitische Themen eine größere Rolle spielten. Vgl. die Analyse von Prost 1974, S. 50ff.

9 Ein anderer Punkt war z. B. die Gewinnbeteiligung der Arbeiter in Unternehmen (CMP, PV, 1882, S. 140).

10 APP, BA 1611, Ber. v. 17. XI. 83.

11 CMP, PV, 1884, S. 351ff. - Die Sozialisten unterschrieben diesen Antrag nicht, da sie die Frage einer neu zu schaffenden 'Arbeitskommission' anvertrauen wollten (ebd. , S. 353). Wenig später wurde diese Kommission tatsächlich gebildet. Vgl. Dommanget 1956, S. 79f.

12 Mitglieder der Liga waren in Paris die Gewerkschaften der pâtissiers, cuisiniers, boulangers, boulangers dit viennois, garçons de cuisine, limonadiers-restaurateurs, garçons d'hôtel, bouchers, employés, comptables, destillateurs (APP, BA 1272, Ber. v. 13. 10. 86). Die weitgehende Identität der Liga mit Gewerkschaften der Nahrungsmittelbranche zeigte sich auch auf ihrem Kongreß 1891, wo in erster Linie Arbeitsnachweis-Fragen behandelt wurden (ABdT 1890/91, S. 252-260).

13 Vgl. auch das Echo dieser Aktionen im Vorwort zur 3. Aufl. von Poulots 'Sublime' (1980, S. 108), das im Febr. 1887 verfaßt wurde.

14 Paul Brousse schrieb z. B. 1882: "A s'en tenir au populaire du langage, au relief habilement donné à certains articles, le projet a l'apparence honnête d'une intervention du conseil municipal en faveur des ouvriers. Mais (...) on est promptement détrompé: Quel piège, mes amis! quel traquenard! C'est une édition radicale du fameux bureau des sociétés professionnelles de Monsieur Barberet" (zit. in P. Brousse, "La Bourse du Travail", in: La Petite République v. 12. III. 94; APP, BA 1609). Brousse fügte diesem Zitat 12 Jahre später hinzu: "Le piège, denoncé par moi en 1882, fut nettement perçu par les travailleurs, évité et changé par eux en outil bienfaisant ..." (ebd.).

15 APP, BA 1611, Polizeiber. , 6. I. 84. Auch die sozialistischen Parteikongresse hatten entsprechende Beschlüsse gefaßt (vgl. Brécy 1963, S. 4).

16 APP, BA 1611, Polizeiber. , 15. XII. 83 (zit. aus einem Diskussionsbeitrag auf einer Sitzung des Conseil local des PO).

17 APP, BA 1611, Ber. v. 19. I. 84. - Georges Crépin war 1889-95 Mitglied der nationalen Leitung des PO (Willard 1965, S. 614).

18 APP, BA 1611, Ber. v. 15. XII. 83.

19 Eine leichte Entspannung im Verhältnis zwischen Regierung und Gewerkschaften zeigte sich immerhin darin, daß die Zuständigkeit in diesen Fragen 1886 vom Innen- an das Handelsministerium abgegeben wurde.

20 So empfanden es freilich die Pariser Anarchisten, die damals noch wenig gewerkschaftsfreundlich waren. Vgl. Le Révolté v. 17. VII. 86, zit. bei Bance 1978, S. 46f.

21 AN, F7/13614, Ber. v. 19. VI. 93 (Zitat des sozialistischen Abgeordneten Jules Joffrin v. 28. VIII. 89).

22 Noch im August 1886 fand dort eine von den Possibilisten organisierte internationale Arbeiterkonferenz statt (vgl. Haupt/Verdès 1965, S. 124-125).

23 Vgl. CMP, RD, 1887, Nr. 159 (Rapport Joffrin), S. 2.

24 AVP, VM^{29}, 3, Notiz v. 8. X. 89. Vgl. auch ebd. die undatierten Aufzeichnungen des Architekten Joseph Bouvard.

25 AVP, VM^{29}, 3, A. Détré, L'ère nouvelle.

26 Um die Ambivalenz dieser Losung zu unterstreichen, sei nur erwähnt, daß die Devise "Pax, Labor" 1899 auch von der unternehmerfreundlichen gelben Gewerkschaft in Le Creusot gewählt wurde (Parize 1978, S. 28).

27 CMP, PV, 1886, S. 1486, 1523, 1526, 1586.

28 AVP, VM^{29}, 3, Sammlung von Zulassungsanträgen der Gewerkschaften.

29 Zu diesem Stadtviertel siehe Kauw 1961, S. 129ff. - Daß die Mobilisierung der Arbeiter der 'alimentation' für die Beschlußfassung des Stadtrats den Ausschlag gegeben hatte, führte dazu, daß Mesureur auf ihre Interessenlage ausdrücklich einging: "Par sa position au centre de Paris, près des Halles et du Palais Royal, là où sont établis tous les bureaux de placement ouvert aux travailleurs des industries de l'alimentation, la Redoute pourrait être presque immédiatement livrée aux chambres syndicales qui se rattachent à ce grand mouvement de l'alimentation de la capitale" (CMP, RD, 1886, Nr. 142, S. 4).

30 Vgl. ABdT 1887-1888, S. 36-40, siehe dazu auch Le Theuff 1902, S. 38f.

31 Die folgende Darstellung beschränkt sich im Wesentlichen auf die ersten drei Phasen (bis 1896). Die Entwicklung der vierten Phase wäre stärker im Zusammenhang mit der Geschichte der FBdT und CGT zu behandeln.

32 Die Possibilisten stellten damals 9 von 10 sozialistischen Vertretern im Stadtrat sowie zwei Abgeordnete in der Kammer (J.-B. Dumay und J. Joffrin). Perrot betont auch die Stärke der possibilistischen Partei bei den Streikversammlungen der 80er Jahre (1974a, S. 602).

33 La Justice v. 16. I. 1888, zit. in Néré 1959, II, S. 228.

34 APP, BA 1611, Ber. v. 16. II. 90.

35 APP, BA 1611, Le Démocrate v. 5. I. 1890.

36 CMP, PV, 1887, S. 504f.

37 CMP, PV, 1889, S. 695 u. ebd., 1888, S. 161ff. Vgl. auch Néré 1959, II, S. 219ff.

38 Brousse sagte über diesen Streik "Des grèves qui n'aboutissent pas économiquement deviennent nécessairement politiques; dans l'éspèce, boulangistes" (Zit. in Néré 1959, II, S. 410). Vgl. auch Perrot 1974a, S. 384. Vaillant schrieb dagegen: "Avec la grève des terrassiers et la tentative des autres corporations du bâtiment de leur venir en aide (...) une ère nouvelle s'annonce ... Ici, ce qui domine, c'est l'attaque dirigée contre la classe capitaliste, contre le mode de production ..." (Zit. in Dommanget 1956, S. 477).

39 Perrot 1974a, S. 597. - Der 'Journal des Débats' (3. VIII. 1888) notierte: "Le véritable foyer de la grève des terrassiers est rue J. J. Rousseau. C'est de là que partent les mots d'ordre, c'est de là que le mouvement reçoit son impulsion" (APP, BA 1611).

40 Auch nach der Wiedereröffnung blieb die große Halle der Börse mehrere Monate lang geschlossen (Néré 1959, II, S. 384). Vgl. hierzu auch P. Lafargue an F. Engels, 8. VIII. 88, in: F. Engels 1956, II, S. 166.

41 Eine konservative Zeitung kommentierte: "Cette réouverture (...) met la Bourse aux mains des représentants d'une fraction du parti révolutionnaire - les possibilistes, en majorité à la commission municipale du travail - qui pendant toute la grève ont déconseillé toute violence aux terrassiers" (APP, BA 1611, La République Française, v. 11. VIII. 88).

42 Boulé selber erklärte: "Je ne suis pas boulangiste. Je suis antipossibiliste, voilà ma profession de foi" (zit. bei Néré 1959, II, S. 399). Erst ein Jahr später kokettierte er dann - wie viele Blanquisten - tatsächlich mit dem Boulangismus (vgl. CMP, PV, 1890, S. 262, sowie Sternhell 1978, S. 37).

43 APP, BA 1611, Le Parti Ouvrier v. 5. I. 90; La Justice v. 11. I. 90; L'Eclair v. 9. I. 90.

44 APP, BA 1611, L'Eclair v. 15. III. 90. (Interview mit A. Philippe).

45 APP, BA 1611, Ber. v. 15. XI. 90. Erst am 5. X. 91 wurde das Büro wieder geöffnet!

46 APP, BA 1611, L'Intransigeant v. 31. VIII. 90.

47 IFHS, 14 AS 221 (1), Rapport de la commission d'enquête présenté au Comité général de la Bourse du Travail (séance du 19 mai 1891), 1891.

48 Vgl. hierzu: Le Matin v. 9. IX. 90 (APP, BA 1611), Interview mit C. Ribanier. Ein ausführlicher Bericht über die Tätigkeit der BdT während der Weltausstellung findet sich in: ABdT 1889, S. 1-219. - Zur Rolle der BdT und der Possibilisten in bezug auf den Sozialisten-Kongreß v. 1889 vgl. auch F. Engels, Der Internationale Arbeiterkongreß von 1889, in: MEW Bd. 21, S. 512ff., hier bes.: S. 521f.

49 Der Text erschien als Beilage zur possibilistischen Tageszeitung 'Le Prolétaire' v. 11. VII. 1891 (APP, BA 1611).
50 APP, BA 1611, Ber. v. 25. VI. 91; 18. VII. 91; 23. VII. 91; 27. VII. 91. BBdT, Nr. 271, 28. VI. 91.
51 Die Gewerkschaft der 'hommes de peine' gruppierte Hilfsarbeiter aus den verschiedensten Branchen. In ihrer Gründungserklärung hieß es: "Une association dans laquelle tous ceux qui souffrent, qui peinent seront confondus, mêlés, sans distinction de profession ou de métier" (Chambre syndicale des hommes de peine 1887, S. 5). 1888 zählte diese anti-korporative Gruppe nach eigenen Angaben 900 Mitglieder (BBdT, Nr. 67, 1. VII. 88). Ende des 19. Jahrhunderts war sie eine Bastion des Anarchismus. Vgl. auch Humbert 1949, S. 41f.
52 Die Auswirkungen der Spaltung auf die Situation an der BdT werden in zahlreichen Polizeiberichten dokumentiert (APP, BA 1611, Ber. v. 8. XI. 90; 11. XI. 90; 18. IX. 90; 4. XII. 90 usw.).
53 Vgl. CMP, RD, 1892, Nr. 49, S. 2.
54 ABdT 1890/91, S. 276.
55 Vgl. AN, F7/13614, Notiz v. 31. I. 93; Ber. v. 19. VI. 93; APP, BA 1608, Ber. v. 6. IV. 92; BBdT, Nr. 301, 24. I. 92; ABdT 1892, S. 322ff. ; Cadic 1979, S. 77ff.
56 Vgl. bes. Butler 1960, S. 173ff. ; Julliard 1971, S. 119ff. ; Schöttler 1973, S. 26ff.
57 APP, BA 1611, Ber. v. 25. XI. 91; La Petite République v. 24. XII. 91.
58 Le Moniteur des syndicats ouvriers, Nr. 230, 3. III. 87.
59 AN, F7/13614, Seine, Präfekt an Innenminister, 17. IV. 92.
60 Einen bes. Skandal gab es im Dez. 1892, als im BBdT v. 4. XII. 92 der Tod französischer Offiziere in Dahomey nicht betrauert, sondern begrüßt wurde (AN, F7/13614, Ber. v. Dez. 92).
61 Diese abwartende Haltung belegt z. B. folgender Brief des Innenministers Constans an den Präfekten v. 16. VIII. 1890: "Les questions soulevées par la création des Bourses du Travail sont à la fois toutes nouvelles et fort délicates. Aucune d'elles ne saurait être tranchée sans avoir été sérieusement étudiée et mûrement approfondie. Aussi, avant de décider quel caractère il convient d'attribuer à la Bourse du Travail, avant de déterminer la mesure et les conditions dans lesquelles le Gouvernement, votre Administration ou les représentants de la Ville, seront appelées à intervenir dans la gestion de cet établissement, j'estime qu'il est préférable d'attendre que les données de l'expérience et l'observation des faits aient pu fournir quelques indications précises ..." (AN, F7/13614). Diese Zurückhaltung war umso bemerkenswerter, als die Regierung sich in dem Gemeinnützigkeitsdekret, das den Kauf des Grundstücks in der rue du Chateau d'Eau legalisierte, die Möglichkeit einer definitiven Reglementierung ausdrücklich vorbehalten hatte (vgl. zu dieser Problematik auch w. u. Kap. V.).
62 APP, BA 1608, Le Temps v. 3. XI. 1892.

63 APP, BA 1608, Brief des Procureur de la République an den Polizei-
    Präfekten v. 7. XI. 92.
64 APP, BA 1608, Le Temps v. 3. XI. 1892. Vgl. auch ebd. , Le Soir v.
    4. XI. 1892; Le Matin v. 17. XI. 92.
65 Molinari 1893, S. 144ff. u. 156. Vgl. auch die Diskussion in der
    'Société d'Economie politique de Paris ' in: L'Economiste Français
    v. 15. VII. 93 (AN, F7/13567).
66 BBdT, Nr. 368, v. 7. V. 93, S. 687f. : "Le Premier Mai à Paris".
67 AN, F7/13614, Brief Dupuys an den Präfekten der Seine v. 28. V. 93.
68 AN, F7/13614, Anschlag des Präfekten v. 2. VI. 93.
69 Auch G. Mesureur plädierte für eine Tolerierung der 'illegalen' Ge-
    werkschaften ("Sagesse", in: La Marseillaise v. 19. VI. 93; AN, F7/
    13614).
70 APP, BA 1608, Ber. v. 10. VI. 93: "La conviction de la plupart des
    délégués à la Bourse est que l'affiche apposée n'est qu'une tentative
    d'intimidation que le ministre n'osera pas faire exécuter. "
71 AN, F7/13614, Notiz Dupuys auf einem Brief des Justizministers v.
    23. VI. 93; vgl. auch CMP, PV, 1893, S. 916ff.
72 APP, BA 1608, Ber. v. 13. VI. 93.
73 APP, BA 1608, Ber. v. 26. u. 27. VI. 93. Die Redner verglichen die-
    sen Beschluß mit dem Ballhausschwur v. 1789.
74 Bei einem studentischen Umzug war es am 1. Juli zu einem Zwischen-
    fall mit der Polizei gekommen, bei der ein Unbeteiligter von Polizi-
    sten erschlagen wurde. In den darauffolgenden Tagen fanden zahlrei-
    che Protestdemonstrationen statt. Die Polizei ging erneut gewaltsam
    gegen die Studenten vor. Vgl. dazu die Erinnerungen von A. Zévaès
    (1913, S. 57ff.) sowie Rebérioux 1968, S. 1-3.
75 APP, BA 1608, Ber. v. 4. VII. 93. Die Arbeiter der BdT beschlossen,
    sich an der Beisetzung des getöteten Studenten zu beteiligen. Sie war-
    fen aber den Studenten vor, sich nicht an der 1. Mai-Demonstration
    beteiligt zu haben.
76 APP, BA 1608, La Lanterne v. 6. VII. 93.
77 Archiv der Bourse du Travail, Paris, Livre des procès-verbaux des
    permanents de l'Administration, Eintragung v. 6. VII. 93 (S. 46). -
    Laut Polizeibericht erfolgte die Räumung der Börse um 16 Uhr (AN,
    F7/13614, Polizeipräfekt an Président du Conseil, 6. VII. 93).
78 AN, F7/13614, Protokoll der Kammerdebatte v. 8. VII. 93, S. 2063-
    2065. Die folgenden Zitate ebd.
79 AN, F7/13567, zwei undatierte Notizen von M. Boucard. Darin wird
    vorgeschlagen, den Konflikt mit den Gewerkschaften für eine Neure-
    gelung der Verwaltungsstruktur der Börse zu nutzen, ohne deshalb
    zu drakonischen Maßnahmen zu greifen: "L'attitude maladroite que
    prennent les syndicats en se mettant ouvertement en révolte avec la
    loi faciliterait beaucoup une tentative de réglementation. On peut se
    montrer très libéral sans danger si l'on tient la main au respect de
    ce réglement" (1. Notiz). Einerseits gelte es die verschiedenen Ge-

werkschaften und sozialistischen Richtungen an der BdT gegeneinander auszuspielen, andererseits das stillschweigende Einverständnis von sozialistischen Abgeordneten wie Dumay oder Lavy zu bekommen: "Cette attitude aura l'avantage de ne pas fournir d'armes aux amis des révolutionnaires au cours de la période élèctorale et de ne pas d'avantage permettre aux modérés ni aux réactionnaires de taxer de faiblesse le gouvernement" (2. Notiz).

80 AN, F7/13614, Auszug aus dem Protokoll der Senatsdebatte v. 19. VII. 93, S. 1185.

81 Vgl. dazu auch in Kap. IV die Ausführungen über die BdT von Bordeaux.

82 Vgl. die zahlreichen Polizeiberichte über Protestversammlungen und Demonstrationen am 7. Juli (AN, F7/13614, Ber. des Polizeipräfekten vom 8. VII. 93). Sozialistische und 'radikale' Abgeordnete, Senatoren und Stadträte verfaßten ein Plakat "Au Peuple de Paris", in dem sie ihre Empörung gegen die Schließung der Börse zum Ausdruck brachten (1 Ex. in: AN, F7/13614). - Symptomatisch für die Einheitlichkeit des Protests ist auch, daß Guesde und Lafargue ebenso wie Brousse und Jaurès eine Resolution unterstützten, in der zur sofortigen Vorbereitung des 'Generalstreiks' aufgerufen wurde (Vgl. GG, 2. Jg., Nr. 5 v. 10. II. 93, S. 1).

83 In seiner Enquête über die Pariser Arbeiterschaft berichtet H. Leyret (1895, S. 181f.) über die Enttäuschung einzelner Arbeiter nach dem Ausbleiben des 'großen Abends': "Eh bien! vous les avez vu, leurs syndicats? Il menaçeaient de faire sauter tout Paris. Tas de gueulards! (...) J'y croyais à tout ça, je disais à la bourgeoisie: 'On va rigoler un brin. V'la la Commune qui revient, faut que j'apprête mon flingot'. (...) Pour le coup, ça y était la Révolution! avec le Quartier latin soulevé, Charonne, Ménilmontant, Belleville, qui commençait à bouger. Ah! malheur! On a passé le temps à jaboter et à brailler ...". Vgl. auch die Schlagzeile des 'Père Peinard' (Nr. 227, 23. VII. 93): "Dans le siau la grève générale. Reculade des syndicats."

84 Vgl. Lefranc 1967, S. 52f.; Schöttler 1973, S. 58f.

85 Vgl. Willard 1965, S. 355. - Die Einberufung des Gewerkschaftskongresses nach Paris stellte einen Versuch der BdT sowie der Pariser Allemanisten und Blanquisten dar, über die FNS-Führung hinweg eine Vereinheitlichung der Gewerkschaftsbewegung auf der Basis einer strikten Autonomie gegenüber dem politischen Sozialismus einzuleiten. Zur Interpretation dieses Konflikts siehe zuletzt: Geslin 1977 sowie Schöttler 1981a, S. 8-10.

86 Vgl. die zahlreichen Solidaritätsadressen in: Prot. gemischter Kongreß 1893, S. 15. - Jaurès sandte aus diesem Anlaß mehrere Telegramme an Gewerkschaften in Carmaux mit der Bitte, unbedingt ein Mandat zu schicken: "Il importe que vous soyez représentés congrès corporatif Paris 12 juillet. Si vous ne pouvez pas envoyez à quelqu'un mandat régulier. Faut affirmer solidarité ouvrière. Jaurès" (AN, F7/12493).

87 Vgl. ausführlich: Butler 1960, S. 186ff.; Schöttler 1973, S. 55ff.; Geslin 1977.

215

88 Zwischen Dez. 1893 und Juli 1894 wurden als Reaktion auf mehrere Attentate drei Gesetze gegen anarchistische Umtriebe durchgepeitscht, die v. a. für die revolutionäre Presse strafrechtliche Verfolgungen bedeuteten. Vgl. Machelon 1976, S. 407ff.

89 AN, F7/13614, Journal des Débats v. 11. VIII. 93. - Bei 65 betroffenen Gewerkschaften bedeutete dies eine Summe von 3250 F. Im Dez. 93 waren davon erst 261, 50 F gesammelt worden (APP, BA 1608, Ber. v. 10. XII. 93). Später ging das Gerücht um, der allemanistische Abgeordnete Faberot habe sämtliche Geldbußen bezahlt (ebd., Ber. v. 8. VII. 94).

90 Der Prozeß fand mitten im Wahlkampf statt. Der öffentliche Ankläger beschuldigte die BdT ausdrücklich politischer Aktivitäten (AN, F7/ 13614, Le Journal des Débats, 7. VIII. 93). Verteidiger der Gewerkschaften war Alexandre Millerand (vgl. sein Plädoyer in: Le Rappel v. 11. VII. 93, AN, F7/13614). Dazu sehr kurz: Derfler 1977, S. 71.

91 Im Laufe der Jahre hatten die Gewerkschaften der BdT sich derart auf die Subvention 'verlassen', daß sie Beiträge für "fakultativ" erklärten (ABdT 1890-1891, S. 134f.) und lediglich noch zur Füllung der Streik- und Solidaritätskasse verwandten.

92 AN, F7/13614, Polizeipräfekt an Président du Conseil, 12. VIII. 93.

93 APP, BA 1608, Ber. v. 29. VIII. 93. - Der Tagungsraum war unweit der Bourse centrale in der rue de Bondy Nr. 80 (heute: Cité Riverin).

94 APP, BA 1608, Ber. v. 9. XI. 93.

95 APP, BA 1611, Ber. v. 25. V. 94.

96 APP, BA 1608, Ber. v. 21. XI. 93. - Es kam dabei zu einer Kampfabstimmung, weil einzelne Sekretäre auf ihre bezahlte Funktion nicht verzichten mochten.

97 APP, BA 1608, Ber. v. 21. VII. 93.

98 APP, BA 1611, Ber. v. 15. XI. 94.

99 APP, BA 1611, Ber. v. 20. II. 94.

100 Ebd. - Vaillant hatte bereits am 10. Juli 93 im Munizipalrat einen Betrag von 150 000 F für eine 'Bourse du Travail libre' beantragt (CMP, PV, 1893, S. 100f.). - Zur selbstlosen Rolle Vailants bei der Unterstützung der Gewerkschaften und BdT vgl. bes. Howorth 1975, hier: S. 96f.

101 AN, F7/13567, Projet de décret relatif aux Bourses du Travail, 21. III. 94. Vgl. dazu: APP, BA 1609, La Petite République v. 12. III. 94; A. Baumé: La Bourse du Travail de Paris sous la surveillance de la Police, in: GG, 2. Jg., Nr. 7, v. 18. III. 94, S. 1-2.

102 CMP, PV, 1894, S. 51-56; APP, BA 1611, Ber. v. 27. II. 94, Ber. v. 6. III. 94. Zu diesem Zeitpunkt waren immer noch 45 städtische Angestellte damit beschäftigt, die leere BdT instandzuhalten und zu bewachen (AVP, VM 29/3, Ber. v. 16. III. 94). Allein schon aus Kostengründen wäre eine baldige Wiederverwertung des Gebäudes also geboten gewesen.

103 Manchen Gruppen war das Verhalten der Gewerkschaften der Bourse provisoire allerdings immer noch zu 'legalistisch'. So zogen sich die

Eisenbahner und die Tabak- und Zündholzarbeiter Anfang 1895 zurück
(APP, BA 1611, Ber. v. 20. I. 95).
104 APP, BA 1611, Ber. v. 15. XI. 94; Zirkular o. D. (Ende Juni 95). -
Vgl. hierzu auch die Gewerkschaftszahlen der Pariser BdT in Tab. 6
(im Anhang).
105 Archiv der Bourse du Travail Paris: Livre des procès-verbaux ...,
S. 142ff.
106 APP, BA 1611, Ber. v. 12. VII. 95. Von 359 F Beitragseinnahmen entfielen 200 F auf die Delegation zum FBdT-Kongreß in Nîmes (ebd.,
FBdT-Zirkular v. Juni 1895).
107 Vgl. allgemein: Mayeur 1973, S. 214f.; APP, BA 1609 (zahlreiche Polizeiberichte mit Belegen für die in Pariser Gewerkschaftskreisen ab
Nov. 95 geäußerten Hoffnungen auf eine Wiedereröffnung der BdT).
Vgl. auch: CMP, PV, 1895, S. 508, 906f., 939, 1038ff.
108 APP, BA 1609, Dekret v. 7. XII. 95 (Bulletin des Lois de la République
Française, Nr. 1758).
109 APP, BA 1609, G. Mesureur, Rapport au Président de la République
Française (Journal Officiel v. 11. XII. 95).
110 APP, BA 1609, Le Temps v. 28. XII. 95.
111 F. Pelloutier, Le mouvement ouvrier, in: L'Action, 1. Jg., Nr. 1,
v. 1. II. 96.
112 APP, BA 1609, Ber. v. 3. I. 96, Ber. v. 17. I. 96; F. Pelloutier, Le
mouvement ouvrier. La Bourse du Travail, in: L'Action sociale,
1. Jg., Nr. 2, v. 8. II. 96.
113 BMS, Sign. Nr. 26. 166 V. 4⁰; Procès-verbaux des séances du comité
fédéral (de la Fédération des Bourses du Travail - P. S.) du 22. novembre 1892 au 12 juillet 1901 (fortan zit. Procès-verbaux), 27. III. 96.
Vgl. auch ebd. die Protokolle v. 17. I. 96 u. 26. VI. 96. Der anarchistische Journalist Emile Pouget schrieb gleichzeitig: "Crédieu, pour la
dignité des syndicats, y a pas à tortiller: s'ils ont le moindre sentiment d'indépendance, ils doivent dire 'Zut'! à la gouvernance et la
laisser en plan avec la baraque" (APP, BA 1609, La Sociale v.
4. I. 96).
114 AN, F7/13614, Präfekt an Innenminister, 17. XI. 96; ebd. auch Abschrif-
ten mehrerer Briefe Baumés an den Präfekten sowie Entwürfe für die
Statuten der neuen Organisation.
115 APP, BA 1611, Le Temps v. 29. XI. 96; La Petite République v. 27. IV.
97; zur UCSS vgl. auch (sehr knapp) Raynaud 1945, S. 35ff.
116 APP, BA 1611, Zirkular der UCSS mit Beschlußprotokoll v. 20. XII. 99. -
Von 205 Gewerkschaften waren 1898 86 Mitglied der UCSS (ebd., La
Lanterne v. 1. III. 98).
117 APP, BA 1609, Le Temps v. 9. XII. 96.
118 Diese Funktion hatte der ehemalige possibilistische Kammerabgeord-
nete Jean-Baptiste Dumay (1841-1926) inne. Aufgrund seiner langen
Zugehörigkeit zur Arbeiterbewegung konnte er gegenüber den Gewerkschaften als 'Vermittler' gelten - zumindest war das die Absicht der

Präfektur. In der Praxis waren die Beziehungen der UCSS zu Dumay aber nicht sonderlich gut oder gar kameradschaftlich. Man betrachtete ihn als "agent préfectoral", verdächtigte ihn, Briefe zu öffnen, Plakate abzureißen etc. (Vgl. APP, BA 1609, Ber. o. D. (1896); Ber. v. 17. VI. 97). In seinen Memoiren hat sich Dumay (1976, S. 341f.) über die Tätigkeit an der BdT nur sehr kurz geäußert und v. a. seine persönlichen Schwierigkeiten mit Baumé betont.

119 Pelloutier, Sekretär der FBdT, formulierte z. B. folgendes Projekt: "Constitution d'une Bourse du Travail ne fonctionnant qu'avec ses propres ressources, en mesure, par conséquent, de repousser toute tutelle administrative (...). La Bourse du Travail ne serait de libre accès qu'aux syndicats révolutionnaires, ceux qui, sachant vaine toute tentative de conciliation entre le Travail et le Capital, ne s'efforcent qu'à détruire celui-ci et à restaurer (!) un ordre économique où chaque être consomme à sa faim et produit ce que permet sa constitution" (Projets d'action, in: L'Enclos, 2. Jg., Nr. 8, Juni 1896, S. 123f.).

120 AN, F7/13614, Zirkular der FBdT o. D.; ebd., Notiz v. 12. XII. 98. Noch im April 1897 hatte Pelloutier die Rückkehr in die BdT erneut als "Falle" verurteilt. Vgl. auch ODM, 1. Jg., Nr. 3, 1897, S. 47.

121 AN, F7/13614, Préfecture de la Seine, Décret concernant la Bourse du Travail de Paris (17. juillet 1900), 8 S.; ebd., Notiz für den Minister mit einem Vergleich der Dekrete über die BdT v. 1895 u. 1900.

122 Zur weiteren Entwicklung und Rolle der Pariser BdT, die bisher nicht systematisch erforscht ist, siehe vorläufig: Raynaud 1945, S. 36ff.; Julliard 1965; Rennes 1970; Vier 1971.

Anmerkungen zum Kapitel IV

1 Nach dem Gesetz v. 5. IV. 84 wurde nicht nur der Gemeinderat nach allg. Wahlrecht gewählt, sondern dieser konnte auch seinerseits den Bürgermeister bestimmen, dem die städtische Verwaltung und Polizei unterstand (mit Ausnahme von Paris). Der Präfekt als Vertreter der Regierung im Département besaß allerdings nach wie vor best. Kontroll- und Eingriffsrechte. Für eine kritische Problematisierung der 'lokalen Demokratie' siehe Nevers 1978, S. 60ff. Vgl. auch Agulhon 1976; Weber 1977.

2 Zu diesem immer noch ungenügend erforschten Komplex, auf den wir w. u. noch mehrfach zurückkommen, siehe: Rebérioux 1971; Moissonnier 1976; Nevers 1978; Scott 1980; Otterlé 1980. Eine aufschlußreiche Fallstudie bietet: Brunet 1980, S. 58ff. (Saint-Denis).

3 Vgl. dazu v. a. Nevers 1978, S. 60ff., während Scott (1980) die Ambivalenz des 'Munizipalsozialismus' völlig unterschlägt.

4 'Industrialisierung' und 'Urbanisierung' sind natürlich nur sehr grobe Indikatoren. Sie können hier keinen explikatorischen Wert beanspruchen, sondern dienen lediglich einer deskriptiven Eingrenzung des Phä-

nomens. Auch sollten sie nicht als abstrakte Normen für 'Modernität'
mißverstanden werden.

5 Vgl. hier u. a. das nützliche sozio-ökonomische Kartenmaterial bei
   Willard 1965, S. 329ff. und Elleinstein 1980, S. 200ff. Zur Wirtschafts-
   geographie und Betriebsstruktur s. auch das Resümee bei Haupt 1976b,
   S. 67ff.

6 Vgl. die methodologischen Überlegungen von Bouvier 1975, bes. S. 254.

7 Zwischen 1872 und 1901 nahm die französische Bevölkerung um ca.
   4,7 Mio. Einwohner zu. 17 von 85 Départements totalisierten allein
   76% des urbanen Wachstums, wobei die drei Départements des Pariser
   Raums 37,06% absorbierten. Nach Carrière/Pinchemel 1963, S. 88.
   Vgl. auch Clout 1977.

8 Auf die Wiedergabe einer umfangreichen Tab. , die diese Diskrepanz
   zwischen der Größenordnung der Städte und der Größenordnung der
   BdT verdeutlicht, wird hier verzichtet.

9 Verteilung der Arbeitsbörsen nach der Einwohnerzahl der betreffenden
   Städte (1902):

unter 10 000 Einw. : 3 BdT	60-70 000 Einw. :	5 BdT
10-20 000 " 20 "	70-80 000 "	4 "
20-30 000 " 16 "	80-90 000 "	5 "
30-40 000 " 14 "	90-100 000 "	2 "
40-50 000 " 5 "	über 100 000 "	15 "
50-60 000 " 7 "		

                                         N=101

   Von den 15 Börsen in Städten mit mehr als 100 000 Einw. entfielen 5
   auf Städte mit über 200 000 Einw. , 3 auf Städte mit 200-400 000 Einw.
   und eine auf Paris mit über 2 Mio Einw.

10 Vgl. dazu Butler 1960, S. 72ff. ; Julliard 1971, S. 119ff. ; Schöttler
   1973, S. 26ff.

11 Dies erklärt gewisse Schwierigkeiten bei der Fixierung der Gesamtzahl der Arbeitsbörsen. Im Unterschied zum OdT haben wir uns im
   Zweifelsfall an archivalische Angaben gehalten (vgl. Tab. 4).

12 So soll der Stadtrat von Perpignan die Subvention für die BdT verabschiedet haben, noch bevor ein entsprechender Antrag der Gewerkschaften vorlag (AN, F7/13611, Polizeiber. 4. VII. 93). Ähnliches wird von
   Nîmes berichtet (AN, F7/13609, Polizeiber. 17. II. 93).

13 Vgl. HBdT, S. 133. Dies gilt konkret etwa für Marseille, Besançon
   und Lyon. Dazu: Barrau 1971, S. 32f. ; Charles 1962, S. 28ff. ; Lequin
   1977, II, S. 248f. In Angers dagegen trafen sich die Vertreter der Gewerkschaften erst als sie die feste Absicht hatten, gemeinsam eine
   BdT zu beantragen. Siehe: Poperen 1962, S. 40. Später wurde die Umwandlung lokaler Gewerkschaftszusammenschlüsse in 'BdT' von der
   FBdT ausdrücklich forciert. Vgl. HBdT, S. 292.

14 Da die Formulierung solcher Anträge - und die Prognostizierung eines
   gewissen Finanzbedarfs - viele Gewerkschaften vor eine ungewohnte
   Aufgabe stellte, kam ihnen Pelloutier mit seinem Leitfaden "Méthode

pour la création et le fonctionnement des Bourses du Travail" (1896)
zu Hilfe (abgedruckt in: HBdT, S. 283-294).

15 AN, F7/13606, Réglement général & intérieur de la Bourse du Travail
de Nantes, Nantes 1893, S. 3.

16 Ebd. , S. 4. Die gleiche Regelung bestand in Lyon. Das Verbot öffentlicher Versammlungen wurde zunächst jedoch nicht angewandt (AN,
F7/13612, Polizeibericht, 26. I. 93).

17 Vgl. Baker 1973, S. 108f. ; Julliard 1971, S. 47 (u. a. über die Reise
des Pariser Gewerkschafters R. Larcher, die zur Gründung der BdT
von St. Nazaire führte); Pierre 1973, S. 99. Diese 'tournées de
conférences' waren nicht immer erfolgreich: 1892 versuchte z. B. der
Pariser Allemanist Arcès-Sacré in Saint-Quentin eine BdT anzuregen.
Der Präfekt vermerkte: "L'affaire en est restée là. Les syndicats sont
restés inactifs et sourds à l'appel de l'orateur socialiste. Je crois
pouvoir ajouter que la municipalité refuserait toute subvention et tout
concours" (AN, F7/13598, Aisne, Präfekt an Innenminister, 26. II. 93).

18 Vgl. Forgeot 1973, S. 45f. In Lyon erkundigte sich der Munizipalrat
zunächst in St. Etienne, Marseille und Paris, bevor er ein eigenes
Reglement ausarbeitete (AN, F7/13612, Polizeiber. , 17. V. 90).

19 Zur internen Organisationsstruktur vgl. HBdT, S. 139, sowie sehr ausführlich Leroy 1913, I, S. 412ff.

20 In St. Quentin z. B. (vgl. Anm. 17) dauerte es 8 Jahre. In Brest wurde
die BdT bis 1904 vom Munizipalrat abgelehnt, weil man keinen "Centre
d'agitation politique" wollte (zit. in Baal 1971, S. 21). Ähnlich auch
in Cette und Saint-Denis, wo der Gründungskongreß jeweils 10 Jahre
dauerte (Sagnes 1980, S. 74; Brunet 1980, S. 104ff.).

21 Dies galt z. B. für Nantes, wo die BdT erst ab 1892 subventioniert wurde, aber bereits seit dem Februar 1890 existierte. (AN F7/13606,
Loire, Präfekt an Handelsminister, 11. VII. 94). Vgl. dazu auch Guin
1976, S. 260. In Romans funktionierte die BdT ab 1895 als 'freie Arbeitsbörse' (AN, F7/13601, Drôme, Präfekt an Innenminister,
4. IV. 96), bis sie 1901 - nach mehrfachen uneingelösten Versprechungen der Behörden - eine Subvention erhielt (Pierre 1973, S. 140). In
Agen hatte der Munizipalrat ebenfalls eine Subvention versprochen,
nach der Wahl sein Versprechen aber nicht eingelöst. Die Börse bestand
daher nur kurze Zeit (AN, F7/13606, Polizeiber. , 18. II. 93).

22 Vgl. zum folgenden: Brana/Cavignac/Cuq 1971, S. 18ff. ; Hutton 1971,
S. 240ff.

23 AN, F7/13602, Polizeiber. , 12. II. 90. Die munizipale BdT umfaßte bei
der Gründung 18 Arbeitergewerkschaften, 23 Unternehmerverbände und
3 'gemischte' Gewerkschaften (ebd. , Polizeiber. , 6. III. 90).

24 In einem undatierten, aber wohl 1893 entstandenen Memorandum des
Innenministeriums (AN, F7/13614) werden folgende Gründe angeführt,
die in der Praxis zur Ablehnung von Gewerkschaften durch die BdT führen konnten: "1°parce qu'il y a un syndicat à peu près semblable;
2°parce que le syndicat n'admet pas les étrangers; 3°parce qu'il

accepte des membres honoraires; 4°qu'il exige de ses adhérents le
casier judiciaire. " Mit anderen Worten, diese Aufnahmekriterien richteten sich gegen: gewerkschaftliche Zersplitterung, Chauvinismus,
außerproletarische Mitglieder und polizeiliche Methoden innerhalb der
Gewerkschaft.

25 Kammerrede v. 8. VII. 93 (AN, F7/13614).

26 Am Rande einer Notiz des Innenministeriums, datiert v. 30. VI. 93,
    die die möglichen Prinzipien dieser staatlichen Überwachung entwirft,
    findet sich sein handschriftlicher Vermerk: "Comme à la bourse muni-
    cipale du travail de Bordeaux" (AN, F7/13567).

27 Dies gilt auch für Fälle, in denen die Sozialisten aus einer Minderheits-
    position heraus den Stadtrat zu entsprechenden Beschlüssen bewegen
    konnten. So z. B. in Rennes (AN, F7/13603, Polizeiber. , 30. VI. 93)
    und Lyon (AN, F7/13612, Rhône, Präfekt an Innenminister, 24. VI. 93).

28 Hier z. B. die Gründungsdaten der BdT der Départements Nord, Pas-
    de-Calais und Allier:

Nord:	Fourmies	1900	Douai	1904
	Tourcoing	1900	Roubaix	1909
	Dunkerque	1902	Maubeuge	1910
	Lille	1902	Valenciennes	1910
Pas-de-Calais:	Boulogne s. Mer	1892		
	Calais	1900		
Allier:	Commentry	1896		
	Montluçon	1900		

29 Siehe das 1884 auf dem PO-Kongreß in Roubaix verabschiedete Konzept
    einer minoritären Erziehungsdiktatur: Prot. PO 1884, S. 17-19.

30 Willard 1965, S. 70. Kritischer gegenüber den Guesdisten: Perrot/
    Kriegel 1966, S. 34ff. Zum Hintergrund der Munizipalpolitik des PO
    vgl. jetzt Moissonnier 1976.

31 Vgl. das Munizipalprogramm des PO-Kongresses von Lyon (1891).
    Abgedruckt in Moissonnier 1976, S. 50f.

32 Auf einer Diskussionsveranstaltung sagte er: "Les socialistes veulent
    s'emparer des pouvoirs publics, mais à coté de la question politique,
    ils savent qu'il y a la question économique et que sur ce terrain ils
    doivent faire un progrès. Voilà justement pourquoi ils réclament
    l'indissoluble union de toutes les forces productives dans les Bourses
    du Travail" ("La Bourse du Travail de Lille", in: Le Réveil du Nord
    v. 19. IV. 94; AN, F7/13609).

33 So Charles Bonnier, einer der 'Philosophen' des PO, 1898. Zit. nach
    Moissonnier 1976, S. 39.

34 AN, F7/13609, Polizeiber. v. 16. II. und 30. II. 96. Zu den demobilisie-
    renden Rückwirkungen der Munizipalpolitik auf die Gewerkschaftsbewe-
    gung in Lille vgl. Willard 1965, S. 356.

35 Hierbei ist zu erwähnen, daß in Commentry ab 1892 eher anti-guesdi-
    stische und pro-syndikalistische Positionen dominierten. Vgl. Derruau-
    Boniol 1957, S. 148. Die BdT in Commentry zählte auch nur 2 Gewerk-
    schaften und 770 Mitglieder und war nicht sehr aktiv.

36 Hierzu: Willard 1965, S. 48 u. 353-360; Schöttler 1973, S. 29ff.;
    Geslin 1977.
37 Vgl. Willard 1965, S. 354ff. mit zahlreichen Belegen sowie w. u.
    Kap. V.
38 Derruau-Boniol 1957, S. 147. R. Trempé hat für Carmaux gezeigt,
    daß dies auch in nicht-guesdistischen Regionen gilt; der politische Ver-
    band ersetzte dann gleichsam die BdT (1971, S. 805).
39 Ch. Brunellière an J. Guesde, 15. IV. 94, und ders. an R. Lavigne,
    22. I. 94, in: Willard 1968, S. 79 u. 83. Zur Person Brunellières (1847-
    1917), einer der typischsten Figuren des französischen Sozialismus
    vgl. ebd., S. 7-23, die Einleitung von Willard. - Raymond Lavigne,
    (1851-1930) war einer der Führer der guesdistischen Gewerkschaften.
    Er gilt als einer der 'Erfinder' des '1. Mai'. Vgl. Dommanget 1972,
    S. 8ff.
40 Vgl. dazu Lainville 1933, S. 118ff., sowie de Laubadère 1973,
    S. 139ff., 156 u. 175f.
41 So 1896 in Valence (Pierre 1973, S. 99).
42 AN, F7/13567, Notiz, 7. IX. 93 (?). Vgl. auch Brunet 1980, S. 104ff.
43 AN, F7/13603, Le Petit Méridional v. 5. VI. 99.
44 Vgl. dazu die auch im folgenden immer wieder herangezogenen Auf-
    stellungen im Bulletin des OdT: 1. Jg., 1894, S. 512f.; 3. Jg., 1896,
    S. 606; 4. Jg., 1897, S. 386f.; 5. Jg., 1898, S. 266f.; 6. Jg., 1899,
    S. 1090f.; 8. Jg., 1901, S. 120ff., die den Zeitraum zwischen 1894
    und 1899 abdecken. Auf eine detaillierte Aufstellung der Subventions-
    summen wurde hier verzichtet, da eine Korrelation mit BdT-Größe
    bzw. Stadt-Größe offensichtlich nicht bestand. Siehe hierzu auch
    Anm. 45 u. 47.
45 Aus den Angaben des OdT (BOT 10. Jg., 1903, S. 729f.) ergibt sich
    folgende Abstufung der Einrichtungskosten einiger BdT:

Paris (1887)	2872372 F	Umbau u. Neubau (1887-92)
Lyon (1891)	35524 F	Umbau
Marseille (1888)	33000 F	Neubau
St. Quentin (1900)	32000 F	
Nîmes (1887)	27138 F	Neubau
Bordeaux (1890)	16000 F	
Limoges (1895)	16000 F	
Le Mans (1895)	15900 F	Umbau
Toulouse (1890)	15600 F	Neubau (1892)
St. Etienne (1889)	13000 F	Umbau
Roanne (1892)	11296 F	Neubau
Dijon (1893)	10000 F	

46 Pierre 1973, S. 100. Vgl. auch Anm. 217.

47 Hier die höchsten und niedrigsten Subventionssätze für 1899 (nach
BOT, 8. Jg., 1901, S. 120ff.):

BdT	Subvention	Einwohnerzahl (1901)
Paris	282500	2714100
St. Etienne	25715	146600
Toulouse	16820	149800
Marseille	11500	491200
Lyon	8000	459100
Nantes	7100	133000
...		
...		
Nevers	800	27700
Châlons s. S.	500	29100
Le Puy	500	20600
Versailles	500	55000
Commentry	300	11200
Villeneuve s. L.	200	13600
Voiron	100	12600

48 Vgl. BOT 1894-1901 (Anm. 44). Relevant waren diese Zusatzsubven-
   tionen v. a. für den 'roten Süden', d. h. die Départements Bouches-du-
   Rhône, Alpes Maritimes, Gard, Hérault, Var usw. Sie überstiegen
   kaum 1000 F.
49 Vgl. HBdT, S. 290 sowie z. B.: Bourse du Travail de Toulouse 1899,
   S. 19.
50 Vgl. z. B. für Angers: Poperen 1964, S. 79.
51 AN, F7/13605, Polizeiber., 31. XII. 92; 15. I. 93; 18. II. 93; 22. II. 93;
   AD Loire, 93 M 56, Polizeiber., 23. VI. 93.
52 AN, F7/13612, Rhône, Präfekt an Innenminister, 24. VI. 93. Zu den
   gegenüber den BdT angewandten Kontrollmechanismen vgl. auch weiter
   unten Kap. V.
53 AD Loire, 93 M 56, Polizeiber., 16. III. 90. Die Aussage bezieht sich
   auf die BdT von St. Etienne.
54 Nur vereinzelte Hinweise finden sich bei Julliard 1971 sowie natürlich
   in der regionalhistorischen Literatur.
55 Eine Ausnahme sind allenfalls die in den Rechenschaftsberichten der
   FBdT angegebenen Zahlen, die sich aber in der Regel nur auf die Ver-
   bandsmitglieder beziehen (das sind in den 90er Jahren ca. 4/5 der Börsen). Diese Zahlen liegen - von Schreibfehlern abgesehen - offenbar
   den Angaben bei Brécy (1963) zugrunde. Vgl. Tab. 4.
55a AN, F7/13598-13623.
56 So finden sich z. B. im BOT fast durchweg zweierlei Zahlen zu den
   BdT: erstens in dem unmittelbar auf die Erhebung folgenden Jahr und
   zweitens im übernächsten Jahr (wo sie als Vergleichsmaßstab dienen
   sollen). Da diese zweite Angabe, die oft niedriger ausfällt, offenbar
   auf genaueren Unterlagen beruht (bes. frappant ist ein Vergleich zwischen BOT 1894, S. 512f. und BOT 1895, S. 606), haben wir uns - z. B.

in Tab. 4 und 6 - durchweg für diese Zahlen entschieden (außer w. u. in Anm. 59).

57 Da die Gewerkschaftszahlen im ASP bis zum offenen Konflikt um die Legalität der Pariser Gewerkschaften in der Regel etwas niedriger liegen als in den Polizeiberichten etc., wurde in Tab. 6 für diesen Zeitraum im Zweifelsfall für die höheren Werte optiert. Analog dazu ergibt sich aus Tab. 4, daß die Zahl der archivalisch nachgewiesenen BdT stets höher lag, als die der offiziell erfaßten. Dies erklärt sich sowohl durch kurzfristige Gründungen und Schließungen als auch dadurch, daß einige nicht-subventionierte BdT keinen legalen Status hatten.

58 So 1890-96 die 'gemischte' Börse von Bordeaux, 1897 eine - nirgendwo weiter erwähnte - 'unabhängige' Börse in Narbonne und 1901 die 'unabhängige' bzw. 'gelbe' Arbeitsbörse von Paris. In Tab. 4 und 5 ist dies entsprechend korrigiert worden.

59 Für Paris werden z. B. im BOT (1894-1900) folgende Mitgliederzahlen angegeben:

1894:	300 000	1896:	66 243
1895:	139 280	1900:	123 832

Allein die letzte Zahl dürfte einigermaßen korrekt sein, während vorher - zumal in der Phase der 'unabhängigen BdT' - die wirklichen Zahlen sicher weit niedriger lagen.

60 Siehe dazu Louis 1912, S. 98f. und 215, der sich auf Gespräche mit BdT-Sekretären beruft. - Eine Korrektur ist auch durch die Angaben im ASP nicht möglich, da die Mitgliedschaft der Gewerkschaftsgruppen in den örtlichen BdT nur in Ausnahmefällen erwähnt ist bzw. sich aus der Adressengleichheit ergibt.

61 Poperen 1964, S. 90. Vgl. auch Charles 1962, S. 48: "Les effectifs syndicaux varient considérablement, au fil des mois, ils plafonnent après une grève victorieuse, dégringolent après un échec, baissent lentement lorsqu'aucune action n'est entreprise, lorsque le chômage s'étend."

62 Die Gesamtstatistik der (Arbeiter-)Gewerkschaften umfaßt z. B. auch die katholischen und die unternehmerfreundlichen Gruppen, außerdem werden die Gewerkschaften in Algerien und in der franz. Karibik mitgezählt.

63 Berechnet aufgrund der Zahlen in Tab. 2 und 5.

64 Gegen Pelloutier, der behauptete, 250 000 Arbeiter bzw. 65% der gewerkschaftlich Organisierten seien in den Börsen erfaßt (HBdT, S. 160), hat Julliard (1971, S. 258) angemerkt, daß es sich in Wirklichkeit höchstens um 1,25% der arbeitenden Bevölkerung handeln konnte. - Auch wenn diese Zahlen wohl immer zweifelhaft bleiben werden, meinen wir, daß die BdT immerhin eine wesentlich breitere Basis hatten als etwa die CGT.

65 Damit soll natürlich keineswegs behauptet werden, Gewerkschaftszahl und reale Mitgliederzahl seien gleichsam parallel angewachsen. Zwei-

fellos gab es viele Fälle, in denen die erste Zahl sank, während die
zweite zunahm - und mit der strukturellen Stärkung der Gewerkschaftsbewegung um die Jahrhundertwende (Zunahme der Industrieverbände)
dürfte dies sogar zur quantitativ dominanten Tendenz geworden sein.
Für uns geht es hier auch nur darum, einen einigermaßen verläßlichen
Wachstumsindikator zu finden, dessen sehr relative Signifikanz aber
immer bedacht werden muß.

66 Was diese vorübergehende Abstraktion von der jeweiligen Mitgliederzahl bedeutet, zeigt z. B. ein Vergleich zwischen den Mitglieder- und
Gewerkschaftszahlen der BdT von Paris, wie sie vom BOT (a) bzw.
in Tab. 6 (b) angegeben werden (Prozentsätze jeweils abgerundet):

(a)	Mitgl. Paris	Mitgl. aller BdT	Anteil Paris
1894	300 000	1 393	80 %
1896	66 243	142 725	46 %
1900	123 832	269 107	46 %

(b)	Gew. Paris	Gew. aller BdT	Anteil Paris
1894	55	773	7 %
1896	165	916	18 %
1900	246	1 599	15 %

Die unter (b) genannten Zahlen dürften zumindest vor der Jahrhundertwende sehr viel eher das reale Kräfteverhältnis widerspiegeln: Paris
stellte zwar die mächtigste BdT, aber der Rest war keine quantité
négligeable.

67 Aus Tab. 6 ergibt sich folgende Niedrigstverteilung der Gewerkschaften auf die BdT (Prozentsätze jeweils auf- bzw. abgerundet):
1893: 72% der BdT (N = 32) erfaßten 32% der Gew.
      (23 BdT zählten weniger als 20 Gew. ; im Schnitt: 10).
1896: 67% der BdT (N = 45) erfaßten 30% der Gew.
      (30 BdT zählten weniger als 20 Gew. ; im Schnitt: 9).
1900: 66% der BdT (N = 73) erfaßten 30% der Gew.
      (48 BdT zählten weniger als 20 Gew. ; im Schnitt: 10).
Anteil der großen BdT an der Gesamtzahl der Gewerkschaften (in %):

	1893	1896	1900
Paris	38	18	15
Marseille	9	8	7
Lyon	11	7	6
Toulouse	9	6	4
Bordeaux	3	3	4
Saint-Etienne	5, 5	4	3
Nantes	6	3	3
	81, 5 %	49 %	42 %

68 Der über die BdT geplante Band der staatlichen Enquête "Les associations professionelles ouvrières" (1899-1904, 4 Bde.) ist - wie bereits
in der Einleitung vermerkt - leider nie erschienen.

69　Die folgenden Ausführungen basieren sowohl auf der Auswertung von Archivalien (AN, F7/13598-13623) als auch der erreichbaren Lokalstudien. (Vgl. die Aufstellung in der Einleitung, Anm. 13). Denn es besteht kein Zweifel, daß Aussagen über Syndikalisierung und Berufsschwerpunkte weniger auf der Ebene von Kongressen als auf derjenigen der 'Basis' signifikant sind (vgl. dazu auch die methodologischen Bemerkungen von Robert/Chavance 1974, die sich für den Zeitraum 1914-21 jedoch auf vergleichsweise genauere und v. a. umfangreichere und vielfältigere Statistiken stützen können). Leider bietet das vorhandene Material kaum soziologisch systematisierbare Daten, so daß wir uns mit relativ vagen Aussagen begnügen müssen. Auch ergeben sich bereits auf der Ebene der Bezeichnung Schwierigkeiten der Zuordnung: Was bedeutet z. B. die Berufsbezeichnung 'cordonniers'? Handelt es sich um angelernte Arbeiter einer Schuhfabrik oder um individuell arbeitende Flickschuster? Gerade auf dem Hintergrund industrieller 'Spezialisierung' und Dequalifizierung kommt es am Ende des Jahrhunderts aber auch umgekehrt zu einer extremen Differenzierung der Berufsbezeichnungen, die eine genaue Zuordnung erschwert (Perrot 1979b, S. 487ff.). Unsere Gesamtübersicht muß diese Komplexität der konkreten Arbeits- und Berufsstrukturen weitgehend ausklammern, obwohl diese Dimension für die lokale Kampfsituation sicherlich wichtig war. (Siehe z. B. Lequins Bemerkungen über die stärkere Kohäsion von Berufsgruppen im Vergleich zu Gesamtbetrieben bzw. der jeweiligen Industriebranche: 1969a, S. 211ff.). Dieser Mangel unserer Übersicht wiegt umso schwerer, als es gerade für die Analyse einer Gewerkschaftsbewegung (im Unterschied zur politischen Partei) wesentlich ist, arbeitsplatzspezifische Aktionen bzw. Rekrutierungsmodi zu berücksichtigen. Dies ist aber nur in regionalgeschichtlich-exemplarischen Untersuchungen möglich.

70　Die BdT haben sich darum bemüht, wenigstens die Berufsgewerkschaften zu vereinheitlichen, indem sie die Zulassung mehrerer Gewerkschaften des gleichen Berufs ablehnten (vgl. den w. o. in Anm. 24 zit. Bericht). Aber sie konnten kaum verhindern, daß politische und sonstige Divergenzen zur Gründung von zusätzlichen Gruppierungen führten, die dann unter vagen Bezeichnungen wie 'hommes de peine' ihre Aufnahme beantragten (APP, BA 1608, 26. IV. 93). Bei der Zulassung eines 'syndicat de l'air comprimé' gab es z. B. in Paris lange Diskussionen darüber, ob es sich hier um eine neuen Beruf oder nur um eine neue Konkurrenzgewerkschaft handele (APP, BA 1608, 22. XI. 92).

71　Von 213 Gewerkschaften bei der Eröffnung des Hauptgebäudes (1892) gehörten an: 52 der Bauindustrie, 46 der Metallurgie, 32 der Bekleidungsbranche, 25 der chemischen Industrie, 12 der Nahrungsmittelindustrie, 14 dem Buchdruck sowie 26 diversen Industriezweigen (ABdT 1892, S. 11-13).

72　Bei einer - freilich keineswegs repräsentativen - Umfrage der Pariser Bdt zur Arbeiterlage ergibt sich aus den Antworten von 39 Gewerkschaften eine durchschnittliche Betriebsgröße von 30 Beschäftigten (ABdT 1887-1888, S. 61-282, hier: S. 270).

73 Vgl. zum ges. Komplex der 'Klassenkämpfe auf dem Lande': Gratton 1971. Daß den Führern der BdT die Bedeutung der 'Agrarpropaganda' durchaus klar war, zeigt die Ausführlichkeit, mit der Pelloutier darauf eingeht: HBdT, S. 204-214. Bes. aktiv bei der Agitation von Landarbeitern und Holzfällern war die BdT von Bourges. Dazu Kriegel 1968, S. 51-60.

74 In einem Bericht der BdT von Nîmes heißt es dazu: "La principale cause de cet insuccès est la conviction qu'ont les employés d'être d'une essence différente de celle des travailleurs manuels" (Procès-verbaux, 11. XII. 90). Siehe zu den Angestellten jetzt: Haupt 1981.

75 Vgl. Guilbert 1966, S. 151ff. u. 196 sowie zuletzt Zylberberg-Hocquard 1978.

76 Berufszugehörigkeit, Lebensbedingungen, Verhaltensgewohnheiten etc. der Aktivisten der franz. Arbeiterbewegung sind bisher wenig erforscht. Ansätze finden sich v. a. bei Maitron 1960-61; Willard 1965, S. 219ff. ; Rougerie 1971, S. 215ff. ; Perrot 1974a, S. 450ff. ; Perrot 1974b; J. Maitrons 'Dictionnaire biographique' (1972ff.) ist zwar äußerst hilfreich, berücksichtigt aber nur Kongreßteilnehmer und Personen von nationaler Bedeutung. Die meisten Börsen-Sekretäre sind dort deshalb nicht erfaßt oder nur mit Informationen, die nicht ihre alltäglichen Funktionen betreffen. Vgl. auch w. u. Anm. 240.

77 Die gewerkschaftliche bzw. berufliche Zugehörigkeit von 52 BdT-Sekretären aus 19 Städten verteilt sich wie folgt:

Bauindustrie	10	Eisenbahn	2
Metallverarbeitung	6	Holzverarbeitung	2
Lederverarbeitung	6	Handelsangestellte	2
Druckindustrie	5	Nahrungsmittel	2
Bekleidung	4	Kutscher	1
Papier, Keramik	4	Friseur	1
Kunsthandwerk	3	Bergbau	1
Textilindustrie	2		

Ermittelt aufgrund verstreuter Angaben in: AN, F7/13598-13623; APP, BA 1608-1611; ABdT 1887-1892; Maitron 1972-77, Bd. 10ff.

78 Als 'Aktivisten' werden hier diejenigen berücksichtigt, die nicht nur als Delegierte ihrer Berufsgruppe auftreten, sondern darüberhinaus auch andere, nicht direkt branchenbezogene Ämter innehaben und deren Namen im Alltag der Pariser Börse immer wieder auftauchen.

Metallverarbeitung	20	Eisenbahn	4
Handel, öffentl. Dienst	11	Nahrungsmittel	3
Bekleidung, Hüte etc.	10	Friseure	3
Bauindustrie	10	Kutscher	2
Lederverarbeitung	8	Kunsthandwerk	2
Druckindustrie	6	Journalisten, Volks-	
Holzverarbeitung	6	schullehrer, Stud.	4
Papier, Keramik	4	(N = 93)	

Ermittelt aufgrund verstreuter Angaben in BBdT 1887-1893; ABdT
1887-1892; APP, BA 1608-1611.

79 Für eine unkritische Verwendung dieses Begriffs vgl. zuletzt Röhrich
1977, S. 26. Differenzierter dagegen Lequin 1969b, S. 16 sowie auch
allg. Kriegel 1974. Vgl. hierzu auch Pelloutiers kurze Bemerkung
über die "hybriden Figuren" (wie er selbst), die sich der Gewerkschaftsbewegung gelegentlich anschließen (HBdT, S. 142).

80 Man wird also gleichermaßen von der Idee Abschied nehmen müssen,
die BdT organisierten in erster Linie unqualifizierte Arbeiter (z. B.
der Bauindustrie), als auch von der Vorstellung, es handele sich bei
ihnen nur um jene "skilled workers", die Moss (1976) als typisch für
die "traditionelle" französische Arbeiterbewegung ausgemacht hat. Zumindest scheint es nicht möglich, die BdT auf diese qualifizierten Arbeiterschichten zu reduzieren.

81 Ein gutes Beispiel für letztere ist Paul Delesalle, der Stellvertreter
Pelloutiers an der Spitze der FBdT. Als hochqualifizierter Feinmecha-
niker baute er 1895 zusammen mit einem Kollegen die erste Filmkame-
ra im Auftrag der Brüder Lumière (Maitron 1952, S. 65).

82 Vgl. z. B. Perrot 1974a, S. 296.

83 Auch zeigen neuere lokalgeschichtliche Forschungen (z. B. Aminzade
1979), daß klassenkämpferische Solidarisierungsformen innerhalb der
Arbeiterschaft keineswegs ein 'Endprodukt' dieses Proletarisierungs-
prozesses waren, sondern bereits im 'frühesten Stadium' auftreten
und durchaus traditionelle Sektoren erfassen, in denen auf diese Weise
neue Bewußtseinsformen entstehen.

84 Unsere Untersuchung beschränkt sich hier ausdrücklich auf die Institutionen der Gewerkschaftsbewegung; es wäre aber denkbar und notwendig, auch die anderen gesellschaftlichen Bereiche - von der Fabrik bis
zur Schule und Familie - auf die Realisierung oder Verhinderung gewerkschaftlicher Ideologien hin zu analysieren.

85 Dies gilt z. B. für Amiens, wo die Börse infolge eines Streiks der Weber und Färber entstand (Encyclopédie du mouvement syndical, 1912,
S. 144). Sie erhielt daraufhin bis 1900 keinerlei Subvention (AN, F7/
13567, Polizeiber. , 17. VI. 93). In Cognac wurde die BdT 1892 ebenfalls
nach Streiks der Glasbläser und Bauarbeiter gegründet, erhielt aber
dennoch städtische Zuschüsse (AN, F7/13600, Charente-Maritime,
Präfekt an Innenminister, 21. II. 93).

86 Präfekt an Innenminister, 13. XI. 97, zit. nach Forgeot 1973, S. 77. -
Natürlich hatten die Behörden ein Interesse daran, derartige Gründungs-
folgen besonders zu denunzieren.

87 AN, F7/13600, Charente-Maritime, Präfekt an Innenminister,
15. IV. 1905.

88 Ch. Brunellière an R. Lavigne, 22. V. 94, in: Willard 1968, S. 83.

89 "Pendant les 37 mois qu'elle a fonctionné, la Bourse du Travail n'a
créé qu'un bureau de placement gratuit pour les ouvriers des deux
sexes qui n'a donné que d'insignifiants résultats (...). La Bourse du

Travail n'avait ni bibliothèque, ni publication périodique propre. Elle n'a organisé ni cours ni conférences professionnelles, mais seulement des réunions publiques révolutionnaires et des grèves ..." (AN, F7/ 13605, Polizeiber., 17. IX. 96). Der Kontrast zwischen mangelnder Dienstleistungsarbeit und Aktivismus könnte kaum deutlicher sein! 1895 wurde diese BdT in einen Konflikt verwickelt und vom Munizipalrat geschlossen. Erst 1900 erfolgte die Wiedereröffnung. Vgl. dazu auch Kap. V.

90 Zur rein formalen Funktionsweise der services vgl. HBdT, S. 144ff. ; Leroy 1913, S. 425ff. ; Franck 1910, S. 69ff.

91 Typisch hierfür: Pelloutier 1900b, S. 264ff. Vgl. auch Hatzfeld 1971, S. 188; Mayeur 1973, S. 70; Perrot 1979a, S. 483ff.

92 Vgl. Perrot 1974a, S. 135ff. : "La conscience ouvrière de conjoncture". Außerdem Bouvier 1975, S. 263.

93 Zu den akuten Ursachen der Arbeitslosigkeit vgl. Lavergne/Henry 1910. Einen Überblick über die verschiedenen polit-ökonomischen Erklärungsmodelle geben Bettelheim 1952 und Garraty 1978. Nach wie vor klassisch sind die Analysen von Marx: MEW Bd. 23, S. 461ff., 657ff. Soziologisches und psychologisches Material zuletzt bei Wacker 1976.

94 Vgl. Pelloutier 1900, S. 264ff. ; P. Faberot, Cause principale du chômage, in: Almanach 1896, S. 167-168. Bes. interessant ist hier die Broschüre des 'Secrétariat national du travail" (vgl. dazu w. u. Anm. 254): 1893, 67 S., die Umfrageergebnisse unter den Arbeitergewerkschaften zusammenstellt. Vgl. auch eine ähnliche Umfrage der Pariser BdT: ABdT 1887-1888, S. 270ff. Weiterhin: Perrot 1974c, S. 193ff. ; Lequin 1977, II, S. 8ff.

95 Zur empirischen Basis dieser Statistiken und ihrer Problematik siehe Lazard 1909, S. 17ff. sowie auch Andréani 1968, S. 13 u. Caron 1981, S. 23ff.

96 Nach Andréani 1968, S. 34-36. Während angesichts der Erhebungsgrundlage die absoluten Zahlen eher verwirrend sind (ebd., S. 13), kann die Variation der Prozentsätze durchaus indikatorischen Wert beanspruchen.

97 Vgl. Kuczynski 1967, S. 118. Hatzfeld (1971, S. 188) bestreitet diese Behauptung.

98 M. Perrot bemerkte kürzlich: "Il y a (...) deux types de mobilité: celle des ouvriers, qui circulent dans des canevas structurés par la profession, d'un site métallurgique à l'autre, d'une ville de mégisserie ou d'une verrerie à une autre. Ce turn over est une forme dérivée du Tour de France (sans compagnonnage), un substitut de l'apprentissage. Il est très fort chez les jeunes ouvriers qui ne se stabilisent qu'après le mariage. (...) La mobilité des non-qualifiés est d'une autre nature, rythmée davantage par les possibilités d'emploi, plus aléatoire, plus soumise au marché; mais elle n'est pas non plus complètement invertébrée" (in: Au pays de Schneider 1977, S. 57). Als typisches Beispiel für einen wandernden Facharbeiter ist wiederum Delesalle zu nennen,

der 1892-94 u. a. in Brüssel, Charleroi, Chimay, Barcelona, Cette
und Lyon arbeitete (IISG, Nettlau-Archiv, P. Delesalle an M. Nettlau,
27. III. 1933). Für den militanten Anarchisten Delesalle bot der Tour
der France auch die Möglichkeit, sich polizeilicher Überwachung zu
entziehen (Maitron 1952, S. 45ff.). Zu den Migrationsbewegungen der
Arbeiterschaft siehe zuletzt auch Châtelain 1976 sowie Lequin 1977, I,
S. 149ff.

99 Vgl. dazu u. a. ABdT 1887-1888, S. 61ff. ; Steele 1902, S. 11f. u.
Perrot 1979a, S. 483f.

100 Einen Einblick in die Realität der gewerblichen Vermittlung gibt das
Beispiel eines Kochs, der innerhalb von 4 Jahren mehrfach die Stelle
wechseln mußte (ABdT 1887-1888, S. 55):

	Zahl der Stellen	Beschäfti- gungsdauer	Monats- lohn	Vermittlungs- gebühr
1884	1	12 Monate	200F	40F
1885	2	4	300F	60F
		5	250F	50F
	10 Tage Einzelan- stellungen			5F
1886	3	4	200F	40F
		4	200F	40F
		4	200F	40F
1887	1	2, 5	320F	80F
	110 Tage Einzelan- stellungen		6F Tages- lohn	55F
1884-87	7 + 120 Tage Einzelanstellungen	33, 5		370F

Dabei ist hinsichtlich der Vermittlungsgebühr die Anmerkung zu beachten: "Dans cette somme ne sont pas compris les tournées offertes
et les petits cadeaux donnés au placeur pour ne pas chômer longtemps. " -
Daß dieses Beispiel - zumindest Ende der 80er Jahre - typisch war,
zeigen die detaillierten Klagen vor der parlamentarischen Kommission,
die 1890-92 eine Reform des Arbeitsnachweisgesetzes vorbereiten
sollte. Siehe deren Protokolle in: AN, C 5500.

101 Vgl. Heist 1926, S. 30ff. Allerdings wurde erst 1904 ein Gesetz durch-
gebracht, daß eine Aufhebung der gewerblichen Nachweise durch die
Gemeinden ermöglichte (vgl. ebd. , S. 35ff.). Das OdT führte 1891 eine
Umfrage durch (1893, S. 616-678), die den Unwillen gegen die privaten Nachweise registrierte, aber auch ergab, daß die meisten Vorwürfe
aus Gewerkschaftsgruppen kamen, die selbst mit dem Vermitteln gar
keine Berührung hatten (ebd. , S. 617). D. h. der Kampf gegen die gewerblichen Arbeitsnachweise war längst zu einem allg. Aspekt des
Arbeiterkampfes geworden und beschränkte sich nicht auf einige wenige

Berufe. - Angesichts der gegen die privaten Büros betriebenen Propaganda ging die Zahl der Zulassungsanträge neuer Büros ab 1886 drastisch zurück. Vgl. Office du Travail 1901, S. 155.

102 Der heutige Ausdruck 'Arbeitsamt' wurde auch in Deutschland zunächst i. S. von 'Office du Travail', also eines statistischen Instituts gebraucht (Uhlig 1970, S. 71).

103 Vgl. Office du Travail 1893, S. 611; Kassidolatz 1913, S. 140ff. Nach Le Bailly (1898, S. 49ff.) bestand in Paris sogar eine regelrechte Arbeitsteilung zwischen städtischen Vermittlern und BdT, da letztere kaum Dienstboten vermittelten.

104 Dies gilt natürlich nicht für die Kleinstädte ohne private Vermittlungsbüros. Vgl. z. B. Pierre 1973, S. 101 (für Valence). Auch Charles (1962, S. 81) notiert für Besançon einen hohen Anteil von Hauspersonal, Hilfsarbeitern und Tagelöhnern.

105 So die 'Chambre syndicale des commerçants et employeurs en tissus' von Marseille, zit. nach: Office du Travail 1893, S. 477.

106 Vgl. Balibar 1974, S. 151. Entgegen einer verbreiteten Annahme (vgl. z. B. F. Engels in: MEW Bd. 23, S. 34) besteht die Mystifikation der Begriffe Arbeitgeber/Arbeitnehmer auch im Französischen. Vordergründig kommt dies bereits in den Termini 'offres de travail' und 'demande de travail' zum Ausdruck. Aber auch die Termini 'donneur de travail' und 'preneur de travail' sind durchaus geläufig (s. etwa Bruhat 1976, S. 780 u. 806).

107 Inwiefern diese Struktur auf einen der Ware inhärenten 'Fetischcharakter' zu reduzieren ist, wird unter Marxisten diskutiert. Unsere Interpretation stützt sich hier auf Balibar 1974, S. 206ff. Eine andere Position vertritt z. B. Zoll 1976, S. 67ff.

108 Instruktionen für die Delegierten des Provisorischen Zentralrats zu den einzelnen Fragen, in: MEW Bd. 16, S. 196.

109 Ein gerechter Tagelohn für ein gerechtes Tagewerk, in: MEW Bd. 19, S. 249. Vgl. hierzu auch Schöttler 1980, S. 19.

110 Der Ausdruck stammt von N. Poulantzas: 1975, S. 128. Vgl. dazu ebd., S. 128-132. Willeke (1956b, S. 327) spricht in diesem Zusammenhang von einer "atomaren Sozialstruktur", verwechselt also Ursache und Wirkung.

111 Vgl. Vanlaer 1893, S. 732f.; Magnin 1886, S. 16, 22, 29.

112 AN, C 5501, Eingabe v. 20. XII. 91.

113 So rief ein konservativer Beobachter aus: "Eh bien! j'engage vivement les amateurs à aller exposer ce système (gemeint ist dasjenige von Brüssel - P. S.) à la Bourse du Travail de Paris, et à en proposer l'application, je leur garantis un joli succès!" (Beaumont 1893, S. 72f.).

114 CMP, PV, 1885, S. 891. Das Projekt der Brüsseler Börse wurde auch mit einer wohlwollenden Vorbemerkung in der 'Revue Socialiste' abgedruckt (LRS, 2. Jg., 1885, S. 844-845).

115 CMP, RD, 1886, Nr. 142, S. 31; Anhang zum 'Rapport Mesureur' v. 5. XI. 86.

116 Dies war meist schon statuarisch vorgeschrieben. Vgl. z. B. Art. 27 des Statuts der Börse von Nîmes (AN, F7/13602).

117 Dies war z. B. auch die Regel in der paritätischen 'Bourse du Travail' von Gent. Vgl. Varlez 1905, S. 32f.

118 Vgl. den in Anm. 24 zit. Bericht.

119 Vgl. Art. 28 der Statuten der BdT von Nîmes (AN, F7/13602); Prot. FBdT 1900, S. 57 u. 77.

120 Demgegenüber nahmen die privaten Vermittler eine virulent anti-gewerkschaftliche Haltung ein. Vgl. die Eingabe ihres Interessenverbandes an die beiden Kammern von 1887, abgedruckt in: Office du Travail 1893, S. 304ff., hier S. 323.

121 Vgl. Briat 1899, S. 54; Prot. FBdT 1900, S. 76. Ribanier, der erste Sekretär der Pariser Börse, erklärte 1890: "Nous ne voulons pas faire de la Bourse du Travail un simple bureau de placement; nous voulons bien en faire le centre des demandes et d'offres d'emplois, mais à la condition que les employeurs n'y viendront pas chercher de la main-d'oeuvre à vil prix; nous préférions voir périr toutes les Bourses du Travail, plutôt que de les voir devenir une espèce de marché aux esclaves" (ABdT 1890-1891, S. 191f.).

122 Deshalb kam von der Unternehmerseite die Klage: "Les patrons sont exposés à débattre leurs conditions en public, face à face avec les ouvriers ou employés, qu'ils viennent de congédier" (zit. in Office du Travail 1893, S. 469).

123 Vgl. dazu die selbstkritischen Bemerkungen bei Pradelle 1896, S. 154 u. 157.

124 Vgl. ebd., S. 153. Ein Beobachter schrieb dazu: "Cette antipathie, que les patrons professent à l'égard des syndicats ouvriers (gemeint sind hier eigentlich die BdT - P. S.), vient surtout de ce que ces derniers sont sortis de leur rôle. Au rôle économique qui leur était assigné, ils ont substitué le rôle politique" (Donat 1899, S. 107).

125 G. de Vorney, La question des Bourses du Travail, in: Le Journal des Débats, 4. VII. 93 (AN, F7/13567). - Der Vorwurf, die BdT würden nur Gewerkschaftsmitglieder vermitteln, ist insgesamt sicher unberechtigt, zumindest für diejenigen Börsen, die eine umfangreiche Vermittlungstätigkeit entfalteten. So erklärte der Sekr. der Börse von Tours: "Il y a une proportion considérable de non-syndiqués qui sont placés, 90%, et nous sommes obligés d'opérer ainsi parce que les pouvoirs publics nous donnent une subvention et que nous devons nécessairement notre concours à tous les ouvriers en général" (Prot. FBdT 1900, S. 57). Ähnlich der Vertreter von Montpellier: "Nous ne faisons pas de différence entre les syndiqués et les non-syndiqués" (ebd., S. 77). Dies schloß aber vielleicht nicht aus, daß Gewerkschafter in der Praxis schneller oder bevorzugt 'bedient' wurden: Zahlten sie nicht dafür (ab und zu ...) ihren Mitgliedsbeitrag? Hinter den unorganisierten Arbeitssuchenden witterten die gewerkschaftlichen Vermittler auch leicht - mangels der bei privaten Büros üblichen Überprüfungen - einen "voya-

geur professionnel", d. h. einen Vagabunden (vgl. z. B. Prot. FBdT 1898, S. 317; zum Problem der marginalisierten 'sans-travail' siehe Hoyaux 1977; Perrot 1978a) oder aber einen 'Gelben' (vgl. Yvetot in: La Voix du Peuple v. 13. X. 1901).

126 Ein konkretes Beispiel dafür bietet die Vermittlungstätigkeit der Börse von Blois, über die wir durch ein Briefregister informiert sind. Allein schon in der sprachlichen Form heben sich Mitteilungen an Unternehmer und Arbeiter deutlich voneinander ab: Die einen sind übertrieben höflich gehalten, fast unterwürfig, die anderen kollegial, mit gelegentlichen paternalistischen Ausrutschern. Insgesamt haben wir es eher mit dem Umgangston einer staatlichen Institution, als mit der solidarischen Sachlichkeit einer sozialistischen Organisation zu tun. Auffallend ist schließlich die egozentrische Gestik des Vermittlers (hier: des Börsen-Sekretärs), der zwar keine finanziellen Eigeninteressen vertritt, aber auf das Prestige dessen, der den 'Überblick' hat (so klein er auch sein mag) nicht verzichten möchte ... (AD Loire-et-Cher, E, dépot IV 7, 2-3; Briefregister 1899).

127 Zur Integrationsfunktion paritätischer Gremien wie Arbeitsnachweise und Gewerbegerichte siehe: von Saldern 1977, S. 497-500.

128 AN, F7/13611, 'La République de l'Oise' v. 21. XII. 94.

129 AD Loire, 93 M 56, Polizeiber. , 16. III. 90.

130 Vgl. Prot. CGT 1898, S. 169; Prot. FBdT 1900, S. 117ff.

131 Vgl. HBdT, S. 174f. sowie w. u. Anm. 258.

132 IFHS, 14 AS 14, Ms. o. Titel und o. Datum (nach 1911).

133 Zum Komplex der Berufs- und Arbeiterbildung Ende des 19. Jahrhunderts allg. vgl. v. a. Direction de l'enseignement technique 1900, 5 Bde. , bes. Bd. I; Jefferson 1963/64; Elwitt 1975, S. 170ff. u. 197ff. ; Crubellier 1979, S. 264ff. Die Arbeit von Caldwell (1962) war mir leider nicht zugänglich. - Für eine soziologisch-theoretische Reflexion, die auch historisches Material einbezieht, siehe ferner Grignon 1971.

134 Vgl. Guinot 1946, S. 144ff. ; Tramoni 1974; Perrot 1978a, S. 31 (insbes. über den Zusammenhang von 'crise de l'apprentissage' und Jugendrebellion).

135 AN, F7/13605, Prospekt der BdT Saint-Etienne, 4 S.

136 AN, F7/13602, Polizeiber. , 27. V. 95 (Preisverleihungsfeier der BdT Toulouse). Über eine Feier in Angoulême heißt es im Bericht der Direction de l'enseignement technique (1900, Bd. IV, S. 125): "Les élèves reçoivent des diplômes et des prix consistant en livrets de caisse d'épargne, médailles, outils appropriés à leur profession et ouvrages techniques. "

137 "Les cours fonctionnent à merveille, et, comme c'était notre but, ont toujours attiré sur la Bourse la sympathie du conseil municipal, du conseil général et du gouvernement", schreibt ein Sekretär der BdT von Nîmes (ODM, 2. Jg. , 1898, S. 203). Vgl. auch Pica 1981, S. 41f.

138 Als eine der wichtigsten Aufgaben der BdT wurde in Art. 1 des Statuts von Montpellier fixiert: "De relever par des conférences, cours pro-

fessionnels d'apprentis, etc. , l'art manuel que la division du travail
industriel tend à faire disparaître" (AN, F7/13603).

139 HBdT, S. 196. Vgl. dazu auch ausführlich Pica 1981, S. 53ff.

140 HBdT, S. 198f. Pelloutier zit. ebd. , S. 199, einen Sprecher der BdT
von St. Etienne: "Je crois qu'en nous instruisant le plus possible, nous
nous approchons toujours de l'idéal vers lequel nous marchons et qui
est l'affranchissement complet de l'individu. " Pica (1981, S. 25)
spricht deshalb davon, die Bildungskurse der BdT zielten auf eine
"syndikalistische Ethik".

141 IFHS, 14 AS 221(1), Bericht der Commission consultative für 1896/97.

142 CMP, RD, 1898, Nr. 196, S. 22 (Rapport Blondeau v. 26. XII. 1898).

143 Hier einige allgemeinbildende Vortragsthemen der Börse von Nîmes
(1896): La vie américaine; L'hygiène de l'air; La comptabilité scienti-
fique et pratique; De la monnaie; Le monde chinois; Causerie sur les
mathématiques; De l'utilité des langues étrangères; Le pigeon voyageur
et les progrès de la colombophilie ... ("L'instruction des adultes",
in: Bulletin de la Bourse du Travail de Nîmes, 2. Jg. , Nr. 19, 15. XII.
96, S. 209f. ; ein Ex. in: AN, F7/13602).

144 "L'enseignement professionnel ne doit pas être étranger aux syndicats
(...) c'est-à-dire à ceux qui travaillent, et (...) l'enseignement sera
fécond en résultats et deviendra tout ce qu'il doit être, lorsqu'il sera
inspiré, guidé, par les corporations organisées" (ebd. , S. 209).

145 Eine Ausweitung dieses 'Angebots' fand erst im Rahmen der Zusammenarbeit zwischen BdT und 'Universités Populaires' statt (Mercier
1979, S. 164-170). Bei letzteren handelte es sich um eine ab 1898/99
aufkommende Volksbildungsbewegung, die sich im Gefolge der Dreyfus-
Krise um die Propagierung republikanischer Ideale bemühte und dabei
den Intellektuellen eine Möglichkeit bieten wollte, unmittelbar 'zum
Volk' zu sprechen. Diese pädagogische Intention weckte allerdings
bald das Mißtrauen der Arbeiterbewegung und die anfängliche Zusammenarbeit ging ab 1902/03 erheblich zurück. Mercier hat immerhin 15
BdT ausgemacht, die sich an der Gründung von Universités Populaires
beteiligten (ebd. , S. 165). Vgl. hierzu auch Pica 1981, S. 79ff. und
90ff.

146 1889 wurden von den vorgesehenen 200 F nur 60, 50 F ausgegeben (ABdT
1889, S. 403). Vgl. auch ABdT 1892, S. 148.

147 Vgl. CMP, RD, 1898, Nr. 196, S. 27 (Rapport Blondeau); ferner
Forgeot 1973, S. 90f. ; Pica 1981, S. 72ff. , 221ff.

148 AN, F7/13602, Bulletin officiel de la Bourse du Travail de Nîmes,
2. Jg. , 1896, Nr. 19, S. 188. Vgl. auch Lequin 1969b, S. 8. Sehr
euphorisch berichtet Pelloutier (HBdT, S. 180f.), während Franck
(1910, S. 115) dazu bemerkt: "Il crut voir ce qui n'était qu'un rêve".

149 IFHS, 14 AS 221(1).

150 Franck (1910, S. 116) bemerkt bissig, der Lesesaal der Pariser Börse
sei immer nur im Winter gefüllt, weil dort gut geheizt sei. Aber wäre
nicht auch das ein Grund zur Lektüre?

151 Diese Tendenz zur Bevorzugung belletristischer Literatur ist auch
- und sehr viel präziser - für die Bibliotheken der deutschen Arbeiterbewegung nachgewiesen worden. Vgl. bes. Langewiesche/Schönhoven
1976. - Was die BdT angeht, so war ihren Aktivisten das Problem
durchaus bewußt. Auf dem FBdT-Kongreß in Rennes wurde beschlossen, einen Lektürekanon emanzipatorischer Romane zu erarbeiten:
"Donnons-leur donc des romans, si tel est leur goût, mais qu'il reste
quelque chose de bon au fond de leur coeur, après lecture faite" (Prot.
FBdT 1898, S. 335). Der Beschluß kam aber nicht zur Ausführung.
Vgl. hierzu auch Pica 1981, S. 75f.

152 IFHS, 14 AS 221(1), Berichte der Commission consultative für 1896/97
und 1898.

153 Das vom "citoyen Marcel Mauss" 1900 vorgelegte Projekt einer "Ecole
pour militants" (APP, BA 1611, Zirkular der UCSS v. 1. XI. 1900) deutet allerdings an, daß mit der Jahrhundertwende ein Wandel einsetzte,
der sich auch in einer radikaleren theoretischen Schulung äußerte.
Vgl. dazu auch Pica 1981, S. 82ff.

154 Pelloutier, Lettre aux anarchistes (1899), in: TC, S. 418. - Neben den
in diesem Abschnitt behandelten Aspekten der Bildungsarbeit entfalteten die BdT noch weitere kulturelle Aktivitäten, über die wir jedoch
wenig informiert sind. In einem Polizeibericht wird z. B. erwähnt,
daß an der Börse von Limoges 1897 Musikkurse eingerichtet werden
sollten, um über eine "fanfare essentiellement ouvrière et dépendant
exclusivement de la Bourse du Travail" zu verfügen (AN, F7/13622,
Ber. v. 10. IX. 97). Die BdT von St. Etienne, die ihren Sitz gegenüber
dem Opernhaus hatte, war eines der Zentren der - noch heute renom-
mierten - "chanson révolutionnaire stéphanoise" (Héritier u. a. 1979,
S. 105). Legendre erwähnt für Fougères einen Gesangverein "La
Prolétarienne", einen Kinderchor und - zu Beginn des 20. Jahrhunderts - ein Kino (1977, S. 34f.).

155 Leider ist fast keines dieser Organe in Pariser Bibliotheken verfügbar.
Lediglich das Bulletin der Börse von Paris ist komplett zugänglich in
der Bibliothek der BdT (3, rue du Chateau-d'Eau). Einzelexemplare
von Bulletins finden sich in den Akten der Archives Nationales, im
Internationalen Institut für Sozialgeschichte (Amsterdam) und im Institut
zur Geschichte der Arbeiterbewegung (Bochum).

156 Unsere Aufstellung basiert auf Angaben in: AN, F7/13600, Polizeiber. ,
4. IX. 96; F7/13606, Polizeiber. , 28. 1. 97; F7/13605, Polizeiber. ,
19. XI. 96; F7/13599, Polizeiber. , 18. XI. 96; Pradelle 1896, S. 47;
BBdT, Nr. 311, v. 3. IV. 1892.

157 Vgl. Willard 1965, S. 144; Lequin 1969b, S. 9; pressegeschichtlich:
Albert 1972, S. 224ff.

158 AN, F7/13603, Polizeiber. , 19. IV. 95. Zu den meist radikalen Inhalten
der Zeitung von Montpellier s. Sagnes 1980, S. 80-82.

159 AN, F 7/13603, Ber. v. 19. IV. 95. Die BdT von Bourges verfügte 1900
über 41 Zeitungen u. Zeitschriften, darunter 16 Organe von anderen

BdT (Forgeot 1973, S. 90f.). Durch dieses reichhaltige und örtlich
sicherlich einmalige Zeitungsangebot wurde die Börsen-Bibliothek
noch attraktiver - auch als 'Warteraum'.

160 BBdT, Beilage zu Nr. 230, 14. IX. 90, S. 2.

161 So erklärte z. B. die Maurer-Gewerkschaft von Reims auf dem CGT-
Kongreß in Montpellier mit einem leicht moralisierenden Unterton:
"Combien de syndiqués gardent encore le Petit Journal, le Petit
Parisien ou autres quotidiens bourgeois de même trempe parce que la
femme y trouve sa lecture, romans captivans, chloroformisés, que le
mari lui aussi lit quelques fois, à moins qu'il ne préfère lire les
nombreux accidents, les vols, les meurtres, qu'engrendre la société
capitaliste?" (Prot. CGT 1902, S. 117).

162 Vgl. dazu ausführlich: Julliard 1971, S. 154-160.

163 LMO, 3. Jg. , 1899, S. 81. Pelloutier verband mit seinem Blatt die
Ambition, ein Gegenstück zum "Economiste français" und zum
"Economiste européen" für die "Welt der Arbeit" herauszugeben (IFHS,
14 AS 223, Zirkularbrief o. D. - wohl Dez. 1896; auch in: Julliard 1971,
S. 156f.).

164 Forgeot 1973, S. 229ff. Ebenso gab es in Roanne die Absicht, eine
Gruppe 'La pédale socialiste' zu gründen (AD Loire, 92 M 65, Poli-
zeiber. , 15. VII. 95). - Zum Stellenwert mündlicher Propaganda im
Gegensatz zur schriftlichen vgl. allg. auch Lequin 1969b, S. 12;
Moissonnier 1978, S. 28f. sowie w. u. den Abschnitt 'Lokale Zentren
der Arbeiterklasse'.

165 Appel de la Commission de la Bourse du Travail de Rennes, Rennes
o. J. (1899), S. 4 (Bibliothèque Nationale: 8° Pièce F 3037).

166 Pradelle berichtet von Toulouse (1896, S. 52-53): "Nous pûmes (...)
créer un mouvement régional qui eut une certaine importance. " Alle
"angrenzenden Ortschaften" seien davon betroffen gewesen. Zwischen
der BdT und den kontaktierten Gewerkschaften habe ein reger Briefwechsel bestanden, außerdem seien Delegierte entsandt worden, "avec
pour mission de les (sc. die Arbeiter jener Ortschaften - P. S.) instruire,
de créer des syndicats, de les organiser pour la lutte contre l'exploitation industrielle (...) et pour la défence de leurs droits économiques
ou politiques. "

167 Vgl. die ausführliche Berichterstattung in: ABdT 1890-1891, S. 186ff.
'Propaganda' konnte manchmal auch eine direkte Intervention gegenüber gewerkschaftsfeindlichen Manifestationen sein: "Depuis une
huitaine de jours, une campagne est menée à la Bourse du Travail
contre le café-concert 'La Cigale', Boulevard Rochechouard, où on
chante tous les soirs une chanson tournant en ridicule les syndicats
ouvriers. Une centaine de militants doivent aller ce soir à 'La Cigale',
munis de sifflets, pour protester et faire du bruit" (APP, BA 1610,
Bericht "Boudin"/Girard, 28. I. 1901).

168 Vgl. ausführlich Poperen 1964, S. 168ff. , sowie: P. Gotton, Le pour-
boire, in: GG, 2. Jg. , Nr. 4, 3. II. 94, S. 2; AN, F7/13612, Bericht

o. D. über die BdT von Lyon; APP, BA 1609, Polizeiber., 28. VIII. 97;
AD Loire, 93 M 56, Polizeiber., 16. II. 91.

169 Vgl. Art. "Les grèves", in: ABdT 1889, S. 234-237; HBdT, S. 205.
Zur Entwicklung der 'Streiktheorie' in der franz. Arbeiterbewegung
nach 1871 vgl. Perrot 1974a, S. 440ff. - Nebenbei sei bemerkt, daß
auch Marx und Engels eine zeitlang kaum an den Sinn von Streiks glaub-
ten (Zoll 1976, S. 144f.).

170 Julliard 1968, S. 58. Diese Streiktaktik der CGT ist bereits vorgezeich-
net in einer Abb. des 'Almanach du Père Peinard pour 1896' (S. 35),
die einen Jahrmarktskraftmesser zeigt: Ein Arbeiter schlägt auf den
Kopf mit der Inschrift 'patron'; je größer seine Kraft, desto höher
steigt der Meßwert - von 'grevaison ouvrière' über 'salaire moyen'
und 'bonne paye' bis hin zur 'faillite patronale' ...

171 Vgl. Julliard 1968, S. 64-68; Andréani 1968, S. 108f.

172 Dies gilt umso mehr, als eine weitere These von Shorter/Tilly lautet:
"It was the craftworkers, men involved in a basically premechanization
technology and in premodern modes of industrial organization, who
were most solidary in their collective action. And it was the craftworkers threatened by industrialization whose animosity against their
employers was the most intense" (1974, S. 226). Damit ist auch ein
Großteil des Adressatenkreises der BdT umschrieben.

173 AN, F7/13612, Rhône, Präfekt an Innenminister, 24. VI. 93.

174 Vgl. ebenso: AN, F7/13599, Aude, Präfekt an Innenminister, 21. VII. 93
(BdT Carcassonne); F7/13607, Maine-et-Loire, Präfekt an Innenminister, 1. VII. 93 (BdT Angers); Forgeot 1973, S. 65ff. (BdT Bourges);
Lartigue-Vecchie 1960, S. 146ff. (BdT Marseille). Poperen berichtet,
daß aus diesem Grund in Angers 1893 beschlossen wurde, jede Perso-
nalunion von BdT-Sekretariat mit einem Gewerkschaftssekretariat zu
vermeiden (1964, S. 114ff.).

175 Die BdT von Dijon bekannte sich sogar zu einer direkten Verantwortung
für die Streikauslösung, indem sie diese von einer "Autorisierung"
durch das Börsen-Komitee abhängig machte (Prot. FBdT 1898, S. 317).
Inwiefern damit wiederum eine Disziplinierung der Einzelgewerkschaften verbunden war, dürfte nur durch die Analyse konkreter Situationen
zu klären sein.

176 Siehe die Schilderung bei Guin 1976, S. 279-288.

177 AN, F7/13600, Côte-d'Or, Präfekt an Innenminister, 30. VI. 93.

178 AN, F7/13603, Règlement intérieur der BdT Béziers (Art. 2). Vgl.
auch Poperen 1964, S. 56 (BdT Saumur). Programmatisch wurde auch
bei der Eröffnung der BdT von Paris, Toulouse und Le Havre auf die
Schlichtungsfunktion der Börse hingewiesen (BBdT, Nr. 319, 29. V. 92;
Pradelle 1896, S. 64ff.; Francès 1901, S. 16), womit freilich das Problem übergangen wurde, daß die BdT somit Richter und Partei zugleich
sein wollten ...

179 Vgl. AN, F7/13600, Charente, Präfekt an Innenminister, 30. VI. 93
(Schlichtung durch die BdT Angoulême); "De l'arbitrage", in: ABdT

1889, S. 237; "De l'arbitrage", in: ABdT 1890-1891, S. 316ff.; Prot. FBdT 1898, S. 317f.

180 Eine solche Disziplinierungsabsicht verfolgte 1899 aber ganz explizit der gemäßigte Sekretär der BdT von Nantes, Blanchard (AN, F7/13600, Polizeiber., 2. IX. 99).

181 Zur Gewerkschaftsfeindlichkeit der Unternehmer vgl. die w. o. in Kap. II zit. Literatur; außerdem die Fallstudie von Geslin (1973) über Fougères. Zur unternehmerischen Begründung, weshalb Verhandlungen mit einer Gewerkschaft nicht möglich seien, siehe folgende Erklärung der Handelskammer von Roanne: "Un syndicat est impersonnel (...) (et) il est par conséquent impossible aux patrons de traiter avec lui, représentât-il la majorité des ouvriers" (Chambre de Commerce de Roanne 1896, S. 22). Hier wird klar ausgesprochen, daß es gar nicht um die Representativität der Gewerkschaften geht, sondern allein um die Aufrechterhaltung des 'Vereinzelungseffekts' kapitalistischer Lohnarbeit. - Dem autoritären Herr-im-Hause-Standpunkt der franz. Unternehmer entsprach es, daß sie die durch das Gesetz v. 1892 ermöglichte Streikschlichtung nahezu völlig ignorierten: Zwischen 1893 und 1899 wurden nur 23 von 778 Schlichtungsgesuchen von Unternehmern gestellt (= 2, 9%); gleichzeitig gingen 85 aller gescheiterten Schlichtungen auf sie zurück (errechnet nach: Annuaire Statistique de France, 1895/96, S. 338, und 1900, S. 153). Selbst wenn es den Patrons nicht immer gelang, die Polizei oder Armee für einen repressiven Einsatz gegen Streikende zu gewinnen, waren nach Beendigung des Konflikts angesichts einer äußerst streikfeindlichen Rechtsprechung (vgl. Machelon 1976, S. 200ff. u. 247ff.) ihrer Willkür kaum Grenzen gesetzt. So wurden zwischen 1895 und 1899 nach 12, 6% aller Streiks jeweils mehr als die Hälfte der Streikenden nicht wieder eingestellt (Shorter/Tilly 1974, S. 37)! Angesichts dieser harten, anti-reformistischen Haltung der Unternehmer, ist die Sympathie der Belegschaften für Schlichtungen und sogar Staatseingriffe besser zu verständlich.

182 Vgl. HBdT, S. 336-338. - Eine gesetzliche Reglementierung des Streikens, die einerseits das Streikrecht schützen, andererseits aber auch minoritäre Arbeitskämpfe verhindern sollte, wurde zu verschiedenen Zeitpunkten von so verschiedenen Sozialisten wie Guesde, Millerand und Jaurès gefordert (vgl. Dommanget 1959, S. 176f.; Derfler 1977, S. 180ff.; Schöttler 1981b; Trempé 1981).

183 Vgl. z. B. Pierre 1973, S. 100 u. 130 (betr. Valence); Vasseur 1967, S. 102 (betr. Belfort). Im Comité administratif der BdT Blois kam es 1899 zu einer aufschlußreichen Debatte über die Zulässigkeit von Streikspenden. Ein Delegierter meinte: "Il est peut-être interdit aux Bourses du Travail de secourir les grèves vu que ses (sic) institutions fonctionnent avec une subvention municipale et que ce serait avec l'argent des contribuables que l'on ferait action de solidarité et non avec l'argent des syndicats." Da die Mehrheit sich dieser Meinung anschloß, wurde beschlossen, daß die BdT nur eine Summe vorschießen sollte, die da-

nach aber von den Gewerkschaften ersetzt werden müßte (AD Loir-et-Cher, E, dépot IV, 7, 1; Sitzungsprotokoll, 28. XI. 99). Zum Problem des 'Subventionismus' und seinen Auswirkungen auf die BdT siehe Kap. V.

184 Vgl. z. B. AN, F7/13602, Notiz des Innenministeriums über die BdT von Nîmes, 24. VI. 93.

185 Vgl. z. B. Charles 1962, S. 78; Poperen 1964, S. 117f.; Baker 1973, S. 223f. Eine Analyse der Streiksolidarität für den Zeitraum nach 1890 existiert bisher nicht. Die Darstellung von Perrot 1974a, S. 520ff. enthält jedoch zahlreiche Hinweise, die auch für unsere Periode relevant sind.

186 GG, 4. Jg., Nr. 14, 1900, S. 4. - Das 1893 gebildete Generalstreik-Komitee (s. dazu AN, F7/13933 sowie Brécy 1969, S. 47ff.) erhielt jeweils 5% aller Streikspenden der ihm angeschlossenen Gewerkschaften und BdT. Aufgrund der Angaben des Komitees läßt sich also die ursprüngliche Spendensumme annähernd rekonstruieren. Allerdings ist davon auszugehen, daß die gegebene Aufstellung unvollständig ist, weil nicht alle Spenden dem Komitee gemeldet wurden.

187 APP, BA 1611, Ber. v. 17. V. 1901.

188 Die folgenden Überlegungen wurden angeregt durch einen Diskussionsbeitrag von Prof. Jürgen Kocka.

188a Vgl. z. B. die Propagandaarbeit im Umkreis von Nantes u. St. Nazaire: Guin 1976, S. 278ff.; AN, F7/13606, Loire-inférieure, Präfekt an Innenminister, 11. VII. 94.

189 AN, F7/13614, Notiz v. 30. VI. 93.

190 Vgl. den ausführlichen Bericht einer Pariser Delegation in das Kohlenrevier des Nordens in: ABdT 1890-1891, S. 192-201. Darin wird gezeigt, wie der 'citoyen' aus Paris zunächst das 'Eis brechen' mußte, um bei den Bergleuten mit seiner Gewerkschaftspropaganda Erfolg zu haben.

191 Entsprechend unserer Fragestellung (s. Einleitung) haben wir uns weitgehend auf 'lokale Themen' beschränkt und hier das 'Verbandsleben' der FBdT sowie deren spezifische Propagandakampagnen (etwa zum 1. Mai (dazu Anm. 224), zum Generalstreik, gegen die Armee (ab 1900) etc.) ausgeklammert.

192 So besaß die BdT Brest z. B. eine Streikkasse, eine Kasse für Unfallversicherung und eine allg. Hilfskasse, die auch nichtgewerkschaftliche Ehrenmitglieder aufnahm (Prot. FBdT 1898, S. 317). Während all dies auf eine gewisse Stärke dieser Börse hinzudeuten scheint, verfügte sie aber ansonsten über keinen einzigen 'service' (vgl. Tab. 8) und wird eigentlich erst ab 1904 als existent betrachtet (vgl. Baal 1971).

193 HBdT, S. 148f. - Da Streikspenden sozialistischer Munizipalitäten in der Regel von den Präfekten annulliert wurden, bot insbesondere die Arbeitslosenkasse eine Möglichkeit, indirekt den Streikenden zu helfen. Vgl. Marpaux 1900, S. 463-466 (für die BdT Dijon).

194 APP, BA 1611, Ber. v. 3. VI. 98. Vgl. auch "Des sociétés de secours mutuels", in: ABdT 1887-1888, S. 282f.
195 HBdT, S. 178. An anderer Stelle ("Les Bourses du Travail", in: L'Enclos, Nr. 1, April 1895, S. 15) wendet er sich gegen "ceux qui jadis crurent voir dans l'institution des Bourses une rénovation du mutuellisme." Statt dessen seien sie "à la fois un centre de résistance à l'oppression capitaliste et le noyau de cette société equitable de (sic) laquelle nous nous éfforçons tous de parvenir."
196 Siehe Schöttler 1973, S. 118ff.: "Pelloutier und Proudhon". Vgl. außerdem: Kriegel 1968, S. 33ff. und Julliard 1971, S. 205ff.
197 GG, 4. Jg., Nr. 10, 1900, S. 4.
198 Zur Ambivalenz des revolutionären Syndikalismus als 'ideologischer' Strömung vgl. w. u. den Abschnitt über die 'praktische Ideologie' der BdT. Zur Konzeption des Generalstreiks s. vor allem Brécy 1969; Julliard 1971, S. 61ff.; Ceplair 1981.
199 Vgl. HBdT, S. 154; Cornaert 1966, S. 122.
200 Vgl. hierzu: Prot. FBdT 1900, S. 58f.; Facdouel 1904, S. 49ff. Auf die Tradition des viaticums geht auch ein: M. Vuilleumier, in: Au pays de Schneider 1977, S. 56. Unzutreffend dagegen: Hatzfeld 1971, S. 198.
201 Vgl. Lequin 1969b, S. 11; Perrot 1978a, S. 24f.
202 In einem Antrag der BdT an den Stadtrat von Toulouse zur Subventionierung des viaticums heißt es: "Ce crédit est motivé par le passage fréquent de syndiqués malheureux accomplissant leur tour de France, et venant, comme c'est non seulement leur droit, mais leur devoir, frapper à la Bourse du Travail pour obtenir, à défaut de travail, une bouchée de pain qui leur permette de continuer leur route" (zit. in Pradelle 1896, S. 120). - Aus dem Viaticum-Quittungsbuch der Börse von Blois ergibt sich ein Überblick über die Berufszugehörigkeit der Empfänger:

Drucker:	19	Reisende	Friseure:	1
Schuhmacher:	11		Nahrungsmittel-	
Bauarbeiter	9		arbeiter:	1
Metallarbeiter:	6		Hutmacher:	1
			Holzarbeiter:	2

Gesamt: 51 (von insgesamt 74 Auszahlungen in 13 Monaten)
Quelle: AD Loir-et-Cher, E, dépôt IV,7, (5).
203 Vgl. das von der FBdT erarbeitete viaticum-Statut in: HBdT, S. 295-299. Die Hauptintention dieses nationalen viaticums war es erstens, die nach verschiedenen Kriterien und z. T. einfach nach Gutdünken und Sympathie ausgezahlten Weggelder zu vereinheitlichen, und zweitens, die Kosten hierfür regelmäßig umzuverteilen, damit nicht einzelne Börsen, die bes. häufig besucht wurden, finanziell ausgezehrt wurden (Prot. FBdT 1900, S. 45ff.).
204 Dies fand seinen Ausdruck in der Tatsache, daß nur sehr wenige 'livrets de viatique' von den BdT angefordert bzw. ausgegeben wurden (Prot. FBdT 1901, S. 30).

205 Ebd., S. 135. De Gaudemar (1979, S. 129f.) hat auf dem Hintergrund
einer Analyse der erzwungenen Mobilität der Arbeitskräfte im 19. Jahrhundert die These vertreten, das viaticum habe auch eine Kodifizierung
und damit Begrenzung der Zirkulationsfreiheit des Arbeiters bedeutet:
"Le contrôle des sommes allouées n'est-il pas le support-prétexte
d'un contrôle syndical, et non plus patronal ou policier, sur les
déplacements des populations? Par une curieuse ironie de l'histoire,
les travailleurs, autrefois contraints à l'immobilité par les avances
patronales en argent, lorsque le livret était en vigueur, sont maintenant
contraints à la mobilité codifiée par les secours distribués par les
syndicats. Si la forme de contrôle change, le principe semble bien le
même ..." (ebd., S. 130). Ähnlich auch: Rondeau/Baudin 1979, S. 139f.
Diese Kritik ist insofern etwas überzogen, als die Institution des Weg-
geldes in der Praxis wohl immer verschieden gehandhabt wurde und
insgesamt auch nur eine marginale Rolle spielte.
206 Forgeot 1973, S. 173f. In dieser bes. aktiven BdT gab es ab 1898 sogar eine 'garde-robe', d.h. eine Sammlung gebrauchter, aber noch
benutzbarer Kleider für bedürftige Gewerkschafter (Prot. FBdT 1901,
S. 114).
207 ABdT 1890-1891, S. 333. Vgl. hierzu auch Trempé 1971, S. 663ff.
208 So gab es in der Pariser BdT nicht nur eine 'permanence' von Arbei-
terbeisitzern (d.h. regelmäßige Beratungsstunden), sondern auch ein
fast wöchentlich tagendes 'Comité de vigilance', das die Urteilspraxis
der Arbeiterbeisitzer kritisch diskutierte und überwachte. Mehrfach
wurde auch der Versuch gemacht, durch die Einholung von Blanko-
Rücktrittserklärungen vor der Prud'hommes-Wahl eine Art imperati-
ves Mandat einzuführen. Vgl. ABdT 1890-1891, S. 367ff.; ABdT 1889,
S. 258ff.; Bance 1978, S. 189ff. sowie auch Poperen 1964, S. 230ff.
(für Angers).
209 IFHS, 14 AS 221(1), Rundbrief des 'Conseil judiciaire' der BdT Paris;
APP, BA 1611, Zirkular des UCSS v. 12.XII.1900. Vgl. auch Uhry
1901; Bance 1978, S. 191ff.
210 Archiv der Bourse du Travail von Paris: handschriftliches Protokollbuch des 'Conseil judiciaire', 1899-1905.
211 Baker 1967, S. 363ff. Zum erwachenden konsumgenossenschaftlichen
Interesse der Sozialisten siehe jetzt: Rebérioux 1981a.
212 Moniert wurden v.a. die ungleiche Entlohnung von Genossenschaftern
und Nichtgenossenschaftern, von Arbeitern und Angestellten sowie die
Kapitalakkumulation und Gewinnausschüttung (Prot. FBdT 1898,
S. 328-330). Vgl. auch die Kontroverse im Comité fédéral der FBdT:
LMO, 3. Jg., 1899, Nr. 3, S. 47f.
213 Vgl. Forgeot 1973, S. 363ff.; Pradelle 1896, S. 106ff.; Marie 1911,
S. 519; Dion 1980, S. 190ff.
214 Betrachtet man diese Existenz von Zentralverbänden als Indikator für
die Tendenz zu nationalen Massengewerkschaften, so hat es letztere
vor der Jahrhundertwende noch nicht gegeben. Von 26 Föderationen,

die vor 1895 (Gründung der CGT) entstanden sind, gingen 8 sehr schnell wieder ein und mußten einen zweiten oder gar dritten Anlauf nehmen (alle Angaben nach: APO, Bd. 1-4; vgl. auch Louis 1912, S. 224ff.). Der eigentliche Gründungsschub begann erst 1899, korrespondierte also mit der allmählichen Durchsetzung der CGT als unbestrittener Dachverband. Auch gab es zunächst nur wenige Industrieverbände. Dazu gehörten frühzeitig die traditionsreiche und gemäßigte 'Fédération du Livre' (1881), der ebenfalls gemäßigte Bergarbeiterverband (1883), die Textilarbeiter (1891), die Eisenbahner (1890), aber auch die radikalen Leder- und Fellarbeiter (1893) sowie die Bauarbeiter (1892), während z.B. im Metallbereich neben einer Industriegewerkschaft (1883) auch noch konkurrierende Fachverbände der Gießer (1883), Maschinenbauer (1899) und Kupferarbeiter (1893) bestanden. Die Existenz dieser Verbände hing sehr stark von lokalen und regionalen Hochburgen ab, deren Sekretäre oft zugleich Sprecher der Föderationen waren. Geriet diese Stütze z.B. infolge eines verlorenen Streiks oder aufgrund persönlicher Reibereien ins Wanken oder verlor der Regionalverband das Interesse an nationaler Repräsentation, so mußte auch der Gesamtverband seine Tätigkeit einstellen. (Vgl. z.B. für die von Lyon und St. Etienne ausgehenden überregionalen Organisationsansätze: Lequin 1977, II, S. 250ff.). Daher bildeten oft erst die BdT das kontinuierliche Fundament überregionaler Fachverbände, in dem diese, die ja laut Gewerkschaftsgesetz keine Gebäude etc. besitzen durften, dort ihre Büros einrichteten.

215 Ausdruck v. K. Marx, in: Lohn, Preis und Profit, MEW Bd. 16, S. 152.

216 Burgain, Sprecher der Schuhmacher, bei der Eröffnung der Börse von Angers 1892 (zit. in Poperen 1962, S. 43). In einem Manifest der BdT von Tours hieß es 1894: "Où pourrait-on (...) mettre ailleurs qu'à la Bourse du Travail les ouvriers des différents métiers en contact? Où entendrait-on, ailleurs qu'au temple du travail, l'appel incessant à la Solidarité, cette soeur jumelle de la Fraternité? Là, camarades, vous apprendrez à tous vous connaître, à vous estimer; là vous pourrez discuter de vos intérêts ex-professo" (AN, BB 18/1997, L'Union libérale de Tours, 24. II. 94).

217 Vgl. hier die romanhafte Darstellung von Guépidor 1909, S. 23f.: "La maison qu'on appelait la Bourse du Travail, une vieille bâtisse, laide, petite, lézardée, était située à l'extrémité de la ville, dans le quartier le plus misérable. Elle ne se distinguait guère de toutes celles de la petite rue, et c'était un mince cadeau que la municipalité avait octroyé aux syndiqués salariés." Das Bild von der ärmlichen Provinz-BdT scheint ein Topos geworden zu sein. Man findet es auch in dem Roman von L. Guilloux (1981, S. 79f.), allerdings ist in der dt. Ausg. BdT irrtümlich mit "Arbeitsamt" übersetzt ...

218 Wir übernehmen diesen Ausdruck von Negt/Kluge 1972. Demgegenüber scheint uns Perrots beiläufige Formulierung, die BdT repräsentierten

eine Art "sociabilité villageoise" (1978b, S. 835), nicht ganz zutreffend. Bildeten sich hier nicht vielmehr erste Formen modern-proletarischer Geselligkeit heraus, indem berufliche Partikularismen und dörflicher Konformismus durch urbane und klassenmäßige Solidarität überwunden wurden? Daß die BdT weniger in den neuen 'Arbeiterstädten' als in traditionellen urbanen Zentren (darunter z. T. Kleinstädten) entstanden, ist kein Gegenargument, weil sich dort sehr viel eher und kontinuierlicher 'urbane' Verhaltens- und Kommunikationsformen auch innerhalb der Arbeiterbevölkerung herausbildeten (vgl. Verret 1979, S. 89ff.).

219 Vgl. z. B. Héritier u. a. 1979, S. 104f. ; Brunet 1980, S. 107 sowie w. o. Anm. 136.

220 So Bernard Besset, der erste Sekretär der FBdT (1892-93), auf einer Propagandaveranstaltung 1894 in Beauvais über die Funktion der BdT (AN, F7/13611, La République de l'Oise v. 21. XII. 94). Dies ist im übrigen nicht nur metaphorisch zu verstehen: Aufgrund eines Dekrets v. 23. XII. 91 durften Gewerkschafts- und BdT-Sekretäre unter best. Bedingungen (z. B. in Sachen Arbeitsnachweis) portofrei korrespondieren (ASP 1900, S. XXVII).

221 Dies gilt z. B. für die Propaganda zugunsten des Generalstreiks: Das 1893 gegründete nationale Komitee rief bereits 1894 dazu auf, in allen Börsen lokale Unterkomitees einzurichten (APP, BA 1609, Zirkular des Generalstreik-Komitees v. 13. III. 94). - Es gilt aber auch für die 'Chevalerie du Travail Française', eine nach dem Vorbild der amerikanischen 'Knights of Labour' aus sozialistischen Persönlichkeiten (verschiedenster Provenienz) gebildete Geheimgesellschaft (vgl. Dommanget 1967). 1898, nach einer internen Krise der Geheimgesellschaft, erhoffte man sich einen Aufschwung, indem man die BdT als propagandistische Zwischenglieder einsetzte (Brunellière an Codet, 19. VII. 98, in: Willard 1968, S. 153). Und schließlich fungierten die BdT sogar als Annahme- und Sammelstelle für die in der "verrerie ouvrière" von Albi (dazu: Brive 1981) hergestellten Flaschen (Pigenet u. a. 1977, S. 39).

222 AN, F7/13605, Polizeiber. , 30. I. 92. Vor dem Bezug der BdT mußten die Gewerkschaften von Roanne bei größeren Versammlungen einen Saal mieten, der 20-30F kostete. - Vgl. hier auch: Perrot 1974a, S. 592ff.

223 AN, F7/13603.

224 Der Leser wird sich wundern, daß wir hier keine Demonstrationen und ähnliche Formen des Protests anführen. Der Grund ist, daß die BdT als solche derartige Kampfformen kaum einsetzten und sich allenfalls bei Streiks oder beim 1. Mai Straßenversammlungen anschlossen. Zur Beteiligung der BdT an der 1. Mai-Bewegung vgl. vorläufig: Dommanget 1953, S. 181ff. und Cadic 1979.

225 Diesen materiellen Zwang übersieht Perrot, wenn sie kritisch-ironisch anmerkt: "L'entrée en salle accentue un rituel inspiré des pratiques

parlementaires. En ouverture, l'indispensable désignation du 'bureau', même en plein air ..." (1974a, S. 592). Vgl. dazu Courcelle 1899, S. 1975: "Chaque réunion doit avoir un bureau composé de trois personnes au moins ..." etc. Jede Zuwiderhandlung konnte die sofortige polizeiliche Auflösung der Versammlung zur Folge haben. Wie genau Versammlungen überwacht wurden, zeigt das polizeiliche Eingreifen bei jedem Auftauchen roter Fahnen (nur die franz. Flagge war erlaubt). Dazu: Dommanget 1967a, S. 175ff. 1888 wurde wegen einer solchen 'Kleinigkeit' der Gewerkschaftskongreß von Bordeaux aufgelöst (ebd., S. 222f.). Auch wenn das Versammlungsritual auf die Dauer 'freiwillig' eingehalten wurde und der juristische Hintergrund den meisten gar nicht bewußt war, haben wir es doch mit einem Beispiel alltäglicher und subtiler Unterwerfung unter die Spielregeln der bürgerlichen Republik zu tun, die - wie wir heute wissen - weit weniger liberal war, als sie sich darstellte. Siehe dazu grundlegend: Machelon 1976.

226 Perrot 1974a, S. 594f. Vgl. auch Lequin 1969b, S. 10: "La classe ouvrière vient à la réunion pour vibrer au moins autant que pour apprendre; que reste-t-il une fois le rideau tombé?"

227 So ein Pariser Arbeiter, zit. in Leyret 1895, S. 216.

228 ABdT 1890-1891, S. 330f. Auch bei den im folgenden genannten Zahlen sind Bildungskurse, aktuelle Versammlungen, u. a. zu Streiks, sowie Festlichkeiten nicht berücksichtigt.

229 IFHS, 14 AS 221(1), Bericht der Commission consultative für 1896-97.

230 Bourse du Travail de Toulouse 1899, S. 5.

231 F. Bousquet, Sekretär der Börse von Toulouse, zit. ebd., S. 6.

232 Vgl. z. B. Trempé 1971, S. 780, die eine ähnliche Tendenz zu geringer Sitzungsbeteiligung feststellt, die nur in Konfliktphasen durchbrochen wird.

233 In der vorliegenden Arbeit war dies nicht möglich. Zum einen, weil nur einzelne Exemplare dieser Organe in Paris verfügbar waren (s. Anm. 155), vor allem aber aus Zeitgründen. Wir mußten uns darauf beschränken, aufgrund der 'Procés-verbaux' die Beteiligung am Comité fédéral zu analysieren. Danach nahm nur ein relativ kleiner Kreis von Delegierten (10-12) an fast allen Sitzungen teil, wobei es sich zugleich um Aktivisten der Pariser BdT oder gewählte Sprecher der FBdT handelte. (R. Michels hat im übrigen nicht ganz zu unrecht am Beispiel der BdT "Ansätze der Kooptation" aufgezeigt: 1970, S. 160f. Zum Einfluß des französischen Sozialismus und Syndikalismus auf Michels vgl. jetzt: Winock 1976, S. 275-284, bes. S. 280ff.).

234 APP, AB 1608, Bericht "Frouard" v. 28. V. 93 über die Beteiligung am Comité général der Pariser Börse: "Il est à constater que sur 280 syndicats environ il n'y a jamais plus de 120 délégués présents et ce sont presque toujours les mêmes."

235 Blumé 1957, S. 94f., weist darauf hin, daß für viele Arbeiter angesichts der ungünstigen Pariser Verkehrsbedingungen (vor dem Bau der Metro) ein Besuch der BdT nach Feierabend einen ermüdenden Fußmarsch bedeutete.

236 AN, F7/13600, Kopie eines Briefes an Girard v. 11. V. 94.
237 Halévy 1901, S. 84-85. Vgl. auch Pelloutier: "Les Bourses ont (...)
formé un personnel de militants d'une valeur et d'une énergie auxquelles les sociologues conservateurs ont rendu mainte fois hommage"
(1921, S. 21; vgl. auch ebd., S. 28). Diese Referenz - sie bezieht sich
offensichtlich auf L. de Seilhac - ist für einen Anarchisten einigermaßen
erstaunlich.
238 AN, F7/13612, Polizeiber., 3. XII. 92. Ein Gegenbeispiel wird aus Paris berichtet: Im Oktober 1893, also zu einem Zeitpunkt, da die Börse
große Finanzschwierigkeiten hatte (s. Kap. III), wurden alle Pariser
Gewerkschaftssekretäre zu einer Galavorstellung der Oper zu Ehren
einer russischen Regierungsdelegation eingeladen. Das Comité général
rief dazu auf, die Eintrittskarten weiter zu verkaufen, aber ohne grossen Erfolg: "Les secrétaires avaient compté recevoir de ce fait des
sommes relativement considérables. C'est une déception, et il se
demandent encore si c'est par manque de solidarité ou si le besoin
stupide d'une représentation de théatre a suffi pour empêcher les
intéressés de vendre leur billet au profit commun" (APP, BA 1608,
Ber. v. 20. X. 93).
239 AN, F7/13607, Polizeiber., 29. V. 97 (betr. Angers); AN, F7/13598,
Polizeiber., 16. XI. 97 (betr. Nizza); AN, F7/13598, Ber. v. 17. XI. 97
(der Kassierer der BdT Marseille ist mit der Kasse von ca. 10 000F
geflohen).
240 Perrot 1974b, S. 1123. Zum Typus des Arbeiterführers vgl. auch
Maitron 1960-61; R. Trempé, Sur le permanent dans le mouvement
ouvrier français, in: Au pays de Schneider 1977, S. 39ff.; Lequin 1977,
II, S. 290ff.
241 AN, F7/13602, Abschrift eines Briefes v. Marius Pinel (Sekr. der
BdT Toulouse) an André Girard v. 17. III. 96. Girard hatte für eine
Publikation ein Foto von Pinel angefordert. Dieser antwortete stolz:
"... je n'ai jamais fait encore tirer ma photographie ce sera une
occasion pour la faire et si vous voulez la faire paraître dans vos
brochure cela me fera plaisir" (Schreibweise unverändert).
242 Vgl. z. B. die Sekretäre der BdT v. Saint-Etienne, Gilbert Cotte und
Jules Ledin (dazu: Maitron 1972-77, Bd. 11, S. 267f.; Bd. 13, S. 242f.),
ebenso Joseph Blanchard v. der BdT Nantes (ebd., Bd. 10, S. 306f.
und w. o. Anm. 180). - Bei der Eröffnung der BdT von Nevers trat ein
ehemaliger Streikführer zur Verwunderung seiner Kollegen mit einem
Mal sehr gemäßigt auf: "Il a lu, à l'étonnement de tous, un petit
discours convenable dans la forme et très raisonnable dans le fond.
Il déclare que la Bourse du Travail ne doit plus être un lieu où l'on
s'occupe de politique et, en ce qui le concerne, il prend l'engagement
de n'en pas faire." Der Polizeikommissar fügte hinzu: "Un nommé
Bélier (...) allait de groupe en groupe et n'hésitait pas à déclarer
que décidément son ami Legros était un lâcheur qui évoluait en ce
moment pour avoir une bonne place" (AN, F7/13609, Polizeiber. v.
9. XII. 95).

243 Zum Spitzelwesen in der franz. Arbeiterbewegung vgl. Moss 1974 und
    Guiral 1979, S. 163ff. Zur Spitzelanwerbung exemplarisch: Guin 1976,
    S. 295f. Allgemeiner auch: G. T. Marx 1973; Foucault 1976, S. 360ff.
244 Vgl. dazu mit Belegen: Brécy 1969, S. 65-70. Außerdem Dommanget
    1967b, S. 100f. - In der Regel war der Pariser Polizeipräfekt noch
    am selben Abend von jedem Beschluß der BdT- und FBdT-Führungen
    informiert. Zirkulare waren in den Händen der Polizei, noch bevor
    sie ihre Empfänger erreichten (vgl. z. B. AN, F7/13567, "Pasteur"/
    Girard, 7. XII. 95).
245 Vgl. mit vielen Belegen Dommanget 1967b, S. 424ff.
246 Diese Heterogenität gilt natürlich auch in politischer Hinsicht. Vgl.
    dazu Kap. V.
247 Siehe dazu: Julliard 1971; Baker 1973; Schöttler 1973.
248 Ich übernehme diese Unterscheidung von theoretischer und praktischer
    Ideologie - leicht abgewandelt - von L. Althusser (1974).
249 Siehe dazu v. a. die bahnbrechenden Arbeiten von R. Robin (1973 u. a.).
250 V. Brugnier, Rede zur Einweihung des neuen Gebäudes der BdT Nîmes,
    5. II. 93, zit. in: Bourse du Travail de Nîmes 1893, S. 10. Siehe ähn-
    lich: BBdT, Nr. 10, 15. XII. 87, Art. "La Bourse du Travail et la
    statistique".
251 APP, BA 1611, Ber. v. 22. XII. 91 (Rede v. Léon Martin).
252 APP, BA 1611, Ber. v. 6. XII. 91.
253 Vgl. auch Perrot 1974a, S. 137. - Auf die Befürchtung, die sta-
    tistischen Angaben der BdT über die Arbeitsnachfrage würden beson-
    ders den Unternehmern zugute kommen, wurde geantwortet: "Celui
    qui exploite est aussi bien renseigné actuellement qu'il le serait après
    la création de la Bourse" (APP, BA 1611, Ber. v. 19. I. 84). Es wurde
    also angenommen, der statistische Vorteil würde primär der Arbeiter-
    klasse nützen.
254 Vgl. z. B. ABdT 1890-1891, S. 314 und ABdT 1887-1888, S. 61ff. -
    Statistiken sollten auch die zentrale Aufgabe des 1891 gegründeten
    'Secrétariat National du Travail' (SNT) sein. Bei dieser ephemeren
    Organisation, die in der Literatur bisher wenig beachtet worden ist
    (symptomatisch ist, daß Perrot (1974a, S. 439) diesbezüglich von einem
    "secrétariat national de la Bourse du Travail" spricht!), handelte es
    sich um einen Zusammenschluß sämtlicher gewerkschaftlicher und
    politischer Organisationen der französischen Arbeiterbewegung, der
    auf einen entsprechenden Appell des Brüsseler Internationalen Soziali-
    sten-Kongresses zurückging (vgl. Prot. intern. Kongreß 1891, S. 61
    u. 48f.). Laut Statut war es die Aufgabe des SNT, "de centraliser et
    de publier, s'il y a lieu, tous les renseignements statistiques, etc. ,
    intéressant l'organisation et l'action ouvrière et socialiste" (Art. 2;
    abgedruckt in: ABdT 1890-1891, S. 279). Sitz des SNT war die Pariser
    BdT. Auch gelang es den Börsen-Aktivisten offenbar bald, die Diskus-
    sion zu bestimmen und v. a. die Guesdisten hinauszudrängen (IISG,
    Archiv Guesde, C 629/5; Bericht der PO-Delegierten des SNT an den

Parteitag von Marseille 1892; vgl. auch de Seilhac 1896, S. 237). Infolgedessen bestand das Gremium nicht länger als 2-3 Jahre (Bruguier 1926, S. 95). Einziges Ergebnis seiner statistischen Arbeit war die w. o. bereits zitierte Broschüre über die Arbeitslosigkeit (vgl. Anm. 94). Wichtig wurde das SNT aber dadurch, daß es 1892 einer der Anlässe für den nationalen Zusammenschluß der Börsen in der FBdT war (Prot. gemischter Kongreß 1893, S. III). Von der FBdT wiederum sagte Pelloutier: "La statistique est la (sc. sa) principale raison d'être" (Prot. FBdT 1898, S. 317).

255 Pelloutier meinte daher: "Les Bourses du Travail ont éveillé dans le peuple le goût des études économiques et statistiques" (HBdT, S. 161). Auch wenn dies übertrieben sein mochte, wird man doch W. Kulemann (1913, S. 294) widersprechen müssen, der später schrieb, "der französische Arbeiter" betrachte Statistiken "als etwas völlig überflüssiges". Auch Jaurès (1904, S. 307) sah in der Statistik die Funktion der BdT: "Ce sera une des fonctions des Bourses du Travail, quand elles seront devenues vraiment des organes de la conscience ouvrière, de tenir à jour la statistique vraie, réelle, vivante, de l'existence prolétarienne ... "

256 IFHS, 14 AS 223, Zirkulare des Comité fédéral; enthalten im Briefwechsel zwischen F. Pelloutier und N. Richer (bes. die Briefe Nr. 20, 33, 39, 53, 61, 83).

257 Damit sollte bewiesen werden, "que les Bourses sont capables de créer le marché national du travail" (IFHS, 14 AS 223; Zirkular der FBdT v. 23. VII. 1900). Vgl. dazu ausführlich HBdT, S. 156-175 u. S. 300-302. Außerdem: Morizet 1902; Guernier 1905; Marie 1911, S. 512-514.

258 Um zu verhindern, daß die Dienste des 'Office' von seiten der Unternehmer mißbraucht wurden, war festgelegt, das nur solche Arbeitsplätze als vakant gerechnet würden, die durch keinen ortsansässigen Arbeitslosen besetzt werden konnten (Art. 1 des Statuts; HBdT, S. 300). Außerdem sollte keine direkte Vermittlung an die 'Arbeitgeber' vorgenommen, sondern stets die betreffenden BdT eingeschaltet werden (Art. 5; ebd., S. 301). In der Praxis berücksichtigte das 'Office' dann auch lokale Streikkämpfe und weigerte sich z. B. 1900, Arbeitsangebote von Unternehmern aus Le Havre weiterzuleiten, die ihre Belegschaften ausgesperrt hatten (vgl. Prot. FBdT 1900, S. 68).

259 Die Sozialpolitik Millerands ist bisher kaum aufgearbeitet. Material findet sich v. a. bei Lavy 1902, der ein Gefolgsmann des Ministers war. Sehr polemisch ist dagegen der Guesdist Verecque 1904. - Vgl. dazu vorläufig Sorlin 1966, S. 461ff.; Derfler 1977, S. 133ff.; Schöttler 1981b.

260 HBdT, S. 165; Morizet 1902; Lavy 1902, S. 178ff. Vgl. auch Tournerie 1971, S. 151f.

261 Prot. FBdT 1901, S. 149ff.; Brugnier 1926, S. 107. - Fast 50% der Vermittlungen betrafen den Pariser Raum. Vor allem folgende Berufe waren vertreten: Erdarbeiter (215), Schienenleger (55), Hilfsarbeiter

(38), Maurer (36), Steinmetze (28), Zahlmeister (25), Bergarbeiter
(16), Befrachter (13), Maschinisten (10), Anstreicher (10), Dreher
(10). 97 Vermittelte waren Analphabeten. - Ein gedrucktes Tableau
des 'Office' v. 23. VIII. bis 30. VIII. 1900 führt 49 Städte auf, von denen aber nur 15 Angaben gemacht haben, davon 4 mit dem Vermerk
"néant" (IFHS, 14 AS 223, Briefwechsel Pelloutier-Richer). Offenbar
war es also nicht gelungen, eine funktionierende Kommunikationskette
zu etablieren.

262 Prot. FBdT 1901, S. 18f. Bereits ein Jahr zuvor hatte der Delegierte
von Tours gewarnt: "Il ne faut pas, en somme, que par une telle organisation nous luttions contre nous mêmes" (Prot. FBdT 1900, S. 78).

263 Prot. FBdT 1901, S. 16f. - Verantwortlich hierfür war auch der Wider-
stand der konservativen Parlamentsfraktionen (Tournerie 1971,
S. 151f.). - Aufrufe der FBdT an ihre Mitglieder, dem 'Office' durch
Spenden eine Weiterarbeit zu ermöglichen, blieben ohne Resonanz. -
In späteren Jahren wurde das ganze Projekt als "schwerer Fehler" kri-
tisiert. Vgl. Delesalle 1908, S. 164f.

264 Die Studie von Tournerie (1971) zeigt eindringlich, welchen Stellenwert
die Statistik innerhalb der Entfaltung einer kapitalistischen 'Sozialpolitik' besaß. Clémenceau formulierte bereits 1885 programmatisch:
"Oui, il nous faudrait une organisation de statistique sociale, complète,
permanente, faite par des hommes spéciaux (...) (afin) de perpétuer
l'enquête (...), de l'organiser (...), d'établir une comptabilité générale
de la gestion sociale" (zit. ebd., S. 71). - Dem entsprach zumindest
teilweise die Zielsetzung des OdT. Davon unterschied sich das 'Office'
der BdT allenfalls aufgrund seiner praktischen Orientierung und seines
Adressatenkreises, nicht aber strukturell. Nicht zufällig hatte es daher
ein wesentlich kleineres Budget ... (ebd., S. 140ff.). - Eine 'sozialpolitische' Strategie, in der die BdT als statistische Beobachtungszen-
tren eine wesentliche Rolle spielen sollten, entwarf auch: Guérin 1904.

265 Vgl. dazu die vorzügliche Studie von Mysyrowicz 1969.

266 Sie motivierte auch das in Kap. I bereits angeführte BdT-Projekt der
Jura-Föderation.

267 Mysyrowicz (1969, S. 83) weist im übrigen auf die Kontinuität der Sta-
tistik-Frage in der II. Internationale hin. Zur positivistischen Strömung
in der franz. Arbeiterbewegung, deren Hochburg v. a. der Druckerver-
band war, die aber auch innerhalb des OdT und des Conseil supérieur
du Travail vertreten war und einigen Einfluß auf die staatliche Sozialpolitik ausübte, siehe Perrot 1978d sowie Weitz 1977, S. 244-282.

268 Zur franz. Marxismus-Rezeption vor 1914 vgl. zuletzt Pacquot 1980.
Anregend, aber oft überspitzt und voller sachlicher Fehler: Lindenberg
1975.

269 So die Pariser BdT in einer Erklärung zur internationalen Konferenz
über Sozialgesetzgebung in Berlin 1890 (ABdT 1890-1891, S. 25f.).

270 Zirkular des Comité fédéral der FBdT v. 1. II. 94, in: GG, 2. Jg.,
Nr. 4, v. 3. II. 93, S. 2. - Zur Geschichte des Konzepts einer Berech-

nung des Politischen sowie des dazugehörigen Postulats einer Symmetrie der sozialen 'Gegenspieler' vgl. Plon 1976.

271 AD Loire, 93 M 63.

272 ODM, 2. Jg., 1898, Nr. 14, S. 209ff., hier zit. nach: TC, S. 498. - Zur Indifferenz eines großen Teils der Bevölkerung v. a. in der Provinz gegenüber der Dreyfus-Affäre vgl. Peter 1961, S. 1159.

273 So immer wieder Pelloutier: HBdT, S. 213, 283; TC, S. 414.

274 GG, 2. Jg., Nr. 3, v. 27. I. 94, S. 4.

275 L'enseignement social: le Musée du travail, in: TC, S. 497-501 (gekürzt), hier: S. 500-501. Der Kongreß der FBdT beschloß 1900 (S. 117), in jeder Börse ein solches Museum einzurichten, aber der Beschluß wurde nie realisiert ...

276 Vgl. HBdT, S. 183. Auf dem Börsen-Kongreß von 1900 erklärte der Pariser Delegierte Charlot: "Beaucoup d'entre nous, au lieu de se livrer à l'examen de leur situation, préfèrent se nourrir de mots; cela est un tort à notre avis; car les mots ne donnent pas assez l'expression de la matière" (Prot. FBdT 1900, S. 115).

277 Zu den Kontakten Pelloutiers zum 'Musée Social' und v. a. dessen Mitarbeiter de Seilhac siehe: Julliard 1971, S. 162 u. passim.

278 Elwitt 1975, S. 203. - Den Zusammenhang von Erziehungsideologie und Sozialpolitik zeigt am Beispiel der Fürsorge: Verdès-Leroux 1978, S. 16ff.

279 TC, S. 494. - Er propagierte sogar - ohne die möglichen reaktionären Konsequenzen zu fürchten - eine vom Staat unabhängige Schulbildung und die Gründung syndikalistischer Schulgenossenschaften (ebd., S. 492ff.; HBdT, S. 198; Prot. FBdT 1900, S. 104ff.). Zu den syndikalistischen Vorstellungen und Experimenten mit einer 'integralen' Kindererziehung, die aber erst nach der Jahrhundertwende relevant wurden, siehe jetzt ausführlich: Pica 1981, S. 114ff.

280 E. Balibar/P. Macherey: Présentation, in: Balibar/Laporte 1974, S. 29: "Il faut mettre l'école, pour chaque individu, qu'il soit bourgeois ou prolétaire, ou même paysan, avant la politique, à sa base; faire de tous les Français des élèves de l'école primaire (...) avant d'en faire des citoyens et des électeurs (...). Alors seulement l'Appareil idéologique d'Etat politique peut dépasser les formes de compromis, comme la monarchie constitutionelle, ou le militarisme impérial, et revêtir celle de la république démocratique." Die sozialen und politischen Konsequenzen einer prioritären Bildungsideologie an einem anderen republikanischen Beispiel, nämlich den USA, haben Piven/Cloward (1979) überzeugend analysiert.

281 Pelloutier schrieb über die 'Methode der integralen Erziehung': "Loin de tendre à faire des fonctionnaires et des spécialistes, elle tend à faire des encyclopédistes pratiques, des Robinson Crusoé, sachant et pouvant faire par eux-mêmes tout ce qui peut leur être nécessaire, et conséquemment, pouvant facilement passer d'un métier à l'autre" (TC, S. 494). Autodidaktische Größenphantasie und der Mythos einer Rückkehr zu transparenten gesellschaftlichen Verhältnissen ...

282 Immerhin ist es bemerkenswert, daß bezüglich der Bildungskurse der
BdT - im Gegensatz zu den anderen 'services' - keinerlei Klagen seitens staatlicher oder unternehmerischer Stellen aufkamen und z. B.
in Lyon und Blois die BdT zeitweilig nur wegen ihrer Kurse subventioniert wurden (Prot. FBdT 1900, S. 97). Auch durften in Toulouse sogar Soldaten, denen sonst der Besuch der Börse streng verboten war,
an Kursen, Preisverleihungen etc. teilnehmen (ebd., S. 124).

283 Verwiesen sei nur auf den permanenten Kampf um die organisatorische
Selbsterhaltung sowie auf nationaler Ebene auf die Konkurrenz zur FNS,
später dann auf die Weigerung der FBdT, sich in die CGT zu integrie-
ren (1895-1901).

284 Gemeint ist hier nicht nur das alltägliche Feilschen um Statuten, Subventionen oder Ausstattungen etc. sowie der hartnäckige Kleinkrieg
selbst bei der Besetzung der unbedeutendsten Posten, sondern auch
und v. a. das immer wiederkehrende Problem der Nichtorganisierten.
Sollten sie im Interesse der Propaganda genauso behandelt werden wie
Gewerkschaftsmitglieder, oder sollten die "Vorteile der Gewerkschaften" (d. h. in diesem Falle der BdT) nur deren Mitgliedern zustehen
(so die BdT Nizza; Prot. FBdT 1898, S. 317)? Die Börse von Nantes
hatte hier eine Art Mittelweg parat, indem sie bei der Vergabe des
viaticums zwischen Privilegierten erster und zweiter Klasse unterschied: "Il est évident que nous devons faire de la propagande et tâcher
d'amener à nous les camarades qui ne sont pas syndiqués, mais on ne
peut leur accorder les mêmes privilèges qu'aux camarades qui font
continuellement des sacrifices. Nous donnons 1 fr. 50 (sc. für das
viaticum - P. S.) aux syndiqués et l'ouvrier est libre de coucher à la
Bourse du Travail. (...) Nous avons un hamac et une couverture à la
disposition des non-syndiqués; pour leur faire comprendre le tort
qu'ils font à leurs camarades, nous ne leur donnons aucune indemnité"
(Prot. FBdT, 1900, S. 50). Syndikalistische Pädagogik ...

285 Eine Untersuchung der Tagesordnungspunkte der FBdT-Kongresse ergibt, daß zunächst Organisationsprobleme im Zentrum standen, während ökonomische Forderungen und Aktionen nur unregelmäßig behandelt wurden. Ab 1898 jedoch verkehrte sich dieses Verhältnis (Schöttler 1973, S. 137f.).

286 Der Ausdruck stammt von F. Engels (MEW Bd. 20, S. 262). Er ist
nicht relativistisch zu verstehen, sondern bezieht sich auf die spezifische Zeitlichkeit in der Entwicklung eines Widerspruchs.

287 HBdT, S. 261. Diese Vision lehnt sich an die Organisationskonzepte
der 'Antiautoritären' in der IAA an. Vgl. etwa C. de Paepe, Les
institutions actuelles de l'Internationale au point de vue de l'avenir,
in: Bakunin-Archiv 1965, S. 255ff.

288 Vgl. auch die folgende Organisationsphantasie des Vertreters der BdT
von Algier: "La période de lutte étant supposée franchie, elle (sc. la
BdT) devra s'occuper de perfectionner constamment son organisation,
et remplacer avantageusement ce qu'est la Chambre de commerce

aujourd'hui. En un mot, c'est là que se conclueraient tous les marchés du travail, ou plutôt aucun travail ne se traiterait en dehors de son enceinte" (Prot. FBdT 1896, S. 114. Vgl. auch ebd., S. 113).

289 In seiner Analyse der Pariser Kommune hat J. Rougerie bezeichnenderweise sowohl den Zusammenhang zu den BdT als auch zur 'Organisation du Travail' hervorgehoben (1971, S. 26 u. 173ff.).

290 "... un véritable état socialiste (économique et anarchique)" (HBdT, S. 249).

291 Daß Zentralisierung einen gewissen Föderalismus im Organisationsaufbau nicht unbedingt ausschließt, zeigt die Praxis der FBdT, die im Gegensatz zur FNS ihren Sitz nicht jedes Jahr wechselte, sondern 'zentral' in Paris beibehielt. Auf entsprechende Kritik während der Kongresse in Nîmes (1895) und Tours (1896) antwortete Pelloutier mit dem Argument: "Avons-nous le droit tandis que l'Etat concentre ses moyens de défense, d'éparpiller les nôtres?" (Prot. FBdT 1896, S. 57). M. Nettlau bemerkte dazu mit einer gewissen Traurigkeit: "Solche Worte konnte jeder sozialistische Staatsmann sprechen (...), so regiert man, aber so begründet man nicht die freie Gesellschaft" (IISG, Nachlaß Nettlau, unveröff. Ms. Nr. II (1895-1914), S. 15).

292 Neben den w. o. (Anm. 205) bereits zit. Bedenken Gaudemars gegen das viaticum als Ideologie läßt sich hier z. B. auf einen merkwürdigen Versuch hinweisen, der bürgerlichen Menschenrechtserklärung eine "Déclaration des droits de l'homme et du travailleur" entgegenzusetzen, deren 13. und letzter Artikel lautete: "Tout citoyen sera porteur d'une carte civique, servant de passeport et de carte d'identité. La carte civique énonce: son état-civil, sa profession, son domicile, le numéro sous lequel il est immatriculé à la Banque sociale, son portrait photographié et ses mesures anthropométriques; il mentionne enfin soit les actes de dévouement, soit les actes de démence qui lui vaudront le respect ou la juste méfiance de ses concitoyens. La carte civique est renouvelée au moins chaque année" (BBdT, Nr. 326, 17. VII. 92). Dieses "remarquable projet" (ebd.) nimmt gewissermaßen einen 'fortschrittlichen' Computer-Staat um 100 Jahre vorweg ...

293 "Il faut se souvenir", so heißt es in einem Artikel der BdT von Paris, "qu'autrefois, les corporations ouvrières avaient des règlements spéciaux, étaient reconnues par la loi, protégées même. Elles permettaient beaucoup d'abus, mais possédaient certains droits, qu'on serait très aise de revoir appliquer, comme moyens de combat" (ABdT 1890-1891, "Des grèves", S. 282).

294 Diesen Juridismus im Syndikalismus bringt bes. prägnant das berühmte Buch von Leroy (1913) zum Ausdruck (vgl. u. a. S. 38ff.). Zur historischen Tradition des proletarischen Juridismus in Frankreich vgl. auch Ansart 1970, S. 128ff. sowie jetzt - im Blick auf die Prud'hommes-Gerichte - Cam 1981.

295 Gemeint ist der große Glasbläserstreik von 1895. Vgl. dazu Scott 1974, S. 139ff.

296 Procès-verbaux du Comité fédéral, 11. X. 95 (fälschlicherweise datiert: "1896").

297 Diese 'Arbeitsteilung' wurde später von den Anhängern der CGT innerhalb der FBdT als Argument angeführt, um die Notwendigkeit eines einheitlichen Dachverbandes zu begründen (vgl. z. B. Capjuzan, ebd., 3. IX. 97). Auch wenn das Comité fédéral in seiner Mehrheit den Zusammenschluß beider Organisationen bis 1901 ablehnte, bejahte es ausdrücklich Capjuzans Prämissen.

298 Charles 1962, S. 106. Auch M. Nettlau - sonst durchaus ein Anhänger des Börsen-Syndikalismus - spricht in diesem Zusammenhang kritisch von einer "Embryo- oder Rahmentheorie", die ihren Trägern ein gefährliches "Vorgefühl der Macht" gebe und im Grunde "marxistisch" sei! (IISG, Nachlaß Nettlau, unveröff. Ms. Nr. II (1895-1914), S. 106).

Anmerkungen zum Kapitel V

1 AN, F7/13614, Innenminister an Seine-Präfekt, 16. VIII. 90 (vgl. Kap. III, Anm. 61).

2 APP, BA 1611, Le Temps v. 1. XII. 94.

3 AN, F7/13614, Auszug aus dem Protokoll der Senatsdebatte v. 19. VII. 93.

4 Am 17. VI. 93 hatte Dupuy an alle Präfekten einen vertraulichen Rundbrief verschickt mit der Aufforderung, ihm innerhalb von 10 Tagen einen "rapport circonstancié et précis" über die im jeweiligen Département existierenden BdT zu schicken (AN, F7/13567).

5 Historische Koinzidenz: Im Dez. 1894 erfolgte auch die Verurteilung des Hauptmanns Dreyfus ... und ausgerechnet einer der wichtigsten Drahtzieher der "Affäre", General Mercier, war es, der 1902 verhinderte, daß die für das 'Office national ouvrier de placement et de statistique' vorgesehene Subvention von den BdT beansprucht werden konnte (Tournerie 1971, S. 151f.).

6 AN, F7/13605, Innenminister an Loire-Präfekt, 25. VI. 96. (In diesem Brief bestätigt der amtierende Minister dem Präfekten seine Eingriffsrechte gegenüber der BdT von Roanne. Siehe dazu w. u. den Abschn. "Roanne als Beispiel").

7 AN, F7/13567, Zirkular Waldeck-Rousseaus v. 10. X. 1901. Von diesem Brief erfuhr das Comité fédéral der FBdT wenig später aus dem Innenministerium: "Il nous a été démontré que cette circulaire (...) annulait (...) une autre circulaire contre les Bourses, très dangereuse celle-là, qui émanait du Ministère Dupuy et dont il fut donné lecture à la délégation (du Comité fédéral - P. S.)" (AN, F7/13567, Zirkular der FBdT v. Jan. 1902). Eine ausdrückliche Annullierung des Dupuy-Zirkulars ist jedoch offenbar nicht erfolgt (vgl. w. u. Anm. 28 u. 29). - Interessant ist hier auch, daß den BdT ein solches Zirkular, das sie unmittelbar betraf, offenbar erst im Nachhinein bekannt wurde.

8 AN, F7/13567, Zirkular Dupuys v. 8. XII. 94 (fortan zit. Dupuy-Zirkular). Unterstreichungen im Original. Auch die noch folgenden Zitate entstammen dieser Quelle.

9 Bei einer Betriebsgröße zwischen 170 und 600 Arbeitern waren in Roanne 1894 6865 Weber in 21 Betrieben beschäftigt. Vgl. dazu Chambre de commerce de Roanne 1896, S. 3ff. sowie Goninet 1976, S. 228ff.

10 Vgl. Willard 1965, S. 270f. u. 281; Lequin 1977, II, S. 287 u. 299ff.

11 AD Loire, 93 M 63, Polizeiber. v. 20. X. 92. Zum Streik in Carmaux vgl. Trempé 1971, S. 881ff.

12 AD Loire, 93 M 63, Gemeinderatssitzung v. 17. XI. 92: "Nous demandons un secrétaire-administrateur (de la BdT - P. S.) agrée par nous qui ne soit pas un politicien de profession, et nous (...) insistons pour que ce service municipal (!) soit comme les autres sous notre direction. "

13 AD Loire, 93 M 63, mehrere Berichte Jan.-Nov. 93. AN, F7/13605, Telegramm der FBdT an die BdT Roanne v. 25. I. 93.

14 AD Loire, 93 M 63, Unterpräfekt an Präfekt, 18. XII. 94.

15 In den AD Loire existiert hierzu unter der Sign. 92 M 63 ein umfangreicher Dossier. Vgl. außerdem Office du Travail 1895, S. 28 6ff. ; Chambre de commerce de Roanne 1896, S. 4ff. ; Goninet 1976, S. 243ff.

16 AD Loire, 93 M 63, Gemeinderatssitzung v. 29. V. 95.

17 AN, F7/13605, Polizeiber. v. 17. IX. 96.

18 AD Loire, 93 M 63, Gemeinderatssitzung v. 20. VI. 96.

19 AD Loire, 93 M 63, Brief des Bürgermeisters Augé an den Unterpräfekten v. 27. VI. 96. - Jean Augé (1853-1925) war zwar Mitglied des PO, gehörte aber zum gemäßigten Flügel und war ein persönlicher Gegner von Mayeux (Maitron 1972-77, Bd. X, S. 171f.).

20 AD Loire, 93 M 63, Unterpräfekt an Präfekt, 13. VIII. 96; AN, F7/13605, Polizeiber. v. 1. VII. 96.

21 AN, F7/13605, Loire, Präfekt an Innenminister, v. 23. IX. 96.

22 Ebd. Innenminister an Präfekt, 13. X. 96.

23 AN, F7/13605, Loire, Präfekt an Innenminister, 23. IX. 96; AD Loire, 93 M 63, Präfekt an Unterpräfekt, 22. X. 96.

24 AN, F7/13605, Präfekt an Innenminister, 8. VIII. 98.

25 Ebd. Präfekt an Innenminister, 6. VII. 1900.

26 Ebd. Innenminister an Präfekt, 11. VII. 1900.

27 Ebd. , Statut der BdT Roanne v. 26. VII. 1900, vom Präfekten genehmigt am 6. IX. 1900.

28 Ebd. Innenminister an Präfekt, v. 11. VII. 1900; zur sozialen Befriedungspolitik in dieser Periode vgl. Sorlin 1966, S. 463ff. u. bes. S. 473ff.

29 So führte z. B. Waldeck-Rousseau in dem w. o. bereits erwähnten Zirkular v. 10. X. 1901 (Anm. 7) eine neue Schikane ein: BdT-Subventionen sollten in Zukunft nicht mehr en bloc, sondern nur noch gegen Rechnung ausgezahlt werden. Wie sich zeigte, wurde diese Vorschrift aber nur von einigen Präfekten rigoros eingehalten (Prot. FBdT 1902, S. 78f.).

30 AN, F7/13605, Le Journal des Débats v. 1. VI. 95.

31 So verweigerte auch in Albi der Präfekt von 1897 bis 1899 die Geneh-
    migung der BdT-Satzung mit dem Hinweis auf das Zirkular v. 1894
    (AN, F7/13621).

32 Siehe hierzu: AN, F7/13606, Polizeiber. v. 28. V. 95 (Streikunter-
    stützung in St. Nazaire als 'Politik'); F7/13612, Rhône, Präfekt an
    Innenminister, 24. I. 93 (revolutionäre Reden der BdT Lyon stehen in
    Widerspruch zum 'korporativen' Auftrag der Gewerkschaften); CMP,
    PV, 1897, S. 731-747 (Verbot eines Meetings mit Tom Mann in der
    BdT Paris); CMP, PV, 1897, S. 904ff. (Verbot einer CGT-Veranstal-
    tung in der Pariser BdT zur Gründung einer Tageszeitung); APP, BA
    1609, La Petite République v. 22. I. 99 (Verbot einer Veranstaltung
    der UCSS über die Hygiene-Bedingungen in den Krankenhäusern);
    ebd., L'Aurore v. 23. I. 99 (Protestschreiben Baumés in dieser Ange-
    legenheit: Wenn Hygiene bereits 'Politik' ist, was ist dann die Drey-
    fus-Affäre?).

33 AN, F7/13613, Maine-et-Loire, Präfekt an Innenminister, 16. IX. 96.
    Zu einem Auftritt des Anarchisten Broussouloux in der BdT von Angers
    bemerkt der Präfekt: "Il est vrai qu'il n'aurait traité que des questions
    syndicales, mais les opinions qu'il professe auraient dû suffire, à
    mon avis, à lui fermer l'entrée de la Bourse." - Manchen Präfekten,
    denen die BdT als Brutstätten der Subversion erschienen, fiel es da-
    her äußerst schwer, überhaupt 'normale' Kontakte zu ihnen zu unter-
    halten. So zögerte der Rhône-Präfekt erst einige Zeit, bevor er sich
    mit der BdT von Lyon in Verbindung setzte, obwohl es nur darum ging,
    ihrem Sekretär den neuesten Bd. des ASP zu überreichen ... (AN,
    F7/13612, Präfekt an Handelsminister, 3. XII. 91).

34 AN, F7/13599, Pyrénées-Orientales, Präfekt an Innenminister,
    21. VII. 93.

35 AN, F7/13603, Justizminister an Innenminister, 17. V. 95 (betr. BdT
    Béziers).

36 Trempé 1971, S. 670. Siehe auch Machelon 1976, S. 247ff.

37 In folgenden Städten wurden bis zur Jahrhundertwende 'unabhängige'
    (hier: konservative) BdT gegründet: Bordeaux (1890), Carcassonne
    (1893), Narbonne (1896), Paris (1901), Fougères (1901). In Tours
    (1897), Bourges (1901), St. Nazaire (1901), Angers (1902) kam es zur
    Gründung von 'Offices du Travail'.

38 Vgl. dazu: Mosse 1972; Weitz 1977, S. 323ff.; Sternhell 1978, S. 245ff.

39 APP, BA 1608, Ber. v. 12. VII. 93.

40 F. Pelloutier, Le mouvement social, in: L'Enclos, Nr. 4, Juli 1895,
    S. 61. - Als Pelloutier von der Subventionsstreichung für die BdT von
    Le Mans erfuhr, schrieb er an den Sekretär: "Tous nos compliments
    pour les poursuites dont vous avez été l'objet. Ces persécutions sont
    nos titres d'honneur à nous militants." (IFHS, 14 AS 223, Pelloutier
    an Richer, 18. IX. 99).

41 AN, F7/13612, Bulletin de la Bourse du Travail de Lyon, 1. Jg.,
    Nr. 5, 1. VII. 93.

42 Der Sekretär der Börse von Le Havre hat das Problem wenigstens an-
    gedeutet, dann allerdings auf einer Ebene bloßer Subjektivität ange-
    siedelt: "La politique commence là ou là, suivant les opinions des
    individus, selon leurs conceptions philosophiques ou sociales, et,
    dans le heurt des intérêts en présence, on assimilie les questions
    économiques aux questions politiques ..." (Francès 1901, S. 36).
43 Vgl. hierzu auch Stedman Jones 1971, S. 251f., der ein ähnliches
    Problem für die Londoner Armenfürsorge untersucht und sich seiner-
    seits auf M. Mauss, Essai sur le don (1925), stützt.
44 Pelloutier (1921, S. 19) nennt folgende BdT, deren Subventionen ge-
    strichen wurden: Paris (1893), Roanne (1894), Dijon (1894), Nantes
    (1894), Cholet (1894). Nach unseren Ermittlungen kamen hinzu: Ver-
    sailles (1897), Nevers (1899), Blois (1900), St. Nazaire (1901). Ohne
    Subventionen mußten auch u. a. folgende BdT auskommen: Bordeaux
    (1890-96), Chaumont (1893-1903), Amiens (1896-1900), Versailles
    (1895-96). - Aus Protest gegen Subventionskürzungen und Schikanen
    wurden die BdT von Lyon (1892) und Nizza (1897) von den Gewerkschaf-
    ten evakuiert.
44a Prot. FBdT 1893, S. 536. - In dem später ausgearbeiteten Gesetzes-
    entwurf lautete der entscheidende Art. 1: "Lorsque plusieurs syndicats
    ouvriers d'une même localité en feront la demande à leur municipalité,
    celle-ci sera tenue (!) de mettre à leur disposition une Bourse du
    Travail. - Elle devra (!) leur accorder une subvention annuelle afin
    d'un assurer le fonctionnenment" (AN, F7/13567, Zirkular der FBdT
    v. 4. I. 95).
45 AN, F7/13614, Abschrift eines Berichts des Seine-Präfekten v.
    19. VI. 90.
46 Auf dem Kongreß von 1894 wurde der Beschluß sogar mit 14 zu 11
    Stimmen (bei 6 Enthaltungen) wiederholt. Vgl. Prot. FBdT 1894,
    S. 102 (Sp. 3).
47 Prot. FBdT 1895, S. 42. Angesichts der Fragwürdigkeit des ein Jahr
    zuvor gefaßten Beschlusses, hatte sich das Comité fédéral auf Betrei-
    ben Pelloutiers bereits geweigert, seine Durchführung einzuleiten.
    Vgl.: Zirkular der FBdT v. 1. II. 94, in: GG, 2. Jg., Nr. 4, 1894,
    S. 2.
48 Die Blauäugigkeit der BdT in der Frage der Gemeinnützigkeit ist umso
    überraschender, als bereits die staatliche Praxis gegenüber den So-
    ciétés de secours mutuels seit dem Zweiten Kaiserreich die integrie-
    renden Folgen einer 'reconnaissance d'utilité publique' gezeigt haben
    müßte (vgl. Chavot 1977, S. 614f.).
49 In seiner Schrift "La propriété collective et les service publics" er-
    klärte Brousse 1883: "Le service public est le dernier terme du dé-
    veloppement de chaque spécialité du labeur humain. Sa formation résulte
    de la nature même des choses, et il se constitue sous quelque gouverne-
    ment de classe que ce soit. On peut dire: les gouvernements changent
    avec les classes diverses qui font la conquête du pouvoir, mais l'Etat

reste et continue son développement normal en transformant peu à peu chaque catégorie du travail humain, et se l'incorporant sous la forme et sous le nom de service public, l'Etat est l'ensemble des services publics déjà constitués; les gouvernements en sont les directeurs autoritaires" (Brousse 1910, S. 27; dt. in: Willard 1981, S. 99). Guesde (1883) hatte seinerzeit Brousses Konzept recht treffend als 'staatssozialistisch' kritisiert.

50 Vgl. hierzu Stafford 1971, S. 187, sowie auch Rebérioux 1971, S. 93ff.

51 Dies gilt natürlich bes. für die possibilistisch dominierten Börsen. So heißt es in einer Erklärung der BdT Paris von 1891: "Les syndicats adhérents à la Bourse du Travail de Paris, après avoir étudié les divers modes de propriété et moyens d'appropriation, se prononcent: Pour l'appropriation collective, par voie d'évolution (!), pour arriver à l'idéal communiste, la propriété publique (!) par les services publics" (ABdT 1890-1891, S. 47). Vgl. aber auch BBdT, Nr. 323, v. 26. VI. 92 (Art. "services publics").

52 Daß diese Gefahr real existierte, zeigt auch ein Ausruf Pelloutiers in einer Sitzung des Comité fédéral: "Il n'est pas admissible que des Bourses acceptent de payer les subventions municipales par l'abandon des principes révolutionnaires" (Procès-verbaux, 27. VIII. 97).

53 Vgl. IFHS, 14 AS 223, FBdT-Zirkular v. 19. VIII. 95. (Eine Spendenaktion für die BdT von Cholet ergab 365, 50 Francs. 173 F kamen aus Paris, 66, 50 F aus Marseille, 49 F aus Besançon, aber nur 50 F von den umliegenden BdT Angers, Saumur, Rennes und Tours. Die gesamte Summe wurde in ein Fest investiert, bei dem dann 700 F eingenommen wurden, die bis zur Munizipalwahl von 1896 reichen sollten.) Vgl. auch Prot. FBdT 1902, S. 144 (betr. BdT Bagnères-de-Bigorre; 28 BdT spendeten insgesamt 243, 60 Francs).

54 Als Beispiel dafür, wie sehr diese Subventionslogik auch bei unterschiedlichen theoretischen Prämissen das Denken der Börsen-Aktivisten bestimmte, kann eine kleine Kontroverse zwischen L. Niel (Montpellier) und dem FBdT-Sekretär G. Yvetot angeführt werden. Niel hatte vorgeschlagen, die BdT sollten den Handelsminister Millerand auffordern, durch das OdT eine jährliche Zusammenstellung der Prud'hommes-Urteile publizieren zu lassen. Yvetot lehnte dies ab und argumentierte 'anti-etatistisch', aber eben keineswegs anti-subventionistisch: "Pourquoi renforcer encore les attributions de cet Office du Ministère du Commerce qui tient la place ou plutôt remplit le rôle que nous devrions remplir, nous, Fédération des Bourses? Si nous voulons tout faire par nous-mêmes, ne nous contredisons pas en demandant qu'on fasse pour nous. Il serait plus compréhensible que nous demandions à ce Ministère les ressources pour faire cet ouvrage s'il est utile, que d'inciter le Ministère à faire ce que nous devrions faire, puisque cela rentre dans nos attributions. Soyons logiques" (Prot. FBdT 1901, S. 95). Niels Antrag wurde dennoch angenommen.

55 Vgl. zur Kritik des Subventionismus bes. Delesalle 1908; ders. 1910,
S. 46ff. ; Marie 1911. Auf dem CGT-Kongreß in Amiens (1906) erklärte
der spätere Generalsekretär der CGT L. Niel: "Les Bourses subventionnées sont la source intarissable de la propagande syndicale" (Prot.
CGT 1906, S. 236).

56 So schrieb z. B. der Sekr. der BdT Blois an den Sekr. der BdT Paris:
"Notre seul et unique idée (est) de ne pas faire de politique au sein du
Comité fédéral (de la FBdT) pas plus que nous ne voulons en faire dans
le sein de (la) Bourse car nous estimons que ce serait faire de la
mauvaise besogne" (Brief v. 1. IX. 99, in: AD Loir-et-Cher, E dépot
IV, 7, 2).

57 Hier z. B. die Formel im Statut der BdT Bourges: "Toute discussion
politique ou religieuse est formellement interdite dans toutes les
réunions à la Bourse du Travail" (Art. 3) (AN, F7/13600).

58 Huard (1978) unterscheidet im Anschluß an M. Agulhon zwischen einem
kontingenten und einem strukturellen Illegalismus der politischen Organisationen im 19. Jahrhundert. Analog dazu könnte man einen kontingenten und einen strukturellen Apolitismus unterscheiden.

59 Marx hat sich in einem Brief an P. Lafargue (v. 19. IV. 1870) mit dieser Position spöttisch auseinandergesetzt: "Die Arbeiterklasse darf
sich nicht mit Politik beschäftigen. Sie darf sich nur in Trade-Unions
organisieren. Eines schönen Tages werden sie sich mittels der
Internationale an die Stelle aller bestehenden Staaten drängen. (...)
Da die Umwandlung der bestehenden Staaten in Assoziationen unser
Endziel ist, müssen wir den Regierungen (...) gestatten zu tun, was
ihnen beliebt; denn sich mit ihnen befassen, hieße sie anerkennen.
Wahrhaftig! Genauso sprachen die alten Sozialisten: Ihr dürft euch
nicht mit der Lohnfrage befassen, denn ihr wollt die Lohnarbeit ab-
schaffen. Mit dem Kapitalisten um die Höhe des Lohnes kämpfen, hieße
das Lohnsystem anerkennen! Der Esel (gemeint ist Bakunin - P. S.)
hat nicht einmal begriffen, daß jede Klassenbewegung als Klassenbewegung notwendigerweise immer eine politische Bewegung ist und war"
(MEW Bd. 32, S. 675). - Moss (1976, S. 77f.) hat darauf hingewiesen,
daß in der französischen Übersetzung der IAA-Statuten anfänglich der
im Original enthaltene Hinweis auf die politische Aktion 'verlorengegangen' sei...

60 L'Egalité v. 31. III. 80, zit. in Perrot 1974a, S. 634.

61 Zola hat in 'L'Assomoir' (1877) seinem Helden Coupeau diesen proletarischen Apolitismus in den Mund gelegt: "Ah bien! vous êtes encore
innocents de vous attraper pour la politique! ... En voilà une blague,
la politique! Est-ce que ça existe pour nous? ... On peut bien mettre
ce qu'on voudra, un roi, un empereur, rien du tout, ça ne m'empêchera
pas de gagner mes cinq francs, de manger et de dormir, pas vrai? ...
Non, c'est trop bête" (Zola 1893, S. 109). - An Hand der soziologi-
schen Untersuchung von R. Hoggart (The uses of literacy) hat M. Verret
interessante Überlegungen zu dem noch heute anzutreffenden politischen

Indifferenzismus der unteren Volksschichten angestellt und gemeint, daß dieser eigentlich nur eine bestimmte aufgezwungene 'Politik' zurückweise (Verret 1972, bes. S. 21).

62 AN, F7/12493, Ber. v. 30. VIII. 96 (Ausspruch des Anarchisten Tortelier). - In einem Aufruf der Pariser BdT hieß es: "En présence de cette furieuse coalition politico-capitaliste qui nous menace, il est du devoir des travailleurs conscients de solidariser leurs efforts" (APP, BA 1611, Flugblatt v. 20. VIII. 95).

63 Guesde klagte: "Nos bourgeois ont trouvé parmi les travailleurs même des complices, que nous voulons croire inconscients, qui, confondant dans le même anathème la politique ouvrière et la politique bourgeoise, vont partout répétant: La politique? n'en faut pas" (zit. in Willard 1965, S. 357).

64 ABdT 1890-1891, S. 141. Vgl. hierzu auch Néré 1959, II, S. 421ff.

65 AN, F7/13603, Statut der Börse von Montpellier, Art. 1.

66 AN, F7/13612, Rhône, Präfekt an Innenminister, 9. XII. 92.

67 AN, F7/13612, Notiz o. D. (Dez. 1892).

68 Das geschickte Wort von der "politique pure" sollte einen flexibleren Umgang mit dem immer auch politischen Charakter gewerkschaftlicher Kämpfe ermöglichen. Die folgende in der Presse wiedergegebene Erklärung des Bürgermeisters bedeutete daher einen Erfolg für die Gewerkschaften: "Il est très difficile de séparer les discussions politiques des questions ouvrières, aussi il (der Bürgermeister) invite le conseil (municipal) à ne pas insister sur ce point, et à décider, suivant la demande des syndicats ouvriers, que seules les questions de politique pure ou les questions religieuses ne pourront êtres traitées dans la salle des réunions de la Bourse"(AN, F7/13612, L'Echo de Lyon v. 28. IX. 92).

69 Aufgrund verstreuter Hinweise kann man einige Börsen bestimmten sozialistischen Strömungen zuordnen, womit aber nur eine allg. Tendenz angezeigt und ein mehrfaches Hin-und-Her zwischen den 'Linien' keineswegs ausgeschlossen ist:
Guesdisten: Bordeaux, Roanne, Lyon, Montpellier (bis 1900), Grenoble, Marseille, St. Etienne, Voiron.
Possibilisten: Béziers, Paris (bis 1891).
Allemanisten: Paris (ab 1891), Boulogne s. M. , St. Nazaire, Besançon, Dijon, Nevers, Nantes.
Blanquisten: Toulouse, Bourges, Tours, Commentry.
Die Mehrzahl der BdT ist freilich nicht genau zu 'verorten'. Zur Rolle der Anarchisten siehe w. u. Anm. 77.

70 Sitzungsprotokoll v. 17. II. 1901, zit. nach Legendre 1977, S. 40f.

71 Le Tocsin populaire v. 1. V. 97, zit. nach Forgeot 1973, S. 62.

72 So P. Béraud, Generalsekretär der BdT v. Grenoble, zit. nach Barral 1962, S. 218.

73 AN, F7/13567, Dossier über die Beteiligung der BdT v. Bordeaux am Wahlkampf 1896.

74 Nach der Spaltung von 1890 verlor die Partei von Brousse relativ
schnell an Einfluß, und ihr nahestehende Politiker traten weniger im
Namen der Partei, als im Namen eines 'unabhängigen' reformistischen Sozialismus hervor. Millerand z. B. war in vieler Hinsicht Fort-
führer der broussistischen Politik. Man könnte hier aber auch auf die
trade-unionistische Praxis des Bergarbeiter-Deputierten Emile Basly
hinweisen, der die Politik des 'Möglichen' sowohl auf der parlamentarischen wie auf der gewerkschaftlichen Ebene vertrat und bei Bedarf
stets an anti-politische Ressentiments unter seinen Anhängern appellierte. Vgl. dazu Michel 1974.

75 Brunellière an A. Hamon, 22. VII. 96, in: Willard 1968, S. 133. Diese
Schizophrenie findet sich z. B. auch in der guesdistisch geführten
'Fédération locale des syndicats' von Lille, die 1897 erklärte: "La
Fédération se gardera avec soin de la politique, élément dissolvant,
s'il en fut, et elle ne s'attachera à aucun parti, à aucune doctrine
politique" (zit. bei Willard 1965, S. 356). Vgl. hierzu auch: Bulletin
mensuel de la Fédération nationale des syndicats, Nr. 7, Oktober
1894, S. 4: Art. "Qui fait de la politique?"

76 Le mouvement social, in: L'Enclos, Nr. 4, Juli 1895, S. 61. Vgl.
auch Pelloutier 1921, S. 14f. , wo das Adjectiv "politique" mit "oppor-
tun" gleichgesetzt ist . . .

77 Diese aus einer ideengeschichtlichen Betrachtungsweise resultierende
Überschätzung gilt sogar für die erstmals 1951 publizierte, aber nach
wie vor beste und differenzierteste Untersuchung des franz. Anarchismus von J. Maitron (1975, I, bes. S. 294ff.), wo die BdT als "fief
anarchiste" bezeichnet werden und ihr "caractère anarchiste très
accentué" hervorgehoben wird (ebd. , S. 312). Aufgrund unserer Analyse der Alltagspraxis, aber auch der praktischen Ideologie der BdT
dürfte diese traditionelle Zuordnung so nicht mehr vertretbar sein.
Außerdem können wir unseren verstreuten Hinweisen auf den nicht-
anarchistischen Charakter der BdT-Bewegung hier noch ein weiteres
Argument hinzufügen: Maitron weist an einer Stelle auf ein internes
Zirkular des Innenministeriums vom 2. IX. 96 hin, das alle Präfekten
nach dem Einfluß der anarchistischen Propaganda in den BdT befragt
(ebd. , S. 294f. ; der Text des Zirkulars ist ebd. abgedruckt). Er selbst
habe dazu aber leider nur die Antworten für das Département Seine,
d. h. für die BdT Paris, Boulogne s. S. , Issy und Clichy, gefunden
(APP, BA 80). Er konstatiert: "L'influence anarchiste y est - d'après
le rapport - prédominante" (ebd. , S. 295). Aufgrund der von uns durch-
gesehenen Akten (insbes. AN, F7/13598-13623) läßt sich diese Interpretation nun korrigieren. Denn von den 19 weiteren BdT, über die wir
auf diese Weise eine Einschätzung erhalten, werden nur zwei - Nantes
und St. Nazaire - als 'anarchistisch' eingestuft und auch dies nur unter Hinweis auf Pelloutiers persönlichen Einfluß (AN, F7/13606, Loire-
inférieure, Präfekt an Innenminister, 10. IX. 96). In allen anderen BdT
dagegen konnten die Augen des Gesetzes bestenfalls einige versprengte

anarchistische Individuen identifizieren - aber keinen realen anarchistischen Einfluß! Obwohl diese Enquete natürlich nur indikatorischen Wert hat - denn es steht außer Zweifel, daß die Präfektenberichte auf sehr 'subjektiven' Einschätzungen der zuständigen Polizisten beruhten (die aber eher dazu neigten, den Anarchismus zu überschätzen) - und obwohl ihr Zeitpunkt (1896) noch relativ früh liegt, weil die meisten Anarchisten erst ab 1895 beginnen, sich in den Gewerkschaften zu engagieren, läßt sich aus dem insgesamt negativen Befund eben doch auf einen relativ geringen Einfluß der Anarchisten innerhalb des Börsen-Syndikalismus - zumindest in den 80er und 90er Jahren, also der klassischen Zeit der BdT - schließen, während die verschiedenen Parteisozialismen, darin stimmen die Präfektenberichte überein, fast überall dominant sind.

78 Resolution v. 1898, zit. nach Bruguier 1926, S. 90. - Vgl. auch Poperen 1964, S. 73 u. 76 (in bezug auf die BdT v. Angers).

79 Vgl. die im Anhang zur HBdT abgedruckten Diskussionsprotokolle (S. 322-338). Pelloutier selbst, der bereits todkrank war und in einer Situation extremer materieller Not lebte, erhielt zwar 1899 - durch die Vermittlung von Sorel und Jaurès - einen 'Werkvertrag' beim OdT, was ihm von manchen BdT als Verrat angekreidet wurde (Prot. FBdT 1900, S. 87ff.), nahm aber stets eine anti-ministerialistische Haltung ein. Die Politik von Jaurès und Millerand erschien ihm als "réformisme étroit et stérile" (Pelloutier an Delesalle, o. D. (1900); IFHS, 14 AS 53ter).

80 "Il ne convient pas aux membres du Comité fédéral de s'asseoir à une table qu'ils rêvent de renverser aussi bien par la force que par l'évolution des choses" (Procès-verbaux, 29. VI. 1900). Die gleiche ablehnende Haltung nahm auch die UCSS ein (APP, BA 1611, Ber. v. 29. VI. 1900). Allerdings haben einige wichtige Funktionsträger der Pariser BdT (so z. B. E. Briat) gegen diesen Beschluß verstoßen (P. Delesalle, Millerandisme et Réformisme, Ms. o. D. , in: IFHS, 14 AS 14).

81 AD Loir-et-Cher, E, dépôt IV, 7, 3 (Brief des Sekretärs Pottier v. 15. XII. 1900); vgl. auch Poperen 1964, S. 73. Zur Unterstützung Millerands durch Gewerkschaften siehe: Sorlin 1966, S. 471.

82 AN, F7/13604, L'Aurore v. 15. XII. 1901 (Erklärung der BdT v. Tours). - In der franz. Gewerkschaftsbewegung waren 'sozialstaatliche' Illusionen immer auch eng mit einer republikanischen Staatsideologie verknüpft, die eine gesonderte Analyse lohnen würde. Vgl. Hinweise bei Rebérioux 1970, bes. S. 94; Trempé 1971, S. 827, 901ff. u. a. ; Poperen 1964, S. 232f.

83 Procès-verbaux du Comité fédéral, 18. VII. 97. Die folgenden Zitate entstammen der gleichen Quelle.

84 Wenn Julliard (1971, S. 225) den hier zit. Passus als "parfaite définition du syndicalisme révolutionnaire de classe" bezeichnet, übernimmt er vollständig die Prämissen Pelloutiers. Historisch war diese Definition

allerdings in der Tat typisch, denn auf dieser Basis kam es später in der CGT zum Bündnis zwischen Anarchisten und Reformisten gegen die Sozialisten.

85 Es war Bestandteil der quasi natürlichen Disziplinierung der Arbeiter im Betrieb. Häufig wurde es offen ausgesprochen: "Le directeur défend de parler politique dans l'usine et surtout de grève, sous peine d'être expulsés" (zit. nach Perrot 1974a, S. 664).

86 Das Beispiel von Roanne zeigt wie schwierig dies war, wenn Regierung und lokale Bourgeoisie zur Unterdrückung entschlossen waren. Mayeux hatte z. B. versucht, die Behörden vom 'unpolitischen', weil gewerkschaftlichen Charakter seiner Aktivitäten zu überzeugen, aber man glaubte ihm einfach nicht (AN, F7/13605, Ber. v. 14. IV. 93). Auch von Amiens wird berichtet, die Gewerkschaften hätten sich vergeblich auf die 'Legalität' und den 'sozialen Frieden' berufen; da sie gleichzeitig Streiks unterstützten, lehnte der Bürgermeister die Errichtung einer BdT ab (AN, F7/13621, Journal d'Amiens v. 17. V. 93; Journal des Débats v. 19. V. 93).

87 Dieser Ausdruck stammt von Albert Thomas ("Syndicalisme neutraliste", in: La Revue syndicaliste, Oktober 1907; auszugsweise in: Rebérioux/ Fridenson 1974, S. 87-88).

Anmerkungen zum Schluß

1 Diese Zweideutigkeit zeigte sich später auch darin, daß das Erbe Pelloutiers und der 'heroischen' Periode der Bourses du Travail nicht nur von revolutionärer Seite (z. B. P. Monatte und seiner Zeitschrift "La Révolution prolétarienne"), sondern auch von reformistischer Seite beansprucht wurde. So gründete die nach dem 2. Weltkrieg entstandene gemäßigte Gewerkschaft CGT-Force ouvrière 1949 eine Zeitschrift mit dem Titel "Les Cahiers Fernand Pelloutier" und die Losung dieser Gewerkschaft lautet bis heute: "En dehors de toute politique"! (Zu ihrer Geschichte vgl. Bergounioux 1975). Schließlich ist zu erwähnen, daß sogar während der deutschen Besatzungszeit Pelloutier und der Börsen-Syndikalismus von den 'kollaborierenden' Gewerkschaftern des Vichy-Regimes (darunter Pelloutiers Nachfolger G. Yvetot) als Vorbilder angeführt wurden (vgl. Rancière 1977).

2 Siehe hierzu R. Luxemburgs Analyse der englischen und französischen Koalitionsgesetze (1973, S. 372f.).

3 APP, BA 1611, Ber. v. 16. II. 90; AN, F7/13621, Journal d'Amiens v. 17. V. 93 (Erklärung der Gewerkschaften v. Amiens); Bourse du Travail de Nîmes 1893, S. 12. - Vgl. auch Frankel 1892, S. 109, der die Gültigkeit dieses Vergleichs allerdings einschränkt.

4 Vor allem die Forschungen von M. Perrot erzwingen eine Revision der traditionellen Geschichte der 'Idee' des Generalstreiks, indem sie - für Frankreich - deren reale Herkunft aus den Streikkämpfen der 70er Jahre zeigen (vgl. Perrot 1974a, S. 64f. und bes. S. 440ff.).

Zeittafel 1876-1902

Jahr	Arbeiterbewegung	Gesellschaft & Ökonomie	Politik
1876	Okt.: Erster Arbeiterkongreß in Paris	Seit 1873 anhaltender Preisverfall	Febr.-März: Kammerwahlen. Sieg der Republikaner
1877	Auflösung der Gewerkschaften in Lyon durch die Präfektur	Ausbreitung der Weinreblaus auf den gesamten franz. Süden	Okt.: Kammerwahlen. Erneuter Sieg der Republikaner
1878	Jan.-Febr.: Zweiter Arbeiterkongreß in Lyon	Weltausstellung in Paris	
	Mai: Verbot der geplanten intern. soz. Konferenz; Verhaftungen		
1879	Okt.: Dritter Arbeiterkongreß in Marseille; Gründung d. "sozialistischen Arbeiterpartei"	Erstes Telefonnetz Juli: Verabschiedung des Freycinet-Plans für den Ausbau des Verkehrsnetzes	Rücktritt des Staatspräsidenten Mac Mahon; sein Nachfolger ist Republikaner
1880	Nov.: Vierter Arbeiterkongreß in Le Havre; Abspaltung der Barberetisten	Die Einwohnerschaft von Paris übersteigt die 2Mio-Grenze	Juli: Begnadigung u. Amnestie für d. Kommunarden; Aufhebung der gesetzl. Sonntagsruhe
1881	Gründung d. Buchdruckerverbandes		Mai: Intervention in Tunesien; Juni: Gesetz über Versammlungsfreiheit; Juli: Pressefreiheit
1882	Aug.: Unruhen in Montceau-les-Mines; Sept.: sozialistischer Parteitag in Saint-Etienne: Trennung von Possibilisten u. Guesdisten	Schulreform: obligatorische u. laizistische Volksschule; Jan.: Bankrott der Bank "Union-Generale" symbolisiert den Beginn der Wirtschaftskrise	
1883	Gründung d. Bergarbeiterverbandes		Besetzung von Tonkin (Indochina)
1884	Febr.-März: Bergarbeiterstreik in Anzin	Cholera-Epidemie in Marseille	21. März: Gewerkschaftsgesetz; April: Munizipalgesetz; Juli: Scheidungsgesetz

Jahr	Arbeiterbewegung	Gesellschaft & Ökonomie	Politik
1885		E. Zola: "Germinal". Gründung d. ersten Fahrradfabrik (Peugeot). Erste Anwendung d. Thomasverfahrens (Stahl)	Okt. : Kammerwahlen, Verluste der Republikaner
1886	Jan. -Juni: Bergarbeiterstreik in Decazeville. Okt. : erster Gewerkschaftskongreß in Lyon (Gründung der FNS)	Höhepunkt der Wirtschaftskrise. Rimbaud: "Les Illuminations"	
1887	3. Febr. :Eröffnung der ersten BdT in Paris; 4. März: Eröffnung der zweiten BdT in Nîmes	Schutzzölle f. Getreide u. Fleisch	Rücktritt des Staatspräsidenten wegen e. Korruptionsskandals
1888	Juli-Aug. : Erdarbeiterstreik in Paris; 8. Aug. : Schließung der BdT	Beginn der russischen Staatsanleihen i. Frankr.	Gemeindezahlen; erste sozialistische Erfolge. Beginn des "Boulangismus"
1889	Febr. :landesweite Arbeiterdemonstrationen für 8 St. -Tag; Juli: intern. Arbeiterkongreß in Paris (II. Internationale)	Weltausstellung in Paris (Eiffel- Turm). Konkurs der Panama-Gesellschaft u. d. "Comptoir d'escompte"	Sept. : Kammerwahlen, Niederlage des Boulangismus
1890	1. Mai:landesweite Demonstrationen. Okt. : possibilistischer Parteitag in Châtellerault: Abspaltung d. Allemanisten	Erstes Automobil (Peugeot)	Juli: Gesetz über die Abschaffung des Arbeitsbuches
1891	1. Mai: 9 Tote bei einer Demonstration in Fourmies	"Convention d'Arras" (erster Tarifvertrag im Bergbau). Enzyklika "rerum novarum" (christl. Soziallehre)	Franz. -russ. Annäherung. Nov. : Eröffnung d. Ermittlungsverfahren gegen die Panama-Gesellschaft
1892	Febr. :Gründungskongreß der FBdT in Saint-Etienne. Sekr. wird der Blanquist Besset. Mai-Dez. : Schließung der BdT Lyon. Aug. : Berg-	Bildung des "Comité central des houillères". Fortführung d. Schutzzollpolitik. Anarchistische Attentatswelle	Franz. -russ. Militärbündnis. Appell des Papstes an die Katholiken, die Republik zu akzeptieren. März: erneuter Sieg der

Jahr	Arbeiterbewegung	Gesellschaft & Ökonomie	Politik
	arbeiterstreik in Carmaux. Sept. : der FNS-Kongreß in Marseille billigt den "Generalstreik" als Losung		Sozialisten bei d. Gemeindewahlen. Nov. : Gesetz über freiw. Streikschlichtung. Panama-Skandal
1893	Febr. :Kongreß der FBdT in Toulouse. 1.-4. Juli: Unruhen im Quartier Latin. 6. Juli: Besetzung u. Schließung der Pariser BdT. Juli: allg. Gewerkschaftskongreß in Paris	Ausbau des Hafens von Marseille.	Aug. : Kammerwahlen (50 soz. Abgeordnete). Eroberung Dahomeys
1894	Juni:Kongreß der FBdT in Lyon. Sept. :FNS-Kongreß in Nantes, endet mit der Annahme der Generalstreiks-Losung u. d. Auszug der Guesdisten. Dez. : Die Regierung fordert die Präfekten auf, in den BdT nicht nur "politische", sondern auch "allg. ökon. Diskussionen" zu verhindern.	Erste Auto-Droschken in Paris. Beginn der ökonomischen Reprise	Juni:Ermordung d. Staatspräsidenten durch e. Anarchisten, daraufhin Repressionsgesetze. Juli: Altersrente für Bergleute. Dez. :Verurteilung d. Hauptmanns Dreyfus
1895	Mai(-Jan. 1901): Schliessung der BdT Roanne. Juni:Kongreß der FBdT in Nîmes. Pelloutier wird Generalsekr. (bis 1901). Sept. : Gründung der CGT in Limoges, Sekr. wird Lagailse (Eisenbahner)	Erste kinematographische Vorführungen	
1896	April:Wiedereröffnung der Pariser BdT. Mai: Kongreß christl. Arbeiter in Reims. Mai: Rede Millerands in Saint-Mandé. Sept. : Kongreß der FBdT in Tours	Entdeckung d. Radioaktivität. Beschluß über den Metro-Bau in Paris. Ökonomische Reprise	Rücktritt der "radikalen" Regierung L. Bourgeois (Scheitern d. Einkommensteuer)

Jahr	Arbeiterbewegung	Gesellschaft & Ökonomie	Politik
1897	Febr. :Pelloutier gründet d. Zeitschrift "L' ouvrier des deux mondes". Sept. : Kongreß der FBdT in Toulouse	Erstes Motorflugzeug	Unterwerfung Madagaskars. Gründung der "Action Française"
1898	Sept. :Kongreß der FBdT in Rennes. Sept. -Nov. : Streik im Pariser Baugewerbe. 1. -3. Okt. : Generalstreik d. Eisenbahner scheitert	E. Zola: "J'accuse"	Die Dreyfus-Affäre wird zum Politikum. April:Gesetz über Arbeitsunfälle. Englisch-franz. Spannungen (Faschoda)
1899	22. Juni:Eintritt Millerands in die Regierung. Dez. :gemeinsamer Kongreß aller soz. Organisationen in Paris. Streik in Le Creusot. Gründung der ersten "gelben" Gewerkschaften		Höhepunkt der Dreyfus-Krise. Aug. : Millerand-Dekrete über die Arbeitsbedingungen bei öff. Arbeiten. Sept. : erneute Verurteilung v. Dreyfus, daraufhin Begnadigung
1900	Juni: Streik in Châlon-sur-Saône (3 Tote). Sept. Kongreß der FBdT in Paris	Weltausstellung in Paris, Eröffnung der Metro. Überproduktionskrise im Weinbau	Gesetz über die schrittweise Einführung des 10-Stunden-Tages in Betrieben m. gemischter Belegschaft
1901	13. März:Tod Pelloutiers, sein Nachfolger wird Yvetot (Drucker). Mai: Bergarbeiterstreik in Montceau-les-Mines. Sept. : FBdT-Kongreß in Nizza. 3. Juli: Besetzung der BdT Paris		Gründung der "radikalen" Partei. Einführung der Erbschaftssteuer. Gesetz über die Assoziationsfreiheit
1902	März: Konstituierung des reformistischen "Parti socialiste français". Mai:Erste Schließung der BdT Nizza. Sept. :Gründung des radikaleren "Parti socialiste de France". Sept. :FBdT-Kongreß in Algier, Beschluß, die BdT in die CGT einzugliedern	Antiklerikale Reform des höheren Schulwesens. Mai:Erste kriminologische Verwendung von Fingerabdrücken	Mai: Kammerwahlen (Sieg der "Radikalen")

A. Ungedrucktes Material

I. Archives Nationales (Paris)

F7/12357: Überwachung der Gewerkschaften 1870ff.
F7/12488-12491: Diverse Arbeiterkongresse 1876-1899
F7/12493: Kongresse der Bourses du Travail und der CGT 1892-1906
F7/12494: Diverse Arbeiterkongresse
F7/12522: Diverse Arbeiterkongresse
F7/12773: Streiks 1894-1914
F7/13567: Bourses du Travail 1893-1916 (Allgemeines)
F7/13581: Kongresse der Bourses du Travail und der CGT 1894-1919
F7/13598-13623: Bourses du Travail
F7/13922: Comité de la Grève Générale
F12/4851: Arbeitsnachweise
BB18/1967: Berichte der Procureurs généraux
BB18/1983:   "   "   "   "
BB18/1997:   "   "   "   "
C 5500-5501: Reform der Arbeitsnachweis-Gesetzgebung

II. Archives Départementales

a) Département Loire (Saint-Etienne)

92 M 63-65: Bourse du Travail Roanne
93 M 56-57: Bourse du Travail Saint-Etienne
93 M 63-64: Streiks in Roanne 1892-1911

b) Département Loir-et-Cher (Blois)

E, dépot IV 7, 1-5: Bourse du Travail Blois

III. Archives de la Ville de Paris

GAZ 300, 1-5: Bourses du Travail 1848
VM^{29}, 1-11: Bourse du Travail Paris 1889-1895

IV. Archives de la Préfecture de Police (Paris)

BA 138: Anschläge auf Arbeitsnachweise
BA 956: Akte Beausoleil
BA 1095: Akte Girard
BA 1216: Akte Pelloutier
BA 1483: Agglomération parisienne (du Parti ouvrier)
BA 1608-1611: Bourse du Travail

V. Institut Français d'Histoire Sociale (Paris)

14 AS 221, 1-9: Don Lefranc
14 AS 223:. Fonds Monatte
14 AS 165-167: Fonds Rist
14 AS 12-53ter: Fonds Delesalle

VI. Archiv der Bourse du Travail (Paris)

- Livre des procès-verbaux des permanents de l'administration
- Livre de permanence du conseil judiciaire

VII. Bibliothek des "Musée Social" (Paris)

26.164. V. 4°: Cahiers d'extraits de journaux relatifs aux ouvrages de
Fernand Pelloutier, 4 Bde.
26.166. V. 4°: Fédération des Bourses du Travail. Procès-verbaux des
séances du Comité fédéral du 22 novembre 1892 au 12 juillet
1901, 1 Bd.
o. Signatur: Sammlung von Materialien und Notizen Pierre Monattes über
Fernand Pelloutier.

VIII. Internationales Institut für Sozialgeschichte (Amsterdam)

Durchgesehen wurden die Nachlässe Guesde, Nettlau, Hamon und Dave.

B. Zeitungen und Zeitschriften

(Auf eine direkte Auswertung der politischen Tagespresse wurde verzichtet, da Stichproben erwiesen, daß die benutzten Archivbestände alle einschlägigen Zeitungsartikel in Form von Ausschnitten enthalten. Von den meisten Gewerkschaftszeitungen wurden nur einzelne Ausgaben gefunden, die nach der entsprechenden Archivquelle zitiert werden.)

L'Action (später: L'Action Sociale), 1896
Almanach de la Question Sociale, 1891-1902
Annuaire de la Bourse du Travail (Paris), 1887-1892
Annuaire des Syndicats Professionnels, 1889-1902
L'Atelier, 1840-1848
Bulletin de l'Office du Travail, 1894-1903
Bulletin Officiel de la Bourse du Travail de la Ville de Paris, 1887-1893
Bulletin mensuel de la Fédération Nationale des Syndicats et groupes corporatifs ouvriers de France, 1889-1898
Les Cahiers Fernand Pelloutier, 1949-1950
L'Egalité, Genf, 1869
L'Enclos, 1895-1896
Encyclopédie du mouvement syndicaliste, 1912
La Grève Générale, 1894, 1899-1900
L'Ouvrier des Deux Mondes, 1897-1898
Le Monde Ouvrier, 1899
Le Moniteur des Syndicats, 1887
Le Mouvement Socialiste, 1899-1914
Le Père Peinard, 1893
La Revue Socialiste, 1886-1914
Les Temps Nouveaux, 1895-1900

C. Kongreßprotokolle

I. Fédération Nationale des Syndicats (FNS):

Congrès National des Syndicats Ouvriers, tenu à Lyon en Octobre 1886. Compte rendu officiel, Lyon 1887.
Résolutions votées en séance publique du 3e Congrès National le 4 novembre 1888, Bordeaux o. J.
Rapport de la délégation marseillaise au 3e Congrès national des syndicats ouvriers de France, tenu à Bordeaux et au Bouscat du 28 octobre au 4 novembre 1888, Marseille 1889.
Ve Congrès national des Syndicats et Groupes corporatifs ouvriers de France tenu à Marseille du 19 au 22 octobre 1892, in: Le Mouvement Socialiste, 10. Jg. , 1908, Nr. 201, 202, 204, 205, S. 99-134, 198-213, 363-373, 426-438.

6e Congrès national des syndicats de France. Compte rendu des travaux du Congrès tenu à Nantes du 17 au 22 septembre 1894, Nantes 1894.

II. Fédération des Bourses du Travail (FBdT):

Congrès de Saint-Etienne, février 1892. Rapport du citoyen Branque, délégué des menuisiers en bâtiment, administrateur de la Bourse du Travail, Toulouse 1893.

2e Congrès National des Bourses du Travail tenu à Toulouse les 12, 13, 14 et 15 février 1893, in· Bulletin Officiel de la Bourse du Travail de Paris, 6. Jg., Nr. 358, 26. Februar 1893, S. 535-540.

Troisième Congrès de la Fédération Nationale des Bourses du Travail de France, in: Bulletin Officiel de la Bourse du Travail de Lyon, 2. Jg., Nr. 14, Juni-Juli 1894, S. 98-121.

IVe Congrès des Bourses du Travail de France et des Colonies. Compte rendu des travaux du Congrès tenu à Nîmes les 9, 10, 11 et 12 juin 1895, Nîmes 1896.

Ve Congrès de la Fédération nationale des Bourse du Travail tenu à Tours les 9, 10, 11 et 12 septembre 1896. Compte rendu des travaux du Congrès, Tours 1896.

VIe Congrès de la Fédération nationale des Bourses du Travail, tenu à Toulouse les 15, 16, 17 et 18 septembre 1897. Compte rendu des travaux du Congrès, Toulouse 1897.

VIIe Congrès national des Bourses du Travail et Unions de syndicats, in: L'Ouvrier des Deux Mondes, Revue mensuelle d'économie sociale, Organe officiel de la Fédération des Bourses du Travail de France et des Colonies, Nr. 20-21-22, 1. Oktober 1898, S. 305-336.

VIIIe Congrès national des Bourses du Travail de France et des colonies. Paris, 5-8 septembre 1900, Paris 1900.

IXe Congrès national des Bourses du Travail de France et des Colonies. Nice, 17, 18, 19, 20 et 21 septembre 1901, Nizza 1901.

Xe Congrès national des Bourses du Travail de France et des Colonies tenu à Alger les 15, 16, 17 et 18 septembre 1902, Algier 1902.

III. Confédération Générale du Travail (CGT):

VIIe Congrès national corporatif, tenu à Limoges du 23 au 28 septembre 1895, Limoges 1896.

Xe Congrès national corporatif (IVe de la Confédération générale du travail) tenu à Rennes les 26, 27, 28, 29, 30 septembre et 1er octobre 1898. Compte rendu des travaux du Congrès, Rennes 1898.

XIIIe Congrès national corporatif, tenu à Montpellier les 22, 23, 24, 26 et 27 septembre 1902 dans la Salle des Concerts du Grand Théâtre, sous les auspices de la Bourse du Travail de Montpellier. Compte rendu officiel des travaux du Congrès, publié par les soins de la Commission d'organisation, Montpellier 1902.

XVe Congrès national corporatif (IXe de la Confédération) et Conférence des Bourses du Travail, tenus à Amiens du 8 au 16 octobre 1906. Compte rendu des travaux, Amiens 1906.

IV. Gemischter Kongreß:

Compte rendu du Congrès national des Chambres syndicales et groupes corporatifs ouvriers, tenu à Paris en juillet 1893, précédé de L'Historique des Bourses du Travail françaises. Publié par les soins de la Commission exécutive, Paris o. J.

V. Parti Ouvrier Français (POF):

Septième Congrès National du Parti Ouvrier tenu à Roubaix du Samedi 29 mars au Lundi 7 avril 1884, o. J.

Dixième Congrès National du Parti Ouvrier tenu à Marseille du 24 au 28 septembre 1892, Lille o. J.

Onzième Congrès National du Parti Ouvrier tenu à Paris du 7 au 9 octobre 1893, Lille 1893.

Douzième Congrès National du Parti Ouvrier Francais tenu à Nantes du 14 au 16 septembre 1894, Lille 1894.

VI. Parti Ouvrier Socialiste Révolutionnaire (POSR):

Parti Ouvrier Socialiste Révolutionnaire. Compte rendu du Xe Congrès National tenu à Paris du 21 au 29 juin 1891, Paris 1892.

Parti Ouvrier Socialiste Révolutionnaire. Compte rendu du XIe Congrès National tenu à Saint-Quentin du 2 au 9 octobre 1892, Paris 1893.

VII. Internationaler Kongreß:

Congrès International Ouvrier Socialiste tenu à Bruxelles du 16 au 23 août 1891. Rapport publié par le Secrétariat belge, Brüssel 1893.

D. Andere gedruckte Quellen und Literatur

(Um das Auffinden der Titel zu erleichtern, wurde auf die übliche Unterscheidung in Primär- und Sekundärliteratur verzichtet.)

ACTES DE LA COMMUNE de Paris pendant la Révolution (1896), hg. v. S. Lacroix, Bd. IV, Paris.

ADLER, G. (1899): Der Arbeitsnachweis in frühester Zeit, in: Zeitschrift für Socialwissenschaft, 2, 1899, S. 711-719.

DERS. (1909): Arbeitsnachweis und Arbeitsbörsen, in: Handwörterbuch der Staatswissenschaften, 3. Aufl., Jena, Bd. 1, 1909, S. 1130 1140.

AGULHON, M. (1970): La République au village. Les populations du Var de la Révolution à la IIe République, Paris.

DERS. (1973): 1848 ou l'apprentissage de la République, 1848-1852, Paris.

DERS. (1975): Le problème de la culture populaire en France autour de 1848, in: Romantisme, Nr. 9, S. 50-64.

DERS. (1976): L'évolution du phénomène municipal depuis la Révolution Française, in: CHIMT, Nr. 29, S. 15-24.

DERS. (1979): Sociabilité populaire et sociabilité bourgeoise au XIXe siècle, in: G. Poujol/R. Labourie (Hg.), Les cultures populaires, Toulouse, S. 81-91.

ALBERT, P. (1972): La presse française de 1871 à 1940, in: C. Bellanger u. a. (Hg.), Histoire générale de la presse française, Bd. III, Paris, S. 133-622.

ALBERTINI, R. v. (1968): Frankreich: Die Dritte Republik bis zum Ende des I. Weltkriegs (1870-1918), in: T. Schieder (Hg.), Handbuch der europäischen Geschichte, Stuttgart, S. 231-268.

ALMANACH du Père Peinard pour 1896 (1897), Paris o. J.

ALMANACH illustré de la Révolution pour 1906 (1905), Paris.

ALTHUSSER, L. (1973): Réponse à John Lewis, Paris.

DERS. (1974): Philosophie et philosophie spontanée des savants (1967), Paris.

DERS. (1977): Ideologie und ideologische Staatsapparate. Aufsätze zur marxistischen Theorie, hg. v. P. Schöttler, Hamburg-Berlin.

AMÉLINE, H. (1866): Des institutions ouvrières au XIXe siècle, Paris.

AMINZADE, R. (1979): The Transformation of Social Solidarities in Nineteenth-Century Toulouse, in: Merriman 1979a, S. 85-105.

ANDRÉANI, E. (1968): Grèves et fluctuations. La France de 1890 à 1914, Paris.

ANDRIEUX, A./LIGNON, J. (1973): Le militant syndicaliste d'aujourd'hui. Ouvriers, cadres, techniciens, qu'est-ce qui les fait agir?, Paris.

ANSART, P. (1970): Naissance de l'anarchisme. Essai sur l'explication sociologique du proudhonisme, Paris.

ASSOCIATION POUR L'ETUDE D'UNE NOUVELLE BOURSE DU TRAVAIL (1972): La Bourse du Travail, Paris o. J.

AU PAYS DE SCHNEIDER. Prolétariat et militants ouvriers de la Commune à nos jours. Colloque du Creusot. 21-22 mai 1976 (1977), in: MS, Nr. 99.

AYÇOBERRY, P. (1981): L'histoire régionale en France: Orientations politiques et choix méthodologiques du début du XIXᵉ siècle à nos jours, in: Aspekte der historischen Forschung in Frankreich und Deutschland. Schwerpunkte und Methoden, hg. v. G. A. Ritter/R. Vierhaus, Göttingen, S. 193-201.

BAAL, G. (1971): La Bourse du Travail de Brest, Mémoire de maîtrise, Universität Paris I (Typoskr.).

DERS. (1973): Victor Pengam et l'évolution du syndicalisme révolutionnaire à Brest (1904-1914), in: MS, Nr. 82, S. 55-82.

BAKER, A. S. (1973): Fernand Pelloutier and the Bourses du Travail 1892-1901: The Creation of an Independant French Labor Movement, Ph. D., University of California (Typoskr.).

BAKER, R. P. (1967): Socialism in the Nord, 1880-1914. A Regional View of the French Socialist Movement, in: IRSH, 12, 1967, S. 357-389.

DERS./BAKER, P. K. (1975): Actions speak louder than words, but what do they say? An Essay on Working-Class Language and Politics in Early Twentieth-Century-France, in: PWSFH, 3, S. 402-411.

BAKUNIN-ARCHIV (1965), hg. v. A. Lehning, Bd. II, Leiden.

BALIBAR, E. (1974): Cinq Etudes du Matérialisme historique, Paris.

BALIBAR, R./LAPORTE, D. (1974): Le Français national. Politique et pratique de la langue nationale sous la Révolution, Paris.

BANCE, P. (1978): Les fondateurs de la C. G. T. à l'épreuve du droit, Paris.

BANNEUX, L. (1900): Les Bourses du Travail, Brüssel.

BARAK, M. (1975): Y a-t-il un mythe du libéralisme?, in: CHIMT, Nr. 11, S. 95-116.

BARBERET, J. (1873): Les grèves et la loi sur les coalitions, Paris.

BARRAL, P. (1962): Le Département de l'Isère sous la Troisième République, Paris.

DERS. (Hg.) (1968): Les fondateurs de la Troisième République, Paris.

BARRAU, P. (1971): Le mouvement ouvrier à Marseille (1900-1914), Thèse de Droit, Universität Aix en Provence (Typoskr.).

BARROWS, S. (1979): After the Commune. Alcoholism, Temperance and Literature in the Early Third Republic, in: Merriman 1979a, S. 205-218.

BAUDELOT, C. /ESTABLET, J. /MALEMORT, J. (1974): La petite bourgeoisie en France, Paris.

BAUSINGER, H. (1973): Verbürgerlichung - Folgen eines Interpretaments, in: G. Wiegelmann (Hg.), Kultureller Wandel im 19. Jahrhundert, Göttingen, S. 24-49.

BEAUMONT, H. de (1893): Le placement des ouvriers, employés et domestiques en France et à l'étranger, in: Journal des Economistes, 52, XIV, S. 66-74.

BÉDARIDA, F. (1948): La bourgeoisie parlementaire et la question sociale en France de 1871 à 1878, Diplôme d'études supérieures, Universität Paris (Typoskr.).

BERGOUNIOUX, A (1975): Force ouvrière, Paris.

BETTELHEIM, Ch. (1949): Le problème de l'emploi et du chômage dans les théories économiques, Paris.

BEZUCHA, R. J. (1977): The Moralization of Society: The Enemies of Popular Culture in the Nineteenth Century, in: J. Beauroy u. a. (Hg.), The Wolf and the Lamb. Popular Culture in France. From the Old Regime to the Twentieth Century, Saratoga/Calif., S. 175-187.

BIGOT, Ch. (1875): Les classes dirigeantes, Paris.

BLANC, L. (1845): Organisation du Travail, 4. Aufl., Brüssel.

BLUM, L. (1901): Les congrès ouvriers et socialistes français, 2 Bde., Paris.

BLUMÉ, D. (1957): Recherches sur le syndicalisme ouvrier dans le bâtiment à Paris, 1892-1906, Diplôme d'études supérieures, Universität Paris (Typoskr.).

BOIVIN, A. (1905): Les Bourses du Travail, Lille.

BOIS, G. (1978): Marxisme et histoire nouvelle, in: J. Le Goff (Hg.), La Nouvelle Histoire, Paris, S. 375-393.

BOITEAU, L. (1946): L'évolution du placement des travailleurs en France, Paris.

BONNAFOUS, L. (1924): Les oeuvres d'amélioration sociale réalisées par les syndicats ouvriers en France, Paris.

BOURDIEU, P. (1976): Entwurf einer Theorie der Praxis auf der ethnologischen Grundlage der kabylischen Gesellschaft, Frankfurt/M.

BOURGIN, G. (1912): Contribution à l'histoire du placement et du livret en France, in: Revue politique et parlementaire, 19, S. 105-126.

DERS./BOURGIN, H. (1912-1941): Le régime de l'industrie en France de 1814 à 1830, 3 Bde., Paris.

BOURQUIN, I. (1977): "Vie ouvrière" und Sozialpolitik: Die Einführung der "retraites ouvrières" in Frankreich um 1910, Bern.

BOURSE DU TRAVAIL DE PARIS (1906): Rapport général à MM. les Conseillers Municipaux et aux syndicats adhérents à la Bourse, 1906-1907, Paris.

BOURSE DU TRAVAIL DE NIMES (1893): Souvenir de l'inauguration de la nouvelle Bourse du Travail, 5 février 1893, Nîmes o. J.

BOURSE DU TRAVAIL DE RENNES (1899): Loi concernant les responsabilités des accidents dont les ouvriers sont victimes dans leur travail. Appel de la Commission de la Bourse du Travail, Rennes o. J.

BOURSE DU TRAVAIL DE TOULOUSE (1899): Etude sur le fonctionnement de la Bourse du Travail, Toulouse.

BOUVIER, J. (1972): Le mouvement d'une civilisation nouvelle, in: G. Duby (Hg.), Histoire de la France, Bd. 3, Paris, S. 9-61.

DERS. (1975): Arbeiterbewegung und Wirtschaftskonjunkturen, in: Ziebura/ Haupt 1975, S. 250-266.

BOYER, A. (1841): De l'état des ouvriers et de son amélioration par l'organisation du travail, Paris.

BRANA, P./CAVIGNAC, J./CUY, Y. (1971): Le mouvement ouvrier en Gironde (1870-1939), Bordeaux.

BRAUDEL, F./LABROUSSE, E. (Hg.) (1976-1980): Histoire économique et sociale de la France, Bde. III-IV, Paris.

BRÉCY, R. (1963): Le mouvement syndical en France 1871-1921. Essai bibliographique, Paris-Den Haag.

DERS. (1969): La Gréve Générale en France, Paris.

BRIAT, E. (1899): La Bourse du Travail de Paris, in: LMS, 1, Nr. 1, S. 52-56.

BRICE, H. (1894): Les institutions patronales. Leur état actuel et leur avenir, Paris.

BRIVE, M. -F. (1981): Jean Jaurès et la Verrerie Ouvrière d'Albi, in: Bulletin de la Société d'études jaurèsiennes, Nr. 83, S. 3-17.

BRIZON, P. /POISSON, E. (1913): La Coopération, Paris (Encyclopédie socialiste, syndicale et coopérative de l'Internationale Ouvrière, hg. v. Compère-Morel).

BRON, J. (1971): Histoire du mouvement ouvrier français, Bd. II, Paris.

BROOKE, M. Z. (1971): Le Play: Engineer and Social Scientist. The Life and Work of Frédéric Le Play, London.

BROUSSE, P. (1910): La propriété collective et les services publics (1883), Paris.

BRUHAT, J. (1968): Le mouvement ouvrier français du début du XIXe siècle et les survivances d'Ancien Régime, in: La Pensée, Nr. 142, S. 44-56.

DERS. (1976): L'affirmation du monde du travail, in: Braudel/Labrousse 1976-1980, Bd. III/2, S. 769-827.

DERS. /PIOLOT, M. (1961): Aus der Geschichte der CGT, Berlin/DDR.

BRUGUIER, V. (1926): La Bourse du Travail de Nîmes (1887-1906), Nîmes.

BRUNET, J. -P. (1980): Saint-Denis la ville rouge. Socialisme et communisme en banlieue ouvrière 1890-1939, Paris.

BRUNHOFF, S. de (1976): Etat et Capital. Recherches sur la politique économique, Grenoble.

BUTLER, J. Ch. (1960): Fernand Pelloutier and the Emergence of the French Syndicalist Movement 1880-1906, Ph. D. , Ohio-State-University (Typoskr.).

CADIC, G. (1979): Les premiers "1er Mai" à Paris, Mémoire de maîtrise, Universität Paris I (Typoskr.).

CALDWELL, T. B. (1962): Worker's Education in France 1890 to 1914, Ph. D. , University of Leeds (Typoskr.).

CALWER, R. (1899): Arbeitsmarkt und Arbeitsnachweis, Stuttgart.

CAM, P. (1981): Les Prud'hommes: juges ou arbitres? Les fonctions sociales de la justice du travail, Paris.

CANGUILHEM, G. (1979): Die Herausbildung des Konzeptes der biologischen Regulation im 18. und 19. Jahrhundert, in: ders. , Wissenschaftsgeschichte und Epistemologie. Gesammelte Aufsätze, hg. v. W. Lepenies, Frankfurt/M. , S. 89-109.

CARON, F. (1981): Histoire économique de la France XIXe-XXe siècles, Paris.

CARRIERE, F. /PINCHEMEL, P. (1963): Le fait urbain en France, Paris.

CAZALS, R. (1978): Avec les ouvriers de Mazamet dans la grève et l'action quotidienne 1909-1914, Paris.

CEPLAIR, L. S. (1981): La théorie de la grève générale et la stratégie du syndicalisme: Eugène Guérard et les cheminots français dans les années 1890, in: MS, Nr. 116, S. 21-46.

CHALEIX, A. (1902): Les syndicats professionnels patronaux en France, Paris.

CHAMBRE DE COMMERCE DE ROANNE (1896): Historique de la grève de 1894-1895 dans l'industrie du tissage mécanique des cotonnades de Roanne, Roanne.

CHAMBRE SYNDICALE DES HOMMES DE PEINE du Département de la Seine (1887), Paris o. J.

CHARLES, J. (1962): Les débuts du mouvement syndical à Besançon. La Fédération ouvrière (1891-1914), Paris.

CHÂTELAIN, A. (1976): Les migrants temporaires en France de 1800 à 1914, 2 Bde., Lille.

CHAVOT, F. (1977): Les sociétés de secours mutuels sous le Second Empire, in: CHIMT, Nr. 23, S. 13-27.

CLOUT, H. D. (1977): Urban Growth, 1500-1900, in: ders. (Hg.), Themes in the Historical Geography of France, London, S. 483-540.

COLE, G. D. H. (1950): Ein Jahrhundert englische Genossenschaftsbewegung, Hamburg.

COLLIGNON, P. (1932): Frédéric Le Play, sa conception de la paix sociale, Paris.

CORNAERT, E. (1966): Les compagnonnages en France du Moyen Age à nos jours, Paris.

COTTEREAU, A. (1969): L'apparition de l'urbanisme comme action collective: l'agglomération parisienne du début du siècle, in: Sociologie du Travail, 11, S. 342-365.

CONFEDERATION GÉNÉRALE DU TRAVAIL (1925): La Confédération Générale du Travail et le mouvement syndical, Paris.

COURCELLE, L. (1899): Répertoire de police administrative et judiciaire, Paris-Nancy.

CRUBELLIER, M. (1974): Histoire culturelle de la France, XIXe-XXe siècles, Paris.

DERS. (1979): L'enfance et la jeunesse dans la société française 1800-1950, Paris.

DALE, L. A. (1969): A Bibliography of French Labor Movement, New York.

DAVID, M. (1974): L'évolution historique des Conseils de prud'hommes en France, in: Le Droit Social, Nr. 2, S. 3-19.

DAVIS, N. Z. (1979): Les cultures du peuple. Rituels, savoirs et résistances au 16e siècle, Paris.

DAUTRY, J. (1957): 1848 et la deuxième République, 2. Aufl., Paris.

DERS. (1965): Lafargue et le boulangisme, in: La Pensée, Nr. 120, S. 25-56.

DELESALLE, P. (1908): Les Bourses du Travail et leurs difficultés actuelles, in: LMS, 10, Nr. 196, S. 161-170.

DERS. (1910): Les Bourses du Travail et la C. G. T. , Paris o. J.

DERS. (1911): Un précurseur des Bourses du Travail: Adolphe Leullier, in: LRS, 27, Nr. 319, S. 35-45.

DERFLER, L. (1977): Alexandre Millerand. The Socialist Years, Den Haag-Paris.

DERRUAU-BONIOL, S. (1957): Le socialisme dans l'Allier de 1848 à 1914, in: Cahiers d'histoire, 2, S. 115-161.

DESROCHE, H. (1979): "Economie sociale". Quelques annotations sur la genèse d'une terminologie, in: Archives des sciences sociales et de la coopération et du développement, Nr. 49, S. 7-14.

DION, M. (1980): Etat, Eglise et luttes populaires, Paris.

DIRECTION DE L'ENSEIGNEMENT TECHNIQUE (1900): L'enseignement technique en France, 5 Bde. , Paris.

DOLLÉANS, E. (1967): Histoire du mouvement ouvrier, II, 6. Aufl. , Paris.

DERS. /DEHOVE, G. (1953): Histoire du Travail en France. Mouvement ouvrier et législation sociale, I, Paris.

DOMMANGET, M. (1956): Edouard Vaillant. Un grand socialiste. 1840-1915, Paris.

DERS. (1967a): Histoire du drapeau rouge, Paris.

DERS. (1967b): La chevalerie du travail française. 1893-1911. Contribution à l'histoire du socialisme et du mouvement ouvrier, Lausanne.

DERS. (1970): Les grands socialistes et l'éducation, Paris.

DERS. (1972): Histoire du Premier Mai, Paris.

DONAT, F. (1899): Des institutions de placement, Grenoble.

DONZELOT, J. (1980): Die Ordnung der Familie, Frankfurt/M.

DROZ, J. (1977): Bemerkungen zur Spezifik des 'syndicalisme français', in: Lendemains, 2, Nr. 7/8, S. 31-42.

DUBIEF, H. (Hg.) (1969): Le syndicalisme révolutionnaire, Paris.

DU BOFF, R. B. (1966): Economic Thought in Revolutionary France, 1789-1792: The Question of Poverty and Unemployment, in: FHS, 4, S. 434-451.

DUBOIS, J. (1962): Le vocabulaire politique et social en France de 1869 à 1872, Paris.

DUMAY, J. -B. (1976): Mémoires d'un militant ouvrier du Creusot, 1841-1905, hg. v. P. Ponsot, Paris-Grenoble.

DUROSELLE, J. -B. (1951): Les débuts du catholicisme social en France (1822-1870), Paris.

DUVEAU, G. (1948): La pensée ouvrière sur l'éducation au temps de la Seconde République, Paris.

EDELMAN, B. (1978): La légalisation de la classe ouvrière, I, L'entreprise, Paris.

ELLEINSTEIN, J. (1980): Histoire de la France contemporaine, Bd. IV, Paris.

ELWITT, S. (1975): The Making of the Third Republic. Class and Politics in France, 1868-1884, Baton Rouge/La.

DERS. (1980): Social Reform and Social Order in Late Ninteenth-Century France. The Musée Social and Its Friends, in: FHS, 11, S. 431-451.

ENGELS, F. /LAFARGUE, P. u. L. (1959): Correspondence, hg. v. E. Bottigelli, 3 Bde. , Paris.

ENGELS, G. (1972): Die Entstehung des französischen Rechts der Koalitionen, Berlin-New York.

ERHARD, J. /PALMADE, G. (1965): L'Histoire, Paris.

LES ÉTABLISSEMENT SCHNEIDER. Economie Sociale (1912), Paris.

ÉVOLUTION DE LA POPULATION ACTIVE en France depuis cent ans d'après les dénombrements quinquenaux (1953), in: Etudes et conjoncture, 8, Nr. 3, S. 230-288.

FACDOUEL, H. (1904): La Fédération française des travailleurs du Livre, Lyon.

FORGEOT, G. (1973): La Bourse du Travail de Bourges et le syndicalisme dans le Cher de 1897 à 1914, Mémoire de maîtrise, 2 Bde. , Universität Paris VIII (Typoskr.).

FAURE, A. (1974): Mouvements populaires et mouvement ouvrier à Paris (1830-1834), in: MS, Nr. 88, S. 51-92.

FAURE, A. /RANCIÈRE, J. (1976): La parole ouvrière 1830-1851, Paris.

FAURE, P. (1956): Histoire du mouvement ouvrier dans le département de la Loire, Saint-Etienne.

FEBVRE, L. (1962): Une question d'influence: Proudhon et le syndicalisme des années 1900-1914, in: ders. , Pour une histoire à part entière, Paris, S. 772-786.

FERBER, C. v. /KAUFMANN, F. X. (Hg.) (1977): Soziologie und Sozialpolitik, Opladen.

FLONNEAU, J. -M. (1970): Crise de vie chère et mouvement syndical 1910-1914, in: MS, Nr. 72, S. 49-81.

FONER, P. S. (1976): The French Trade Union Delegation to the Philadelphia Centenial Exposition, 1876, in: Science and Society, 40, S. 257-287.

FOUCAULT, M. (1969): Wahnsinn und Gesellschaft. Eine Geschichte des Wahns im Zeitalter der Vernunft, Frankfurt/M.

DERS. (1976): Überwachen und Strafen. Die Geburt des Gefängnisses, Frankfurt/M.

FOULON, M. (1967): Fernand Pelloutier. Précurseur du syndicalisme fédéraliste. Fondateur des Bourses du Travail, Paris.

FRANCÈS, L. (1901): Choses du Havre. La Bourse du Travail devant l'opinion. Historique-Polémiques-Résultats, Le Havre.

FRANCK, Ch. (1910): Les Bourses du Travail et la Confédération Générale du Travail, Paris.

FRANKEL, L. (1892): Die französischen Arbeitsbörsen, in: Socialpolitisches Centralblatt, 1, Nr. 8, S. 108-109.

FRÉGIER, H. -A. (1840): Des classes dangereuses de la population dans les grandes villes et des moyens de les rendre meilleures, 2 Bde. , Paris.

FRÜHAUF, O. (1966): Bürgerlich-liberale Sozialpolitik 1856-1865. Aus dem Frankfurter "Arbeitgeber" von Max und Franz Wirth, phil. Diss. , München.

GAUDEMAR, J. -P. de (1976): Mobilité du travail et accumulation du capital, Paris.

DERS. (1979): La mobilisation du travail, Paris.

GARMY, R. (1934): Histoire du mouvement syndical en France, I, Paris.

GARRATY, J. A. (1978): Unemployment in History. Economic Thought and Public Policy, London.

GEREMEK, B. (1968): Le salariat dans l'artisanat parisien aux XIIIe-XVe siècles. Etude sur le marché de la main-d'oeuvre au Moyen Age, Paris-Den Haag.

GERSTENBERGER, H. (1976): Staatliche Sozialpolitik als Instrument gesellschaftlicher Kontrolle, in: Kritische Justiz, 9, S. 395-406.

DIES. (1979): Sozialpolitik und die Formen der politischen Herrschaft, Typoskr.

GERSTENBERGER, H. /HAUPT, H.-G. (1981): Zu diesem Heft, in: Leviathan, 9, 1, S. 1-7 (Sonderheft Sozialpolitik).

GESLIN, C. (1973): Provocations patronales et violences ouvrières: Fougères 1887-1907, in: MS, Nr. 82, S. 17-53.

DERS. (1977): Les syndicats nantais et le congrès corporatif de Nantes, 1894, in: Cahiers d'histoire, 22, S. 255-293.

GIDE, Ch. (1897): Die Arbeitsvermittlung in Frankreich, in: Das Handels-Museum, 12, Nr. 17, S. 213-215.

GILLET, M. (1957): Aux origines de la première convention d'Arras, in: Revue du Nord, 39, S. 111-123.

GOGUEL, F. (1970): Géographie des élections françaises, Paris.

GONINET, M. (1976): Histoire de Roanne et de sa région, Bd. II, Roanne.

GONJO, Y. (1972): Le "plan Freycinet", 1878-1882: un aspect de la "grande dépression" en France, in: Revue Historique, 96, 248, S. 49-87.

GOSSEZ, R. (1967): Les ouvriers de Paris. 1. L'organisation, 1848-1851, La Roche sur Yon.

GRANDE ENCYCLOPÉDIE, La (1885-1902). Inventaire raisonné des sciences, des lettres et des arts, par une société de savants et de gens de lettres, Paris o. J.

GRATTON, P. (1971): Les luttes de classe dans les campagnes, Paris.

GRIGNON, C. (1971): L'ordre des choses. Les fonctions sociales de l'enseignement technique, Paris.

GROH, D. (1979): Base-processes and the problem of organization: outline of a social history research project, in: Social History, 4, S. 265-283.

DERS. (1980): Zur Einführung, in: Thompson 1980a, S. 5-31.

GUÉPIDOR, F.-G. (1909): Petite Bourse du Travail de province, Orléans.

GUÉRIN, L. (1904): Solution de la question sociale, rôle des Bourses du Travail, minimum du taux des salaires, Nîmes.

GUERNIER, E. (1905): L'office national de statistique et de placement, in: LRS, 21, 1905, S. 211-215.

GUESDE, J. (1883): Services publics et socialisme, Paris.

DERS. (1899): Le socialisme au jour le jour, Paris.

DERS. (1962): Ausgewählte Texte (1867-1882), hg. v. C. Willard, Berlin/DDR.

GUILBERT, M. (1966): Les femmes et l'organisation syndicale avant 1914, Paris.

GUILLOUX, L. (1981): Das Volkshaus (1927), München.

GUIN, Y. (1976): Le mouvement ouvrier nantais. Essai sur le syndicalisme d'action directe à Nantes et à Saint-Nazaire, Paris.

GUINOT, J. (1945): Travailleurs qualifiés et éducation professionnelle depuis 1789, Paris.

GUIRAL, P. (1979): Police et sensibilité française, in: L'Etat et sa police en France (1789-1914), Genf, S. 161-175.

GURVITCH, G. (1947): Le contrôle social, in: ders. /W. E. Moore (Hg.), La sociologie au XXe siècle, I, Paris, S. 271-301.

GUTTON, J. -P. (1974): La société et les pauvres en Europe (XVIe-XVIIIe siècles), Paris.

GUYOT, Y. (1893): La tyrannie socialiste, Paris.

HALÉVY, D. (1901): Essais sur le mouvement ouvrier en France, Paris.

DERS. (1972a): La fin des notables (1930), Paris.

DERS. (1972b): La République des Ducs (1937), Paris.

HARTMANN, P. C. (1976): Pariser Archive, Bibliotheken und Dokumentationszentren zur Geschichte des 19. und 20. Jahrhunderts, München.

HATZFELD, H. (1971): Du paupérisme à la sécurité sociale. Essai sur les origines de la sécurité sociale en France 1850-1940, Paris.

HAUPT, G. (1980): L'historien et le mouvement social, Paris.

DERS. /VERDÈS, J. (1965): De la première à la deuxième Internationale. Les actes des congrès internationaux, 1877-1888: répertoire, in: MS, Nr. 51, S. 113-126.

HAUPT, H. -G. (1976a): Zur Sozialgeschichte des Streiks in Frankreich, in: Leviathan, 4, S. 417-424.

HAUPT, H. -G. (1976b): Kleinbürgertum im Frankreich der Belle Epoque. Notizen zur sozialökonomischen Situation und Funktion des Kleinbürgertums von 1895 bis 1914, in: Lendemains, 1, Nr. 3, S. 64-89.

DERS. (1979): Soziale Ungleichheit und Klassenstrukturen in Frankreich seit der Mitte des 19. Jahrhunderts, in: H. -U. Wehler (Hg.), Klassen in der europäischen Sozialgeschichte, Göttingen, S. 94-136.

DERS. (1980): "Le Mouvement Social": Eine französische Version der Sozialgeschichte, in: Geschichte und Gesellschaft, 6, S. 150-156.

DERS. (1981): Angestellte in der französischen Gesellschaft vor 1914, in: J. Kocka (Hg.), Angestellte im europäischen Vergleich. Die Herausbildung angestellter Mittelschichten seit dem späten 19. Jahrhundert, Göttingen, S. 112-141.

DERS. /HAUSEN, K. (1979): Die Pariser Kommune. Erfolg und Scheitern einer Revolution, Frankfurt/New York.

HAUSER, H. (1927): Ouvriers du temps passé. XVe-XVIe siècles, 5. Aufl. , Paris.

HAZARD, P. (1939): Die Krise des europäischen Geistes, 1680-1715, Hamburg.

HEIST, P. (1926): Der französische Arbeitsnachweis, Diss. , Hamburg.

HELMICH, U. (1977): Arbeitskämpfe in Frankreich. Ein Beitrag zur Sozial- und Rechtsgeschichte 1789-1939, Meisenheim am Glan.

HÉRITIER, L. (1895/96): Die Arbeitsbörsen. Ihre Geschichte und ihre Aufgaben, in: Die Neue Zeit, 14/I, S. 654-650, 687-692.

HÉRITIER, P. u. a. (1979): 150 ans de luttes ouvrières dans le bassin stéphanois, Saint-Etienne.

HILSHEIMER, J. (1976): Interessenverbände und Zollpolitik in den ersten Jahrzehnten der Dritten Republik, in: Francia, 4, S. 597-624.

HINZ, H. u. M. (1978): Von der "ville-oeuvre" zur "ville santé/travail". Zu Merciers Tableau de Paris, in: Lendemains, 3, Nr. 11, S. 25-34.

HISTORIQUE du conflit de la Bourse du Travail de Nice (1900), o. O. o. J.

HOBSBAWM, E. J. (1974): Labor History and Ideology, in: Journal of Social History, 7, S. 377-381.

HOSELITZ, B. F. (1973): The Development of a Labor Market in the Process of Economic Growth, in: A. Strumthal/J. G. Scoville (Hg.), The International Labor Movement in Transition, Urbana/Ill. , S. 34-57.

HOWORTH, J. (1975): Edouard Vaillant, le socialisme et le mouvement syndical (1888-1907), in: La Nouvelle Revue Socialiste, Nr. 12/13, S. 94-116.

HOYAU, P. (1977): Les gueux contre l'histoire. Sur "Le Trimard", in: Les Révoltes logiques, Nr. 6, S. 24-34.

HUARD, R. (1978): La genèse des partis démocratiques modernes en France. L'expérience du XIXe siècle, in: La Pensée, Nr. 201, S. 96-119.

HUFTON, O. H. (1974): The Poor of Eighteenth-Century France 1750-1789, Oxford.

HUMBERT, J. (1949): Sébastien Faure. L'homme - l'apôtre - une époque, Paris.

HUMBERT, S. (1912): Le mouvement syndical, Paris.

HUNECKE, V. (1978): Arbeiterschaft und Industrielle Revolution in Mailand 1859-1892. Zur Entstehungsgeschichte der italienischen Industrie und Arbeiterbewegung, Göttingen.

HURET, J. (1897): Enquête sur la question sociale en Europe, Paris.

HUTTON, P. H. (1971): The Impact of the Boulangist Crisis upon the Guesdist Party in Bordeaux, in: FHS, 7, S. 226-244.

DERS. (1974): The Role of the Blanquist Party in Left-Wing Politics in France, 1879-90, in: Journal of Modern History, 46, S. 277-295.

DERS. (1976): Popular Boulangism and the Advent of Mass Politics in France, 1886-90, in: Journal of Contemporary History, 11, S. 85-106.

IMBERT, J. (1952): La Bourse des Pauvres d'Aire-sur-la-Lys à la fin de l'Ancien Régime, in: Revue du Nord, 34, S. 18-28.

JAURÈS, J. (1904): Le bilan social du XIXe siècle, in: ders. (Hg.): Histoire socialiste (1789-1900), Bd. XII, Paris o. J.

JEFFERSON, C. (1963/64): Worker Education in England and France 1800-1914, in: Comparative Studies in Society and History, 6, S. 345-366.

JOUGHIN, J. T. (1955): The Paris Commune in French Politics, 1871-1880. The History of the Amnesty of 1880, 2 Bde., Baltimore.

JULLIARD, J. (1964): Jeune et vieux syndicat chez les mineurs du Pas-de-Calais (à travers les papiers de Pierre Monatte), in: MS, Nr. 47, S. 7-30

DERS. (1965): Clémenceau briseur de grève, Paris.

DERS. (1968a): Syndicalisme révolutionnaire et révolution étudiante, in: Esprit, 36, S. 1037-1045.

DERS. (1968b): Théorie syndicaliste révolutionnaire et pratique gréviste, in: MS, Nr. 65, S. 55-68.

DERS. (1971): Fernand Pelloutier et les origines du syndicalisme d'action directe, Paris.

JULLIARD, J. (1978): Les syndicats et la politique, in: P. Birnbaum/J. -M. Vincent (Hg.), Critique des pratiques politiques, Paris, S. 177-224.

KANIPE, E. S. (1978): Working-Class Women and the Social Question in Late Nineteenth-Century France, in: PWSFH, 6, S. 298-306.

KAPLAN, S. (1979): Réflexions sur la police du monde du travail, 1700-1815, in: Revue Historique, 103, Bd. 261, S. 17-77.

KASSIDOLATZ, M. (1913): Der Arbeitsnachweis in Frankreich, phil. Diss. , Erlangen.

KAUW, G. (1961): Branchenstraßen und -Viertel in Paris, Diss. , Köln.

KOLBOOM, I. (1977): Zur Rezeption der französischen Gewerkschaftsbewegung im Deutschen Reich und in der Bundesrepublik, in: Lendemains, 2, Nr. 7/8, S. 5-30.

KRIEGEL, A. (1968): Le Pain et les Roses. Jalons pour une histoire des socialismes, Paris.

DIES. (1974): Nosologie socialiste: l'ouvriérisme, in: dies. , Communismes au miroir français, Paris, S. 115-127.

DIES. /BECKER, J. -J. (1964): 1914. La Guerre et le mouvement ouvrier français, Paris.

KUCZYNSKI, J. (1967): Darstellung der Lage der Arbeiter in Frankreich seit 1848, Berlin/DDR (= Die Geschichte der Lage der Arbeiter im Kapitalismus Bd. 33).

KULEMANN, W. (1913): Die Berufsvereine, Bd. 4, Berlin.

KULISCHER, J. (1965): Wirtschaftsgeschichte des Mittelalters und der Neuzeit, 2 Bde. , 3. Aufl. , München-Wien.

LABROUSSE, B. (1978): De l'idéologie dominée, Montreal.

LABROUSSE, E. (1946): La montée du socialisme depuis un siècle (1848-1945), in: LRS, Nouvelle Série, Nr. 1, S. 18-27.

LACAN, J. (1973): Schriften I, hg. v. N. Haas, Olten/Freiburg i. B.

LAINVILLE, R. (1959): Le budget communal, 8. Aufl. , Paris.

LAMEERE, J. (Hg.) (1902): Recueil des ordonnances des Pays-Bas, 2ème série, 1505-1700, Bd. III, Brüssel.

LANGEWIESCHE, D. /SCHÖNHOVEN, K. (1976): Arbeiterbibliotheken und Arbeiterlektüre im Wilhelminischen Deutschland, in: Archiv für Sozialgeschichte, 16, S. 135-204.

LAUBADÈRE, A. de (1973): Traité de droit administratif, 6. Aufl. , Paris.

LARTIGUE-VECCHIÉ, M. (1960): Les grèves des dockers à Marseille de 1890 à 1903, in: Provence historique, 10, S. 146-179.

LAVY, A. (1902): L'oeuvre de Millerand. Un ministre socialiste (juin 1899-janvier 1902). Faits et documents, Paris.

LAXARD, M. (1909): Le chômage et la profession. Contribution à l'étude statistique du chômage et son coéfficient professionnel, Paris.

LE BAILLY, A.-J. (1890): Bureaux municipaux de placement gratuit. Leur situation actuelle, Paris.

LECOURT, D. (1975): La notion d'organisation dans la théorie de la société au XIXe siècle, Vorlesung an der Ecole Normale Supérieure, Paris (Typoskr.).

LEFRANC, G. (1967): Le mouvement syndical sous la Troisième République, Paris.

DERS. (1976): Les organisations patronales en France. Du passé au présent, Paris.

LEGENDRE, B. (1977): La vie d'un prolétariat: les ouvriers de Fougères au début du XXe siècle, in: MS, Nr. 98, S. 3-41.

LENHARDT, G. /OFFE, C. (1977): Staatstheorie und Sozialpolitik. Politisch-soziologische Erklärungsansätze für Funktionen und Innovationsprozesse der Sozialpolitik, in: v. Ferber/Kaufmann 1977, S. 98-127.

LEQUIN, Y. (1969a): A propos de la classe ouvrière du Rhône à la fin du XIXe siècle: Conscience de classe et conscience urbaine, in: Colloque franco-suisse d'histoire économique et sociale, Genève 5-6 mai 1967, Genf, S. 207-225.

DERS. (1969b): Classe ouvrière et idéologie dans la région lyonnaise à la fin du XIXe siècle, in: MS, Nr. 69, S. 3-20.

DERS. (1977): Les ouvriers de la région lyonnaise (1848-1914), 2 Bde., Lyon.

LEROY, M. (1913): La coutûme ouvrière. Syndicats, bourses du travail, fédérations professionnelles, coopératives. Doctrines et institutions, 2 Bde., Paris.

LE THEUFF, L. (1902): Histoire de la Bourse du Travail de Paris, Paris.

LEVASSEUR, E. (1907): Questions ouvrières et industrielles en France sous la Troisième République, Paris.

LÉVY-LEBOYER, M. (1978): Das französische Wirtschaftswachstum im 19. Jahrhundert, in: H. Kellenbenz/J. Schneider/R. Gömmel (Hg.), Wirtschaftliches Wachstum im Spiegel der Wirtschaftsgeschichte, Darmstadt, S. 125-142.

LEYRET, H. (1895): En plein faubourg. Moeurs ouvrières, Paris.

LHOMME, J. (1960): La grande bourgeoisie au pouvoir (1830-1880). Essai sur l'histoire sociale de la France, Paris.

LHOMME, J. (1968): Le pouvoir d'achat de l'ouvrier français (1840-1940), in: MS, Nr. 63, S. 41-69.

LINCOLN, A. (1981): Le syndicalisme patronal à Paris de 1815 à 1848: une étape de la formation d'une classe patronale, in: MS, Nr. 114, S. 11-34.

LINDENBERG, D. (1972): Pelloutier, Rosmer, Sorel et le syndicalisme français, in: Politique aujourd'hui, Nr. 1/2, S. 39-54.

DERS. (1975): Le marxisme introuvable, Paris.

LOCK, G. (1981): The State and I. Hypotheses on Juridical and Technocratic Humanism, Den Haag.

LÖSCHE, P. (1977): Anarchismus, Darmstadt.

LOUBÈRE, L. A. (1962): The French Left-Wing Radicals. Their Views on Trade Unionism 1870-1898, in: IRSH, 7, S. 203-230.

DERS. (1963): Left-Wing Radicals, Strikes and the Military 1880-1907, in: FHS, 3, 1963, S. 93-105.

DERS. (1975): Der äußerste linke Flügel der Radikalen und das Verhältnis von Kapital und Arbeit 1871-1900, in: Ziebura/Haupt 1975, S. 225-236.

LOUIS, P. (1912): Geschichte der Gewerkschaftsbewegung in Frankreich (1789-1912), Stuttgart.

LÜDTKE, A. (1979): Erfahrung von Industriearbeitern - Thesen zu einer vernachlässigten Dimension der Arbeitergeschichte, in: W. Conze/U. Engelhardt (Hg.), Arbeiter im Industrialisierungsprozeß. Herkunft, Lage und Verhalten, Stuttgart, S. 494-512.

LUXEMBURG, R. (1970): Bürgerliche Arbeiterschutzkongresse und die Sozialdemokratie (1900), in: dies., Gesammelte Werke, Bd. 1/I, Berlin/DDR, S. 791-796.

DIES. (1973): Um das Koalitionsrecht (1914), in: dies., Gesammelte Werke, Bd. 3, Berlin/DDR, S. 372-375.

MACHELON, J.-P. (1976): La République contre les libertés? Les restrictions aux libertés publiques de 1879 à 1914, Paris.

MAGNIN, C. A. de (1886): Les bureaux de placement autorisés devant l'opinion, Paris.

MAITRON, J. (1952): Le syndicalisme révolutionnaire - Paul Delesalle, Paris.

DERS. (1960/61): La personnalité du militant ouvrier français au XIXe siècle, in: MS, Nr. 33/34, S. 67-86.

DERS. (1961): Archives conservées par les Bourses du Travail, in: MS, Nr. 36, S. 28-37.

MAITRON, J. (1972-77): Dictionnaire biographique du mouvement ouvrier français, 3. Teil, 16 Bde., Paris.

DERS. (1975): Le mouvement anarchiste en France, 2 Bde., Paris.

MARIE, F. (1911): Le subventionnisme et l'organisation ouvrière, in: La vie ouvrière, S. 507-526, S. 635-654.

MARPAUX, A. (1900): La municipalité de Dijon, in: LMS, 2, S. 385-399, S. 462-481.

MARQUANT, R. (1962): Les bureaux de placement en France sous l'Empire et la Restauration. Essai d'établissement d'un monopole, in: Revue d'histoire économique et sociale, 40, S. 200-237.

MARUCCO, D. (1977): Studi recenti e nuove prospettive di ricerca in tema di sindacalismo rivoluzionario, in: Movimento operaio e socialista, 23, S. 522-534.

MARX, G. T. (1973): L'agent provocateur et l'indicateur, in: Sociologie du travail, 15, S. 241-268.

MARX, K. (1969): Resultate des unmittelbaren Produktionsprozesses, Frankfurt/M.

DERS./ENGELS, F. (1956ff.): Werke, 40 Bde., Berlin/DDR.

MATAJA, V. (1894): Städtische Socialpolitik, in: Zeitschrift für Volkswirtschaft, Socialpolitik und Verwaltung, 3, S. 519-597.

MAYEUR, J.-M. (1973): Les débuts de la IIIe République 1871-1898, Paris.

MELUCCI, A. (1974): Classe dominante e industrializzazione. Ideologie e pratiche patronali nelli sviluppo capitalistico della Francia, Mailand.

DERS. (1976): Action patronale, pouvoir, organisation. Règlements d'usine et contrôle de la main-d'oeuvre au XIXe siècle, in: MS, Nr. 97, S. 139-159.

MERCIER, L. (1979): Les Universités Populaires en France et le mouvement ouvrier: 1899-1914, Thèse de 3e cycle, Universität Paris I, 2 Bde., (Typoskr.).

MERRIMAN, J. M. (Hg.) (1979a): Consciousness and Class Experience in Nineteenth-Century Europe, New York/London.

DERS. (1979b): Incident at the Statue of the Virgin Mary. The Conflict of Old and New in Nineteenth-Century Limoges, in: ders. 1979a, S. 129-148.

MICHEL, J. (1974): Syndicalisme minier et politique dans le Nord-Pas-de-Calais: le cas Basly (1880-1914), in: MS, Nr. 87, S. 9-33.

MICHELS, R. (1970): Zur Soziologie des Parteiwesens in der modernen Demokratie. Untersuchungen über die oligarchischen Tendenzen des Gruppenlebens (1911), Stuttgart.

MOISSONNIER, M. (1970): Anarcho-Syndicalisme ou Léninisme?, in: Les Cahiers de l'Université Nouvelle, Nr. 704, 44 S.

DERS. (1976): Les guesdistes et la bataille municipale (1891-1900), in: CHIMT, Nr. 19, S. 25-60.

DERS. (1978): La structuration du mouvement ouvrier en partis à la fin du XIXe siècle: débats doctrinaux et expériences pratiques, in: CHIMT, Nr. 28 (Beiheft), 44 S.

MOLINARI, G. de (1844): Des moyens d'améliorer le sort des classes laborieuses. Colonisation. Education professionnelle. Bourses du Travail, Paris.

DERS. (1849): Les soirées de la rue Saint-Lazare. Recherches sur les lois économiques et défence de la propriété, Paris.

DERS. (1893): Les Bourses du Travail, Paris.

MOLLAT, M. (1978): Les pauvres au moyen âge. Etude sociale, Paris.

MOMMSEN, H. (1979): Typologie der Arbeiterbewegung, in: ders., Arbeiterbewegung und nationale Frage. Ausgewählte Aufsätze, Göttingen, S. 221-259.

MOODIE, T. (1975): The Reorientation of French Socialism 1888-90, in: IRSH, 20, S. 347-369.

MORIZET, A. (1902): L'office national ouvrier de statistique et de placement, in: LMS, 4, S. 444-450.

MOSS, B. H. (1974): Police Spies and Labor Militants after the Commune, in: International Labor and Working Class History, Nr. 5, S. 16-19.

DERS. (1976): The Origins of the French Labor Movement 1830-1914. The Socialism of Skilled Workers, Berkeley-Los Angeles.

MOSSE, G. L. (1972): The French Right and the Working Classes: Les Jaunes, in: Journal of Contemporary History, 7, Nr. 3/4, S. 185-208.

MOUTET, A. (1967): Le mouvement ouvrier à Paris du lendemain de la Commune au premier congrès syndical en 1876, in: MS, Nr. 58, S. 3-39.

MUNDT, R. J. (1973): The Republic which divides us least. The French Crisis of 1870-75, in: G. Almond (Hg.), Crisis, Choice and Change, Boston, S. 224-284.

MYSYROWICZ, L. (1969): Karl Marx, la première Internationale et la statistique, in: MS, Nr. 69, S. 51-84.

NADAUD, M. (1976): Léonard, maçon de la Creuse (1895), hg. v. J.-P. Rioux, Paris.

NARR, W.-D. (1980): Zum Politikum der Form - oder warum fast alle Emanzipationsbewegungen Herrschaft nur fortlaufend erneuern, allenfalls besänftigen, in: Leviathan, 8, S. 143-163.

NEGT, O. /KLUGE, A. (1972): Öffentlichkeit und Erfahrung. Zur Organisationsanalyse von bürgerlicher und proletarischer Öffentlichkeit, Frankfurt/M.

NÉRÉ, J. (1956): Aspects du déroulement des grèves en France durant la période 1883-1889, in: Revue d'histoire économique et sociale, 34, S. 286-302.

DERS. (1959): La crise industrielle de 1882 et le mouvement boulangiste, Thèse d'Etat, 2 Bde., Universität Paris (Typoskr.).

NETTLAU, M. (1927/28): Fernand Pelloutiers Platz in der Entwicklung des Syndikalismus, in: Die Internationale. Zeitschrift für die revolutionäre Arbeiterbewegung, Gesellschaftskritik und sozialistischen Neuaufbau, 1, Nr. 1 (Nov. 1927), S. 20-24, Nr. 2 (Dez. 1927), S. 50-52, Nr. 3 (Jan. 1928), S. 12-16, Nr. 4 (Febr. 1928), S. 20-23, Nr. 5 (März 1928), S. 18-22.

NEUMANN, F. S. (1906): Streikpolitik und Organisation der gemeinnützigen paritätischen Arbeitsnachweise in Deutschland, Jena.

NEVERS, J.-Y. (1978): Notes sur la démocratie locale, l'hégémonie et les luttes de classe sous la Troisième République, in: Annales de l'Université de Toulouse-Le Mirail, 14, S. 59-77.

NIESS, F. (1979): Geschichte der Arbeitslosigkeit, Köln.

NIZARD, L. (1974): A propos de l'Etat: contribution à une analyse des idéologies institutionnelles, in: L'homme et la société, Nr. 31/32, S. 223-237.

OFFERLÉ, M. (1980): Des communards aux conseillers municipaux: le socialisme à l'Hôtel de Ville dans les débuts de la IIIème République, in: Romantisme, Nr. 30, S. 102-105.

OFFICE DU TRAVAIL (1893): Le placement des employés, ouvriers et domestiques en France, son histoire, son état actuel, Paris.

DASS. (1895): Statistique des grèves et des recours à la conciliation et à l'arbitrage pendant l'année 1894, Paris.

DASS. (1896): Documents sur la question du chômage, Paris.

DASS. (1899-1904): Les associations professionnelles ouvrières, 4 Bde., Paris.

DASS. (1901): Seconde enquête sur le placement des employés, des ouvriers et des domestiques, Paris.

PANKOKE, E. (1970): Sociale Bewegung - Sociale Frage - Sociale Politik. Grundfragen der deutschen "Socialwissenschaft" im 19. Jahrhundert, Stuttgart.

PAQUOT, T. (1980): Les faiseurs de nuages. Essai sur la genèse des marxismes français (1880-1914), Paris.

PARIZE, R. (1978): La stratégie patronale au Creusot pendant les grèves de 1899-1900, in: CHIMT, Nr. 24, S. 13-46.

PAULET, G. (1893): Les Bourses du Travail, Paris.

PECH, R. (1975): Les thèmes économiques et sociaux du socialisme ferrouliste à Narbonne (1880-1914), in: Droite et Gauche de 1789 à nos jours, Montpellier, S. 255-269.

PÊCHEUX, M. (1978): Zu rebellieren und zu denken wagen! Ideologien, Widerstände, Klassenkampf, Typoskr.

PELLOUTIER, F. (1900a): Le congrès général du parti socialiste français, 3-8 décembre 1899, précédé d'une lettre aux anarchistes, Paris.

DERS. (1900b): La vie ouvrière en France, Paris (zus. mit M. Pelloutier).

DERS. (1921): Les syndicats en France, 2. Aufl. , Nancy.

DERS. (1971a): Histoire des Bourses du Travail, 4. Aufl. , Paris.

DERS. (1971b): Textes choisis, in: Julliard 1971, S. 263-518.

PERDIGUIER, A. (1977): Mémoires d'un compagnon (1854/55), hg. v. A. Faure, Paris.

PERROT, M. (1972): Du vagabond au prolétaire, in: Politique aujourd'hui, Nr. 4/5, S. 73-82.

DIES. (1974a): Les ouvriers en grève. France 1871-1890, 2 Bde. , Paris.

DIES. (1974b): Rez. v. Andrieux/Lignon 1973, in: AESC, 29, S. 1121-1123.

DIES. (1974c): Comment les ouvriers parisiens voyaient la crise d'après l'enquête parlementaire de 1884:, in: Conjoncture économique - structures sociales. Hômmage à Ernest Labrousse, Paris-Den Haag, S. 187-200.

DIES. (1976a): Travailler et produire. Claude-Lucien Bergery et les origines du management en France, in: Mélanges d'histoire sociale offerts à Jean Maitron, Paris, S. 177-190.

DIES. (1976b): L'éloge de la ménagère dans le discours des ouvriers français au XIXe siècle, in: Romantisme, Nr. 13/14, S. 105-121.

DIES. (1976c): The Strengths and Weaknesses of French Social History, in: Journal of Social History, 10, S. 166-177.

DIES. (1978a): La fin des vagabonds, in: L'Histoire, Nr. 3, S. 23-33.

DIES. (1978b): Une naissance difficile: la formation de la classe ouvrière lyonnaise, in: AESC, 33, S. 830-837.

PERROT, M. (1978c): Les ouvriers et les machines en France dans la première moitié du XIXe siècle, in: L. Murard/P. Zylberman (Hg.), Le soldat du travail. Guerre, fascisme et taylorisme, Paris, S. 347-373.

DIES. (1978d): Note sur le positivisme ouvrier, in: Romantisme, Nr. 21/22, S. 201-204.

DIES. (1979a): Les classes populaires urbaines, in: Braudel/Labrousse 1976-1980, Bd. IV/1, S. 454-534.

DIES. (1979b): Les problèmes de main-d'oeuvre industrielle, in: M. Daumas (Hg.), Histoire générale des techniques, Bd. V, S. 477-509.

DIES. (1979c): The Three Ages of Industrial Discipline in Nineteenth-Century France, in: Merriman 1979a, S. 149-168.

DIES. (1979d): Le regard de l'Autre: les patrons français vus par les ouvriers (1880-1914), in: M. Lévy-Leboyer (Hg.), Le patronat de la seconde industrialisation, Paris, S. 293-305.

DIES. /KRIEGEL, A. (1966): Le socialisme français et le pouvoir, Paris.

PETER, J.-P. (1961): Dimensions de l'Affaire Dreyfus, in: AESC, 16, S. 1141-1167.

PICA, G. (1981): La fonction éducative des Bourses du Travail dans le mouvement ouvrier (1895-1914), Mémoire de maîtrise, Universität Paris I (Typoskr.).

PICOT, G. (1890): Les institutions patronales et la lutte contre le socialisme, in: La Réforme sociale, 2ème Série, IX, Nr. 107-108, S. 649-659.

PIERRE, R. (1973): Les origines du syndicalisme et du socialisme dans la Drôme (1850-1920), Paris.

PIGENET, P. u. M. u. a. (1977): Terre de luttes. Histoire du mouvement ouvrier dans le Cher. Les précurseurs 1848-1939, Paris.

PINKNEY, D. H. (1965): Les ateliers de secours à Paris (1830-1831): précurseurs des ateliers nationaux de 1848, in: Revue d'histoire moderne et contemporaine, 12, S. 65-70.

PIVEN, F. F. /CLOWARD, R. A. (1979): Sozialpolitik und politische Bewußtseinsbildung, in: Leviathan, 7, 1979, S. 283-307.

PLON, M. (1976): La théorie des jeux: une politique imaginaire, Paris.

POLANYI, K. (1978): The Great Transformation. Politische und ökonomische Ursprünge von Gesellschaften und Wirtschaftssystemen, Frankfurt/M.

PONTEIL, F. (1968): Les classes bourgeoises et l'avènement de la démocratie, 1815-1914, Paris.

POPEREN, M. (1962): Création des Bourses du Travail en Anjou, in: MS, Nr. 40, S. 39-55.

DERS. (1964): Syndicats et luttes ouvrières au pays d'Anjou, Laval.

PORTIS, L. L. (1975): Some consequences of the social movement in France, 1891-1894, in: PWSFH, S. 275-280.

POULOT, D. (1980): Question sociale. Le sublime ou le travailleur some il est en 1870 et ce qu'il peut être (1870), hg. v. A. Cottereau, Paris.

POULANTZAS, N. (1975): Politische Macht und gesellschaftliche Klassen, Frankfurt/M.

POUGET, E. (1975): Le Père Peinard. Textes choisis et présentés par R. Langlais, Paris.

PRADELLE, J. (1896): Historique de la Bourse du Travail de Toulouse de l'année 1889 à l'année 1896, Toulouse.

PRIOURET, R. (1963): Origines du patronat français, Paris.

PROCACCI, G. (1978): Social Economy and the Government of Poverty, in: Ideology and Consciousness, Nr. 4, S. 55-72.

PROST, A. (1974): Vocabulaire des proclamations électorales de 1881, 1885 et 1889, Paris.

RANCIÈRE, J. (1977): De Pelloutier à Hitler. Syndicalisme et collaboration, in: Les Révoltes logiques, Nr. 4, S. 23-61.

DERS. (1978): Utopisten, Bürger und Proletarier, in: Kursbuch, 52, S. 146-158.

RAPPL, J. (1974): Resistenza. Strukturelemente arbeiterdemokratischer Emanzipation im Konstitutionsprozeß der italienischen Arbeiter- und Bauernbewegung (1848-1904), phil. Diss., Frankfurt/M.

RAYNAUD, H. (1945): Histoire de l'Union des Syndicats Ouvriers de la Région Parisienne, in: Servir la France, 1, Nr. 7, S. 35-38.

REBÉRIOUX, M. (1968): Jaurès et les étudiants parisiens au printemps de 1893, in: Bulletin de la Société d'études jaurèsiennes, 9, Nr. 30, S. 1-9.

DIES. (1970): La constante libertaire dans la tradition populaire française, in: Politique aujourd'hui, März, S. 89-96.

DIES. (1971): Sur le municipalisme, in: Politique aujourd'hui, Nr. 3/4, S. 89-96.

DIES. (1975a): La République radicale? 1898-1914, Paris.

DIES. (1975b): Die sozialistischen Parteien Europas: Frankreich, Frankfurt/Berlin/Wien (= Geschichte des Sozialismus, hg. v. J. Droz, Bd. V).

REBÉRIOUX, M. (1981a): Les socialistes et le petit commerce au tournant du siècle, in: MS, Nr. 114, S. 57-70.

DIES. (Hg.) (1981b): Jaurès et la classe ouvrière, Paris.

DIES. /FRIDENSON, P. (1974): Albert Thomas, pivot du réformisme français, in: MS, Nr. 87, S. 85-97.

REITZENSTEIN, F. v. (1890): Arbeitsnachweis und Arbeitsbörsen, in: Handwörterbuch der Staatswissenschaften, 1. Aufl., Jena, Bd. 1, S. 731-742.

DERS. (1892): Die Pariser Arbeitsbörse und die Organisation des Arbeitsnachweises, in: Das Handels-Museum, 7, Nr. 39, S. 505-509.

RENNES, P. (1970): La vie intersyndicale à la Bourse du Travail de Paris de 1930 à 1940, Mémoire de maîtrise, Universität Paris (Typoskr.).

RIDLEY, F. F. (1970): Revolutionary Syndicalism in France. The Direct Action of its Time, Cambridge.

RÉMOND, R. u. a. (1966): Atlas historique de la France contemporaine, Paris.

ROBERT, J.-L. /CHAVANCE, M. (1974): L'évolution de la syndicalisation en France de 1914 à 1921: l'emploi de l'analyse factorielle des correspondances, AESC, 29, S. 1092-1107.

ROBIN, R. (1973): Histoire et Linguistique, Paris.

RÖHRICH, W. (1977): Revolutionärer Syndikalismus. Ein Beitrag zur Sozialgeschichte der Arbeiterbewegung, Darmstadt.

ROEHL, R. (1976): French Industrialization: A Reconsideration, in: Explorations in Economic History, 13, S. 233-281.

RONDEAU, D. /BAUDIN, F. (1979): Chagrin lorrain. La vie ouvrière en Lorraine (1870-1914), Paris.

ROSENTHAL, D. (1954): L'évolution des Bourses du Travail, in: Le Droit Social, 17, S. 599-607.

ROUGERIE, J. (1968): Remarques sur l'histoire des salaires à Paris au XIXe siècle, in: MS, Nr. 63, S. 71-108.

DERS. (1971): Paris libre 1871, Paris.

DERS. (1977): Recherche sur le Paris du XIXe siècle. Espace populaire et espace révolutionnaire: Paris 1870-1871, in: Institut d'histoire économique et sociale de l'Université de Paris I, Recherches et travaux, Bulletin Nr. 5, S. 48-83.

RUDÉ, G. (1961): Die Arbeiter und die Revolutionsregierung, in: W. Markov (Hg.), Maximilien Robespierre 1758-1794, Berlin/DDR, S. 287-309.

RUSCHE, G. /KIRCHHEIMER, O. (1974): Sozialstruktur und Strafvollzug, Frankfurt/M.

SAGNES, J. (1980): Le mouvement ouvrier du Languedoc. Syndicalistes et socialistes de l'Hérault de la fondation des Bourses du Travail à la naissance du Parti communiste, Toulouse.

SALDERN, A. v. (1977): Wilhelminische Gesellschaft und Arbeiterklasse: Emanzipations- und Integrationsprozesse im kulturellen und sozialen Bereich, in: Internationale Wissenschaftliche Korrespondenz zur Geschichte der deutschen Arbeiterbewegung, 13, S. 469-505.

SAMUEL, R. (Hg.) (1981): People's History and Socialist Theory, London.

SANDKÜHLER, H.-J. (Hg.) (1977): Betr. Althusser. Kontroversen über den "Klassenkampf in der Theorie", Köln.

SAVOYE, A. (1981): Les continuateurs de Le Play au tournant du siècle, in: Revue française de sociologie, 22, S. 315-344.

SCOTT, J.W. (1974): The Glassworkers of Carmaux. French Craftsmen and Political Action in a Nineteenth-Century City, Cambridge/Mass.

DIES. (1980): Social history and the history of socialism: French socialist municipalities in the 1890's, in: MS, Nr. 111, S. 145-153.

SCHNEIDER, D.M. (1974): Revolutionärer Syndikalismus und Bolschewismus. Die Auseinandersetzungen der französischen Syndikalisten mit den Bolschewiki, 1914-1922, Erlangen.

SCHÖTTLER, P. (1973): Fernand Pelloutier und die Bourses du Travail, Magisterarbeit, Ruhr-Universität Bochum (Typoskr.).

DERS. (1980): Friedrich Engels und Karl Kautsky als Kritiker des "Juristen-Sozialismus", in: Demokratie und Recht, 8, S. 3-25.

DERS. (1981a): Politique sociale ou lutte des classes: notes sur le syndicalisme "apolitique" des Bourses du Travail, in: MS, Nr. 116, S. 3-20.

DERS. (1981b): Millerand - The First Socialist in a Bourgeois Cabinet: What were the Results?, Paper zum 15. History Workshop, Brigthon (Typoskr.).

SCHWANDER, R. (1904): Die Armenpolitik während der großen Revolution und die Weiterentwicklung der französischen Armengesetzgebung bis zur Gegenwart, Diss., Straßburg.

SEAGER, F.H. (1969): The Boulanger Affair. Political Crossroad of France, 1886-1889, Ithaca/Ill.

SECRÉTARIAT NATIONAL DU TRAVAIL (1893): Le chômage. Ses causes, sa durée et ses effets, dénoncés par les chambres syndicales ouvrières de France et d'Algérie, Paris.

SEILHAC, L. de (1896): L'organisation socialiste. Le secrétariat du travail, in: La Revue Bleue, 33, S. 237-240.

SEILHAC, L. de (1902): Syndicats ouvriers, Fédérations, Bourses du Travail, Paris.

DERS. (1906): Les Bourses du Travail, Reims.

SÉVERAC, J.-B. (1913): Le mouvement syndical, Paris (Encyclopédie socialiste, syndicale et coopérative de l'Internationale ouvrière, hg. v. Compère-Morel).

SHORTER, E. /TILLY, Ch. (1974): Strikes in France 1830-1968, London.

SIBALIS, M. D. (1977): Worker's Organizations in Napoleonic Paris, in: PWSFH, S. 210-225.

SIMLER, B. (1974): Un socialiste: Gustave Delory (1857-1925), in: Revue du Nord, 56, S. 221-228.

STEELE, H. (1904): The Working Classes in France. A Social Study, London.

SOLOMON, H. M. (1972): Public Welfare, Science, and Propaganda in Seventeenth-Century France. The Innovations of Théophraste Renaudot, Princeton/N. J.

SORLIN, P. (1966): Waldeck-Rousseau, Paris.

DERS. (1969): La société française, I. 1840-1914, Paris.

SPITZER, A. B. (1963): Anarchy and Culture: Fernand Pelloutier and the Dilemma of Revolutionary Syndicalism, in: IRSH, 8, 1963, S. 379-388.

STAFFORD, D. (1971): From Anarchism to Reformism. A Study of the Political Activities of Paul Brousse within the French Socialist Movement 1870-90, London.

STEARNS, P. N. (1968): Against the Strike Threat: Employer Policy toward Labor Agitation in France, 1900-1914, in: Journal of Modern History, 40, S. 474-500.

DERS. (1971): Revolutionary Syndicalism and French Labor: A Cause without Rebels, New Brunswick/N. J.

STEDMAN JONES, G. (1971): Outcast London. A Study in the Relationship between Classes in Victorian Society, London.

DERS. (1972): History: The Poverty of Empiricism, in: R. Blackburn (Hg.), Ideology in Social Sciences, London, S. 96-115.

DERS. (1976): From Historical Sociology to Theoretical History, in: British Journal of Sociology, 27, S. 295-305.

DERS. (1977): Class Expression versus Social Control? A Critique of Recent Trends in the Social History of Leisure, in: History Workshop Journal, Nr. 4, S. 162-170.

STERNHELL, Z. (1978): La droite révolutionnaire 1885-1914. Les origines françaises du fascisme, Paris.

STONE, J. F. (1979): Social Reform in France: The Development of its Ideology and Implementation, 1890-1914, Ph. D., State University of New York at Stony Brook (Typoskr.).

THERBORN, G. (1976): Science, Class and Society. On the Formation of Sociology and Historical Materialism, London.

THOREL, G. (1947): Chronologie du mouvement syndical en France 1791-1946, Paris.

THOMPSON, E. P. (1980a): Plebeische Kultur und moralische Ökonomie. Aufsätze zur englischen Sozialgeschichte des 18. und 19. Jahrhunderts, hg. v. D. Groh, Frankfurt/Berlin/Wien.

DERS. (1980b): Das Elend der Theorie. Zur Produktion geschichtlicher Erfahrung, Frankfurt/New York.

TOURNERIE, J.-A. (1971): Le Ministère du Travail. Origine et premiers développements, Paris.

TOURNIER, M. (1979): Grèves, cayennes et gavots: hypothèses de reconstitution des origines, in: Néologie et lexicologie. Hommâge à Louis Guilbert, Paris, S. 207-216.

TRAMONI, A. (1974): Idéologies ouvrières et patronales à travers l'enquête de l'Office du Travail (1901) sur l'apprentissage industriel, Thèse de 3e cycle, Universität Aix en Provence (Typoskr.).

TREMPÉ, R. (1971): Les mineurs de Carmaux 1848-1914, 2 Bde., Paris.

DIES. (1981): Jaurès et les grèves, in: Rebérioux 1981b, S. 101-111.

TRUANT, C. M. (1978): Compagnonnage: Symbolic Action and the Defense of Worker's Rights in France, 1700-1848, Ph. D., University of Chicago (Typoskr.).

UHLIG, O. (1970): Arbeit - amtlich angeboten. Der Mensch auf seinem Markt, Stuttgart/Berlin/Köln/Mainz.

UHRY, J. (1901): Le conseil judiciaire de la Bourse du Travail de Paris, in: LMS, 3, Nr. 67, S. 413-417.

VAN GENNEP, A. (1949): Manuel de folklore français contemporain, I, Bd. 4, Paris.

VANLAER, M. (1893): La suppression des bureaux de placement, in: La Réforme Sociale, 13, Bd. 26, S. 713-737.

VARLEZ, L. (1905): L'organisation de la Bourse du Travail de Gand, Gent.

VEIT-BRAUSE, I. (1979): The Place of Local and Regional History in German and French Historiography: Some General Reflections, in: Australian Journal of French Studies, 16, S. 447-478.

VERRET, M. (1972): Sur la culture ouvrière, in: La Pensée, Nr. 163, S. 11-33.

DERS. (1979): L'ouvrier français I., L'espace ouvrier, Paris.

VERDÈS-LEROUX, J. (1979): Le travail social, Paris.

VERÈCQUE, Ch. (1904): Trois années de participation socialiste à un gouvernement bourgeois, Paris.

VESTER, M. (1970): Die Entstehung des Proletariats als Lernprozeß. Die Entstehung antikapitalistischer Theorie und Praxis in England (1792-1848), Frankfurt/M.

VIER, Ch. (1971): La Bourse du Travail de Paris, in: Le Droit Social, Nr. 2, S. 102-111.

VIDAL, D. (1971): Essai sur l'idéologie. Le cas particulier des idéologies syndicales, Paris.

WACKER, A. (1976): Arbeitslosigkeit. Soziale und psychische Voraussetzungen und Folgen, Frankfurt/M.

WALDECK-ROUSSEAU, R. (1900): Questions sociales, Paris.

WALDMANN, M. R. (1973): The Repression of the Communards, in: Canadian Journal of History, 8, S. 225-245.

WARTBURG, W. v. (1968): Dictionnaire étymologique de la langue française, 5. Aufl., Paris.

WEBER, E. (1977): Peasants into Frenchmen. The Modernization of Rural France 1870-1915, London.

WEDDIGEN, W. (1956): Sozialpolitik: Träger und Methoden, in: Handwörterbuch der Sozialwissenschaften, Bd. 9, Göttingen, S. 554-556.

WEILL, G. (1924): Histoire du mouvement social en France, 1852-1924, Paris.

WEISS, H. (1936): Die "Enquête ouvrière" von Karl Marx, in: Zeitschrift für Sozialforschung, 5, S. 76-97.

WEITZ, M. S. (1977): Varieties of Class-Collaborationist Ideology in the French Labor Movement before World War I, Ph. D., City University of New York (Typoskr.).

WILLARD, C. (1965): Le mouvement socialiste en France (1893-1905): Les guesdistes, Paris.

DERS. (1968): La correspondance de Charles Brunellière 1880-1917, Paris.

DERS. (1981): Geschichte der französischen Arbeiterbewegung. Eine Einführung, hg. v. H.-G. Haupt/P. Schöttler, Frankfurt/New York.

WILLEKE, E. (1956a): Arbeitslosigkeit, in: Handwörterbuch der Sozialwissenschaften, Bd. 1, Göttingen, S. 305-312.

DERS. (1956b): Arbeitsmarkt, in: Handwörterbuch der Sozialwissenschaften, Bd. 1, Göttingen, S. 321-332.

WINOCK, M. (1971): La scission de Châtellerault et la naissance du parti
"allemaniste" (1890-1891), in: MS, Nr. 75, S. 33-62.

DERS. (1973): Les Allemanistes, in: Bulletin de la Société d'études
jaurèsiennes, Nr. 50, S. 20-26.

DERS. (1976): Robert Michels et la démocratie allemaniste, in: Mélanges
d'histoire sociale offerts à Jean Maitron, Paris, S. 285-293.

ZELDIN, T. (1978): Histoire des passions françaises 1848-1945, 5 Bde.,
Paris.

ZÉVAÈS, A. (1913): Notes et souvenirs d'un militant, Paris.

ZIEBURA, G. (1979): Frankreich 1789-1870. Entstehung einer bürgerlichen
Gesellschaftsformation, Frankfurt/New York.

DERS./HAUPT, H.-G. (Hg.) (1975): Wirtschaft und Gesellschaft in Frankreich seit 1789, Köln.

ZOLA, E. (1893): L'assomoir (1877), Paris.

ZOLL, R. (1976): Der Doppelcharakter der Gewerkschaften. Zur Aktualität
der Marxschen Gewerkschaftstheorie, Frankfurt/M.

ZYLBERBERG-HOCQUARD, M.-H. (1978): Féminisme et syndicalisme en
France, Paris.

AD	Archives Départementales
AESC	Annales. Economies, Sociétés, Civilisations
AN	Archives Nationales
ABdT	Annuaire de la Bourse du Travail (Paris)
APO	Les associations professionnelles ouvrières (siehe: Office du Travail 1899-1904)
APP	Archives de la Préfecture de Police
ASP	Annuaire des syndicats professionnels
AVP	Archives de la Ville de Paris
BBdT	Bulletin officiel de la Bourse du Travail de Paris
BdT	Bourse(s) du Travail
BMS	Bibliothek des "Musée Social"
BOT	Bulletin de l'Office du Travail
CHIMT	Cahiers d'histoire de l'Institut Maurice Thorez
CGT	Confédération Générale du Travail
CMP, PV	Conseil municipal de Paris, Procès-verbaux
CMP, RD	Conseil municipal de Paris, Rapports et documents
CRC	Comité révolutionnaire central (Blanquisten)
FBdT	Fédération des Bourses du Travail
FHS	French Historical Studies
FNS	Fédération Nationale des Syndicats
FTSF	Fédération des Travailleurs Socialistes de France (Possibilisten)
GG	La Grève Générale
HBdT	Histoire des Bourses du Travail (siehe: Pelloutier 1971a)
IAA	Internationale Arbeiter-Assoziation
IISG	Internationales Institut für Sozialgeschichte
IRSH	International Review of Social History
LMO	Le Monde Ouvrier
LMS	Le Mouvement Socialiste
LRS	La Revue Socialiste
MEW	Marx-Engels-Werke (siehe: Marx/Engels 1956ff.)
MS	Le Mouvement Social
ODM	L'Ouvrier des Deux Mondes
OdT	Office du Travail
PO	Parti Ouvrier (Guesdisten)

POSR	Parti Ouvrier Socialiste Révolutionnaire (Allemanisten)
PWSFH	Proceedings of the Annual Meeting of the Western Society for French History
TC	Textes choisis (siehe: Pelloutier 1971b)
UCSS	Union des Chambres Syndicales ouvrières de la Seine